市政工程新技术及工程实例丛书

隧道掘进机施工技术
（第二版）

白　云　丁志诚　刘千伟　主编

中国建筑工业出版社

图书在版编目（CIP）数据

隧道掘进机施工技术/白云等主编. —2版. —北京：
中国建筑工业出版社，2013.9
市政工程新技术及工程实例丛书
ISBN 978-7-112-14968-1

Ⅰ.①隧⋯ Ⅱ.①白⋯ Ⅲ.①隧道施工-掘进机械-
工程施工 Ⅳ.①U455.3

中国版本图书馆CIP数据核字（2013）第176418号

本书分10章，全面系统地介绍了各类隧道掘进机的基本原理及特点、盾构分类及选型、盾构法隧道施工技术和要点。第二版除保持了第一版条理清楚、数据齐全、针对具体工程实例给出了详细分析等主要特点外，还将近几年来国内外在隧道掘进方面的最新进展成果吸收进来，并增加了新的工程实例，基本代表了我国当今最新的盾构法隧道的施工水平。

本书可供城市地铁隧道、越江越海隧道、取排水隧道、硬岩隧道和公共事业等隧道设计与施工的工程技术人员、施工人员、科研人员及大专院校有关师生作技术参考。

* * *

责任编辑：王 梅　刘瑞霞
责任设计：李志立
责任校对：姜小莲　赵　颖

市政工程新技术及工程实例丛书
隧道掘进机施工技术
（第二版）
白　云　丁志诚　刘千伟　主编

*

中国建筑工业出版社出版、发行（北京西郊百万庄）
各地新华书店、建筑书店经销
北京千辰公司制版
北京世知印务有限公司印刷

*

开本：787×1092毫米　1/16　印张：24¼　字数：602千字
2013年11月第二版　2013年11月第二次印刷
定价：58.00元
ISBN 978-7-112-14968-1
（24206）

版权所有　翻印必究
如有印装质量问题，可寄本社退换
（邮政编码 100037）

第二版前言

《隧道掘进机施工技术》第一版出版至今已历时4年，而这4年内，恰好是隧道建设有史以来发展最快的阶段，据不完全统计，我国公路隧道仅2010年就竣工完成1245条；四年内，我国新投入运营的城市轨道交通线路达27条。2008年，世界上最大的盾构隧道（直径为15.43m）——上海长江隧桥工程仍在施工阶段，今天，该隧道已运营多年。2011年，意大利设计完成了TBM-EPB直径为15.62m的SPARVO隧道。2011年7月，俄罗斯NCC公司订购了一台直径为19.25m的海瑞克泥水盾构（Mixshield）用于掘进圣彼得堡NEVA河下的公路隧道。为了尽快将隧道掘进机领域的成果及时总结，我们产生了出版本书第二版的想法，并得到出版社的大力支持。与第一版相比，第二版几乎在每一个章节都增加了不少新的内容。

然而，隧道掘进机技术仍然还有很多难题没有解决，如：复合地层中掘进隧道的困难依然存在，我们还是见到刀具被黏土粘结而无法正常工作、TBM被岩爆损坏或被高应力岩层卡住、开挖面承压水涌入隧道等事故报道。在第二版中我们力求多介绍一些这方面的内容，并喜得近年来在复合地层盾构掘进领域有较多研究的龚秋明老师加盟第5章复合式隧道掘进机掘进技术的编写，使该章内容增色不少。

本书第二版前言由白云编写，第1章隧道掘进机选型由白云、胡向东编写，第2章圆形土压平衡式盾构施工技术由丁志诚、黄德中编写，第3章泥水平衡式盾构施工技术由丁志诚、郑宜枫编写，第4章岩石隧道掘进机施工技术由刘计山和白云编写，第5章复合式隧道掘进机掘进技术由白云和龚秋明编写，第6章隧道施工运输技术由张冠军编写，第7章钢筋混凝土预制管片制作技术由丁志诚、郑宜枫编写，第8章异形盾构掘进技术由白云、郑宜枫编写，第9章掘进机隧道工程的风险管理由范益群、汤竞编写，第10章工程案例由刘千伟、郑宜枫编写。全书策划、第二版统稿由白云、丁志诚、刘千伟完成。

本书由长江学者和创新团队发展计划资助（IRT1029）。

第一版前言

今天的全球，已有一半以上的人口居住在城市，人口超过 100 万的城市已达 400 个以上。现代城市发展的模式应该是可持续的，这意味着城市向市民提供便捷交通、清洁水源的同时，还必须尽可能地减少人类的生态足迹，地下隧道为城市可持续发展提供了一个很好的解决方法。建造隧道的方法不外乎两大类，一类是明挖技术，另一类是暗挖技术。明挖技术仅适合在地下浅层建造隧道的场合，但在城市中绝大多数情况下是不允许的；暗挖技术主要可分为矿山法和掘进机法，将矿山法用于软土层建造隧道是极为勉强的，而隧道掘进机既可以在软土中建造隧道，又可以在岩石甚至软土与岩石相间的地层中建造隧道，因此，用隧道掘进机建造隧道是极为普遍的。

众所周知，世界上第一条人工开挖的盾构隧道是由法国人 Marc Brunnel 和他的儿子 Isambard Kingdom Brunel 一起在伦敦泰晤士河下建成的。1869 年，James Henry Greathead 采用圆形敞开式盾构，在泰晤士河下再建了 1 条外径为 2.18m 的行人隧道，该隧道衬砌为铸铁管片，隧道在不透水的黏土层中掘进，无地下水威胁，因此，进展相当顺利。1886 年，Greathead 在建造伦敦地铁时，首次使用了压缩空气盾构。压缩空气盾构的出现解决了含水地层的隧道修建问题。第一个机械化盾构的专利出现在 1876 年，由英国的 John Dickinson Brunton 和 George Brunton 合作申请。早期的盾构技术在英国发明并得到发展，虽然是偶然的事件，但又包含了必然的客观因素。19 世纪和 20 世纪上半叶，英国是全球最强盛的工业化国家，而对隧道掘进来讲，伦敦的黏土可说是地球上最理想的土层，因此，由当时最发达的国家率先在较理想的土层中发展盾构技术是合乎技术发展的逻辑的。

1965 年，日本首先制造了泥水盾构（Slurry Shield），泥水盾构的基本原理是用液体（水或加膨润土的水）平衡开挖面的土体。与压缩空气盾构相比，泥水盾构不需要人员在压缩空气条件下工作，但泥水处理系统比较复杂。泥水盾构虽然也可用于黏土地层，但绝大多数情况是在含水砂层中使用。1974 年，日本的 Sato kogyo 有限公司发明了土压平衡盾构（Earth Pressure Balanced Shield）。在此之前，虽然压缩空气盾构和泥水盾构已能克服含水层中的施工问题，但压缩空气对人体的危害和泥水对环境的不利影响，促使日本的隧道专家寻找一个更好的解决问题的办法，土压平衡盾构应运而生了。

泥水盾构和土压平衡盾构同属削土密封式压力平衡盾构，可称之为现代盾构技术。日本能够在现代盾构技术的发展中独领风骚也有客观原因，首先，日本从 20 世纪 60 年代中期开始步入现代化国家行列，其科学水平已逐步接近欧美国家，这为日本发展现代盾构技术提供了强有力的技术支持；其次，日本是一个人口众多、土地贫乏的多岛国家，为了扩大生存空间，不得不开发地下空间，而一些大城市（如东京）的软弱地层条件又给日本隧道专家带来了很多困难，激励着日本隧道专家寻找理想的隧道建造技术，构成了日本隧道施工技术进步的动力。

进入20世纪80年代后，盾构技术发展的主流大致从以下两个方面延伸：

（1）日本人注重的开发不同几何形状的盾构机技术；

（2）欧洲诸国（特别是德国）致力于研究能适合不同地层的多功能技术（Combined Shields）。

日本致力于研究异形盾构机的客观背景是：近10多年来，日本不仅科技水平在世界上处于领先地位，而且各大城市的地下空间利用率已经达到相当高的程度，如何在有限的地下空间中建造更多的隧道，已经摆到了日本地下工程工作者的议事日程上。此外，地面建筑物的高度拥挤又迫使日本人构想诸如竖井、隧道一体化的施工模式，从而使日本人研究出了各种类型的盾构。欧洲幅员辽阔，地层条件复杂多变，欧洲一体化发展，客观上为建造长隧道提出了必要性；在一个长隧道工程项目中，常常会遇到不同的地层条件，各种形式的盾构和各种各样的多功能盾构应运而生。

现代隧道掘进机技术发展的另一个特征就是信息技术方面的新应用。德国VMT公司的SLS-T隧道掘进机导向系统，是计算机与激光技术在隧道掘进机施工中成功应用的一个典型实例。未来隧道掘进机技术的发展方向可能是地理信息系统（GIS）的应用。我们有理由作这样的遐想：在不远的将来，你要在地球上任何一个地方建造掘进机隧道工程，只需在电子地图上点出位置和深度，计算机就能告诉你该选用何种类型的盾构机和具体施工方法。

由于隧道掘进机工程的施工过程具有周期循环特征，因此，特别适用于计算机模拟。计算机模拟具有节省费用、效率高等优点，目前，有的顾问公司已开始采用计算机模拟技术模拟以下内容：

（1）盾构机的掘进速率（SESS）。在模拟过程中可考虑隧道长度、工作井深度、运输车能力、运输车速度、出碴量和出碴方法以及土层条件（含土体颗粒膨胀率、掘进速率等）。

（2）隧道沿线的土体变化情况及隧道掘进速度。模拟隧道沿线土体变化是一项有挑战性的工作，由于地质调查报告通常只能给出隧道沿线间断的地层参数，模拟技术不仅需要将不连续的数据连续化，还要保证其与实际土层情况相符，这就是困难所在。显然，模拟技术只能给出各种土体变化和相应的各种掘进速度的可能性，因此，答案一定是不确定的。模拟软件对工程的模拟分析结果表明：由于试掘进期间是学习过程，各种模拟结果与实际掘进速度相差较大，但当进入正常掘进后，各种模拟结果与实际情况符合就好。

（3）隧道掘进参数。模拟隧道掘进参数通常是根据过去在相似地层中的经验，或根据专家的观点设定的初始模拟值，此后，模拟值可通过软件的学习性不断修正，使之与实际相符并预测下阶段的最佳参数值，对于土层情况较为均匀的地区，如我国的长三角部分地区，该软件能较有效地模拟，但对于像广州地区地层条件无序多变的场合，用计算机模拟将并不可靠。

新世纪隧道掘进机技术的研究热点可以用4个字来描述，即："深"、"大"、"长"、"快"。

"深"。随着地下空间的进一步开发，隧道越挖越深已是趋势。污水隧道已经建到50m以下的深度。瑞士的Alp Transit Project的山岭隧道埋深已经超过2300m，在那里，如何降低隧道内的温度已经成为隧道施工者的一个新的难题，降温措施所占的费用已经占了施工总费用的10%以上。我国将建造的南水北调西线工程隧道的埋深也将达到1600m，届时也会有类似的问题。

"大"。最大的盾构隧道直径已经达到14.90m，该盾构由NFM制造，用于荷兰的Groene Hart隧道。将来最大的盾构隧道可望达到20m，但需要解决管片衬砌的承载力和精度问题、开挖面稳定等问题。

"长"。单线长度达47km的输水隧道已经在引黄入晋工程中建成。南水北调西线工程中的单线将达到100km以上。在长距离隧道中，必须注意地质的变化、刀头耐久性和换装技术、施工运输等问题。随着人们修建长隧道能力的不断提高，建造连接全球的地下通道将成为可能，隧道的作用也将不断地加大。

"快"。快速建造隧道不仅意味着工程费用的大幅度下降，而且也将减少隧道施工与人类其他活动的相互影响，从而促使人们更多地选择隧道方法。上海的隧道工程实践表明，均匀、快速地掘进隧道可以明显地减少地层变形，快速掘进可使开挖面前方变形减少80%左右。连续掘进、高速开挖、自动运输、快速拼装是实现快速掘进的主要手段。

岩石中的隧道掘进机技术已经达到113.21m/d的速度。为了能像岩石隧道那样连续掘进，国外的同行为此作了各种努力，其中有D2公司提出的能边掘进边拼装的特殊管片形式和管片销钉连接方法；Herrenknecht制造的$\phi 9.79$m连续掘进盾构已在荷兰获得成功应用。

对出土和管片进行连续运输的施工组织设计是提高盾构隧道施工速度的又一种努力，新型的管片连续运输和快速拼装系统可以将每块管片的拼装时间减少43%。

对管片的设计进行革新也是一个不容忽视的方面。管片设计的改进，不仅可以改善衬砌结构的受力和防水特性、降低工程造价，而且可以大幅度提高盾构隧道的推进速度。近年来，英国Mott MacDonald公司提出的通用管片（Universal Segment），具有不必通过另做楔子环即可形成三维曲线隧道的优点。

隧道掘进机技术的现状可概括如下：

（1）设计概念和施工方法呈多样性；

（2）受其他学科进展的推动，特别是计算机技术的日新月异，隧道掘进机技术目前正处于快速发展阶段，而且对隧道掘进机技术的发展趋势难以预测；

（3）世纪之交的人类比以往任何时候更注意环境保护和可持续发展，隧道掘进机因此将获得比以往任何时候更多的应用。

在隧道掘进机施工领域，虽然已有大量的工程实践和理论研究，并取得了引人瞩目的进步，但依然存在一些非常重要的、有待于业内人员进一步解决的难题，比如：

（1）开发能快速掘进复合地层的隧道掘进机；

（2）软土中相邻隧道的极限最小距离确定；

（3）开发软弱地层中更有效的同步注浆方法和安全更换盾尾技术；

（4）开发长距离隧道施工的快速和连续运输方法；

（5）了解泥水和土压平衡盾构开挖面稳定的动态平衡机理；

（6）盾构施工的实时信息反馈技术、远程遥控技术、数字化技术和智能仿真技术的工程应用；

（7）隧道掘进机越挖越深已是地下工程技术发展的必然趋势，要了解深埋隧道的掘进特点；

（8）掘进机隧道工程和采地热能技术的结合研究；

等等。

迄今为止，国内已出版的有关隧道掘进机技术方面的专著已有不少。1990年程骁、潘国庆编著的《盾构施工技术》，主要论述了各类盾构的施工（含辅助施工）方法、主要施工设备，描述了地层的变形特征，介绍了结构试验和现场测试的内容；1991年刘建航、侯学渊编写的《盾构法隧道》，主要介绍了衬砌结构的构造和设计方法；2004年周文波编写的《盾构法隧道施工技术及应用》，主要论述了盾构隧道施工的总体筹划、隧道施工测量，介绍了软件技术在盾构法隧道中的应用，阐述了盾构法隧道引起的地层沉降及防治和盾构法隧道施工的质量通病与防治；2004年张凤祥、朱合华、傅德明编写的《盾构隧道》主要以日本的盾构隧道技术为背景，介绍了盾构的基本构造和施工工法，论述了竖井的设计与施工，描述了掘进管理；2005年竺维彬、鞠世键编写的《复合地层中的盾构施工技术》，主要以广州地铁工程为背景，描述了复合地层中的盾构施工特点、难点和要点；2005年水利部科技推广中心编著的《全断面岩石掘进机》，详细介绍了全断面岩石掘进机设备、选型，论述了全断面岩石掘进机的施工组织管理与技术。我们编写本书的目的，除了想要系统地介绍隧道掘进机的具体施工工艺和方法外，还希望论述一些盾构隧道技术和管理的热点，如：施工运输优化、盾构选型的几种方法和风险管理等，以供同行参考。

本书前言由白云编写，第1章隧道掘进机选型由白云、胡向东编写，第2章圆形土压平衡式盾构施工技术由丁志诚、黄德中编写，第3章泥水平衡式盾构施工技术由丁志诚、郑宜枫编写，第4章岩石隧道掘进机（TBM）掘进技术由刘计山编写，第5章复合式盾构掘进技术由白云编写，第6章隧道施工运输技术由白云、郑宜枫编写，第7章钢筋混凝土预制管片制作技术由丁志诚、郑宜枫编写，第8章异形盾构掘进技术由张冠军编写，第9章掘进机隧道工程的风险管理由范益群、汤竞编写，第10章工程案例由刘千伟、郑宜枫编写。全书策划、统稿由白云、丁志诚和刘千伟完成。

目 录

第1章 隧道掘进机选型 ········· 1
1.1 隧道掘进机类型和对地层适应性 ········· 1
1.2 隧道掘进机选型 ········· 9
参考文献 ········· 34

第2章 圆形土压平衡式盾构施工技术 ········· 35
2.1 概述 ········· 35
2.2 施工准备 ········· 37
2.3 施工组织设计编制 ········· 39
2.4 建立施工测量及监控量测系统 ········· 40
2.5 施工现场总体布置 ········· 42
2.6 盾构机现场安装、调试及验收 ········· 44
2.7 主要施工工序及要点控制 ········· 47
2.8 盾构进洞和出洞施工技术 ········· 61
2.9 特殊段施工技术 ········· 64
参考文献 ········· 80

第3章 泥水平衡式盾构施工技术 ········· 81
3.1 概述 ········· 81
3.2 泥水平衡式盾构施工基本原理 ········· 81
3.3 泥水平衡式盾构开挖面稳定性 ········· 86
3.4 泥水平衡式盾构掘进施工关键技术 ········· 91
3.5 隧道稳定性 ········· 115
参考文献 ········· 117

第4章 岩石隧道掘进机施工技术 ········· 118
4.1 概述 ········· 118
4.2 施工前期准备 ········· 124
4.3 掘进技术 ········· 129
4.4 围岩支护与管片衬砌技术 ········· 130
4.5 超前预报技术 ········· 135

4.6　特殊洞段施工关键技术 …………………………………………………… 143
参考文献 ………………………………………………………………………… 154

第5章　复合式隧道掘进机掘进技术 ……………………………………………… 156

5.1　概述 ……………………………………………………………………… 156
5.2　复合式隧道掘进机的选型 ……………………………………………… 162
5.3　复合式隧道掘进机隧道施工技术要点 ………………………………… 173
参考文献 ………………………………………………………………………… 189

第6章　隧道施工运输技术 ………………………………………………………… 191

6.1　概述 ……………………………………………………………………… 191
6.2　施工运输问题的最优化建模和解析 …………………………………… 200
6.3　连续运输 ………………………………………………………………… 232
6.4　道路式运输技术 ………………………………………………………… 250
参考文献 ………………………………………………………………………… 252

第7章　钢筋混凝土预制管片制作技术 …………………………………………… 253

7.1　预制管片分类 …………………………………………………………… 253
7.2　预制管片生产 …………………………………………………………… 253

第8章　异形盾构掘进技术 ………………………………………………………… 268

8.1　概述 ……………………………………………………………………… 268
8.2　矩形土压平衡盾构 ……………………………………………………… 269
8.3　现浇衬砌矩形盾构施工技术 …………………………………………… 274
参考文献 ………………………………………………………………………… 280

第9章　掘进机隧道工程的风险管理 ……………………………………………… 281

9.1　概述 ……………………………………………………………………… 281
9.2　掘进机隧道工程风险管理体系及安全保障 …………………………… 289
9.3　掘进机隧道施工的主要风险因素 ……………………………………… 294
9.4　掘进机隧道工程的风险评价方法 ……………………………………… 295
9.5　建设期间的动态风险管理 ……………………………………………… 297
参考文献 ………………………………………………………………………… 311

第10章　工程案例 …………………………………………………………………… 312

10.1　上海长江隧道工程 …………………………………………………… 312
10.2　上海轨道交通8号线双圆盾构区间隧道工程 ………………………… 340
10.3　上海外滩通道工程 …………………………………………………… 358

第 1 章 隧道掘进机选型

1.1 隧道掘进机类型和对地层适应性

1.1.1 隧道掘进机的定义

隧道掘进机可定义为：通常是在金属外壳的掩护下进行岩土层开挖或切割、岩土颗粒排运、管片拼装或衬砌现浇、整机（同时）推进和衬砌壁后灌浆的隧道挖掘机械系统。

用于土层的隧道掘进机通常被称为盾构，在实际工程中，隧道掘进机和盾构的称呼并不严格区分。

1.1.2 隧道掘进机的分类

隧道掘进机可有 3 种不同的分类方法，即：按隧道掘进机形状分类、按地层类型分类和按隧道掘进机功能分类。

1）按隧道掘进机形状分类。有使用最多的圆形盾构（图 1-1）；也有统称为异形的盾构，如：矩形盾构（图 1-2）、双圆形盾构（图 1-3）、三圆形盾构（图 1-4）和椭圆形盾构（图 1-5）。

图 1-1 圆形盾构

图 1-2 矩形盾构（日本）

图 1-3 双圆形盾构（日本）

图 1-4 三圆形盾构（日本）

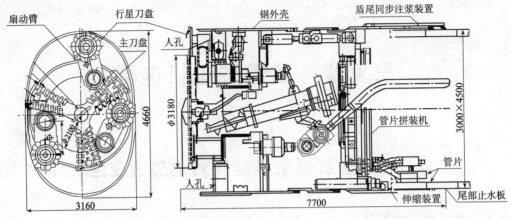

图1-5 椭圆形盾构

2）按地层类型分类。用于岩石地层的隧道掘进机被称为岩石隧道掘进机（图1-6）；用于土层的隧道掘进机被称为盾构；用于岩石和土层相间地层的隧道掘进机被称为复合盾构（图1-7）。

图1-6 岩石隧道掘进机（NFM产品）

图1-7 复合盾构

（1）岩石地层有坚硬与软弱、均匀与不均匀、完整与破碎之分，对于完整的岩石地层，不必对开挖面进行支护，因此，隧道掘进机可以是敞开的，即：敞开式隧道掘进机（图1-8）；对于坚硬岩层或裂隙岩层，要采用护盾式隧道掘进机（图1-6）。

（2）随着土层颗粒大小的不同，盾构机的类型也要随之改变，对于软黏土地层，通常采用土压平衡盾构（图1-9）；对于砂性土层，通常采用泥水平衡盾构（图1-10）。需要说明的是，目前的土压平衡盾构和泥水平衡盾构均已成功使用在各类土层中，因此，选择盾构类型往往是考虑多方面因素的结果。

图1-8 敞开式隧道掘进机（Lovat钻臂式隧道掘进机）

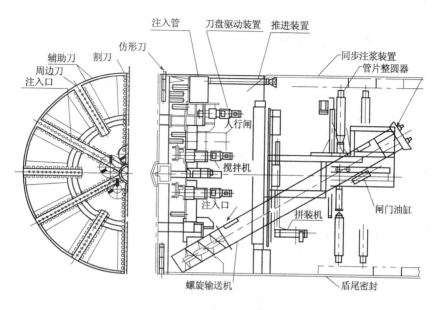

图 1-9 土压平衡盾构示意图

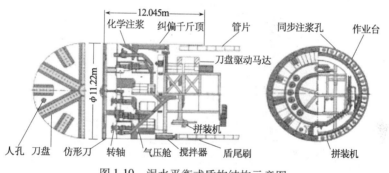

图 1-10 泥水平衡式盾构结构示意图

3）按隧道掘进机功能分类。有全闭胸式盾构、网格式盾构、气压式盾构、机械挖掘式盾构、土压平衡式盾构、泥水平衡式盾构、敞开式隧道掘进机、护盾式隧道掘进机、复合式盾构和可转换式盾构等等。

1.1.3 不同类型隧道掘进机对地层的适应性

1）全闭胸式盾构（图 1-11）就是开挖面用胸板封闭的盾构。当盾构推进时，让土体从胸板局部开口处挤入盾构内。由于全闭胸式盾构把土体挡在胸板外，因此对施工人员比较安全、可靠，没有塌方的危险。

全闭胸式盾构现在已不多见，该类盾构主要用于没有任何变形限制的场合，而且地层必须是非常软弱的淤泥或淤泥质黏土层。由于全闭胸式盾构推进是全挤压的，顶力相对较大，隧道轴线也不容易控制，因此相应的管片设计应有环向凹、凸榫，并应考虑通缝拼装，以减少管片环间踏步过大和被顶断的可能性。全闭胸式盾构具有价格便宜、操作方便的优势，可用于非常软弱的黏土地层中的进、排水隧道施工。

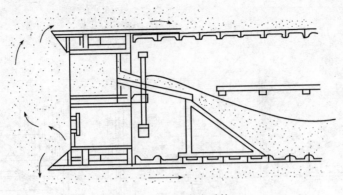

图 1-11 全闭胸式盾构

2) 网格式盾构（图 1-12）是一种在开挖面装有钢制的开口格栅，称为网格盾构。当网格式盾构向前掘进时，土体被网格切成条状，进入盾构后被运走；当盾构停止推进时，网格起到支护土体的作用，从而有效地防止了开挖面的坍塌。

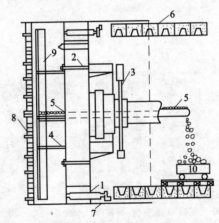

图 1-12 网格式盾构
1—盾构千斤顶（推进盾构用）；2—开挖面支撑千斤顶；3—举重臂（拼装装配式钢筋混凝土衬砌用）；
4—堆土平台（盾构下部土块由转盘提升后落入堆土平台）；5—刮板运输机，土块由堆土平台进入后输出；
6—装配式钢筋混凝土衬砌；7—盾构钢壳；8—开挖面钢网格；9—转盘；10—装土车

网格式盾构与全闭胸式盾构相比，其对地层的挤压较小，因此，适应的地层可以不必太软弱，通常是淤泥质黏土层。和全闭胸式盾构一样，该类盾构现在已不多见，而且也是主要应用于没有任何变形限制的场合，网格式盾构具有价格便宜、操作方便的优势，可用于软弱黏土地层中的进、排水隧道施工。

3) 气压式盾构。顾名思义，气压式盾构就是利用压缩空气来平衡开挖面的一种隧道掘进机。这种盾构系在胸机械式盾构的切口环和支撑环之间装上隔板，使切口环部分形成一个密封舱，舱中输入压缩空气，以平衡开挖面的土压力，保证正面土体自立不坍塌。气压的另一个作用是疏干开挖面前方土层的地下水，改良土体的物理性能，以有利于施工。

目前最常见的气压式盾构是局部气压式盾构（图 1-13），加局部气压以使正面土体稳定，与隧道内加气压的全气压施工方法相比，具有衬砌拼装和隧道内其他施工人员不在气压条件下工作的优点，这无疑有很大的优越性。

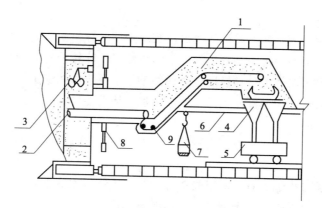

图 1-13 局部气压式盾构示意图
1—气压内出土运输系统；2—皮带运输机；3—排土抓斗；4—出土斗；
5—运土车；6—运管片车辆；7—管片；8—管片拼装机；9—伸缩接头

目前局部气压盾构的一些技术问题还尚未得到很好的解决，如：

(1) 从密封舱内连续向外出土的装置还存在漏气和使用寿命不长的问题；

(2) 盾尾密封装置还不能完全阻止压力舱内的压缩空气通过开挖面经盾构外表至盾尾处泄漏；

(3) 衬砌环接缝防止不了压力舱内的气体经过盾构外表通至盾构后部管片缝隙渗入隧道内。

因以上 3 处的漏气尚未彻底解决，影响到正面压力舱内的压力控制，由于压力舱容量小，因此，压力舱内压力值上下波动较大。当正面遇到有问题需要处理时，则须有工人进入压力舱工作，这种施工条件对人的生理影响较大。而正常施工中，舱内压力控制不好，正面土体稳定就没有保证，也将直接影响施工。故目前该类盾构使用已不多。

4) 敞开式盾构的种类很多，有人工挖掘式盾构，也有不同类型的半机械和机械挖掘式盾构。机械挖掘式盾构就是在开挖面装上机械挖掘装置来代替人工开挖，机械式盾构通常是反铲挖土机式（图 1-14）；土体较硬时，也可安装凿岩钻。

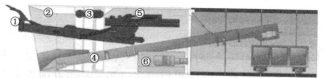

图 1-14 敞开式反铲挖土盾构（海瑞克产品）
注：① 挖机；② 盾壳；③ 顶进千斤顶；④ 皮带运输机；⑤ 衬砌；⑥ 液压系统。

敞开式盾构的主要优点：

(1) 正面是敞开的，施工人员随时可以观测地层变化情况，及时采用应付措施；
(2) 当在地层中遇到桩、大石块等地下障碍物时，比较容易处理；
(3) 可向需要方向超挖，容易进行盾构纠偏，也便于曲线施工；
(4) 造价较低，结构设备简单，易制造，加工周期短。

它的主要缺点有：

(1) 在含水地层中，当开挖面出现渗水、流砂时，必须辅以降水、气压等地层加固措施；
(2) 工作面若发生塌方时，易引起危及人身及工程的安全事故；
(3) 效率低、进度慢，在大直径盾构中尤为突出。

敞开式盾构尽管有上述缺点，但由于简单易行，在地质条件良好的工程中仍见应用。

5) 土压平衡式盾构是一种适用于含水饱和软弱地层中施工的盾构，该盾构的前端通常是一个全断面切削刀盘，在盾构中心或下部有一个长筒形螺旋输送机的进土口，其出口在密封舱外（图1-9）。所谓土压平衡，就是盾构密封舱内始终充满了用刀盘切削下来的土，并保持一定压力，平衡开挖面的土压力。它的螺旋输送机靠转速来控制出土量，出土量要密切配合刀盘的切削速度，以保持密封舱内充满泥土而又不过于饱和。这种盾构避免了前述各类盾构的主要缺点，已成为比较成熟、可靠的盾构机种类，广泛地在软土隧道工程中应用。

6) 泥水平衡式盾构。前面叙述了局部气压盾构的技术难题是连续出土与压缩空气的泄漏问题。在同样的地层压力差和土质相同条件下，漏气量要比漏水量大80倍之多[1-1]，因此，若在开挖面的密封舱内用泥水压力来支撑开挖面土体，就可大大减少泄漏。刀盘切削下来的土在泥水中经过搅拌机搅拌，再用泵将泥浆通过管道输送到地面集中处理，这样就解决了连续出土的技术难题，这就是泥水平衡式盾构的优点。

泥水平衡式盾构的辅助配套设备较多，除了要有1套自动控制的泥水输送系统，还要有1套泥水处理系统（图1-10），所以泥水盾构的设备费用较大，这是它的主要缺点；但泥水处理系统等辅助设备是可以重复利用的，因此，经济上还是可行的。为了废弃泥浆运输上的方便，一般泥水平衡式盾构是用在邻近水域的区域。

假如在泥水盾构的泥水舱内再加入气包调节平衡压力，则就是欧洲式泥水平衡盾构，该类泥水平衡盾构在英语中就称之为mixshield，众所周知，纯泥水压力的控制主要是靠进出浆流量差来实现的，调整进浆P1泵和排浆P2泵的变频电机转速，由转速差实现流量差，这就是纯粹的泥水循环理念，即完全依靠液体介质实现泥水压力。而欧洲式泥水盾构压力控制主要靠气压舱实现。鉴于单舱式泥水盾构在掘进中面临着泥水压力的波动风险，即如果地层中存在较大间隙或压力泄漏通道，泥水可能泄漏，泥水舱压力随之降低，地层会沉降；在相反的情况下，如果排浆管堵塞，泥水舱压力则瞬间升高，土体会隆起。由于液体介质的不可压缩性，这种压力波动会十分敏感。相对于液体，气体具有可压缩性，当外界压力变化时，气体可以通过自身体积变化来相应改变并适应外界压力，即有自动调节压力功能，但这种调节的幅度较小，是一种瞬间的微调。欧洲双舱式设计就是利用气体的这一有利特性，通过气液2种模式组合实现泥水压力，即纯泥水式（泥水流量差）方式和气压方式组合。

7）敞开式隧道掘进机的种类很多，若按挖掘方法分，主要有：钻臂式隧道掘进机（roadheader，详见图1-8）、扩孔式岩石隧道掘进机（reamer，详见图1-15）和摇臂式隧道掘进机（mobile TBM，详见图1-16）。

图1-15　扩孔式岩石隧道掘进机（Wirth产品）

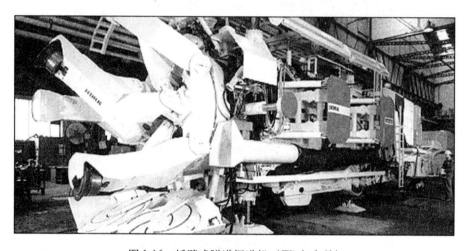

图1-16　摇臂式隧道掘进机（Wirth产品）

（1）扩孔式岩石隧道掘进机就是采用同一台隧道掘进机先挖一个直径只有隧道直径一半的导洞，该导洞具有超前地质探查的功用。扩孔式岩石隧道掘进机适用于直径较大的公路隧道。

（2）摇臂式隧道掘进机用于硬岩，其挖掘形状可为圆形、矩形和马蹄形等。由摇臂式隧道掘进机与通常的隧道掘进机挖掘原理之差异比较图（图1-17）可知，摇臂式隧道掘进机比通常的隧道掘进机更省能量，因为摇臂式隧道掘进机的挖掘原理是剪切岩石，而通常的隧道掘进机的挖掘原理是挤压岩石，显而易见，岩石的抗剪拉强度远远小于其抗压强度。此外，由于摇臂式隧道掘进机挖掘出来的碴石多为片块碴，因此，重复利用的可能性也比较大。同样道理，摇臂式隧道掘进机挖掘出来的碴石必须采用皮带机运输。

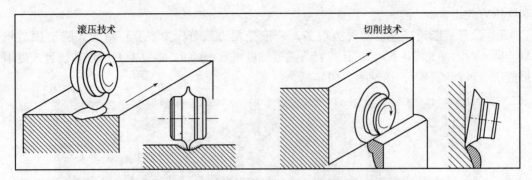

图 1-17 摇臂式隧道掘进机与通常的隧道掘进机挖掘原理之差异比较图

敞开式隧道掘进机一般用于均匀的软岩地层。当采用敞开式隧道掘进机时,地层的支护形式和程序与新奥法类似,即:取决于地层的特性。

8)护盾式隧道掘进机主要有单护盾(图 1-18)和双护盾(图 1-6)两种隧道掘进机。护盾式隧道掘进机可用于坚硬的岩石地层。

图 1-18 单护盾隧道掘进机(Lovat 产品)

9)复合式盾构是一种同时安装滚刀和大刀盘的盾构,可以用来掘进岩土相间的混合地层。按照开挖面的不同平衡方式,复合式盾构又可分为土压平衡复合式盾构和泥水平衡复合式盾构。

10)可转换式盾构(混合盾构,详见图 1-19)是一种能在不同地层掘进的盾构。可转换式盾构的英文名较多,有:Combined Shield、Polyshield 和 Convertible Shield。可转换式盾构产生于 20 世纪 80 年代初,理论上可转换式盾构能在压气式盾构、敞开式盾构、土压平衡盾构和泥水平衡盾构等 4 种模式之间转换,实际上目前仅看到 3 种模式之间的转换[1-2]。

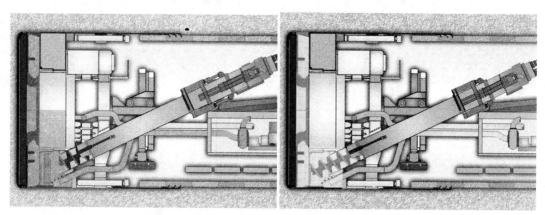

泥水平衡模式　　　　　　　　　　　土压平衡模式

图1-19　可转换式盾构（土压平衡盾构和泥水平衡盾构之间的转换）

1.2　隧道掘进机选型

隧道掘进机选型不外乎是在考虑各种因素的基础上作出正确的选择，而隧道掘进机选型所要考虑的因素，必须用系统工程的观点看待，因此，掘进机隧道工程技术的系统工程分析方法是隧道掘进机选型的理论基础。

1.2.1　掘进机隧道工程技术的系统工程分析方法

所谓系统工程，就是研究系统的工程技术。系统工程从系统的观点出发，运用工程的方法去研究和解决各种系统问题。

1.2.1.1　系统工程分析的一般方法

系统的数学公式可表达为：

$$S = \{A, R\} \tag{1-1}$$

式中：A——元素集；

R——关系集，又称系统的行为模型。

系统具有下列特点：

1）具有可以判断目标性能好坏的标准；
2）为了完成同一目标，可以有几种不同方案；
3）有用数学模型分析验证的可能；
4）系统具有独立性。

我们可以采用三维结构图来说明掘进机隧道工程技术的系统工程的概念（图1-20）。

采用系统工程方法分析解决掘进机隧道工程技术问题的过程称为工程阶段，控制因素主要有5项，工程内容有7项，表示了掘进机隧道工程技术的系统工程的基本思想方法，也表明系统工程科学是综合运用各种知识，以求得整体最优为目的的科学方法。

研究系统最优化问题的数学工具是运筹学，运用运筹学处理问题的一般步骤如图1-21所示。

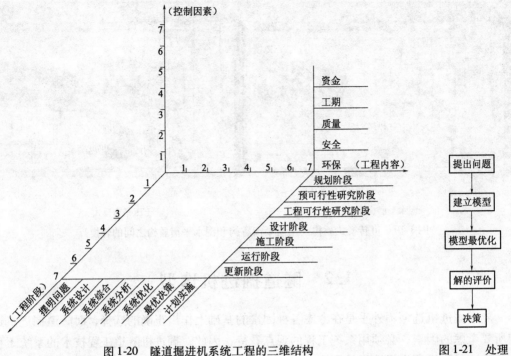

图 1-20 隧道掘进机系统工程的三维结构

图 1-21 处理问题的一般步骤

系统是由许多元素（如：施工参数、物价等）及元素间所形成的特别关系所构成的有机整体。其中元素是形成系统的基础，元素之间的关系是构成系统不可缺少的条件。研究各元素之间的关系是研究系统的中心问题，是分析改善系统的关键，各元素之间的相互关联矩阵如表 1-1 所示。

系统内各元素的相互关联矩阵图　　　　表 1-1

元素 1	元素 1 对元素 2 的影响	…	元素 1 对元素 n 的影响
元素 2 对元素 1 的影响	元素 2		元素 2 对元素 n 的影响
…	…		…
元素 n 对元素 1 的影响	元素 n 对元素 2 的影响	…	元素 n

1.2.1.2　掘进机隧道工程的系统分析原则

由于系统输入、输出和转换过程中各种要素之间的相互作用及动态性质，以及系统内部同其所处环境存在矛盾、范围广泛、错综复杂，因此，在掘进机隧道工程建模的系统分析时，应遵循以下原则：

1）外部条件与内部条件相结合

构成一个系统，不仅受到内部因素的影响，同时也受到外部条件的制约。系统环境的变化，对该系统有直接或间接的影响。系统分析必须把内部、外部各种有关因素结合起来综合分析。

2）当前利益和长远利益相结合

选择的方案，不仅要从目前利益出发，而且还要考虑到将来的利益。如果我们采用的方案，对目前和将来都有利，这当然是最理想的，对那种一时有利、长远不利的方案最好不要选用。

3) 子系统与整个系统相结合

一个系统是由许多子系统组成的，如果每个子系统的效益是好的，但全局利益并不好，这种方案是不可取的；反之，若子系统的效益并不都很理想，但整个系统的效益比较好，这种方案是可取的。总之，系统分析要最后落实到系统整体的效益上。

4) 定量分析与定性分析相结合

定量分析是指用数量指标分析，可用数量来表示；定性分析是指那些不能用数量表示的指标，对这些因素只能是根据经验、统计分析和主观判断来解决。方案的优劣以定量分析为基础，但又不能忽视定性的因素，最优的方案应是定量分析与定性分析的综合。

1.2.1.3 掘进机隧道工程技术的系统工程层次分析法

在建立掘进机隧道工程的系统结构分析模型之前，根据层次分析法的基本原理，将掘进工程系统结构分析模型的元素层次化。不同的层次具有不同的掘进机隧道工程系统结构的元素，即如下所示：

第一层　　A_1　　元素：a_{11}　a_{12}，…，a_{1n}；

第二层　　A_2　　元素：a_{21}　a_{22}，…，a_{2n}；

……

第 m 层　　A_m　　元素：a_{m1}　a_{m2}，…，a_{mn}。

可以具体定义掘进机隧道工程的各层要素如下：

第一层要素主要是：资金、时间、水文地质条件、环境、隧道尺寸、掘进机类型、施工方法和人力等。

第二层要素主要是：

在水文地质条件方面有：黏土、粉土、砂土、砾石、卵石、漂石、完全风化岩石、强风化岩石、中等风化岩石、弱风化岩石、微风化岩石、未风化岩石；

在掘进机类型方面有：全闭胸式盾构、网格式盾构、气压式盾构、机械挖掘式盾构、土压平衡式盾构、泥水平衡式盾构、敞开式隧道掘进机、护盾式隧道掘进机、复合式盾构和可转换式盾构等；

在隧道尺寸方面有：隧道直径、隧道纵坡、隧道埋深、隧道长度；

在运输施工方面有：轨道运输、连续运输和道路式运输；

在工作井施工方面有：地下连续墙、沉井、SMW、钢板桩、旋喷桩、现浇逆筑、钻爆开挖；

在洞门加固施工方面有：冻结、降水、旋喷、深层搅拌桩、钢板桩。

第 3 层要素是第 2 层要素的具体化或技术、经济参数。

显而易见，并不是所有的上一层要素都存在下一层要素。虽然根据研究目的来定义要素，往往希望要素越多越好，但要素太多时，人们的对比精度就会降低。因此，在对各要素进行比较时，5~9 个要素为心理学的权限。

系统量化分析的主要方法如表1-2所示。

系统分析量化的主要方法一览表 表1-2

1	两进制方法（0，1）	用于描述较为宏观的元素间的关联性，通常是第一层次的元素
2	专家半定量方法（expert semi-quantitative）方法对相关程度作以下量化规定： 0—无相关性； 1—弱相关； 2—中等程度相关； 3—强相关； 4—紧密相关	用于描述较为宏观的元素间的关联程度（通常是第一层次的元素），或用于描述较为具体的元素的重要程度（通常第二层次的元素）
3	函数定量方法分为：解析方法、数值方法、半解析与半数值方法	用于描述较为具体的元素间的关联程度（通常是第三层次极其以上层次的元素）

下面将以掘进机隧道工程的第一层要素为矩阵元素，建立掘进机隧道工程的系统结构分析模型。

1.2.1.4 掘进机隧道工程系统分析的基本特点

掘进机隧道工程是一个开放的复杂系统，所谓"开放"的含义可以通过以下一个典型的施工问题来理解。工地料具间是否要设立或备料量的确定。显然，这个问题的答案取决于工地所在地的商业发达程度和物流水平。因此，掘进机隧道工程问题是由问题所涉及的经济方面和各种因素的相互关联性所决定的。经济分析是无比复杂的，盾构工程的材料、设备和人工的价格会随系外不同时间和地点的不同物价指数而变；而且时间也将是目标函数的变量；对于同一个问题，在不同的国家和地区会有不同的最优化值；因此，掘进机隧道工程问题是一个复杂系统。

掘进机隧道工程中的各种关键因素的相互关联性[1-4]可用隧道掘进机施工各关键因素的相互关联矩阵图（表1-3）表示。

隧道施工各关键因素的相互关联矩阵图 表1-3

要素	资金	时间	水文地质	环境	隧道尺寸	掘进机类型	施工方法	人力
资金	1	0	0	1	1	1	1	1
时间	1	1	0	0	0	0	0	0
水文地质条件	1	1	1	1	1	1	1	1
环境	1	1	1	1	1	1	1	1
隧道尺寸	1	1	0	1	1	1	1	0
掘进机类型	1	1	1	1	0	1	1	1
施工方法	1	1	1	1	1	1	1	1
人力	1	1	1	1	0	1	1	1

注：① 由于每个要素都和自己有直接关系，所以，主对角线上的元素为1；
② 将相关矩阵图中的无相关和弱相关视为无直接关系，即赋值为0。

下面将运筹学的分层分析概念与系统分析的ESQ方法耦合，对第一层次的元素作系统分析。

1.2.1.5 系统结构分析方法和基本结论

结构分析法是利用图论中的关联矩阵原理来分析复杂系统的整体结构的另一种方法[1-3]。这种分析方法是根据系统中各要素之间存在的潜在关系分析系统结构的。系统中各要素之间都存在一定的关系，有些是直接关系，有些是间接关系，有些是层次关系，有些是并列关系，利用图论中的关联矩阵可以定量地描述这些关系或者指出系统的循环特性。这种方法常用来分析社会、经济、环境、规范和管理等方面的问题，为了解系统结构，制定系统规划提供科学的依据。作为与基于相关矩阵图的定量分析方法的补充，下面将用系统结构分析方法研究掘进机隧道工程中研究各因素的相互关联性。

1) 建立系统结构分析模型的一般步骤

（1）提出问题。

（2）确定构成系统的要素集合 S，并将各要素编号，列出要素明细表，记

$$S = \{S_1, S_2, \cdots, S_n\}$$

（3）由有关分析人员进行讨论，找出各要素之间的直接关系，且引入如下二元关系式：

$$S_i R S_j = \begin{cases} 1, & \text{当} S_i \text{与} S_j \text{有直接关系时} \\ 0, & \text{当} S_i \text{与} S_j \text{无直接关系时} \end{cases} \quad i,j = 1,2,\cdots,n$$

以建立各要素间的直接关系矩阵（邻接矩阵）M；如果直接关系矩阵 M 中的1较多，则说明直接关系矩阵 M 中的各元素是强相关的；如果直接关系矩阵 M 中的1较少，则说明直接关系矩阵 M 中的各元素是弱相关的。

（4）通过对直接关系矩阵的计算，得到可达矩阵 T：

$$T = M^{n+1}$$

其中：n 为直接关系矩阵 M 的阶数。可达矩阵 T 除了反映系统中各要素间的直接关系外，还可以反映出系统中各要素之间的间接关系。

（5）若矩阵 T 的各元素不全为1，则可将可达矩阵 T 分解成2个集合：

① $R(S_i)$ 集合：包括由 S_i 可能到达的一切有关的要素集合，称为 S_i 的母集合。

② $A(S_i)$ 集合：包含一切有关系的要素可以到达 S_i 的集合，称为 S_i 的子集合。

（6）计算 $R(S_i)$ 与 $A(S_i)$ 的交集，满足 $R(S_i)A(S_i) = R(S_i)$ 中的要素就是系统的最上位要素，即最高层次的要素。

（7）去掉最高层次要素，重复步骤（6），依次分出系统的第二层、第三层……直至最下层要素。

（8）根据上述分析，画出系统的层次结构图。

2) 掘进机隧道工程的系统结构分析模型的建立

构成系统的要素集合 S 如下：

$$S = \{S_1, S_2, \cdots, S_8\}$$
$$= \{\text{资金},\text{时间},\text{水文地质条件},\text{环境},\text{隧道尺寸},$$
$$\text{掘进机类型},\text{施工方法},\text{人力}\}$$

根据经验，掘进机隧道工程的直接（间接）关系表如表1-3所示。

所以，掘进机隧道工程第一层因素的直接（间接）关系矩阵为：

$$M = \begin{bmatrix} 1 & 0 & 0 & 1 & 1 & 1 & 1 & 1 \\ 1 & 1 & 0 & 0 & 0 & 0 & 0 & 0 \\ 1 & 1 & 1 & 1 & 1 & 1 & 1 & 1 \\ 1 & 1 & 1 & 1 & 1 & 1 & 1 & 1 \\ 1 & 1 & 0 & 0 & 1 & 1 & 1 & 0 \\ 1 & 1 & 1 & 1 & 0 & 1 & 1 & 1 \\ 1 & 1 & 1 & 1 & 1 & 1 & 1 & 1 \\ 1 & 1 & 1 & 1 & 0 & 1 & 1 & 1 \end{bmatrix}, \quad M^2 = \begin{bmatrix} 1 & 1* & 1* & 1 & 1 & 1 & 1 & 1 \\ 1 & 1 & 0 & 1* & 1* & 1* & 1* & 1* \\ 1 & 1 & 1 & 1 & 1 & 1 & 1 & 1 \\ 1 & 1 & 1 & 1 & 1 & 1 & 1 & 1 \\ 1 & 1 & 1* & 1* & 1 & 1 & 1 & 1* \\ 1 & 1 & 1 & 1 & 1* & 1 & 1 & 1 \\ 1 & 1 & 1 & 1 & 1 & 1 & 1 & 1 \\ 1 & 1 & 1 & 1 & 1* & 1 & 1 & 1 \end{bmatrix}$$

上述运算遵循布尔运算规则:

$$0+0=0 \quad 1+0=1 \quad 1+1=1$$
$$0\times 0=0 \quad 1\times 0=0 \quad 1\times 1=1$$

矩阵中带"*"号的元素是原直接关系矩阵中所没有的,它反映出了系统要素间的间接关系。

$$M^3 = \begin{bmatrix} 1 & 1* & 1* & 1 & 1 & 1 & 1 & 1 \\ 1 & 1 & 1* & 1* & 1* & 1* & 1* & 1* \\ 1 & 1 & 1 & 1 & 1 & 1 & 1 & 1 \\ 1 & 1 & 1 & 1 & 1 & 1 & 1 & 1 \\ 1 & 1 & 1* & 1* & 1 & 1 & 1 & 1* \\ 1 & 1 & 1 & 1 & 1* & 1 & 1 & 1 \\ 1 & 1 & 1 & 1 & 1 & 1 & 1 & 1 \\ 1 & 1 & 1 & 1 & 1* & 1 & 1 & 1 \end{bmatrix}$$

$M^4 = M^3$,故有: $M^9 = M^8 = M^7 = M^6 = M^5 = M^4 = M^3 = T$

$$T = \begin{bmatrix} 1 & 1 & 1 & 1 & 1 & 1 & 1 & 1 \\ 1 & 1 & 1 & 1 & 1 & 1 & 1 & 1 \\ 1 & 1 & 1 & 1 & 1 & 1 & 1 & 1 \\ 1 & 1 & 1 & 1 & 1 & 1 & 1 & 1 \\ 1 & 1 & 1 & 1 & 1 & 1 & 1 & 1 \\ 1 & 1 & 1 & 1 & 1 & 1 & 1 & 1 \\ 1 & 1 & 1 & 1 & 1 & 1 & 1 & 1 \\ 1 & 1 & 1 & 1 & 1 & 1 & 1 & 1 \end{bmatrix}$$

可达矩阵 T 反映了系统的总体结构。即不仅反映了系统中各要素之间的直接关系,而且也反映了系统中各要素之间的间接关系。掘进机隧道工程第一层因素的 T 矩阵内元素全部为1,说明各要素通过传递都是可建立关系的,即存在循环。了解系统是否存在循环的意义在于:对于不存在循环的可达矩阵,可进一步求得各元素的层次关系和并列关系,对于存在循环的可达矩阵,说明系统某一元素的变化将直接或间接地影响到其他所有元素。

1.2.1.6 基于相关矩阵图的定量分析方法和基本结论

根据 ESQ(expert semi-quantitative)方法,首先对相关程度作以下量化规定:

0—无相关性；

1—弱相关；

2—中等程度相关；

3—强相关；

4—紧密相关。

为便于理解，对表 1-3 中的各关键因素作进一步解释如下：

水文地质条件：土层强度、稳定性、黏性、渗透性，地下水位；

掘进机类型：不同类型的隧道掘进机；

施工方法：运输方法，辅助技术措施，拼装方法；

隧道尺寸：隧道长度、空间曲率、直径，隧道埋深；

环境：对邻近建筑物影响，噪声，振动；

人力：从事隧道施工的各类人员；

资金：用于隧道工程的费用；

时间：用于隧道工程的工期；

政治：政府官员决策，政策与法规，政府效率。

根据笔者经验和观点，通过表 1-3 可以得到量化的隧道施工各关键因素的相互关联矩阵图（表 1-4）。

量化的隧道施工各关键因素的相互关联矩阵图　　　　表 1-4

资金	0	0	3	3	3	3	4	0
2	时间	0	1	0	0	0	0	0
4	2	水文地质条件	4	2	4	4	2	0
4	2	4	环境	2	3	2	2	0
4	4	1	1	隧道尺寸	3	3	1	0
4	4	4	2	1	掘进机类型	4	2	0
4	4	2	2	3	3	施工方法	2	0
2	2	4	2	0	2	4	人力	0
2	0	0	1	1	1	1	2	政治

注：① 有些相互因素的关联可以认为是对称的，如：环境与人力、环境与施工方法、施工方法与隧道尺寸、隧道类型与人力、水文地质条件与环境；

② 有些相互因素的主动影响程度大于被动影响程度，如：掘进机类型次于施工方法；水文地质条件次于隧道尺寸、掘进机类型和施工方法，这是由工程设计的安全度所导致的；

③ 资金对人力的主动影响量大于被动影响量，这是因为奖励和克扣工资会大大影响人的主观能动性；

④ 除了人力以外，资金的被动影响量均大于其对其他因素的主动影响量。

需要指出的是，采用 ESQ 方法排出各关键因素的重要程度次序，是基于这样一种理解：较重要的元素一定也与其他元素具有较高的相关度。

ESQ 方法的量化虽然具有很好的可操作性，但其量化值与各关键因素的相互关联的描述对应性是比较粗糙的，它无法体现相互影响的正面效应与负面效应的差异，对某些因素的相互关系如能用函数关系表达，则应更为精确。

表 1-4 中，与因素对应的行是主动影响量，也可用 C 表示；与因素对应的列为被动影响量，也可用 E 表示。显然有结果如表 1-5 所示。

隧道掘进机施工各关键因素的量化值之和　　　　　表 1-5

因　　素	C	E	C + E
资金	16	22	38
时间	3	18	21
水文地质条件	22	15	37
环境	18	14	32
隧道尺寸	17	11	28
掘进机类型	21	18	39
施工方法	20	20	40
人力	16	13	29
政治	8	0	8
	平均 15.7	平均 14.6	最大 40
			最小 8

关于表 1-5 的讨论：

（1）掘进机隧道工程的各关键因素的相互关联矩阵是不对称的，即：

$$a_{ij} \neq a_{ji}。$$

（2）各关键因素的主动影响程度是在掘进机隧道工程中可以预先控制，排序为：

水文地质条件 > 掘进机类型 > 施工方法 > 环境 > 隧道尺寸 > 资金 > 人力 > 时间 > 政治。

（3）各关键因素的被动影响程度是在掘进机隧道工程中因素的反馈作用的重要程度，排序为：

资金 > 施工方法 > 时间 > 掘进机类型 > 水文地质条件 > 环境 > 人力 > 隧道尺寸 > 政治。

在掘进机隧道工程中，被动影响量其实反映了掘进机隧道工程的风险程度，被动影响程度量化的应用意义在于：其为风险评估中的权重分析提供了较为合理的确定权重的方法。

（4）由 C + E 可知，综合影响量居前五位的关键因素是施工方法、掘进机类型、资金、水文地质条件和环境。

（5）无论是主动影响程度还是被动影响程度，政治因素的影响程度都是最小的，所以在以后的分析中可以不考虑。

1.2.1.7　系统分析的模糊数学方法

严格地讲，掘进机隧道工程各主要因素的重要程度及相互关系是非确定性的，或者说是模糊的，所以采用模糊数学对掘进机隧道工程的内容进行系统分析更符合实际情况。模糊数学起源于扎德（L. A. Zadeh）在 1965 年提出的模糊集（见文献 [1-6]）的概念。

1) 隶属函数的定义

设 U 是一个对象组成的论域,则在论域 U 上的一个模糊集 A 定义为一个隶属函数:

$$\mu_{\overline{A}}(x): U \rightarrow [0,1], x \in U$$

它把 U 中的元素映射到 $[0,1]$ 中的实数。记为 $\overline{A} = \int_{x \in U} \mu_{\overline{A}}(x)/x$

其中 $\mu_{\overline{A}}(x)$ 称为论域 U 中元素 x 隶属于模糊集 $\overline{A}$ 的程度,简称 x 对 $\overline{A}$ 的隶属度。把定义在论域 U 上的所有模糊的全体记为 $F(U)$,把定义在论域 U 上的所有特征函数的全体记为 $C(U)$,显然有 $C(U) \subset F(U)$。有时把隶属函数 $\mu_{\overline{A}}(x)$ 简单地记为 $\overline{A}(x)$。

2) 确定隶属函数的选择比较法

设论域 $U = \{x_1, x_2, \cdots, x_n\}$,为确定 U 上的 1 个模糊集的隶属函数,其实就是对论域 U 中元素逐个确定其隶属度的问题。

但是,要求人们同时比较 U 中所有元素并直接给出每个元素的隶属程度,往往是很困难的,因为比较时要考虑的因素可能很多;但当将 U 中元素两两进行比较时,人们注意力可以比较集中,能够较客观地比出两者到底谁隶属于该模糊集的程度高。这类先在两两比较的基础上,再行决定隶属度的方法称为二元对比法。二元对比法就是根据人类善作两两比较的心理特点而设计的[1-7]。二元对比法本质上是一种统计方法,统计方法不仅成本较高,而且对统计者的行业熟悉程度要求更高,统计方法能否成功完全取决于统计者的调查对象。统计者的调查对象必须有一定的地域分布广度,调查对象中应该有本行业中从事管理、研究、设计、施工和设备材料供应商,以使统计结果能反应不同的视角。

3) 掘进机隧道工程主要因素隶属度确定的二元对比法调查结果

设掘进机隧道工程的主要因素为论域的元素,虽然这些元素是清晰的对象,但掘进机隧道工程各主要因素的重要程度是模糊的,所以问题是一阶模糊集。由国内外隧道工程领域的教授、施工工程师和设计工程师填写的表 1-6,可得到表 1-7 所示的掘进机隧道工程主要因素的隶属度值。

掘进机隧道工程主要因素隶属度确定的二元对比法调查表　　　表 1-6

	资金	时间	水文地质条件	环境	隧道尺寸	掘进机类型	施工方法	人力
资金	0							
时间		0						
水文地质条件			0					
环境				0				
隧道尺寸					0			
掘进机类型						0		
施工方法							0	
人力								0

注:如果您认为因素 i 比因素 j 重要,请在 i 行 j 列格内写上"1"。

掘进机隧道工程主要因素的隶属度值　　　　　　　　　表1-7

主要因素	和	$\mu(N_t)$	次序
资金	735	0.1229	5
时间	650	0.1087	7
水文地质条件	1045	0.1747	1
环境	840	0.1405	2
隧道尺寸	655	0.1095	6
掘进机类型	835	0.1396	3
施工方法	740	0.1237	4
人力	480	0.0803	8

显然，被调查对象的权威度是不一样的，为此按被调查对象的情况对每一位被调查对象赋予不同权重，赋予不同权重的原则如表1-8所示。

被调查对象的权重表　　　　　　　　　表1-8

被调查对象	权重
国内外权威人士	5
高级技术人员，20年及以上工作经验	3
中级技术人员，10年及以上工作经验	2
初级技术人员，3年及以上工作经验	1

调查对象的情况如表1-9所示。

调查对象表　　　　　　　　　表1-9

	国内	国外	总计
研究者、教授	3	2	5
设计工程师	8	3	11
施工工程师	26	5	31
业主、管理者	2	2	4
设备材料供应商	0	2	2
总计	39	14	53

从表1-7可以看到，位居前五位的关键因素是水文地质条件、环境、掘进机类型、施工方法和资金。与表1-5相比可知，居前五位的关键因素是一样的，但次序有所不同。按ESQ方法得到的次序是施工方法、掘进机类型、资金、水文地质条件和环境。

1.2.1.8　系统分析在最优化问题中的意义

系统分析的结果不仅为权重分析提供了理论依据，而且也指出了掘进机施工技术的关键因素以及各元素之间的直接和间接关系。从定量系统分析可以看到，不论是被动因素、主动因素还是综合因素，资金、施工方法、掘进机类型、环境和水文地质条件这 5 个因素总是名列在前。在这 5 个因素中，环境和水文地质条件是客观存在的，因此我们应该集中精力解决与资金、施工方法和掘进机类型相关的最优化问题。定量系统分析方法给我们开展工作指明了方向。

1.2.2 隧道掘进机选型的原则

1.2.2.1 隧道掘进机选型的依据

按模糊数学方法的结论，隧道掘进机选型要考虑的主要因素依次是水文地层条件、工程环境、施工方法、资金、隧道尺寸、隧道形状、建设周期、人力条件等。按 ESQ 方法确定各因素主动影响程度排序的结果，隧道掘进机选型要考虑的主要因素依次是水文地层条件、施工方法、工程环境、隧道尺寸、隧道形状、资金、人力条件、建设周期等。显然，水文地质条件是隧道掘进机选型所必须考虑的首要因素。

1.2.2.2 隧道掘进机选型的内容

隧道掘进机选型的内容主要有隧道掘进机类型、出土运输方法以及与隧道掘进机技术密切相关的进、出洞区域土体的加固方法和工作井的施工方法。

1.2.3 隧道掘进机选型的方法

隧道掘进机选型的方法可分为 3 种，即：基于岩土工程的选型方法、基于风险分析的选型方法和基于优化决策的选型方法。

1.2.3.1 基于岩土工程的选型方法

所谓基于岩土工程的选型方法就是隧道掘进机的选型主要考虑水文地质条件的方法。迄今为止，日本、挪威、意大利和法国分别提出了不同的基于岩土工程的隧道掘进机选型结论，表 1-10 为日本的基于岩土工程的隧道掘进机选型结论。由于基于岩土工程的选型方法仅仅考虑岩土性质，因此，按此方法选型显然是不充分的。

基于岩土工程的隧道掘进机选型表 表 1-10

	手掘式	半机械式	机械式	挤压式	泥水式	土压平衡	泥土加压
腐殖质土	×	×	×	Ä	Ä	Ä	Ä
粉砂、黏土	Ä	×	×	O	O	O	O
砂质粉土	Ä	O	O	×	O	Ä	O
泥岩	×	O	O	×	/	/	/
松散砂	Ä	×	Ä	×	O	Ä	O
压实砂	Ä	O	O	×	O	Ä	O
松散砂砾	×	×	Ä	×	Ä	Ä	O
固结砂砾	Ä	O	×	×	Ä	Ä	O
卵石层	Ä	Ä	×	×	Ä	Ä	Ä

注：×—表示应慎重研究；Ä—表示基本上能用，但须采取辅助措施；O—表示能用；/—表示不能用。（资料来源：《日本隧道盾构施工新技术》）

1.2.3.2 基于风险分析的选型方法

与基于岩土工程的选型方法相比，基于风险分析的选型方法可以考虑更多的因素，按基于风险分析的选型方法选择盾构可以将隧道工程的风险降低到最小的程度，风险分析的方法很多，现将决策树（DTA）分析方法的步骤介绍如下：

1）收集与隧道掘进机选型相关的工程资料；
2）明确可接受的风险指标；
3）列出可选的隧道掘进机类型，利用决策树从减少以下各项风险的角度对隧道掘进机选型：
（1）地质灾害风险；
（2）施工失误风险；
（3）设备故障风险；
（4）经济环境风险；
（5）自然灾害风险；
（6）动迁受阻风险；
4）选出风险最小的隧道掘进机。

1.2.3.3 基于优化决策的选型方法

基于风险分析的选型方法是以风险最小为中心的方法，但风险最小未必效率最高，因此提出基于优化决策的选型方法。

1）隧道掘进机类型和相应施工方法选择的 ESQ 量化分析

前面采用系统工程分析方法对掘进机隧道工程技术的第一层次的主要关键因素作量化分析，得到了第一层次的关键因素的重要性次序、相互关联的程度和性质，其结果也可作为对这些因素取权重的理论依据。本节将从较具体的层次（第二层次）对隧道掘进机类型、岩土类型、隧道施工运输方法、工作井施工方法和土层中隧道掘进机进出洞口的加固方法等的相互关系进行系统工程 ESQ 量化分析，以构造隧道掘进机类型和相应施工方法选择的辅助决策程序。

根据隧道掘进机的分类，我们可以得到量化的隧道掘进机选型表（表1-11）。

量化的隧道掘进机选型表　　表1-11

	挤压式盾构	EPB盾构	泥水盾构	泥水复合盾构	土压复合盾构	网格式盾构	机械式盾构	双护盾掘进机	敞开式隧道掘进机
软黏土（控制变形）	0	4	3	—	—	0	0	0	0
软黏土	4	4	3	—	—	4	0	0	0
粉土（控制变形）	0	3	4	—	—	0	0	0	0
粉土	2	3	4	—	—	2	0	0	0
砂土（控制变形）	0	3	4	—	—	0	0	0	0

续表

	挤压式盾构	EPB盾构	泥水盾构	泥水复合盾构	土压复合盾构	网格式盾构	机械式盾构	双护盾掘进机	敞开式隧道掘进机
砂土	0	2	4	—	—	1	2	0	0
砾石（控制变形）	0	0	4*	—	—	0	0	0	0
砾石	0	0	4*	—	—	0	3	0	0
卵石（控制变形）	0	0	4*	—	—	0	0	0	0
卵石	0	0	4*	—	—	0	4	0	0
漂石（控制变形）	0	0	0	0	—	0	0	0	0
漂石	0	0	0	0	—	0	4	0	0
硬土（$N<4$）	0	3	2	0	—	0	4	0	2
未～微风化岩	0	0	0	0	—	0	0	4	2
轻～中风化岩	0	0	0	0	—	0	0	4	2
轻～中风化岩（含裂隙水）	0	0	0	0	—	0	0	4	0
强～全风化岩	0	0	0	0	—	0	0	4	2
强～全风化岩（含裂隙水）	0	0	0	0	—	0	0	4	0
岩－石＋土－砂	0	0	0	3	4	0	0	0	0
岩－石±土＋砂	0	0	0	4	3	0	0	0	0
岩＋石±其他*	0	0	0	4	0	0	0	0	0
掘进效率	2	4	4	4	4	3	2	4	1
掘进机造价	4	2	1.5	1	1	4	3	2	4

注：① 0—不适用；1—不太适用；2—一般；3—较适用；4—适用；
② 对造价而言：数值越高越便宜，本表对掘进机造价的评估结论仅适合目前的中国或与中国经济水平相当的国家，对于发达国家，由于人工费远比中国昂贵，对其掘进机造价的评估结论会与本表结论相差较大；
③ "岩"—各种岩石；"石"—砾石、卵石、漂石；"土"—除砂土之外的各种土；"砂"—砂土；"其他"—包括砂土在内的各种土；"+"—有；"－"—无；"±"—或有或无；"*"—附加渣破碎功能。

隧道掘进机的出渣运输方法与地层条件、掘进机类型及隧道尺寸等多种因素有关，表1-12为量化的出渣运输方法选用表。同样道理，我们得到量化的掘进机洞门加固方法与掘进机类型及地层条件关系表（表1-13），量化的隧道工作井施工方法选择表（表1-14）。隧道掘进机附加功能的使用可参见表1-15。

量化的出渣运输方法选用表　　　　　　　　　　　　　　　　表1-12

		轨道运输车	无轨运输车	皮带机	泵送
地层类型	软土	4	4	2	2
	其他土、岩石	4	4	3	0
掘进机类型	挤压式盾构	—	—	—	—
	EPB盾构	4	4	4	2
	土压复合盾构	4	4	4	2
	泥水盾构	0	0	0	4
	泥水复合盾构	0	0	0	4
	网格式盾构	0	0	0	4
	机械式盾构	4	4	4	0
	双护盾掘进机	4	4	4	0
	敞开式隧道掘进机	4	4	4	0
隧道尺寸	特大直径（$d \geq 8.5m$）	4	4	4	4
	小直径（$d < 3m$）	0	0	0	4
	中等直径（$5m \geq d \geq 3m$）	0	0	4	4
	大直径（$5m < d < 8.5m$）	4	0	4	4
	纵向坡度 $I \geq 20\%$	0	0	2	4
	纵向坡度 $20\% > I \geq 15\%$	0	0	4	4
	纵向坡度 $I \leq 5\%$	4	4	4	4
	纵向坡度 $15\% > I > 5\%$	0	4	4	4
耗时		2	2	4	4
设备	造价	3	4	1	2

注：0—不适用；1—不太适用；2—一般；3—较适用；4—适用；"—"表示不必应用。

量化的盾构洞门加固方法和盾构类型关系表　　　　　　　　　　表1-13

		降水	搅拌桩	SMW	旋喷桩	钢板桩	冻结
土体类型	黏土	1	4	4	4	4	4
	黏土（控制变形）	0.5	4	4	3	0.5	3
	粉土	4	3	4	4	3	4
	粉土（控制变形）	0.5	3	3	4	0.5	2.5
	砂土	4	1	1	4	3	4
	砂土（控制变形）	0.5	1	1	4	0.5	2.5
	砾石	4	0	0	2	1	4
	砾石（控制变形）	0.5	0	0	2	0.5	2.5
	卵石	4	0	0	0	0	4
	卵石（控制变形）	2	0	0	0	0	2.5
	漂石	4	0	0	0	0	4
	漂石（控制变形）	2	0	0	0	0	2.5

续表

		降水	搅拌桩	SMW	旋喷桩	钢板桩	冻结
盾构类型	挤压盾构	—	—	—	—	—	—
	EPB 盾构	4	2	3	1	4	4
	泥水盾构	4	0	0	0	4	4
	网格盾构	4	0	0	0	4	4
	机械式盾构	—	—	—	—	—	—
	双护盾掘进机	—	—	—	—	—	—
	敞开式隧道掘进机	—	—	—	—	—	—
质量	可靠度	4	3	3	3	4	4
隧道埋深	浅埋	4	4	4	4	4	4
	中埋	4	3	3	4	4	4
	深埋	4	2	2	3	3	4
加固	造价	4	3	4	2	4	1

注：0—不适用；1—不太适用；2—一般；3—较适用；4—适用；"—"不必应用。浅埋指 $H \leqslant D$；中埋指 $D < H \leqslant 4D$；深埋指 $H > 4D$；"H"—隧道埋深；"D"—隧道外径。

量化的隧道工作井施工方法选择表　　　　　　表 1-14

工作井施工方法		地下墙	SMW	钢板桩	现浇逆作法	钻爆法	旋喷桩	沉井
软黏土（控制变形）		4	4	2	0	0	3	2
软黏土		4	4	4	0	0	3	4
粉土（控制变形）		4	4	2	0	0	2	2
粉土		4	4	4	0	0	2	4
砂土（控制变形）		4	4	2	0	0	2	2
砂土		4	4	4	0	0	2	4
砾石		3	0	2	0	0	1	3
砾石（控制变形）		3	0	2	0	0	1	3
卵石		0	0	0	0	0	1	2
卵石（控制变形）		0	0	0	0	0	1	2
漂石		0	0	0	0	0	1	2
漂石（控制变形）		0	0	0	0	0	1	2
硬土（$N<4$）		2	0	0	4	1	1	0
岩石		1	0	0	0	4	0	0
隧道埋深	浅埋	4	4	4	4	4	3	4
	中埋	4	0	1	4	4	0	4
	深埋	4	0	4	4	4	0	4
造价		2	4	4	4	4	4	3

注：0—不适用；1—不太适用；2—一般；3—较适用；4—适用。对造价而言：数值越高越便宜。

量化的隧道掘进机附加功能选择表　　　　　　　　　　表 1-15

	铰接式盾构	出土螺旋机密封装置	土舱泡沫注入系统	出土螺旋机泡沫注入系统	开挖面泥浆或泡沫注入系统	同步注浆系统	开挖面稳定方法模式转换	进碴破碎功能
软土（控制变形）						√		
砂性土（>0.2MPa水压）		√（土压平衡盾构、复合盾构）			√（土压平衡盾构）			
砂性土					√（土压平衡盾构）			
（隧道曲线半径/隧道外径）<25	√							
磨损性地层				√（土压平衡盾构）	√（土压平衡盾构）			
粘结性地层			√（土压平衡盾构）		√（土压平衡盾构）			
砾石、卵石地层								√
岩石、砂土与黏土相间							√	

注：√—需用；括号为附加条件；这里的粘结性地层是指风化泥岩所具有的粘结。

　　随着科学技术的进步，新的隧道掘进机类型和新的施工方法将层出不穷，因此，以上表格的内容将不断丰富和完善。

　　根据日本规定，当（隧道曲线半径/隧道外径）<25 时，必须采用铰接式盾构，实际工程中，为了方便盾构操作，常有大于 25 时也采用铰接的例子。

　　2）隧道掘进机类型和相应施工方法选择的辅助决策最优化程序

　　根据隧道掘进机类型和相应施工方法选择的 ESQ 量化分析结果，可以采用 Delphi 语言编制隧道掘进机类型和相应施工方法选择的辅助决策最优化程序，其主要作用是在计算机上实现隧道掘进机及施工方法最优化配套方案的辅助决策，包括以下主要功能：

　　（1）隧道掘进机选型及其运输方式、洞口加固方法配套方案的最优化；

　　（2）工作井的最佳施工方法；

　　（3）开放式建立和维护最优化模型，采用数据库管理模型的量化参数矩阵；

　　（4）多工程管理。

　　软件使用 BDE 数据库引擎和 Paradox 数据库实现数据管理。

　　本系统的数学模型是开放的，用户可根据地区差别、自己的经验和观点，设置模型参数的项目及其数值，在系统默认模型的基础上创建新的数学模型。模型参数数值维护通过菜单"模型｜维护｜编辑数值"打开维护界面（图 1-22）实现。数值的修改直接在界面提供的表格中进行。按"确定"按钮结束修改，系统将自动更新修改结果。

图 1-22　模型参数数值维护的界面

		轨道运输车	无轨运输车	垂直螺旋机	皮带机	泵送
地层类型	软土	4	4	3	2	2
	硬土、岩石	4	4	0	3	0
掘进机类型	挤压盾构	4	0	0	0	0
	EPB盾构	4	4	4	4	2
	泥水盾构	0	0	4	0	4
	混合盾构	0	0	4	0	4
	复合盾构	4	4	4	4	2
	网格盾构	4	0	4	0	4
	反铲盾构	4	4	0	4	0
	双护盾掘进机	4	4	0	4	0
	矿山法掘进机	4	4	0	4	0
隧道特征	特大直径($d \geq 8.5m$)	4	4	4	4	4
	大直径($5m \leq d < 8.5m$)	4	4	4	4	4
	中等直径($3m \leq d < 5m$)	0	4	4	4	4
	小直径($d < 3m$)	0	0	4	0	4
	坡度$I \geq 20\%$	0	0	4	2	4
	坡度$15\% \leq I < 20\%$	0	4	4	4	4
	坡度$3\% < I < 15\%$	0	4	4	4	4
	坡度$I \leq 3\%$	4	4	4	4	4
运输法性能	耗时	2	2	4	4	4
	设备造价	3	4	1	3	2

优化运算包括：

（1）隧道掘进机选型及其运输方式、洞口加固方法配套方案的最优化；

（2）工作井的最佳施工方法选择。

隧道掘进机选型及其运输方式、洞口加固方法的最优化配套方案结果可用 3 种模式显示：树形显示（图 1-23）、列表显示（图 1-24）和表格显示（图 1-25），根据预设显示若干配套方案或所有可能的配套方案。工作井的最佳施工方法按施工方法优劣排序显示。

图 1-23　树形显示模式

序号	盾构	运输方法	加固方法	基本分	附加分	总分	附加功能
00	泥水盾构	垂直螺旋机	降水法	29.5	18.0	47.5	同步注浆系统；
01	泥水盾构	垂直螺旋机	钢板桩法	29.5	18.0	47.5	同步注浆系统；
02	泥水盾构	泵送	降水法	29.5	18.0	47.5	同步注浆系统；
03	泥水盾构	泵送	钢板桩法	29.5	18.0	47.5	同步注浆系统；
04	EPB盾构	垂直螺旋机	降水法	29.0	18.0	47.0	同步注浆系统；
05	EPB盾构	垂直螺旋机	钢板桩法	29.0	18.0	47.0	同步注浆系统；
06	混合盾构	垂直螺旋机	降水法	29.0	18.0	47.0	同步注浆系统；
07	混合盾构	垂直螺旋机	钢板桩法	29.0	18.0	47.0	同步注浆系统；
08	混合盾构	泵送	降水法	29.0	18.0	47.0	同步注浆系统；

图 1-24 列表显示模式

盾构	运输方法	加固方法	基本分	附加分	总分	附加功能
EPB盾构	垂直螺旋机	降水法	29.0	18.0	47.0	同步注浆系统；开
EPB盾构	垂直螺旋机	搅拌桩法	29.0	13.0	42.0	同步注浆系统；开
EPB盾构	垂直螺旋机	SMW法	29.0	15.0	44.0	同步注浆系统；开
EPB盾构	垂直螺旋机	旋喷桩法	29.0	14.0	43.0	同步注浆系统；开
EPB盾构	垂直螺旋机	钢板桩法	29.0	18.0	47.0	同步注浆系统；开
EPB盾构	垂直螺旋机	冻结法	29.0	15.5	44.5	同步注浆系统；开
EPB盾构	皮带机	降水法	26.0	18.0	44.0	同步注浆系统；开
EPB盾构	皮带机	搅拌桩法	26.0	13.0	39.0	同步注浆系统；开
EPB盾构	皮带机	SMW法	26.0	15.0	41.0	同步注浆系统；开
EPB盾构	皮带机	旋喷桩法	26.0	14.0	40.0	同步注浆系统；开
EPB盾构	皮带机	钢板桩法	26.0	18.0	44.0	同步注浆系统；开
EPB盾构	皮带机	冻结法	26.0	15.5	41.5	同步注浆系统；开
EPB盾构	泵送	降水法	27.0	18.0	45.0	同步注浆系统；开
EPB盾构	泵送	搅拌桩法	27.0	13.0	40.0	同步注浆系统；开
EPB盾构	泵送	SMW法	27.0	15.0	42.0	同步注浆系统；开
EPB盾构	泵送	旋喷桩法	27.0	14.0	41.0	同步注浆系统；开
EPB盾构	泵送	钢板桩法	27.0	18.0	45.0	同步注浆系统；开

图 1-25 表格显示模式

1.2.3.4 隧道掘进机选型的应用范围

在掘进机隧道工程建设中，正确和及时地进行隧道掘进机选型是十分重要的。既然水文地质条件是隧道掘进机选型的首要因素，那么就必须首先了解隧道工程建设不同阶段的岩土勘察内容和隧道工程建设的程序。

1）隧道工程建设的五个阶段及其岩土勘察内容

隧道工程建设的各个阶段的划分及其相应的岩土勘察内容的确定,在各个国家是不完全相同的。表1-16 和表1-17 是日本的情况[1-8]。

阶段和调查的种类、方法   表1-16

阶 段		调查的种类	调 查 方 法
基本计划		初步调查(初步的调查)	资料调查、现场踏勘
设计	基本设计	基本调查(基本的调查)	现场调查、室内试验、现场踏勘
	实施设计	详细调查(详细的调查)	现场调查、室内试验、现场踏勘
施工	辅助施工法	确认调查(为了确认进行的调查)	现场调查、室内试验、现场测量
	盾构施工法	管理调查(以管理为目的的调查)	现场调查、室内试验、现场测量
维修管理		追踪调查(追踪有无影响的调查)	现场调查、室内试验、现场测量

调查项目和计划、施工的关系   表1-17

调查项目		计划			设计					施工				维修管理
					基本设计		实施设计							
		线路选定	工地位置选定	盾构适用性判定	断面形状设计	平纵线形设计	盾构选定	盾构设计	衬砌设计	竖井设计	辅助施工设计	设备计划	构筑竖井	盾构施工	环境保护	
选址条件	土地利用及权利关系	☆	☆		○				○			○	○		☆	
	将来计划	☆	☆		☆		○	○					☆		☆	☆
	道路类别及交通	☆	☆	○	☆			○	○	○		○	○	○	○	
	工程用地的易难度	☆	☆	○		○		○		○		○	○	○	○	
	河、湖、海的状况	☆	○	☆		○	☆	○				☆		○	☆	
	电力及给排水设施	○	○	○						○		☆	○	○		○
障碍物	地上、地下构筑物	☆	☆	○	○	☆	○	○			○	☆	○	○	☆	
	遗迹	☆	☆		☆	☆						○	○	○		
	其他	☆	☆													
地形及土质	地形	☆	○	○		☆	○	☆		○	☆	☆	☆	☆		
	地层构成			○		☆	○	○	○	○	○	○	○	○		
	土质			☆			○	○	○	○	○	☆	○	○		
	地下水			☆			○	○	○	○	○	○	○	○		○
	缺氧、有害气体	☆		☆			○	○		○	○	○	○	○		
	广范围地基下沉					○								○	☆	
周边环境	噪声、振动		☆	○			☆	○			○	○	○	○	☆	
	地基变形			○	○		☆									
	化学注浆的影响							○				☆	○	○	○	
	建设废料			○				○				○	○	○		
	其他(文化财产等)	☆	○	☆		☆	○			○	☆	○	○	○		☆

续表

研讨项目\调查项目	计划			设计							施工				维修管理
				基本设计			实施设计								
	线路选定	工地位置选定	盾构适用性判定	断面形状设计	平纵线形设计	盾构选定	盾构设计	衬砌设计	竖井设计	辅助施工设计	设备计划	构筑竖井	盾构施工	环境保护	
施工实绩 掘进管理		○		○	○	☆	☆				○		☆	○	
施工实绩 工程管理				○	○						○	☆	○		
施工实绩 安全卫生管理				○						☆	☆	○	○		
施工实绩 环境保护	☆	☆	○								☆	○	○	☆	☆
施工实绩 其他（事故事例等）	○	○	○	○	○	☆	○	○	☆	☆	○	☆	☆	☆	○

注：① ☆是在进行计划、设计、施工方面必须调查的项目；
② ○是在进行计划、设计、施工方面根据需要所作调查的项目。

以下是国内的规定[1-9]：

（1）预可行性研究阶段（项目建议书）。本阶段通常不作专门的岩土勘察，而是利用场区附近已有的历史资料，并对现场踏勘。

（2）工程可行性研究阶段。对隧道工程地质进行可行性研究勘察。

（3）初步设计阶段。对隧道工程进行初步勘察，初步勘察文件应符合初步设计的要求。

（4）施工图设计阶段。对隧道工程进行详细勘察，详细勘察文件应符合施工图设计的要求。

（5）施工阶段。对工程进行施工勘察是承包商核准地质有无变化的主要手段，调查内容由承包商自行决定。

2）掘进机隧道工程的建设程序

在市场经济条件下，不同的采购方法将产生不同的掘进机隧道工程的建设程序。在掘进机隧道工程中，最为常见的采购方法是传统采购方式和设计施工采购方式，图1-26和图1-27分别是这两种方式的建设程序。

3）应用范围

由上述规定可见，初步勘察文件的成果可满足辅助决策最优化程序要求输入的岩土工程信息，因此3种选型方法均可在初步设计阶段应用。

此外，如果将来的隧道掘进机直径大于目前的实践，则各种选型方法的可靠度会下降，因为各种选型方法的依据是建立在经验基础上的。

从掘进机隧道工程的典型建设程序可见，不论是传统采购方法，还是设计-施工采购方法，最有掘进机选型和施工方法选择发言权的施工承包商，在施工图设计阶段之前，均未深入介入前期的掘进机选型和施工方法选择的决策，另外，以保护顾客利益为前提的工程合同，往往要求施工承包商承担掘进机选型和施工方法选择的决策责任。其后果是掘进机施工方法选择错误而导致工程失败的风险增大了，由此引起了复杂的法律纠纷。

1.2 隧道掘进机选型 29

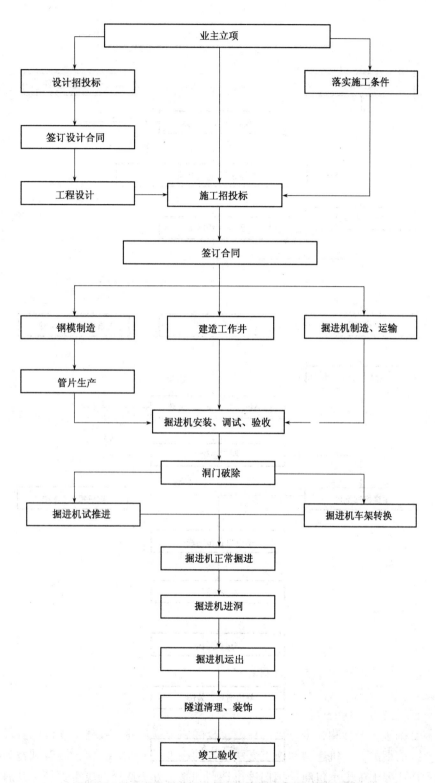

图 1-26 传统采购方式下的掘进机隧道工程典型建设程序

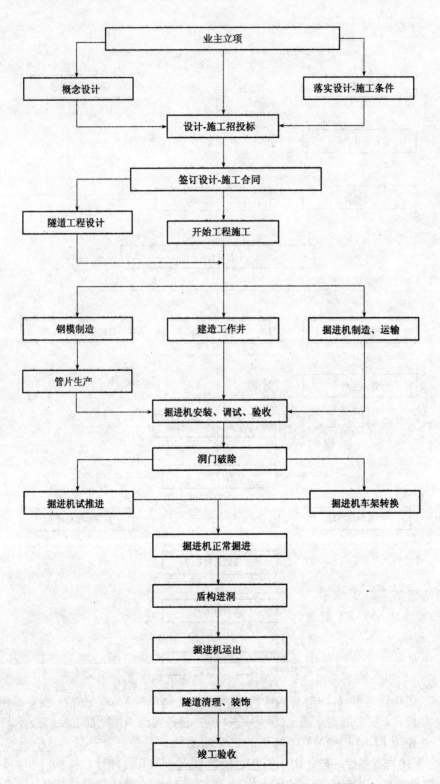

图1-27 设计-施工采购方式下的掘进机隧道工程典型建设程序

辅助决策最优化程序用系统工程方法构建框架、以掘进机隧道工程领域的施工专家意见为判断依据，使得工程早期，即在掘进机选型和施工方法选择的决策中，充分体现施工专家观点成为可能。

1.2.4 隧道掘进机选型的工程实例分析与应用

1.2.4.1 上海地铁区间隧道工程

1）工程概况

上海地铁区间隧道的纵向坡度一般为3‰，隧道曲线半径与隧道外径之比总是大于25，隧道埋深（H）一般属于中埋，即：$D<H\leqslant 4D$（D 为隧道外径）。

根据文献［1-10］，区间隧道所处的地层为软黏土和粉土，局部地区可遇承压水层。地铁车站通常用作为区间隧道的工作井，所以工作井围护结构通常可能会插入硬黏土层（⑥土层）。由于上海市区内建（构）筑物密集，对地层变形控制的要求很高。

2）辅助决策最优化程序的分析结果

将工程概况中的内容输入辅助决策最优化程序，我们可以得到以下结果：

序号	盾构	运输方法	加固方法	基本分	附加分	总分	附加功能
1	EPB	轨道运输车	SMW法	30.5	15.8	46.3	同步注浆系统；
2	EPB	轨道运输车	钢板桩法	30.5	15.3	45.8	同步注浆系统；
3	EPB	轨道运输车	冻结法	30.5	15.3	45.8	同步注浆系统；
4	EPB	轨道运输车	降水法	30.5	15.2	45.7	同步注浆系统；
5	EPB	轨道运输车	搅拌桩法	30.5	14.6	45.1	同步注浆系统；
……							

工作井可采用地下连续墙方法围护。

3）讨论

由辅助决策最优化程序的计算结果可以看到，可以用于上海地铁区间隧道的盾构类型和相应的施工方法多达42种不同组合，其中最优的组合是采用土压平衡盾构、并配以轨道运输车的施工运输方法和同步注浆系统，出洞口处理可采用SMW法，或钢板桩法，或降水法，工作井应采用地下连续墙方法围护。目前上海地区采用的盾构类型和施工方法几乎与上述结论相同。

1.2.4.2 吉隆坡 SMART 隧道

1）工程概况

马来西亚泄洪及公路隧道（SMART 隧道）位于吉隆坡中心的东南部，隧道总长9.7km，其中2.8km作为公路隧道。采用盾构法施工的隧道长度为5.205km。隧道最大纵坡1.53‰，最小转弯半径250m。盾构机头部外径是13.210m，盾尾外径是13.180m。公路隧道隔为上下2层。隧道上覆土层厚10~13m。隧道衬砌采用钢筋混凝土管片，内径为11.83m，外径为12.83m。SMART 隧道的主要地质特征为石灰岩和黏土、粉土等（详见图1-28）。上述岩石强度一般，由于石灰岩的特性（水对其侵蚀性较强），同时马来西亚属热带海洋性气候，雨量丰富，地下水位高，根据初次工程地质勘探，在四处探得溶洞。根据勘探资料,盾构在推进过程中,将遇到变化多端的地质情况,如上硬下软、上软下

里程（m）	长度（m）	地质
5500~5420	80	石灰岩
5420~5400	20	砂土
5400~5350	50	混合地层
5350~3150	2200	石灰岩（*）
3150~2770	380	混合地层（*）
2770~2570	200	砂土
2570~2320	250	混合地层
2320~1630	690	砂土
1630~1500	130	混合地层
1500~1150	350	松散砂层
1150~1050	100	混合地层
1050~985	65	松散砂层
985~920	65	混合地层
920~100	820	松散砂层

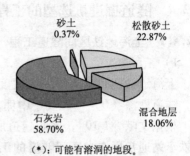

(*)：可能有溶洞的地段。

图 1-28 地质条件统计

硬、全断面岩石、全断面砂土等。

2）辅助决策最优化程序的分析结果

虽然由辅助决策最优化程序的计算结果可用于 SMART 隧道的盾构类型和相应的施工方法有 8 种不同组合，但可供选择的盾构类型只有 2 种，即：泥水复合盾构和土压复合盾构。对于泥水复合盾构，应配备同步注浆系统、进碴破碎装置、铰接式盾构、超前探测、超前注浆，并采用泵送出碴方法，洞门加固可用降水法或冻结法；对于土压平衡复合盾构，应配备同步注浆系统、开挖面泡沫注入系统、土舱泡沫注入系统、出土螺旋机泡沫注入系统、铰接式盾构、超前探测、超前注浆，并采用轨道运输车出碴方法，洞门加固可用降水法或冻结法。实际工程采用泥水复合盾构，出碴为泵送方法，该盾构配备了同步注浆系统、进碴破碎功能、超前探测功能、超前注浆功能，工作井采用钻爆法。

1.2.4.3 北京地铁五号线盾构试验工程

1）工程概况[1-11]

盾构试验工程为北新桥至雍和宫区间的左线隧道，全长 742.6m，线路最大坡度 2.2%，平面最小曲线半径 700m，隧道覆土厚 12~16m。隧道沿线穿越砂、黏土、卵石等地层。

2）辅助决策最优化程序的分析结果

由辅助决策最优化程序的计算结果可以得到，用于本隧道工程的盾构类型和相应的施工方法多达 42 种不同组合，其中最优的组合是采用泥水盾构和土压平衡盾构（相同分数值）。对于泥水盾构，应配备同步注浆系统和进碴破碎装置，并采用泵送出碴方法，洞门加固用冻结法；对于土压平衡盾构，应配备同步注浆系统、开挖面泡沫注入系统和出土螺旋机泡沫注入系统，并采用轨道运输车出碴方法，洞门加固用冻结法。实际工程采用了土压平衡盾构。

1.2.4.4　广州地铁二号线市二宫至江南西区间隧道工程
1）工程概况

本工程盾构外径 6300mm，线路最大坡度 1.5%，平面最小曲线半径 600m，隧道覆土厚 16m 左右。隧道沿线穿越全风化～微风化的泥质粉砂岩和粉质泥岩。

2）辅助决策最优化程序的分析结果

虽然由辅助决策最优化程序的计算结果可用于本隧道工程的盾构类型和相应的施工方法多达 15 种不同组合，但可供选择的盾构类型只有 2 种，即：泥水复合盾构和土压复合盾构。对于泥水复合盾构，应配备同步注浆系统，并采用泵送出碴方法，洞门加固可采用钢板桩、降水和冻结法；对于土压平衡盾构，应配备同步注浆系统、开挖面泡沫注入系统、土舱泡沫注入系统、出土螺旋机密封装置，并采用轨道运输车出碴方法，洞门加固可采用钢板桩、降水和 SMW 法。实际工程采用铰接式复合土压平衡盾构机，施工运输采用轨道运输车。

1.2.4.5　深圳地铁一期 2A 标购物公园～香蜜湖区间隧道工程
1）工程概况

本工程线路最大坡度 3.0%，平面最小曲线半径 400m，隧道覆土厚度 10～18m。隧道沿线穿越砾质黏性土及全风化～强风化的花岗岩。

2）辅助决策最优化程序的分析结果

虽然由辅助决策最优化程序的计算结果可以用于本隧道工程的盾构类型和相应的施工方法多达 15 种不同组合，但可供选择的盾构类型只有 2 种，即：泥水复合盾构和土压复合盾构。实际工程采用铰接式复合土压平衡盾构机，施工运输采用轨道运输车。

1.2.4.6　泰国曼谷 7 期供水项目隧道工程（G-MC-7B）
1）工程概况

本工程盾构外径 3176mm，隧道外径 2900mm，最小水平曲线半径为 80m，埋深 13～17m，单线隧道长度达到 2.2km。隧道经过的地层为软黏土、粉土和砂土。

2）辅助决策最优化程序的分析结果

由辅助决策最优化程序的计算结果，可用于本隧道工程的盾构类型和相应的施工方法多达 18 种不同组合，但以泥水盾构和土压平衡盾构为优选方案。当采用土压平衡盾构时，应辅以开挖面泡沫注入系统和出土螺旋机密封装置。由于隧道直径较小，出土运输方案应为泵送。实际工程采用铰接式土压平衡盾构机，并辅以开挖面泡沫注入系统和出土螺旋机密封装置，施工运输采用了轨道运输车，工作井采用了沉井法。工程实践表明，由于运输方式的不合理，制约了盾构隧道的施工工期，承包商对没有采用泵送方案颇为后悔。

1.2.4.7　广州地铁二号线越三区间隧道工程
1）工程概况[1-12]

本工程盾构外径 6300mm，隧道外径 6000mm，最小水平曲线半径为 400m，埋深 13.5～27.9m，单线隧道长度达到 1.05km 左右。隧道最大坡度 3%。隧道经过的地层主要为全风化、强风化、中等风化、微风化泥质砂（砾）岩和残积粉质黏土。存在基岩裂隙水，地下水水位一般在地表以下 0.7～2.8m，所以地下水压可能大于 0.2MPa。

2）辅助决策最优化程序的分析结果

由辅助决策最优化程序的计算结果，可用于本隧道工程的盾构类型和相应的施工方法多达 15 种不同组合，但只有泥水复合盾构和土压平衡复合盾构为可选方案。当采用泥水复合盾构时，应辅以同步注浆系统，出碴采用泵送方法，土层中洞门加固可采用钢板桩、降水和冻结方法；当采用土压平衡盾构时，应辅以同步注浆系统、开挖面泡沫注入系统、土舱泡沫注入系统和出土螺旋机泡沫注入系统，土层中洞门加固可采用 SMW 等方法，施工运输可采用轨道运输车方法和皮带运输机方法，以单一轨道运输车为佳。实际工程采用了 2 台土压平衡复合盾构机，该机具有土压平衡、空气加压和敞开式 3 种模式的转换功能。施工运输采用了轨道运输车。

1.2.4.8 小结

用辅助决策最优化程序对大量掘进机隧道工程实例进行了分析和应用，由此得到以下结论：

1）绝大多数的工程都能够做到选择恰当的盾构类型和相应的施工方法，但也有个别盾构隧道工程，因没有选好恰当的施工方法，给工程带来了一些困难。

2）盾构类型和相应施工方法的选择方案并不是唯一的，决策者的经验、偏好和对已有设备的利用，会在很大程度上影响决策，而辅助决策最优化程序的一个优点应该是给决策者的选择提供了提醒。

3）虽然开放的程序设计给使用者自行改动数字模型参数的数值提供了便捷的途径，但设定的分数值已经过国内外许多掘进机隧道工程的验算，并被证明是合理的，所以建议使用者不要轻率改动这些分数值。

参考文献

[1-1] 上海隧道工程股份有限公司. 软土地下施工技术. 上海：华东理工大学出版社，2001

[1-2] B. Maidl, M. Herrenknecht, L. Anheuser. Mechanised Shield Tunnelling. Ernst & Sohn. 1996

[1-3] 白云. 掘进机隧道工程技术的最优化方法和工程应用. 同济大学博士论文，2003

[1-4] Bian Haiying. Application of Tunnel Engineering System (TES) to Tunnel Design and Construction. Nanyang Technological University, 2001

[1-5] 刘舒燕. 交通运输系统工程. 北京：人民交通出版社，2001

[1-6] Zadeh L. A. Fuzzy Sets. Information and Control. 1965

[1-7] 何新贵. 模糊知识处理的理论与技术. 第 2 版. 北京：国防工业出版社，1998

[1-8] 江中孚等译. 盾构隧道新技术. 中铁西南科学研究院，2001

[1-9] 上海市标准. 岩土工程勘察文件编制深度规定（DBJ 08-72—98）

[1-10] 上海市工程建设规范. 地基基础设计规范（DGJ-11—1999）

[1-11] 成树全，刑文耐. 北京地铁五号线简介. 中国土木工程学会隧道与地下工程分会地下铁道专业委员会第十四届学术交流会论文集. 北京：中国工程技术出版社，2001

[1-12] 周江天. 越三区间隧道盾构工程设计. 土木工程与高新技术—中国土木工程学会第十届年会论文集. 北京：中国建筑工业出版社，2002

第 2 章　圆形土压平衡式盾构施工技术

2.1　概　　述

2.1.1　圆形土压平衡式盾构的发展历史

自 1974 年在日本首次使用以来，圆形土压平衡式盾构便以其独特的优势广泛应用于世界各地的隧道工程建设中。近 20 年来，土压平衡式盾构与泥水加压盾构共同成为了盾构的主流机种，这种机械切削挖掘的密闭型盾构，一般情况下不仅不需要采用气压法等辅助措施，而且从开挖面的稳定、土体的开挖一直到渣土的排出等作业都形成了一个机械化和自动化的系统，甚至可通过远距离遥控就能完成盾构掘进的方向控制和同步注浆等作业，从而提高了工效，节省了大量的劳动力。

近年来，在日本土压平衡式盾构已占日本盾构总量的 69%，泥水加压式盾构占 28%，其他盾构仅占 3%。在我国，土压平衡式盾构的比例也是最高的。不仅在亚洲，在欧美各国也广泛采用土压平衡式盾构进行含水软土地层中的隧道掘进工作。甚至大直径盾构隧道也有越来越多采用土压平衡盾构的迹象。

2.1.2　圆形土压平衡式盾构的构成及原理

2.1.2.1　圆形土压平衡式盾构的主要构成

圆形土压平衡式盾构主要由以下几部分组成：盾构壳体、刀盘及驱动系统、螺旋输送机、管片拼装机、推进系统、集中润滑系统、盾尾密封系统、同步注浆系统、加泥系统、皮带输送机、人行闸、液压系统、电气控制系统及其他后配套车架辅助系统等。土压平衡式盾构（EPBS）开挖面装有全断面切削刀盘，在切口环与支承环间设有密封隔板，使前面切口环部分形成密封隔舱，同时在盾构下部或中心设有长筒形螺旋输送机的进土口，排土口设在密封隔舱外，而在支承环上安装有推进千斤顶，盾尾装有管片拼装机和密封系统。其主机构造详见图 1-9。

2.1.2.2　圆形土压平衡式盾构的工作原理

圆形土压平衡式盾构是利用全断面切削刀盘上的刀具，在刀盘扭矩和千斤顶推力的作用下，对正面土体进行切削。切削下来的土体经刀盘开口进入刀盘后面的密封隔舱，必要时通过配备的加泥（泡沫）系统对舱内土体进行改良，使其具有良好的塑流性和较少的粘结力，再通过可控转速的螺旋输送机和后续皮带输送机连续地进行弃土。

为了减少盾构掘进对地层的扰动，保证盾构开挖面的稳定，必须高度关注各施工参数的关联性，严格控制掘削量与出土量的平衡，其通用的控制方法有以下 3 种：

1）调整螺旋输送机出土速度

首先通过理论计算和经验修正，设定基本的平衡土压力；再根据盾构机的技术参数和地质条件，设定正常的掘进速度和刀盘转速，形成盾构掘削量的基本参数；然后按螺旋输送机的参数决定排土效率，以得到每一环衬砌的出土量及出土速度；最后通过调节螺旋机的转速，使出土量与盾构掘削量匹配，维持平衡土压力，达到稳定开挖面的目的。

2）调整盾构掘进速度

根据理论设定的开挖面平衡土压力和螺旋输送机的技术参数，形成每一环衬砌出土量的初始施工参数；然后通过盾构推进速度参数的控制，使盾构掘削量和出土量有机地匹配，保证土舱内土体具有适当压力，并与开挖面水土压力保持动态平衡，以减少盾构掘进对地层的扰动，从而达到控制地面隆沉的目的。

3）同时调整螺旋机出土速度和盾构掘进速度

根据理论计算，设定初始的螺旋机出土速度和盾构掘进速度，在盾构施工过程中，由盾构司机同时对上述 2 个参数进行调整，保证开挖面水土压力的平衡。但是，通过控制螺旋输送机排土闸门的开口度和螺旋输送机的旋转速度来控制土压平衡是比较简便的，也是最为实用的。

2.1.2.3 圆形土压平衡式盾构施工的工艺流程

圆形土压平衡式盾构施工的工艺流程图见图 2-1。

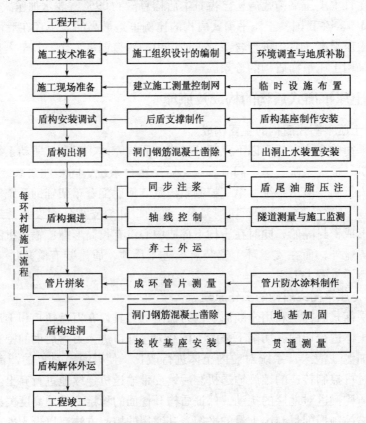

图 2-1 圆形土压平衡式盾构施工的工艺流程图

2.1.2.4 圆形土压平衡式盾构施工的工法示意图

圆形土压平衡式盾构施工工法示意图见图2-2。

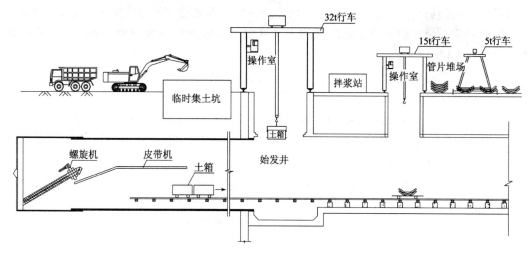

图 2-2 圆形土压平衡式盾构施工工法示意图

2.2 施 工 准 备

2.2.1 环境调查与地质勘察（补勘）

2.2.1.1 隧道沿线环境调查

1）沿线建筑物、管线等环境调查的目的和要求

（1）在地下隧道施工过程中，由于将从地下穿越众多建筑物和地面构筑物，故可能由于地面过量沉降而出现地面建筑物损坏或隧道遇地下障碍物受阻等施工难点，为尽可能地防止此类事故的发生，保证工程的顺利进行，在工程施工前，需配备一定的工程技术人员和设备对工程沿线建筑物、管线等情况进行调查。

（2）在工程施工前，组织土建工程师和有经验的测量员对工程沿线建筑物及构筑物现有状况进行详细调查，清楚地了解沿线每座建筑物和构筑物的位置、现状和地下基础情况。

（3）为保存一定的声像实物资料，在调查的同时，需配备高级摄像机和照相机，并进行专门的摄影记录。对工程施工沿线正在建造或将拟建的建筑物情况也应详细了解，以保证今后工程的顺利进行。

2）调查方式

在建筑物业主在场的情况下，进行目检并记录工程影响范围内所有建筑物在施工前的状况。确定既有建筑物的已有破损情况，必要时，对建筑物进行直接调查和物理调查，以作为盾构施工时采取有效手段对其保护的依据。

3）调查范围

距离隧道边缘2倍直径范围内的地面建筑物，包括部分结构在此范围内的建筑物。

4）调查内容

(1) 对工程建设方提供的建筑物、管线等资料进行分析并加以确认。

(2) 对沿线盾构施工影响范围内的既有建筑物及附属建筑物之状况进行记录和摄影。

(3) 制定并填写每栋建筑物的调查表，列出一般情况的有关材料、状况和已有损坏或在目检中发现的损伤等特殊情况。

(4) 对建筑物的内外结构（包括表面修整和维修保养情况）进行目检（对已有的裂缝用光学裂缝仪量测并记录）。

(5) 对主要结构的裂缝等缺陷和破损要进行详细记录和拍摄，重要照片要加示意草图及说明，以显示拍摄物的位置。摄影资料中包括各种缺陷如裂缝、湿迹、抹面脱落和其他损坏。已有裂缝需量测出裂缝长、宽度，并做好记录。

(6) 调查4层或更高层建筑物的垂度，竖向允许误差为10mm。

(7) 建筑物调查时，应有其业主在场，调查表中的内容应经业主审阅并签字确认。

2.2.1.2 隧道沿线水文地质、不良地质的调查（地质补勘）和研究

1）隧道沿线水文地质、不良地质的调查（地质补勘）的意义

地下工程，特别是盾构隧道施工，具有诸多不可预见性的因素和较大的风险性。且盾构在地层中运动，必定受到各土层物理性质的影响。因此，对于盾构施工区域内的地质状况的了解和分析，是确保工程项目顺利实施的有力保证。

由于每项工程所穿越的地层都不一样，各层土层的特征和物理指标都不大一样，对盾构施工的影响也各不相同，在施工过程中所采取的技术措施也有所不同。在工程总体筹划中，必须根据隧道沿线的地质勘探报告，明确盾构覆土状况，罗列所经区域的各层土的物理特性和物理指标，并加以整理和分析。同时，在复杂地质区域，如微、高承压水、全断面砂性土、富含水地层、过江浅覆土地层，应由承包商进行针对性的地质补勘，对该区域内可能存在的不良地质或先期地质勘探报告中不明的水文地质等情况进行详细的补充地质勘察，并根据补勘报告作细致的地质分析和研究。对有可能影响盾构施工的地层，应制定详细的针对性技术措施，确保盾构在该层土中安全穿越。

2）隧道沿线地质补勘的目的及技术要求

隧道沿线地质补充勘察目的是在建设方提供的地质详勘的基础上，进一步查明工程所在场区的工程地质、水文地质条件，并作出定量或定性评价，对不良地质、特殊岩土提出治理措施，为施工图设计、优化设计方案及完善施工组织设计提供充分的地质依据。具体技术要求如下：

(1) 进一步查明场区内的地形、地貌、地层分布等特征，提供各土层物理力学性质指标，分析其工程地质、水文地质特征，并对场地的稳定性、适宜性作出评价。

(2) 进一步查明场区内的不良地质，包括浅层气、暗浜、流砂土层的分布范围、厚度、埋深及性质等，评价其对工程可能产生的不利影响和潜在威胁，提供处理方案、设计参数。

(3) 进一步查明场区内的水文地质条件，包括地下水类型、埋藏条件、边界条件及腐蚀性。提供相关土层的渗透性指标，并查明（微）承压水的水头埋深、变化、水力联系等，为施工降水设计提供所需的水文地质参数。

（4）根据抗震设计的有关要求，提供场区的场地类别、地基土类型、抗震设防烈度、设计基本地震加速度、设计地震分组等，并对抗震有利、不利和危险地段进行划分，对场区地震效应进行详细评价。

（5）结合工程特征、实施工艺，为工程各部位的设计和施工提供设计所需的各种物理力学指标及其他技术参数，提出适宜的技术措施及合理的工程建议。

3）地质补勘的方法

（1）一般陆域钻探取土孔可采用 SH-30 型等钻机冲击回转钻进，水域可采用 GX-1 型等钻机，可以用 150t 的作业船作为施工平台，施工完毕后用黏土球封孔。

（2）土样取出后，蜡封储存，在一周内完成室内土工试验工作。

（3）标准贯入试验采用泥浆护壁钻进。试验先预打 15cm，然后贯入 30cm 并记录每 10cm 的击数，当 30cm 内击数已达 50 击时，记录 50 击的实际贯入深度，并换算成相当于 30cm 时的锤击数。

（4）静力触探试验采用 WSY-B 型（20t）液压静探仪贯入，使用 JTY-3 型单桥探头自动记录仪，提供静探 P_s 值随深度变化曲线，30m 以下部分采用护管分段贯入以防孔斜。

（5）十字板剪切试验采用电测式探头，提供原状土及重塑土的不排水抗剪强度。

（6）注水试验及（微）承压水观测试验利用钻探取土孔进行，使用套管及隔水材料隔离非试验土层后，对孔内水位进行观测。

（7）小螺纹钻孔采用人力手摇式螺纹钻具钻进，每回次不大于 0.5m。

4）主要采用的规范、规程及标准

《工程建设标准强制性条文》（2011 年版）

《岩土工程勘察规范》（GB 50021—2001）

《建筑地基基础设计规范》（GB 50007—2011）

《土工试验方法标准》（GB/T 50123—1999）

《工程测量规范》（GB 50026—2007）

《市政工程勘察规范》（CJJ 56—94）

《原状土取样技术标准》（JGJ 89—92）

《静力触探技术标准》（CECS 04：88）

2.3　施工组织设计编制

2.3.1　施工组织设计编制的目的和要求

为了满足工程施工要求，对工程项目施工和生产过程进行组织设计。施工组织设计中的详细程序和格式等，应与顾客（业主）的要求、施工单位总部的作业指导书和项目活动的复杂程度相适应。应尽可能简明，符合规定要求。

2.3.2　施工组织设计的编制依据

圆形土压平衡式盾构隧道施工组织设计的编制依据如下：

1) 业主的各类要求：质量、安全、进度、文明施工等等；
2) 施工区域周围实际环境状况；
3) 工程的设计及相关要求；
4) 相关的法律法规及标准。

施工组织设计应对项目实施前期准备及施工过程中可能对周围环境造成的影响提出可行的控制措施，并落实在实际施工管理中。

2.3.3 施工组织设计编制的主要内容

1) 工程概况和特点；
2) 工程地质条件和周边环境条件；
3) 工程总体施工部署和进度计划安排；
4) 施工现场总平面布置；
5) 主要的施工方法和技术措施；
6) 主要的资源安排：工程用料数量及使用计划、施工机械及使用计划、劳动力组织及使用计划；
7) 质量、安全、环境保证体系及文明施工管理措施；
8) 项目降低成本、节约措施；
9) 工程风险分析及相应的应急预案。

2.3.4 施工组织设计的改进

项目的施工组织设计经上级主管部门批准后，需严格落实到工程开展的每一道工序中。在实施过程中，发现施工组织与实际有较大矛盾，项目技术负责人应根据实际情况进行施工组织的改进工作，并及时上报上级部门审批和备案。

2.4 建立施工测量及监控量测系统

测量是盾构施工的眼睛，是确保施工轴线与设计轴线一致的手段。盾构每一环掘进结束，立即对隧道轴线进行测量，为盾构下一环的掘进提供依据。盾构每掘进一段距离，必须对隧道测量的测点进行复测。

2.4.1 建立地面控制网

地面控制网是工程施工和后续测量（地下控制、施工测量、放样）的依据，地面控制网点位精度，直接影响地下控制网精度和盾构法施工能否顺利贯通。

对控制网的加密和加密点的布设，主要是考虑将地面控制向井下和隧道内传递的需要，并且要使其有必要的校核。一般应在盾构始发井和接收井附近各有2个通视良好的控制点。平面控制网的复测（相关局部网）和加密应同时进行，并统一平差处理，以提高加密点的相对精度。

控制网加密和复测可使用美制 Ashtech GPS 双频接收机进行卫星定位测量。该机具有精度高，抗干扰能力强的优点，点位相对定位精度可达到毫米级（10^{-6}）。若个别点因接收信号困难（如测点附近有障碍），可使用LeicaTC2002型全站仪（其标称精度测角0.5″、测距$1mm+10^{-6}D$），按三等三角网要求进行边角同测，亦按边角网联合平差处理。对于用GPS复测和加密的控制点再用LeicaTC2002检测有关边长，以确保和评价控制点的相对精度。

高程控制网的复测，按国家Ⅱ等水准测量的技术要求进行，并在每个始发井和接收井附近设置1个高程加密控制点，无论是平面或高程的加密点，都应设保护装置。在盾构施工的各阶段，对新设立的加密点进行必要的复查，考察点位是否稳固，有无客观环境的影响和人为的变动。

2.4.2 地下控制测量

地下控制网是隧道施工、盾构导向和隧道贯通的基础，因此，地下控制网必须满足一定的精度要求。由于地下环境的局限，隧道内光线暗淡，通视困难以及由于空气密度分布不均产生的旁折光，都影响地下控制测量精度的提高。为此，宜采用精度、性能较好的仪器（2″以上）和多次重复测量的办法，来提高地下控制的精度和可靠性，努力避免各种原因引起的粗差。

地下控制的布网，一般只能采取支导线形式，随盾构掘进向前延伸。采用等边长网形、节省导线点数量、提高测角的精度（圆周角闭合差≤2″），都是提高导线测量精度的措施。对于较长的区间隧道，还应采取相关的措施，如双导线闭合法等来校核和收敛导线终点的自由度。

地下控制网观测台（也作导线支点）布设在上弦空间位置，形如吊篮，按归化放样，将观测台设置在隧道轴线上，观测台作为地下施工导向的基准，必须准确测定其X、Y、Z三维坐标。

对于地下高程控制测量，采用空中水准路线方法，即将水准标尺悬挂，自成铅垂，使用WildNA2型水准仪，按Ⅲ等水准要求施测。高程网为水准支线形式，应往返闭合测量来提高其精度。

2.4.3 地面控制和井下控制联系测量

基于隧道工程的特点，需要将地面控制网与地下控制网通过竖井紧密地联系起来，建立统一的坐标系统和高程系统。

1）平面控制联系测量

平面坐标和方位向井下的传递测量，应用经典的联系三角形定向，测施方法按"深化定向法"进行，从而将地面基边方位和坐标传递到地下，并求出井下导线起始边的坐标方位角和井下导线起算点的平面坐标。这种平面定向联系测量应在盾构掘进的不同阶段进行多次复测，一般不少于3次，对于长距离隧道还将适当增加定向次数。

2）高程联系测量

通过竖井悬挂经严格长度检定的钢尺，挂以10kg重锤使其铅垂稳定，使用两台水准仪，在地面和井下进行同步观测（每次测试三组，互差不应超过3mm），从而将地面水准点高程引测至井下水准点,作为隧道高程控制的起算点。一般高程联系测量与平面联系测量同时进行,在整个区段盾构法施工中测量不少于3次。

2.5 施工现场总体布置

施工现场总体布置是按照施工总体方案和进度计划的要求,在业主提供的施工用地范围内,对施工现场的道路交通、材料堆场仓库、临时用房、拌浆系统、集土坑、供水供电、水平垂直运输等进行合理有序的布置。

2.5.1 场地移交

根据工程合同,及时接收业主提供的施工用地,同时进行现场的实测、实量工作。按实测数据绘制准确的平面用地范围,然后根据土压盾构施工的要求,进行施工现场的布置。

为满足文明施工需求、美化施工环境,拟对施工场地实行全封闭围蔽,并根据周边交通环境和施工需要,设置工地出入大门。

2.5.2 施工平面总体布置的依据

1)工程建设场区的自然条件。
2)建设项目的施工总体方案、施工进度计划。
3)土压平衡式盾构施工工艺的要求。
4)工程项目所在地的有关特殊要求(安全、文明施工和环境)。
5)各类特殊设备、器具或仓库布置的相关规范和要求。

2.5.3 生活管理区布置

一般的施工现场布置以生活区和施工区分开布置为原则,如受用地范围的限制,施工区、生活区合二为一的,两区之间也应采取简单的措施进行隔离。

生活区包括业主、驻地监理、承包商现场办公区以及承包商职工住宿和生活设施。在生活区内,设置办公室、会议室、更衣室、职工宿舍、医务室、食堂、浴室和厕所等行政生活设施。

同时在行政生活基地设程控电话和宽带网络,主要用于对外通信和图文交流,建立施工信息网,做好施工信息的远程传输和统计等工作。

2.5.4 施工区布置

1)施工区域的布置应符合土压平衡式盾构施工流程要求,尽量减少各工序之间的干扰。

2)土压平衡式盾构施工现场布置主要包括以下几大系统:

(1)施工便道:场内道路满足施工车辆行驶要求,运输方便畅通。特殊区域如盾构吊装重型起重机械施工区,须根据荷载进行特殊处理。

(2) 场区内水平和垂直运输系统：土压平衡式盾构施工主要的水平和垂直运输采用行车（特殊工况采用履带式起重机），其起吊荷载应满足工程要求，行车跨距在场地允许范围内，须保证管片驳运，材料、土箱的运输便捷快速。

(3) 管片堆放场地：考虑管片下井工作的便利，管片堆场一般设置在工作井附近行车覆盖范围内。分管片堆场和防水涂料制作场地两个区域，层高也由此有高低之分。而现场管片的数量须满足盾构正常施工 2 天以上的存储量。

(4) 集土坑：采用钢筋混凝土结构形式，其位置须考虑出土和外运的方便，同时可以结合现场结构进行集土坑的设置，集土坑容积一般满足盾构正常施工 3 天的存储量。

(5) 同步注浆拌浆系统：根据同步注浆不同的浆液类型，拌浆系统的总体布置也有所区别，通常分材料仓库（堆场）、水泥（粉煤灰）筒舱和主拌浆站等几个区域，拌浆能力也应按盾构施工速度进行配置。

(6) 辅助施工生产用房：主要包括材料设备仓库、烘房间、机修间、电工间、危险品仓库和油库等，特别是易燃易爆危险品仓库须严格按相关安全防火要求设置。

(7) 现场排水系统：根据有关环境保护条例，工地现场生产和生活废水必须经处理后才能排入市政下水管道。即通过明沟、沉淀槽收集废水，经三级沉淀池处理达到相关排放标准后，再实施排放。同时，排水系统须具有持续暴雨工况下的排水能力，确保工地的安全。

2.5.5 施工现场临时供水、供电布置

1）施工现场临时供水

土压平衡式盾构施工临时供水主要包括：生活用水、生产用水和消防用水 3 个方面。

供水水源由业主提供至工地现场的临时接水点，承包商根据施工需要通过管路接至不同的生活、生产区域；并按有关消防安全规定，设置相应的消防栓，以备火灾时急用。

2）施工现场临时供电

盾构隧道施工现场临时供电应计算用电总量，确定电压等级、供电方案、供电线路设计等。

(1) 现场用电总量的计算

隧道施工用电总量一般包括盾构设备负荷、后配套辅助施工设备负荷及生活区负荷等几个方面，而每台设备用电量计算时须考虑设备负荷（kW）同时利用系数、有功负荷（kW）和视在负荷（kVA）等因素，用电设备视在负荷的计算统计表见表 2-1。

用电设备视在负荷计算表　　　　　表 2-1

序号	用电设备名称	设备负荷（kW）	同时利用系数	有功负荷（kW）	视在负荷（kVA）
合计					

(2) 确定电压等级

土压平衡式盾构机采用高压供电，一般电压等级为 10kV。而盾构辅助施工设备采用低压供电，一般电压等级为 0.4kV、50Hz，三相五线制。其中盾构机和隧道照明为一级负

荷，其他用电设备一般为三级负荷。

（3）供电方案

① 高压部分

为确保隧道施工的连续性，盾构高压电源实施双电源配置，分甲、乙两路高压提供，手动切换。在两路电源中任一电源失电时，首先保证盾构用电，同时，适当减小盾构运行的功率，以确保隧道安全为前提。

高配间内高压开关柜供盾构掘进施工高压用电，用高压电缆从配电间接至盾构机上的变压器。

② 低压部分

工地现场的盾构辅助施工设备、隧道内照明和动力由配电间的变压器提供。整个施工区的低压供电系统采用 TN-S 系统，用电缆从配电间接至现场的各用电负荷。

（4）供电线路设计

① 导线截面的选择

选用电压分相屏蔽高压电缆应根据盾构机变压器容量及线路载流量和电压损失情况来确定；

选用低压电缆应根据用电设备功率、线路载流量和电压损失来确定。

② 电柜、电箱选择及布置

根据现场施工设备的分布情况及其功率，确定电柜、电箱的容量、分布和数量。

2.6 盾构机现场安装、调试及验收

由于盾构机和辅助设备自身所具有的超重、超长、超宽等特性，盾构机进场运输一般采用分块、分节的方式，所以盾构机的下井安装一般也采用上述方式，极少数采取整机吊装下井的方式。而安装完毕后，再实施分系统的调试工作，最后进行联动调试和验收工作。

2.6.1 盾构机现场安装

1）准备工作

（1）主要起重机械的选用。根据盾构机主要部件的技术参数和工地现场的吊装环境，进行主要起重机械的选型；

（2）场地平整，并满足吊机及运输平板车承载要求；

（3）按部件下井顺序，划分好堆放场地及车辆通道；

（4）盾构基座在井下按轴线要求完成安装；

（5）材料（包括吊索具）、安全设施（含灭火器具、围护栏杆）等到位；

（6）井下及地面配置一定数量照明灯，光亮度满足吊装施工要求，井下配备抽水设备，以防井下积水；

（7）对参与运输吊装及相关人员进行事前作业和安全交底，确保吊装安全顺利地进行。

2)盾构机现场安装

由于不同的盾构机具有各自不同的部件分块情况和安装要求,表2-2为一般盾构机的现场安装内容。

盾构机现场安装内容汇总表 表2-2

序号	部件名称	主要工作内容
1	后续车架	按逆序先后下井并拉入始发井后端通道内
2	螺旋机	下井并拉入车架通道预放置
3	支承环(下) 支承环(上)	下井,上、下半环局部法兰螺栓连接,纵缝处局部焊接,支承环在基座上朝后移动
4	切口环(下) 驱动装置 切口环(上)	下井,驱动装置与切口环(下)定位连接;切口环(上)与驱动装置、切口环(下)连接,环缝纵缝局部焊接
5	刀盘	下井,刀盘与驱动装置连接并与法兰螺栓连接
6	支承环	支承环朝前移动与切口环铰接连接,插上千斤顶销
7	盾尾环(下)	下井,与支承环(下)环缝连接并焊接
8	拼装机	下井,在支承环和盾尾环内拼装
9	盾尾环(上)	下井,与盾尾环(下)、支承环上定位安装,纵缝、环缝焊接
10	管线安装	配装所有水管、油管、气管、压浆管路,配接各种电缆线、控制线、通信线及仪器、仪表、传感器等符合图纸要求

2.6.2 盾构各系统调试及验收

盾构机总装调试分机械、电气两部分进行。

1)机械部分试车调试

(1)首先对机械液压系统进行空载单机试车调试。

(2)完成空载单机试车合格后,再分系统进行负载试车调试。

各系统的试验压力应逐级升高(每级$3 \sim 5MPa$),每升高一级宜稳压1min,达到试验压力后,持压2min,然后降至工作压力,进行全面检查,以系统所有焊缝和连接口无漏油,管道无永久变形为合格。

(3)其他系统的调试

①盾尾油脂密封系统:压注泵运转是否正常达到压力,压注口有否油脂压出;

轴承润滑系统:压注泵运转是否正常,输入轴承处管路口压力表是否一定压力,轴承内液显示是否达到高度;

②集中润滑系统:压注泵运转是否正常,在各压注点(驱动装置,铰接环螺旋机)密封处油脂是否溢出,无堵塞点;

③注浆系统:压注泵运转是否正常,管路压注口有否浆液压出,仪器、仪表显示数据达到设计要求;

④冷却系统:泵运转是否正常,达到一定压力,管路出水口是否正常出水。

2) 电气部分安装调试

井下施工现场总装调试是建立在各电气元件、部件，电气箱柜的产品质量和性能出厂前的调试、检验合格和制造厂内进行分系统的功能调试、检验合格的基础上进行的。盾构到现场完成总装后，调试、检查应从箱柜安装、电缆敷设、传感器安装、PLC可编程控制器和图控计算机等入手，对盾构电气各分系统进行全面调试验收。

(1) 箱柜安装调试验收

① 箱柜安装位置正确合理，柜体安装应横平竖直，固定牢固；
② 箱柜安装后外形完好，柜内外元器件完整无损；
③ 自动开关脱扣器性能良好，漏电自动开关动作正常；
④ 热继电器整定电流值正确；
⑤ 变压器输入及输出电压在规定的范围内；
⑥ 仪器仪表运行正常；
⑦ 箱柜接地应牢固良好。

(2) 电缆敷设验收

① 电缆规格型号及其电压等级应符合设计要求；
② 电缆外观无损伤，绝缘良好，电缆走线符合设计要求，电缆敷设排列整齐，绑扎牢固；
③ 电缆最小弯曲半径应大于10倍电缆直径，电缆易受损伤处保护措施正确；
④ 电缆两端均设标牌，字迹清晰；
⑤ 电缆管接头安装合理，密封良好；
⑥ 接地电缆接线牢靠，各电气设备的金属导体部分应可靠接地。

(3) 传感器安装调试验收

① 现场的压力继电器、温度表、液压开关、位置开关等均作检查，应有调校报告；
② 外观应无损伤；
③ 安装合理，支架固定牢固；
④ 通电后，传感器输出信号正常。

(4) PLC可编程控制器的调试验收

① PLC可编程控制器应有检测报告或合格证书；
② PLC可编程控制器的软件应在实验室调试，软件调试完成后，应对PLC软件作单独的初验；
③ PLC可编程控制器的软件应符合设计提出的工艺控制要求；
④ 模拟各类型故障，PLC应相应输出报警信号，并进行报警处理；
⑤ 模拟输入各类型信号，PLC应根据逻辑控制关系输出相应信号；
⑥ 测试PLC的通信功能，包括PLC之间的通信和PLC同图控计算机间的通信。

(5) 图控计算机的验收

① 规格型号正确，外观完整，附件齐全，并有合格证书；
② 屏幕监控图形合理、齐全，符合设计要求；
③ 操作方便，显示和存储的变量状态和参数与PLC输入值一致；

④ 具有历史数据管理功能，可查询和打印某环施工参数表格，历史数据以 EXCEL 文件形式可被用户拷贝。

2.7 主要施工工序及要点控制

2.7.1 盾构推进

2.7.1.1 盾构推进主要参数设定

1) 正面平衡压力值的设定原则

盾构正面平衡压力值是盾构推进最主要的参数之一，它的设定通常有四种方法，即：三维数值方法，二维数值方法，极限平衡方法和土压理论方法。施工工程师通常喜欢采用式（2-1）的土压理论方法计算初始推进土压力，然后再根据盾构埋深、所在位置的土层状况以及现场地层变形监测值动态优化正面平衡土压力值。

$$P = k_0 \gamma h \tag{2-1}$$

式中 P——平衡压力（包括地下水压的水土合算值）；
　　　γ——土体的平均重度（kN/cm^3）；
　　　h——隧道埋深（m）；
　　　k_0——土的侧向静止平衡压力系数。

第 10 章工程实例中给出了不同盾构类型的盾构正面平衡土压力值。

当土体强度较高，即使敞开开挖，开挖面也没有稳定问题时，有些承包商会采用欠土压平衡施工模式，以降低推进扭矩，提高推进速度。采用欠土压平衡施工模式，需要特别注意以下两点：

（1）由于模式转换至少需要 2 环的推进距离，当地层产生突变时，就可能发生较大的沉降，所以采用欠土压平衡施工模式，必须是对地层有详细的调查，而且周边环境保护要求不高的情况。

（2）由于存在同步浆液流入土舱的风险，此时两次注浆是必需的。此外，零土压设定是不能采用的，这无疑会使同步注浆浆液流入土舱，导致严重的地层沉降。

开挖面的稳定性可以用 Broms 公式（2-2）判断，根据经验，当 $N_s \geq 6$ 时，开挖面将失稳；当 $N_s = 3 \sim 6$ 时，开挖面处于弹塑性变形阶段；当 $N_s = 1 \sim 3$ 时，开挖面呈弹性变形阶段。文献 [2-2] 给出了伦敦黏土和高岭土在 $N_s \leq 1$ 时地层损失和 N_s 值之间的关系曲线（图 2-3）。

$$N_s = \frac{\sigma_z - \sigma_r}{c_u} \tag{2-2}$$

式中 N_s——稳定系数；
　　　σ_z——隧道中心埋深 z 处的总竖直压力；
　　　σ_r——隧道支护压力（含气压）；
　　　c_u——土体不排水抗剪强度。

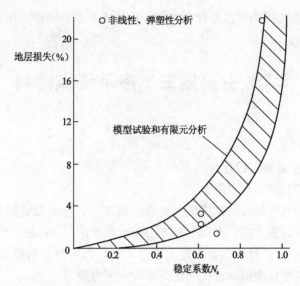

图 2-3 地层损失和 N_s 值之间的关系曲线图

2）推进出土量控制

$$每环理论出土量 = \pi/4 \times D^2 \times L \tag{2-3}$$

式中 D——盾构直径（mm）；
L——管片环宽（mm）。

盾构推进出土量控制在 98%～100%。

理论上讲，土压平衡盾构推进出土量可通过对土箱车的称重、在皮带运输机上安装称重传感器、超声波、激光和核密度方法等获取。

通过对土箱车称重来控制出土量是最传统的办法，该方法满足不了土压平衡盾构控制的实时性要求，等知道结果往往为时已晚。

通常用 2 个应变式称重传感器来测量通过皮带机的土碴的重量，以改善皮带运输机的精度，理论上称重传感器的精度可以达到 1%～3%，但是实际由于皮带机在工作时的振动特性，精度只能达到 10%。图 2-4 为皮带机称重传感器。

图 2-4 Siemens 称重传感器

激光方法是一种非接触光学测量方法，该方法通过对皮带运输机上土碴进行平面发射扫描和反射获取土碴的体积。经新加坡工程试验发现，激光感应器在土质软、分布均匀时（如 marine clay），比较准确，精度能达到 <5%。当在混合地层中推进时，一方面由于皮带机上堆土的松散性和不均匀性，另一方面由于使用较多添加剂（水，泡沫）造成测量误差较大，精度会 >10%。图 2-5 为基于激光原理的测体积仪。

图 2-5 SICK 测体积仪

核密度方法是一种精密的非接触测量方法，通过高聚集放射束穿透皮带机的损耗与土碴量成反比的原理,结合皮带机的速度计量,即可获取土碴量。核密度方法的精度不受皮带张开量和土碴密度的影响,图2-6为基于核密度原理的测重仪。

3) 推进速度

正常推进时速度控制在3~4cm/min,穿越建筑物和沉降要求高的地下管线时推进速度宜控制在1cm/min以内。

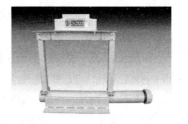

图2-6 RONAN测重仪

王洪新等[2-3]推导了盾构出土率、螺旋机转速和推进速度三者定量的关系,获得了公式(2-4)。

$$e = 1 - \varepsilon = 4(k_e \eta KQ / \gamma_0 \pi D^2)(N/\nu) \quad (2-4)$$

式中 e ——盾构掘进时的出土率;
K ——把体积换算为重量的参数,与土层性质有关;
Q ——螺旋机1转出土量;
γ_0 ——土体的天然重度;
D ——螺旋直径;
N ——螺旋机转速;
ν ——盾构推进速度;
η ——螺旋机出土效率,取值如表(2-3)所示;
k_e ——有效出土比。

$k_e = dG_{天然} / (dG_{天然} + dG_{添加})$,$dG$为计算时间内的出土重量,排土量分为天然和添加两种情况。

螺旋机出土效率   表2-3

土的性质	出土效率	需用螺旋机转速(r/min)
黏土	0.20~0.40	20~60
粉土	0.30~0.40	50~120
砂土	0.20~0.40	50~100
砂砾	0.25~0.30	50~100

式(2-4)中,由于k是一个目前还未知的量,所以该式目前还不能用来计算盾构掘进时的出土率,式(2-4)的意义在于建立了螺旋机出土参数与盾构掘进参数的函数关系,为今后的进一步研究打下了一定的基础。

4) 盾构轴线及地面变形量控制

通常工况下,要求盾构掘进时偏离设计轴线控制值不应大于±50mm;施工期间地面沉降量一般控制在+10~-30mm。

2.7.1.2 盾构推进的轴线控制

轴线控制通常是盾构法隧道施工中的一个难点,且轴线偏差是检验隧道施工质量的一个最重要指标,所以在施工中必须加以保证。

在盾构推进施工过程中,隧道轴线控制除通过每一环的测量、土压力控制来控制盾构切口稳定外,关键在于控制盾构机推进千斤顶(铰接千斤顶)的行程差。

1)轴线控制的基本参数

在施工前需了解盾构主体几何尺寸,如主机长度、各显示推进千斤顶距离、刀盘直径、主体直径、刀盘的宽度、超挖刀最大伸长度(如有的话)、施工各圆曲线有关数据等,这些数据对施工过程轴线控制和计算均起着重要的作用。

2)轴线偏离的基本类型

由于盾构在实际施工过程中受各方面的影响,如地层的变化、同一断面上土体的强度差异较大、刀具的磨损、土压力的控制等,将对盾构推进轴线控制带来一定的影响,容易导致轴线偏离,轴线偏离有两种类型:直线上偏离和圆曲线上偏离。因此,若盾构轴线发生偏离情况,可根据当前盾构各千斤顶的参数,反算出目前偏离轴线时所形成的模拟曲线的半径和偏离设计轴线的最大值,并及时调整千斤顶编组或各区域千斤顶的油压差和管片拼装选型,以达到控制盾构轴线的目的,如图2-7所示。

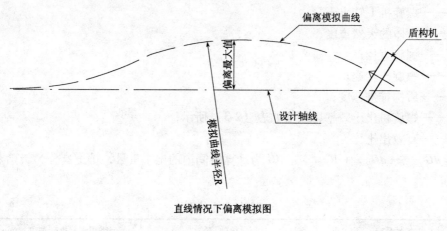

直线情况下偏离模拟图

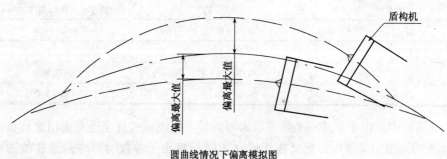

圆曲线情况下偏离模拟图

图2-7 轴线偏离两种类型

3)超前测定计算及纠偏量计算

千斤顶编组或区域油压差的控制可组合出一个有利于盾构轴线控制的纠偏力偶,同时控制好成环管片的环面质量以提高纠偏效果。环面质量是环面与隧道轴线的垂直度差异,只有在垂直度良好时,盾构与管片之间的自由度最大,两者没有卡壳现象,才能达到盾构自动纠偏。垂直度一般用上下和左右超前量来表示。

上下超前量的测定较为简单,用铅垂线直接测一定高度范围内的上下超前量,再通过计算得出已成环管片的实际超前量。而左右超前量的测定需由测量专业人员测定,若受施工条件限制无法直接测量,可通过盾构现状位置测量报表及量测左右千斤顶伸出长度来换算管片环面左右超前量,以达到及时纠正管片环面,有效控制盾构推进平面轴线的目的。

计算已拼装成环管片的实际环面与设计轴线不垂直的超前值可按以下步骤:

(1) 计算盾构现状轴线与隧道设计轴线的夹角

$$\tan\alpha = (X_{切口} - X_{盾尾})/L \tag{2-5}$$

式中 $X_{切口}$——盾构切口平面与设计轴线的差值;

$X_{盾尾}$——盾构盾尾平面与设计轴线的差值;

L——盾构的长度;

α——盾构轴线与隧道设计轴线的夹角。

(2) 计算对称两腰千斤顶伸出的应有差值,即假定是管片环面垂直隧道设计轴线的条件如下:

$$\Delta = \tan\alpha \times S \tag{2-6}$$

式中 Δ——对称两腰千斤顶伸出的应有差值;

S——对称两腰千斤顶伸出的中心距。

(3) 量测对称两腰千斤顶伸出长度的差值

$$\Delta' = l_{左} - l_{右} \tag{2-7}$$

式中 Δ'——对称两腰千斤顶伸出的实际差值;

$l_{左}$——左腰千斤顶伸出的长度;

$l_{右}$——右腰千斤顶伸出的长度。

(4) 计算管片左、右超前值 H

$$H = \Delta' - \Delta \tag{2-8}$$

施工过程中,盾构司机根据相应的计算偏值对纠偏量作出控制。

4) 通过自动导向系统,精确轴线控制

随着电子测量技术的不断发展,新型的自动测量导向系统为盾构提供实时的和动态的姿态信息,从而能更及时和有效地控制盾构的姿态。专为盾构施工制造的激光导向仪采用CCD(电荷离合器)技术和计算机图像处理技术,使测量盾构的高程(平面)偏差、平面角和方位角等参数于一体。施工前将设计轴线坐标输入,施工时导向系统就能通过内部配置的微处理器处理采集的测量信息,实时显示盾构姿态的偏差值,使盾构司机第一时间掌握盾构机的轴线偏离情况,及时调整盾构姿态。同时,姿态数据可通过通信线传至地面管理计算机,经数据处理后制成各种统计数据或图形,供现场指挥人员研究和优化施工方案。

2.7.2 管片拼装

1) 管片介绍

盾构隧道一般采用单层装配式衬砌,钢筋混凝土衬砌的厚度与隧道的直径成正比,一般在 275~650mm 之间,环宽通常也与直径成正比,一般在 700~2000mm 之间。衬砌环全环由一片封顶块(key)和若干片管片块(segments)构成。封顶块拼装可先搭接 2/3

环宽径向推上，再行纵向插入。

在管片环面外侧设有弹性密封垫槽，内侧设嵌缝槽。环与环之间以纵向螺栓连接，管片的块与块之间以环向螺栓相连，能有效减少纵缝张开及结构变形。

衬砌环的拼装方式包括通缝拼装和错缝拼装两种主要模式。为保证装配式结构良好的受力性能，提供符合计算假定的条件，衬砌制作和拼装必须达到下列精度：

(1) 单块管片制作的允许误差：宽度 ±0.5mm；弧、弦长 ±1.0mm；外半径 $^{+2}_{-0}$mm；内半径 ±1mm；螺栓孔径及孔位 ±1.0mm。

(2) 整环拼装的允许误差：相邻环的环面间隙≤1.0mm；纵缝相邻块块间间隙为 1mm + $^{+1}_{+0}$mm（其中 1mm 为传力衬垫）；衬砌对应的环向螺栓孔不同轴线小于 1mm。

2）管片选型

(1) 在确保盾构机沿隧道设计轴线的前提下，选择合适的管片类型和正确安装管片将是保证隧道质量的主要措施，管片选型错误会导致以下问题：

① 管片走向与盾构机掘进方向不协调；
② 盾尾间隙过小或过大；
③ 盾构机操作和管片安装困难；
④ 损坏盾尾刷；
⑤ 注浆浆液或泥水进入工作面；
⑥ 隧道渗漏水；
⑦ 管片错台、破损及裂缝等缺陷。

(2) 选择正确的管片必须考虑以下因素：

① 设计线路特点；
② 推进千斤顶的行程差（左右和上下）；
③ 盾尾间隙（上、下、左、右）；
④ 盾构机掘进方向与设计轴线的相对关系；
⑤ 成型隧道轴线与盾构机轴线的相对关系；
⑥ 错缝拼装。

根据上述因素，可以在一环掘进前预先确定该环的管片类型，完成该环掘进后，再根据最新的数据进行微调。

(3) 管片选型是否合理正确主要体现在以下几个方面：

① 隧道轴线偏差很小，管片拼装的外观质量好；
② 上下左右的盾尾间隙比较均匀；
③ 推进千斤顶的行程差较小。

在自动导向系统中，一般还配置管片选型的软件，完成一环掘进后，在盾构机操作手的操作下，该软件能自动根据千斤顶行程、盾尾间隙和已装管片的类型等基础数据预测出未来若干环的管片类型。

3）管片拼装

管片选型确定后，管片安装的好坏直接关系到隧道的外观和防水效果。一般情况下，管片安装采取自下而上的原则，具体的安装顺序由封顶块的位置确定。管片（按拼装顺序）由电机车和单、双轨梁电动葫芦或其他运输设备运到工作面后，由专人对管片类型、龄期、外观质量和止水条粘结情况等项目进行最后一次检查，检查合格后才可卸下，再由拼装机进行安装。

管片的拼装程序及注意事项如下：

（1）管片一般采用对称拼装，当有特殊需要时，也可采用非对称拼装方式；
（2）量测上一环管片的上下、左右超前量和管片与盾尾的四周间隙，供管片选型参考；
（3）一环掘进快要结束前，将盾尾管片拼装位置的积物清扫干净；
（4）在一环掘进结束后，将操作面板上的掘进模式转换为管片拼装模式，用盾构机内的遥控器控制千斤顶伸缩；
（5）缩回第一块管片拼装区域内的千斤顶；
（6）拼装机卡住管片后经旋转和平移，将第一块管片送到拼装位置；
（7）将第一块管片与上一环在径向对齐后（此时管片间止水条未接触，但已对准）。利用拼装机纵向移动将止水条压缩到位；
（8）用水平尺将第一块管片与上一环管片精确找平；
（9）伸出千斤顶，插入并拧紧纵向螺栓；
（10）松开拼装机，准备拼装第二块管片；
（11）缩回第二块管片拼装区域的千斤顶；
（12）第二块管片与上一环管片和第一块管片大致对准后，先纵向压缩环向止水条，再环向压紧纵向止水条，并微调对准各螺栓孔；
（13）伸出千斤顶，插入并拧紧纵向螺栓；
（14）同样方法拼装后续管片；
（15）为保证封顶块的拼装净空，拼装最后一块邻接块管片时一定要测量两相邻块前后的距离和间隙，并保持两相邻块的内弧面处在同一圆弧面上；
（16）在两相邻块的环面和封顶块的环面及止水条均匀涂抹润滑剂；
（17）封顶块先径向2/3插入拼装位置，调准后再沿纵向缓慢插入。如遇阻碍应缓慢抽出后进行调整。严禁强行插入和大幅上下调整，以免损坏或松动止水条；
（18）伸长千斤顶，插入并拧紧纵向和环向螺栓；
（19）将操作面板上的管片拼装模式转换成掘进模式；
（20）掘进下一环。在掘进过程中，对脱出盾尾的管片螺栓进行多次复紧；
（21）整个拼装过程严禁在拼装机的回转半径内站人。

2.7.3 壁后注浆

1）壁后注浆的目的

盾构机刀盘的开挖直径均大于管片外径，因此，当管片脱出盾尾后，在土体与管片之间将形成一道一定厚度的圆环建筑空隙。这个厚度一般是150～370mm，形成了一个相当于隧道内净体积3%～16%的空隙。如不快速地填充该建筑空隙，则地层的后期变形非常大，所以必须保证充填注浆的及时性。

盾尾建筑空隙壁后注浆的目的主要有4个方面：
(1) 弥补土体损失，控制地表沉降；
(2) 限制成型隧道移位和变形，提高结构的稳定；
(3) 减小管片接缝的渗漏，作为隧道第一道防水层；
(4) 保证衬砌管片与地层均匀接触，确保衬砌受力均匀并能承载由盾构后车架传来的荷载，使之符合设计工况。

2) 壁后注浆形式

壁后注浆可有不同的划分形式。按注浆时序划分，可分为同步注浆和滞后注浆；按注浆材料组分划分，可分为单液浆和双液浆；按注浆位置分，可分为盾尾注浆和管片注浆；按注浆材料的物态划分，可分为液体、胶体、两相体的固体颗粒；按浆液凝固特征划分，可分为惰性浆和结硬浆；按浆液密度分，可分为大密度浆（接近土的相对密度）和一般密度浆（接近水的密度）；按注浆形态变化划分，有膨胀性和非膨胀性浆；按注浆注入方式划分，又有充填、渗透、压密和劈裂等形式。

考虑盾构一般在复杂地层中掘进，上方很可能有建（构）筑物，所以盾尾建筑空隙壁后注浆通常分2个阶段实施：

(1) 第一阶段即盾构动态掘进阶段，壁后注浆的形式有盾尾后部同步注浆和管片壁后同步注浆2种。盾尾后部同步注浆始于1982年日本大阪地铁四号线施工。

(2) 第二阶段即地层后期变形阶段，壁后注浆的形式为管片壁后二次注浆，即滞后注浆。

回填注浆浆液应具有的主要特性：
(1) 充填性好，充填密实但不可以流窜至开挖面；
(2) 浆液流动性好、离析少；
(3) 浆液早期强度均匀且保持与原状土的强度相当；
(4) 浆液硬化后的体积收缩率和渗透系数小；
(5) 无公害、不污染环境。

目前，单液浆和双液浆（图2-8）都比较成熟，可以根据盾构隧道工程沿线的地质条件、地面建筑物情况和盾构机的注浆系统，选用适当的注浆形式。对于盾尾壁后注浆点的数量，应确保注浆点之间的距离不大于5m，理论上讲当然是越多越好，通常在盾尾上设置4~6个对称注浆管（点），并应有与之匹配的注浆泵数量和相应数量的备用注浆管（点）。

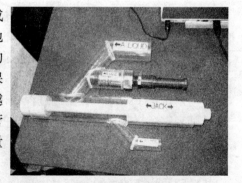

图2-8 双液浆管

3) 浆液配合比设计

根据工程地质情况，在考虑浆液填充性（流动性）、离析性、和易性、初凝时间、固结强度、剪切强度等各类指标的基础上，进行浆液配合比设计。在进行浆液配合比设计时，必须注意地层条件对浆液性能的影响，比如说，由于黏土的渗透性较差，导致地层中的浆液固结时间也较长；而在砂性地层中，则可能产生浆液渗出损失。

(1) 单液浆浆液的配合比设计

目前盾构施工中，常用的单液浆分两大类，包括地铁盾构使用的惰性浆和大直径盾构使用的高重度高剪切浆液。单液浆主要由砂、水泥、石灰、粉煤灰、膨润土、水和添加剂等材料组成，其中惰性单液浆浆液配合比见表2-4，高重度高剪切单液浆浆液配合比见表2-5。

惰性单液浆浆液配合比（kg/m³）　　表2-4

膨润土	水泥	粉煤灰	砂	水
50	50	726	550	适量

高重度高剪切单液浆浆液配合比（kg/m³）　　表2-5

中粗砂	粉煤灰	熟石灰	膨润土	添加剂	水
1180	320	80	30	5	300

(2) 双液浆浆液的配合比设计

当环境保护要求较高时，宜采用双液浆，以减少长期沉降给周边环境带来危害。双液浆在1h内就可以达到0.05~0.1MPa的抗压强度。双液浆浆液的配合比设计可参考表2-6。采用双液注浆时，盾构推进不宜太慢，否则容易因为注浆流量太小而堵管。对于合并后双液浆的浆液，通常有如下具体要求：

初凝时间小于10s，塑性状态的时间小于30s，硬化时间大于30min。为避免堵塞，可将双液合并混合的位置尽量设置到出浆口位置（也称前端混合）。

双液浆配合比　　表2-6

A液（kg/m³）				B液（L/m³）
水泥	膨润土	安定剂	水	水玻璃
382	55	2	757	91

注：双液浆B液量的多少，可根据工程需要（浆液初凝时间）进行适当的调整。

4) 注浆参数

(1) 注浆量

虽然雷达等无损检测技术已开始用于检测管片后背的注浆效果，但其准确度还让人怀疑，因此目前注浆量的确定是以经验为主，辅之理论计算。

建筑空隙计算详见第3.4.1节；

每环实际同步注浆的注入量为：

$$V = KV \tag{2-9}$$

式中　K——注浆系数，其值与地层密切相关，一般在1.1~2.0之间；

　　　V——理论建筑空隙体积。

(2) 注浆压力

注浆压力的设定须综合考虑以下5个方面：

① 对管片结构的影响；
② 注浆点的静止水压力；
③ 避免浆液窜至盾构机土舱；
④ 较长的注浆管路的压力损失；
⑤ 合理的注浆量。

5）注浆管理

（1）浆液拌制

投放材料要准确计量（通过磅秤、带刻度线的定量容器进行计量），投放要按先后顺序操作，搅拌要连续，到规定时间才能卸放到储浆槽内（带有低速搅拌功能）。

（2）浆液输送

为了保证浆液在运输过程中不出现离析沉淀，浆输运筒应设搅拌装置。

（3）工作面浆液压注

工作面压浆要有专人负责，保证压浆为同步注入，与盾构推进速度匹配；对压入量、压力值应做详细记录，并根据地层变形监测信息及时调整，以确保压浆工序的施工质量。

（4）环境保护

由于浆液易发生沉淀和硬化，所以必须定时对工作面注浆系统、隧道内运输车以及地面上的拌浆系统进行清洗，清洗时间基本控制在每班1次。为避免对工作环境造成污染，在工作面适当位置设置废浆桶（内设泥浆泵）对注浆管路清洗等原因形成的废浆加以存储，当废浆桶储存满时，利用泥浆泵泵至平板车上的土箱中，外运至规定地点。

6）二次注浆

根据地层变形监测信息，如盾构机通过后，地面沉降仍在不断发展，则须进行第二次回填注浆。二次注浆的形式为管片壁后注浆，即从相应位置的管片注浆孔实施浆液的压注。二次注浆的压力、压注量根据实际情况由值班工程师设定。注浆结束后，拧紧注浆孔塑料封盖，并埋设止水圈，同时做好管片表面废浆的清洁工作，避免污染。

2.7.4 盾尾油脂及压注工艺

2.7.4.1 盾尾油脂

盾质密封油脂是盾构掘进机专用材料，它的主要作用是减少盾尾和管壁之间的摩擦，保护盾构钢丝刷，隔绝土层中的泥砂和浆液的渗入，使盾构掘进机安全顺利推进，从而提高掘进机隧道工程的质量和效率。

盾尾油脂的主要特性如下：

- 可生物降解，对环境没有毒害；
- 耐高水压，防水性能高，可确保盾构掘进机对淡水和海水的水密性；
- 泵压可送性良好；
- 钢丝刷间充填容易；
- 对混凝土管片的凹凸处具有顺应性；
- 不侵蚀混凝土管片之间的垫片；
- 不易附着在混凝土管片上。

盾尾密封油脂的定量特性如表2-7所示。

盾尾密封油脂的定量特性表　　　　　　表2-7

序号	项目	测试条件	指标
1	外观		黄色或米黄色含纤维均匀膏状物
2	密度	25℃	1.3~1.4g/cm³
3	耐水压试验	4.5MPa	无漏水
4	锥入度	25℃	220~260
5	可泵送性		可泵送
6	燃点		≥250℃
7	金属腐蚀性		无变色、无腐蚀

摘自《江苏金栖聚氨酯有限公司　盾尾密封油脂 产品简介》。

在盾构掘进过程中，由于多种原因可能会造成盾尾密封处渗漏，影响工程的正常安全进行。针对这种情况，防水型盾尾密封油脂应运而生，防水型盾尾密封油脂遇水后，在不减弱耐高水压和超强粘附性的同时，其体积会膨胀，从而达到止水的目的，更有效地阻隔泥浆的渗入。

盾尾油脂包装与贮运要注意以下几点：

1）包装用铁桶或大口塑料桶；

2）按一般化学品运输，避免曝晒、雨淋、挤压、碰撞、跌落；

3）贮存要防止日晒和雨淋，贮存有效期为半年。过贮存期后，若复检合格仍能使用。

2.7.4.2　压注工艺

盾构机盾尾密封通常设置3道钢丝刷（图2-9），2腔油脂密封区，并根据盾构直径设置两道独立的油脂压注孔，利用油脂泵实施盾尾密封油脂的压注工作。在水压较高的水底隧道中，盾构也有采用5道钢丝刷的实例。

隧道施工过程中，盾构机的盾尾密封功能显得特别重要。为了能安全地完成隧道的掘进任务，必须切实地做好盾尾油脂的压注工作，而出洞前新钢丝刷内盾尾油脂的第一次涂抹工作尤为重要，必须严格按要求实施。

盾尾油脂主要消耗在管片接缝和表面，所以油脂使用量与隧道衬砌的表面积成正比。油脂应定期、定量、定位压注。对于管片环宽2m、直径大于10m的大型盾构隧道，如公路隧道，每环的压注量一般为200kg；对于管片环宽1.5m、直径6m左右的中型盾构隧道，如地铁隧道，每环的压注量一般为100kg。当发现盾尾有少量漏浆时，应对漏浆部位及时进行补压盾尾油脂。盾尾油脂压注的操作工序如图2-10所示。

图2-9　盾尾钢丝刷实图

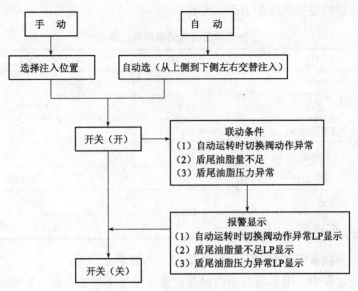

图 2-10 盾尾油脂压注示意图

但在有的盾构机盾尾密封系统设计中,油脂压注与盾构推进不同步,盾构推进到一定距离(压注位置到达密封腔)后,通过管片压注孔进行油脂的压注工作。壁后盾尾油脂压注的操作流程如下:推进至规定位置暂停施工──→后一环管片注浆孔上连接压注管路──→油脂泵压注──→第一腔达到设计要求后结束──→继续推进一定距离──→油脂泵压注──→第二腔达到设计要求后结束。采用上述密封系统和油脂压注方法时,正常的压注间距为 40~50 环一次。在过江段或遇特殊情况,缩短压注的间距。每次压注盾尾油脂时,必须确保每一腔内均压足。

盾尾装置在不同类型的盾构中无明显差异,在其他章节中将不再讨论本节内容。

2.7.5 其他辅助施工工序和措施

2.7.5.1 加泥和加添加剂等土体改良措施

为了改善土压平衡盾构的开挖面支护效果、减少推进扭矩、减少地层对刀头的磨损和在螺旋机内形成"阻塞"效果,有时需对土压平衡盾构采取加泥或加泡沫或加聚合物等添加剂。对于不同的出土方式、地质条件、承包商的使用习惯、盾构扭矩和螺旋输送机长度等设计参数,要采用不同种类的泡沫或聚合物等添加剂,因此在加泥或加添加剂之前,需详细了解与分析工程所遇的地质条件,并在实验室内用原状土进行效果试验,以初步确定盾构推进中加入泥、水、添加剂等的浓度和数量。然后在施工中根据开挖面稳定情况、刀盘扭矩和螺旋机出土状况,对加泥、水和添加剂等材料进行调整,以适应盾构正常工作的需要。

通用的制泥材料有膨润土,常用的土体改良添加剂有泡沫、聚合物等。

1) 正面加泥作业

为了确保盾构在砂性土(或黏粒含量很低地层)中正常掘进和出土,在刀盘开挖面压注膨润土浆液以改良土体,基本保证土舱内土体的黏粒含量达到 20%。

正常的压注程序为：浆液拌制——开启正面加泥管路——开启加泥泵——浆液加至开挖面——通过刀盘刀具搅拌混合——土体改良通过螺旋机排土。

具体的压注量根据地质条件、开挖面稳定情况、刀盘扭矩和螺旋机出土状况，实时进行调整。不同地层条件下，制泥材料浓度、使用量见表2-8。

制泥材料浓度、使用量表　　　　　　　　表2-8

土 质 类 别	浓　度（%）	最大使用量（m^3/m^3）
砂土层	15～30	0.3
砂砾层	30～50	0.3
白色砂质沉积层	20～30	0.2
砂质粉土层	5～15	0.1

2）正面压注泡沫作业

对非黏性透水土层可以通过注射液态泡沫进行改良处理。发泡结构中的气泡可以降低土浆密度，减小颗粒摩擦，使土浆混合物在较宽的形变范围内有最理想的弹性，以利于控制开挖面支撑压力。由于化学的和物理的粘着力的作用，加入适当泡沫的土体可以变得非常黏稠，完全可以用带式输送机进行输送。同时，泡沫的90%都是空气，几天后就会全部逃逸，其化学物质也会完全生物分解，因此不存在环境污染的问题，加之在含水土层里加泡沫还可抵抗较高的地下水压，从而使土压平衡式盾构机也可用在原先只适于泥水式盾构机的土层中。泡沫的浓度一般是0.5%～5%，而泡沫剂的注入率约为开挖土体的20%～80%。理想情况下，与泡沫混合的出渣软塑体的抗剪强度S_u在5～25kPa。

（1）泡沫的作用

泡沫注入土体后，可产生以下作用：

① 使盾构前方土体均匀；

② 增加土的和易性；

③ 降低土的渗透系数，起到隔水作用；

④ 降低刀盘扭矩，减少机具磨损；

⑤ 减少土的黏性，防止"泥饼"现象；

⑥ 提高盾构掘进速度。

（2）发泡率

发泡率k_a指1个标准大气压P_a下，泡沫中气体体积和液体体积之比。在某一压力P下的泡沫的发泡倍率k_p为

$$k_p = \frac{P_a(k_a-1)}{P} + 1 \tag{2-10}$$

泡沫中气体体积同泡沫体积之比称为泡沫的含气量α，为

$$\alpha = 1 - (1/k_p) \tag{2-11}$$

泡沫的密度ρ_f和起泡液的密度ρ_l以及空气的密度ρ_g之间的关系如下：

$$\rho_f = (1-\alpha)\rho_1 + \alpha\rho_g \tag{2-12}$$

由于气体密度 ρ_g 极低，可以忽略不计，因此

$$\rho_f \approx (1-\alpha)\rho_1 \tag{2-13}$$

一般起泡液的密度 ρ_1 约为 1.0g/cm^3，因此

$$\rho_f = 1-\alpha \tag{2-14}$$

则发泡倍率 k_p 为

$$k_p = 1/\rho_f \tag{2-15}$$

k_p 一般在 8~30 范围内。

(3) 泡沫压注程序

正常的泡沫压注程序为：启动空压机──启动注水泵──空气、水压力达到要求──开启泡沫装置──向开挖面压注泡沫。

泡沫剂的压注压力稍大于正面土压力约 0.05~0.1MPa，压注量一般按泡沫渗透试验确定，并根据实际施工时土体改良的效果进行调整。

为避免喷口阻塞，应在喷口前方设挡板，泡沫将从挡板和喷口之间向四周流出。

(4) 聚合物添加剂

聚合物适合于作为泡沫的添加剂，其作用是用于减少土体含水量、改善出渣的黏滞度、减少黏性土层的黏性和增加泡沫的稳定性。聚合物的添加量一般为 1%~3%。虽然石灰和水泥是最常用的渣土吸水剂，聚合物也有此功能。

(5) 阻粘剂

当地层具有很强的粘结性时，如全风化泥岩地层，可加入适量阻粘剂。

3) 正面加水作业

正面加泥或加注泡沫是改良土体的有效方法，但是施工成本相对较高。而在有些地层中，尽管黏性颗粒的比例达不到理想的要求，但还是占有一定的比例。因此，综合考虑施工成本、技术要求和工艺的简便等因素，采取正面加水措施也能达到改良土体的效果。事实上，正面加水方法是最早使用的外加剂方法。正面加水的工艺和加泥工艺基本相同，加水管路也沿用加泥的管路。

2.7.5.2 气压作业

详见第 5 章。

2.7.5.3 隧道通风措施

1) 隧道施工通风

隧道的通风主要采用压入通风为主。在盾构始发井设置大功率的通风机，并利用软风管连接到盾构机的盾尾位置，开启通风机将地面的新鲜空气送入隧道工作面，从而起到交换热空气和补充新鲜空气的功能，保证整个工作面有足够的新鲜空气，使掘进工人处于较好的工作环境中。特殊工况下，须再考虑强制排风等措施。

2) 风量的估算

在通风设计时，主要的参数包括：隧道延长、管片内径、隧道断面面积、作业人数、风管和换气方式等。由于盾构施工的工人较少，因此，按照满足隧道内允许最小风速要求

计算风量。

$$Q = 60Sv \tag{2-16}$$

式中 S——隧道的面积（m^2）；

v——允许最小风速，一般取 0.2m/s。

采用软风管通风，软风管的接头和缝合处难免出现漏风，根据经验数值及估算，每公里的软风管漏风率约为 36%。同时，通风机需考虑 50% 的余量。

$$Q_{机} = Q \times (1+50\%) \times (1+36\%) \times L \tag{2-17}$$

式中 L——隧道的长度（km）。

根据英国规范，盾构隧道内的新风供应量还要满足每人每分钟大于 300L 的要求。

3）通风系统的布设

通风机安装在近盾构工作井的附近，进风口加装金字塔形挡棚防水并加装消声器，出风口亦加消声器，用刚性风管法兰连接敷设至井口，然后采用 PVC 涤纶布拉链式软风管（一节 30m），采用高强度拉链紧密连接，每环管片上设 1 个吊点，使用预制的挂钩将软风管牢固地悬吊在隧道顶部的管片螺栓上，保证隧道截面美观而不占地方。

在盾构机的后续台车上使用直径稍大的刚性风管，将新鲜风引到盾构机的盾尾位置。

2.7.5.4 材料和弃土运输

详见第 6 章。

2.8 盾构进洞和出洞施工技术

盾构自始发井开始推进，在本书中称为出洞；盾构经设计的线路方案掘进施工开始进入接收井，在本书中称为进洞。在我国，另外一种进洞和出洞的定义恰好与本书相反，这是要注意的。土压平衡式盾构进出洞是盾构法隧道施工中的一道关键工序，也是盾构施工中风险最大的工序之一，根据统计，进出洞事故已占盾构隧道事故的 70% 左右。盾构进洞和出洞要特别注意：

1）进出洞地基处理方案应尽可能采用降水方案。

2）对于承压水地层，不能期待旋喷桩来达到止水目的。

3）盾尾密封装置有三类，见图 2-11、图 2-12 和图 2-13。对于受承压水影响的地层应避免使用图 2-11 的形式。

4）从长远看，应推广应用切割纤维筋洞门进出洞的方法，但不能完全沿用钢筋混凝土设计理论设计纤维钢筋混凝土，并在盾构设计中，要考虑盾构机对纤维筋洞门的切割能力。

5）盾构进出洞施工的安全问题要从规划、设计阶段就予以关注，尽可能避免将洞门布置在不太可能搬迁的地下管线近旁。

6）对于饱和含砂软土层，冻结法是一种比较可靠的防止渗漏水的技术措施，虽然冻结法几乎能适用所有地层，但该技术不能用于非饱和地层（如：气压施工范围）。

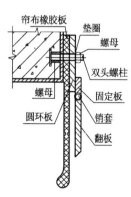

图 2-11

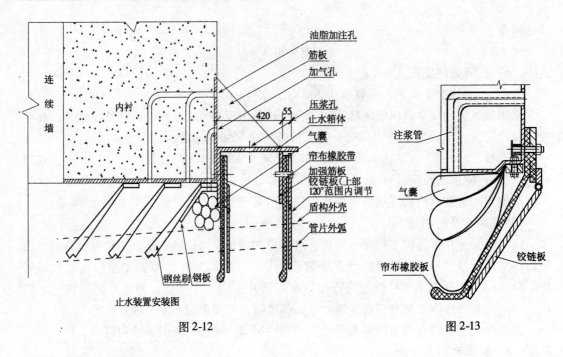

图 2-12　　　　　　　　　　　　　　　图 2-13

2.8.1　盾构出洞施工技术

1）盾构出洞施工流程

盾构出洞施工流程可见图 2-14。

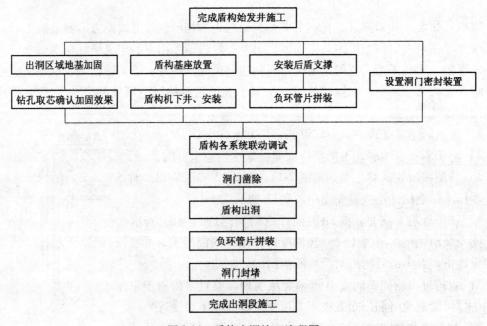

图 2-14　盾构出洞施工流程图

2）盾构出洞洞口地基加固技术

在土压平衡式盾构出洞过程中,要确保洞口暴露后正面土体的稳定,必须对洞口工况进行详细的调查,并采取有效的技术措施,使洞口处的土体不流失、不坍塌。而不同性质的隧道工程,其洞口的结构形式又各不相同,常见的有:外封门、内封门、特殊封门、地下连续墙封门、钻孔灌注桩封门、SMW 工法封门和合成纤维混凝土洞门等。所以,盾构出洞洞口(soft eye)的地基加固方式和技术也须随洞口工况和封门结构形式进行优化、调整。

当前常用的盾构出洞口土体加固方法有以下几种:高压旋喷桩(jet grouting)、深层搅拌桩(含 SMW 工法)、降水法(dewatering)、分层注浆法(tube-a-machutte)、冻结法(freezing)等,也有在洞口加固中采用两种或两种以上方法的。以下主要就各类地基加固方法的特点和适用范围作简要阐述。

(1) 高压旋喷桩地基加固

高压旋喷桩法利用工程钻机钻孔到设计深度,将一定压力的水泥浆液和空气通过其端部侧面的特殊喷嘴同时喷射,并强制与喷射出来的浆液混合,胶结硬化。喷射的同时,旋转并以一定速度提升注浆管,即在土体中形成直径明显的拌合加固体。高压旋喷桩有单管法、双重管法、三重管法以及多重管法。它在地基加固、提高地基承载力、改善土质进行护壁、挡土、隔水等方面起到了很好的作用。

① 高压旋喷桩法特点

a. 高压旋喷桩法可指定加固某一深度的土层。

b. 可以克服渗透系数很小的细颗粒土层中无法灌注浆液的土体加固,且压注均匀,范围可调节控制。

c. 在场地狭小的场合,可进行加固作业。使用方便,移动灵活。既可形成单排桩体,又可形成多排桩体,桩径可适当调节。近年来已成功开发了水平旋喷技术。

② 高压旋喷桩法适用范围

适用于砂土、黏性土、淤泥土及复合岩土等地层。

(2) 深层搅拌桩(含 SMW 工法)地基加固

深层搅拌桩是指通过深层搅拌机器搅拌,使水泥类悬浊液在原地层中与土体反复均匀混合,待水泥土固结后,形成连续挡土墙的技术。

① 深层搅拌桩工法特点

a. 对周围地基影响小。对邻近土体扰动较小,不致产生邻近地面下沉、房屋倾斜、道路裂损或地下设施破坏等危害。

b. 止水性好。随着钻掘和搅拌反复进行,可使水泥系强化剂与土得到充分搅拌,而且墙体全长无接缝,具有可靠的止水性。

c. 环境污染少。废土外运量比其他工法少,施工时噪声较小、振动小,无泥浆污染。

d. 可根据一定间距插入 H 型钢等作为加强基材,待水泥土固结后,形成复合的连续挡土墙。

② 深层搅拌桩工法适用范围

适用于砂土、黏性土、淤泥土等土层。

在采用地基加固方法对洞门区域进行加固时,必须注意不要将钢制钻孔管或注浆管留在盾构进出区域，这将会对盾构造成意外的损害，在上海、深圳等地曾发生留在地层中的旋喷管损坏盾构刀具和螺旋机的事故。

(3) 人工冻结法地基加固

人工冻结法的目的主要是为了增强土体的稳定性、减少变形和隔断地下水。人工冻结常用盐溶液间接致冷法，就是将盐溶液用氨压缩方法制冷后，作为冷媒在土体内埋设的管道中循环，吸收土体热量，不断循环制冷，直到土体冻结，达到加固和稳定土体的目的。人工冻结方法还有直接致冷法，即不需循环制冷，如使液氨等在土体内发生相变，直接作为冷媒吸收土体热量，使土体降温致土中水分冻结，形成冻土体。

① 人工冻结法特点

冻结法之所以被广泛应用，其主要优点是：一是封水可靠，可实现人工干挖施工，有利于保证各类结构的施工质量；二是对环境保护有利，无异物进入土体，对周围环境扰动小；三是适应性强，一般情况下冻结法可在各类土层中应用。

② 人工冻结法适用范围

适用于砂土、黏性土、淤泥土等土层。对于地下水含盐量较高的海滨地区，要注意冻结温度适当降低的要求。

(4) 井点降水法地基加固

井点降水是通过对地下水施加作用力来促使地下水的排出，从而达到降低地下水位的目的。根据施加作用力的方式以及抽水设备的不同，井点降水有轻型井点、喷射井点、电渗井点和管井（深井）井点等。

① 井点降水法特点

采取降低地下水位的措施时，其作用是防止地下水通过洞口进入工作井，便利安全施工；通过减少土体含水量，有效提高土体物理力学性能指标。

② 井点降水法适用范围

适用于砂土、粉性土等土层。对于地表沉降控制要求高的闹市区，要注意避免不必要的降水，以减少因降水带来的地层沉降问题。

2.8.2 盾构进洞施工技术

详见第 3.4.6 节。

2.9 特殊段施工技术

2.9.1 浅覆土盾构施工技术

土压平衡式盾构隧道大多集中于深埋、建筑密集的地区，施工方法及环境保护技术已渐趋成熟。然而在隧道线路设计过程中，由于受到周边环境、沿线地下构筑物以及投资控制的影响，一些隧道的覆土非常浅，有的小于 1 倍甚至 0.5 倍的盾构直径。虽然在这类浅覆土盾构施工过程中，土压平衡盾构比泥水平衡盾构容易控制，但仍然必须采取相应的措施，既要保证地表沉降变形，又要控制好隧道的稳定和变形。

1) 浅覆土盾构施工风险分析

详见第 9 章。

2) 浅覆土盾构施工的主要关注点

（1）盾构在浅覆土区域施工中，用以防止地面沉降过大的注浆措施是至关重要的。同步注浆浆液配合比要综合地质情况、试验结果、实际施工等多方面因素选定；同时，注浆量不宜过大，否则隧道轴线容易产生上飘。

（2）遇到管线或其他重要构筑物需要保护时，施工监测信息及时反馈到盾构施工作业面，并采取相关的措施是非常重要的。

2.9.2 小半径曲线盾构施工技术

在线路的设计方面，往往由于受到规划及建（构）筑物的制约，使得隧道的线形越来越复杂，小半径曲线隧道也越来越多，施工中须采取相应的对策，以保证隧道正常施工。

2.9.2.1 盾构推进轴线控制困难及相应的对策

在小半径曲线段，由于盾构机本体为直线形的刚体，无法和曲线完全拟合。曲线半径越小、盾构机越长，则拟合难度越大。在曲线段盾构掘进形成的线形是一段段连续的折线，为了使得折线与曲线接近吻合，掘进施工时需连续纠偏。

1) 利用铰接装置和仿形刀控制盾构推进轴线

为了控制好小半径曲线隧道的轴线，需要提高盾构机的灵敏度。最有效的措施是在盾构机的中部设铰接装置，减少盾构固定段的长度。同时，配套使用仿形刀装置进行超挖，则可以更好地控制盾构掘进的轴线。

（1）根据隧道设计曲线半径及盾构直径计算铰接角度，开启盾构铰接装置，使得盾构机的前体与后体的张角与曲线趋于吻合，预先推出弧线趋势，为管片提供良好的拼装空间。常用的盾构机铰接角度为：水平张角±1.5°、竖直张角±0.5°，在圆曲线段施工，铰接角度基本为一常数，随着盾构进入缓和曲线，逐步减小水平张角，直至直线段处，张角调整至0°，进入直线段施工。

（2）仿形刀的使用主要考虑超挖范围和超挖量等两个方面的因素。仿形刀通过程序设置，可以在隧道断面任意区域进行超挖，曲线段盾构施工中，超挖范围控制在圆曲线的内侧位置，有利于盾构纠偏。仿形刀的超挖量计算主要由曲线半径决定，在圆曲线段理论超挖量为一常数，在缓和曲线段，它是一个变值。在上海、天津等软土地层中进行小半径曲线盾构掘进，实际超挖量要小于理论超挖量，而在广州、深圳等岩土地层中，理论和实际值基本吻合。

2) 通过成环管片的环面质量控制盾构推进轴线

通过使用铰接装置、仿形刀超挖、推进千斤顶区域油压调整等手段，首先保证了盾构轴线控制的基本点，而控制好成环管片的环面质量也是确保和提高纠偏效果的关键因素。特别是在小半径隧道盾构施工中，成环管片环面质量的好坏对盾构推进轴线控制，显得尤为重要。

2.9.2.2 已建隧道会向曲线外侧偏移及相应对策

由于曲线隧道盾构纠偏的需要，在千斤顶的推进下，必然产生侧向分力。而后续成环管片在尚未达到稳定的前提下，受到侧向分力的影响，将向曲线外侧偏移。主要的控制措施如下：

1）预留一定的偏移量

为了将隧道轴线最终控制在设计和规范要求范围内，盾构掘进过程中，对初始的轴线控制值进行相应的修正，预留一定的偏移量，预留偏移量可通过地质条件、理论计算和实践经验三者有机结合，综合分析而定。

2）控制盾构掘进速度与推力

在小半径曲线段施工时，适当降低掘进速度，减少总推力，可减小侧向分力，降低隧道向曲线外侧的偏移量。

3）调整同步注浆参数

及时充分地实施同步注浆，有效填充管片外的环状建筑空隙，特别是偏移侧注浆量应大于直线段隧道的注浆量。

严格控制浆液质量，适当提高浆液早期强度，增加成环管片抵抗侧向分力的能力。

4）加强隧道位移监测，实施信息化施工

曲线段施工过程中，增加隧道位移监测项目，及时了解成环管片的位移变化情况，通过信息化施工，及时调整各项施工参数，减小隧道偏移量。

5）如有可能，尽量使用宽度 1~1.2m 宽的管片。

2.9.2.3 沉降控制困难及相应对策

在小半径曲线隧道施工中，盾构机时刻处于纠偏状态，可能仿形刀也处于仿形超挖工作状态，实际掘进面为一椭圆形，实际出土量必然超过理论值，地层损失也相应增加，控制地表沉降主要措施有：

1）合理利用铰接千斤顶，尽可能使盾构机沿隧道设计轴线掘进，减小地层损失。

2）加强同步注浆工序的控制，注浆要做到及时、充分和有效。

3）加强地表沉降监测，实施信息化施工，及时调整各项施工参数。

2.9.3 过江段盾构施工技术

针对过江隧道施工具有开挖面失稳、盾构机或成型隧道与江河贯通、盾尾密封失效、隧道严重上浮和螺旋机喷涌等风险，施工中应从盾构机设计、盾构推进、管片拼装、同步注浆等环节入手，通过严格管理、精心施工来加以控制和防范。

1）盾构机设计措施

在盾构机设计阶段，应充分考虑隧道处于江河下的特殊工况，从刀盘刀具、驱动密封、盾尾密封和应急处置等方面采取措施。

（1）刀盘刀具具有高耐磨性和可更换性；

（2）高水头、富含水工况下，驱动密封装置安全、可靠；

（3）盾尾密封能够有良好的承受力和耐磨性，并设置更换密封装置时的安全措施；

（4）螺旋机出土口设置防喷涌装置；

（5）工作面设置应急大方量排水泵。

2）控制开挖面稳定，防止盾构机或成型隧道与江（河）贯通措施盾构机或成型隧道与江（河）贯通往往是由正面土体遭到严重扰动破坏或塌方，以及注浆严重欠缺或过量造成，因此施工中应从掘进和注浆这两方面入手，防范开挖面失稳。

（1）正面平衡土压力应按稍高于水头压力进行设定；

（2）严格保持出土与掘进速度的匹配，防止超挖；

（3）盾构推进应兼顾盾构与成型隧道的相对位置关系，保持两者之间始终处于较好的相对姿态；

（4）管片拼装时应尽量做到居中拼装，保证盾尾刷与管片良好接触。同时，管片拼装阶段往往会出现盾构后退现象，因此，在推进结束前宜采取措施使刀盘面板尽量贴近开挖面土体并适当提高土压力；

（5）在浅覆土的江河底施工时，确保螺旋机防喷涌装置处于良好工作状态；

（6）同步注浆做到及时、量足和有效；

（7）过江（河）施工时选择优质防水的盾尾油脂，并始终确保盾尾刷腔内充满具有适当压力（不小于外界水土压力）的油脂；

（8）加强江底地形监测，不断优化施工参数；

（9）一旦发生开挖面失稳、密封失效或贯通现象，应立即采取以下应急措施：

① 适当调整设定压力值，快速连续推进，使得盾构机尽快脱离该区域；

② 严格控制螺旋机出土速度，防止喷涌现象发生，以免加剧土舱内压力的波动；

③ 立即对盾尾密封进行加强，如加注盾尾密封油脂，通过同步注浆系统向盾尾后加强注浆，浆液采用快凝或水硬性材料；

④ 必要时对江（河）底部对应位置进行黏土回填、覆盖；

⑤ 盾构通过后尽快通过壁后注浆对隧道周边破坏区域土体进行进一步加固处理。

3）防止隧道上浮措施

由于隧道结构的本身重量往往小于掘削下来的土方体积所对应的水的重量，因而，从理论上来说，处于富含水地层中的隧道必然会产生上浮趋势，特别是对于大型隧道更是如此，加之盾壳与隧道外径之间建筑空隙的存在，为隧道上浮提供了有利空间，因此，若不采取恰当措施，隧道必然会上浮。常用的防止隧道上浮的措施主要有以下几个方面：

（1）推进过程中应严格操作，控制平衡土压力的波动，严格控制盾构纠偏量，避免对土体造成大的扰动，特别是要防止超挖现象发生。

（2）选择合适的注浆浆液，对于富含水且渗透性强的地层宜采用单液浆，且浆液应具有在这种工况下的可凝性，同时浆液应具有限制隧道上浮的力学特性。

（3）注浆量应视浆液特性设计合适的充填率，保证建筑空隙得到充分充填，但由于浆液凝结有一个过程，凝结前浆液本身往往还处于液体状态，这时浆液实际上也是隧道上浮的载体，因此浆液压注点的选择和各点的压力设置将显得相当重要，一般来说应保持隧道上部压注量在总量中占较大比重，压注压力应对称。

（4）加强隧道上浮和变形的监测，优化相关施工参数。并根据监测的结果进行针对性的注浆纠正。如调整注浆部位及注浆量，配制快凝及提高早期强度的浆液。

(5) 一旦隧道出现较大的上浮,主要采取以下应急措施:
① 加强隧道结构整体刚度,如管片之间增加刚性连接、隧道内增设支撑体系等;
② 隧道上部补压快凝浆液;
③ 隧道底部适当释放地下水;
④ 严重上浮变形段隧道压重处理。

2.9.4 穿越建筑物盾构施工技术

在软土地层中,采用盾构法进行隧道施工会引起土体变形,从而对地面建(构)筑物产生影响。特别是随着盾构直径的增大,对盾构周边的土体扰动也相应增加。根据盾构施工的特点,地表变形发展曲线可分为以下5个阶段,即:盾构机开挖面前土体变形、盾构机开挖面土体变形、盾构机上部土体变形、盾尾建筑空隙引起土体变形和后期土体固结及蠕变残余变形,详见图2-15。

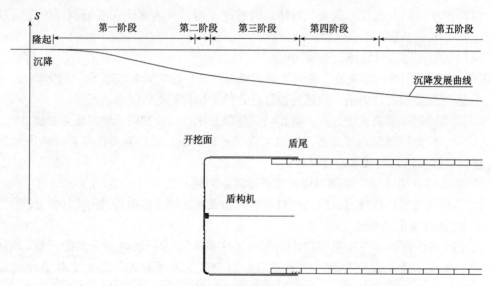

图 2-15 地层变形发展曲线图

在盾构施工中,应采取有效措施尽量减小第一至第四阶段的地层损失,控制地表变形量;同时降低盾构施工对周边土体的扰动程度,减少后期土体固结和蠕变残余变形,从而达到控制地表变形目的,进而保护建(构)筑物。

施工中常采取以下措施:

1)施工前对建(构)筑物进行详细调查,摸清其构造及结构形式,并根据需要采取必要的结构加固措施,特别是对于桩基伸入隧道断面内的建(构)筑物,必须事先采取地基加固或桩基托换等方式来保证建(构)筑物的承重需要。

2)加强施工监测,根据监测结果,采取相应措施,实施动态信息化施工管理。

3)对于重要建筑或危旧建筑,一般宜加强监测点的布置、增加监测频率,并事先在建筑物四周等适当位置布设跟踪注浆管,注浆管应深入建(构)筑物基础下,同时现场准备好注浆设备和材料。

4）盾构掘进施工措施

（1）盾构机影响因素分析

开挖面的稳定是盾构施工中控制的关键，是引起第一、二阶段地表变形的决定因素。而盾构掘进机刀盘的结构形式、刀具布置等因素是开挖面保持稳定的盾构机内在关键因素。因此，在盾构设计制造时应根据地质特性提出具体的要求，以保证开挖面的稳定，从而减小地表变形。

（2）施工参数控制

盾构推进时，当开挖面的土体受到的水平支护应力小于土体的侧向应力，则开挖面土体向盾构内移动，引起地层损失，导致盾构前上方地面沉降；反之，当水平支护应力大于土体的侧向应力时，则开挖面土体向前上方移动，从而导致开挖面前上方地层隆起。在上海地区，我们发现，当隧道掘进时，使开挖面前上方地层微量隆起 2mm，最终沉降值不大，这可能是微量隆起避免了地层因盾构超挖而引起较大的沉降。因此在盾构施工中，对于土压盾构应严格控制土舱土压力值及其波动值（波动值宜控制在 0.005～0.01MPa 以内），切实保证开挖面的稳定。其他国家和地区的文献表明，[2-1]隧道掘进均无使开挖面前上方地层微量隆起的做法。

当盾构隧道穿越其他地下结构时，虽然开挖面理论土压力比仅有覆土的情况为小（图 2-16a 的情况），但在有条件的情况下，此时仍应根据被保护地下结构的变形监测值设定土压力值，以往的经验表明，此时完全按理论值设定土压力可能会偏小。

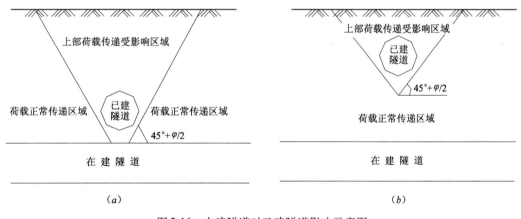

图 2-16 在建隧道对已建隧道影响示意图
（a）穿越隧道与在建隧道净距较小；（b）穿越隧道与在建隧道净距较大

（3）盾构姿态控制

盾构在曲线段推进时，实际开挖面并非正圆形，因此会引起地层额外损失；同时，在抬头推进或是磕头推进时，盾构轴线与隧道轴线存在一定偏角，偏角越大，对土体的扰动和超挖程度及其引起的地层损失也就越大。因此，施工时应通过合理设置区域油压、刀盘转速、掘进速度等施工参数，尽量保证盾构机姿态的稳定，若盾构机发生偏离轴线迹象，应及时纠偏，纠偏应遵循"勤纠、小纠"原则，避免大幅纠偏。一旦发生因盾构姿态变化引起较大第三阶段地层损失，可通过盾构壳体进行体外注浆，以尽早弥补该损失，从而减小对建（构）筑物的影响。

(4) 管片拼装措施

在管片拼装时，由于千斤顶缩回会对盾构机产生一定的影响，严重时会导致盾构机的后退，这样将造成正面支护压力的降低，对土体将会产生较大扰动，且拼装周期较长也会加剧这方面的影响，因此在拼装管片时，一方面应严格按照合理顺序进行，同时可在盾构机推进结束前，将设定支护压力适当提高 0.005MPa 左右，以弥补拼装时可能带来的损失，从而保证开挖面的稳定，进而保护地表建（构）筑物。同样，管片拼装质量也相当重要，拼装时必须保证螺栓拧紧程度、管片接缝张开量和平整度达到设计要求，以保证成环隧道的整体刚度，提高成环隧道的抗变形能力，从而减小对隧道周边土体稳定的影响，进而保护地表建（构）筑物。一旦成环管片脱出盾尾后发生大的变形，必须立即采取复紧螺栓、加强隧道整体刚度等措施，以防事态进一步恶化。

(5) 同步注浆措施

由于盾构的外径大于管片的直径，随着盾构的推进，在管片与土体之间将产生建筑空隙。此建筑空隙若不能及时填充，将会引起地层损失，从而导致地表变形。为了能及时填充这些空隙，尽可能地减少盾构施工时对地面的影响，采用较为有效的同步注浆法，即盾构一边向前推进，一边对盾构后产生的建筑空隙进行及时注浆填充。在进行同步注浆时，须控制好注浆压力和注浆量，使之既能有效地填充建筑空隙，又不会对管片的成环质量产生影响。

2.9.5 含气地层土压平衡式盾构施工技术

含气地层（主要是甲烷和硫化氢）并不少见，在很多国家都有关于隧道掘进机在含气地层中施工而遭遇困难的报道，如：伊朗、西班牙、美国、土耳其[2-5]和中国（上海、杭州、广州）等。

硫化氢（H_2S）气体为无色并含臭鸡蛋味，超过 100ppm 的高浓度硫化氢能导致人瞬间致命，含硫化氢的水体呈酸性，因此对盾构部件有腐蚀性。

在靠近江海边的砂性土沉积地层中，通常存在着大小不等、压力不一的沼气囊。沼气是一种混合型气体，其主要成分是甲烷（CH_4）杂含有少量二氧化碳（CO_2）、一氧化碳（CO）、氮气（N_2），有些还可能含微量含硫物质等；在一定浓度下（5%~15%）遇明火极易发生爆炸。由于沼气无色无味，容易被人们忽视，稍不注意，就有引起爆炸的可能，在隧道中一旦有沼气存在，又无良好的通风换气条件，则极易达到 1%~5% 的沼气含量，在此条件下，有可能发生大面积火灾，发生火灾的概率比发生爆炸的概率要大得多。在沼气地层盾构隧道施工的过程中，能否控制沼气的涌入量与隧道内空气混合后其含量低于1%，是确保盾构隧道施工过程中不致引燃、引爆，进行安全施工的关键。

在城市区域，由于各类市政管线密布，如果发生管道泄漏，也可能发生有毒有害气体进入盾构内的现象。在广州就曾发生市政管道泄漏导致隧道内人员死亡的事故。

2.9.5.1 气体进入盾构隧道内部的途径

气体进入盾构法施工隧道内部的途径有 5 种：

1) 含气地层中的气体能从盾构头部，沿螺旋输送器随泥土一起进入隧道内；
2) 从刀盘与盾壳的接缝处渗入隧道内；

3）从盾尾间隙进入隧道内；

4）从管片衬砌接缝处、管片的裂缝处进入隧道内；

5）开舱检查刀具时，从人舱内进入。

2.9.5.2 气体处理与安全施工措施

根据气体进入隧道内部的途径和气体的特点，主要采取以下措施进行气体处理，确保安全施工。

1）气体前期钻探排放

在盾构推进轴线两侧（要确保不在隧道断面）布置垂直钻孔放气并负压抽气，尽可能在隧道施工前将盾构推进轴线方向的沼气囊体中的气体全部放掉。

2）盾构施工时气体超前触探导引

在盾构机刀盘前设置超前探管，将地层中遗留的气体在盾构机到达前通过超前探管引入管路直接排放到地面，防止气体进入隧道。

3）盾构法施工隧道的密封措施

做好盾尾密封和提高隧道接缝的密封，特别是隧道进入粉砂层后，在衬砌处进行注浆，增加水密气封特性，充填粉砂层中的孔隙，减少气体进入隧道的概率，并可消除由于气体的释放而引起的不均匀沉降，提高隧道的稳定性。螺旋机是渣土的主要出口，也是控制承压水和气体喷涌风险的关键点。可采用膨润土或高分子聚合物等充填、密实螺旋机，使其快速起到土塞效应，防止和控制水气土结合后从螺旋机处发生喷涌现象。一般设置液压控制闸门（图 2-17），在发生喷涌现象时，可起到关闭螺旋机、截断水气土喷涌通道的作用。

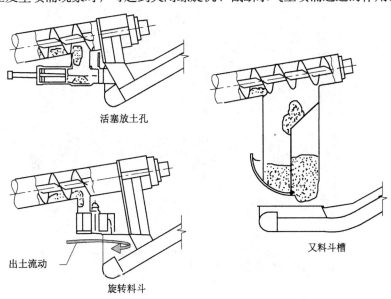

图 2-17　3 种螺旋机密封方式

4）加强通风

一般隧道正常施工时，采用压入式通风，即风机放在隧道口；在含气段隧道施工时，为确保盾构安全掘进，建议采用混合式的通风方式。混合式通风兼有压入式和吸出式两者的优点，但也有缺点，即吸出式风机有引起瓦斯（沼气）爆炸的危险。因此，需选用安全、可靠、低噪声的防爆风机。

不管使用哪种类型的通风方式，要保证每人 $4m^3/min$ 的供气量，应满足隧道最大通风风速：平均风速不低于 $0.5m/s$，隧道工作面或气体集中溢面区域，最大风速应不低于 $1m/s$；应保障有毒有害气体不能在隧道内聚积。实际选择风机时还应适当考虑相应的安全系数。

由于沼气密度几乎比空气轻一半，一般易富集于隧道上部。在隧道施工时，沿着某一密封薄弱部位逸出的沼气在隧道顶部形成层状聚积，层状聚积的长度及体积与逸出的沼气量及浓度成正比，故风机布置也应尽量布置得高一些，特别是抽出式风机，要尽量靠近气源出口。根据实测资料，沼气涌入隧道形成含量达 2.5% 的层状积聚时间很短，只有十几分钟，聚积层长度也只有 14m 左右，且沼气的含量由盾尾向外逐渐变小。根据实验资料，沼气层状聚积的长度为 10m 或 10m 以上是最危险的，在这样的长度时，如遇火星，即可燃烧或爆炸。防止沼气在隧道中发生层状聚积的最佳方法是加大通风量。

沼气含量小于等于 0.25% 时，可按正常隧道通风。沼气含量大于 0.25% 时，开始考虑加强通风，启动混合式通风系统。即同时开启抽出式风机，尽量将隧道内沼气含量控制在 0.25% 以下，保障隧道掘进施工的正常进行。

5）测试手段

监测气体含量的设备有固定式和可移动式两种（图 2-18）。根据隧道施工特点，最好是固定式和移动式结合起来使用。对气体的主要渗入区域，应设置固定式的光电自动报警设备，对成形隧道内，可设置移动式气体报警仪。

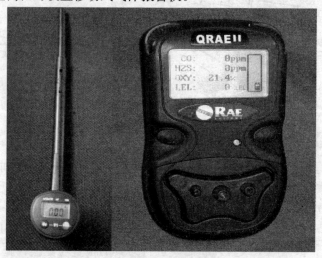

图 2-18　气体检测仪

隧道内气体监测标准应根据"铁路瓦斯隧道技术规范"中要求的"瓦斯浓度达到 1% 时报警，达到 1.5% 时必须停止作业，切断机械电源"，并适当加以提高标准和细化报警等级。根据测爆仪测试的甲烷浓度，0～0.25% 为正常作业范围；0.25%～0.5% 开始警戒，并加强监测；0.5%～1% 中止作业，加强通风，进行监测；1%～1.5% 疏散作业人员，切断所有电源（除应急防爆电源外），禁止人员入内，隧道内开启防爆应急灯。若施工人员重新进入施工现场，必须经检测人员检测，气体浓度小于 0.25% 时，方可恢复施工。

设立专职气体检测人员，定时定点测定隧道内空气中的气体浓度，并在盾构顶部安装自动报警仪。

6）施工安全规程

（1）对所有将要进入隧道的人员都要进行防有毒气体和消防等安全教育。

（2）严禁在隧道内点火吸烟和用灯泡取暖或烧烤其他可燃物，严禁携带火种或易燃物品进入隧道（包括普通手电筒）。

（3）对易造成燃烧和爆炸的电器设备均应加设防爆装置，并建立机电的检查、维护专职制度。照明灯均须采用防爆灯及防爆开关。

（4）必须严格控制隧道内电焊、气割（焊）等作业。

（5）隧道车架上必须配备足够的电气灭火器材。在发生火灾时不能用水灭火，要用高膨胀性泡沫灭火。

（6）停电停风时，要通知沼气检查安全员，恢复送电时，要经过沼气检查安全员检查后，才准许恢复送电和工作。

2.9.5.3 含气地层中其他施工措施

在含气地层中进行盾构施工，除上述主要的防灾安全措施外，还须采取其他辅助措施，保证盾构施工的正常。

1）土体改良措施。通过正面加泥水或添加剂等措施，对正面砂性土进行改良，既能保证盾构出土的正常、开挖面的稳定，又能减少出土喷涌的风险。

2）防喷涌措施。排放过气体的地层，气体压力和含量可大为减小，但是原来气体所占有的体积被它处流来的地下水或气体所充填，形成了新的孤立的含有气体的贮水体。当盾构接近这些贮水体时，贮水体中的高压作用下的水、气体和泥砂冲破盾构下部连接贮水体的砂层，涌入隧道而产生险情。所以，在保证出土口闸门正常工作的前提下，增设球阀或其他保压泵渣装置，确保出土的正常和安全。

3）加强轴线控制和管片拼装，保证盾尾间隙的均匀性。尽可能控制好盾构的姿态，同时加强管片拼装的质量控制，保证盾构和管片姿态的吻合，减少盾尾间隙的差异。

2.9.5.4 气体燃爆事故案例[2-4]

1）事故案例分析

2008 年 4 月 15 日广州地铁六号线区间隧道在盾构施工至 ZDK15+419 处，由于掘进速度小于 5mm/min，根据施工经验判断需要进行刀具的检查与更换，施工单位首先完成了正常的开舱作业准备，在打开土舱几分钟后，突然遇到不明气体在土舱和人舱间发生爆炸，爆炸形成的橘黄色火焰和冲击波从狭小的人舱口冲出，造成人舱内二人死亡（其中一人在医院抢救无效死亡），一人重度灼伤，人舱外多人轻伤（灼伤与摔伤）。

为防止有害气体进入隧道造成更大的事故，经紧急处理后，于当天 20 时左右关闭土舱门。4 月 16 日对隧道的环境和土舱内的气体进行检测，所采用的检测仪器为：甲烷浓度检测仪、SO_2 气体检测仪、NH_3 气体检测仪、复合气体检测仪。首先对土舱外的隧道环境进行气体检测，然后计划打开土舱壁的 3 号球阀（预留泡沫孔）进行舱内气体检测，但拆除泡沫管路后在阀口位置明显检测出 CH_4、CO、SO_2 等三种有害气体，由于 CO 为有毒气体，且其爆炸极限为 12.5%~74%，而 CH_4 的爆炸极限为 5%~15%，因此决定改变检测方案。通过采用塑料袋封堵管口进行气密性实验，发现袋子逐渐膨胀，说明有气体溢出，推算的气体溢出速度约为 17ml/s。由于球阀口 CO 的溢出浓度已超出高位测限，为安全起见检测方案改为不打开球阀，利用土舱内水位的自由面作为土舱的下部密封（测得地下水的渗流量约 $360m^3/d$），只以此球阀口作为气体检测点，检测结果表明：（1）土舱内的 CH_4 浓度超过仪器报警值（1%），且浓度呈递升趋势；（2）土舱内 CO 的浓度远远超过《化学矿山工业卫生管理规定》中规定的不大于 24ppm 的限值；（3）土舱内 SO_2 的浓度超过《化学矿山工业卫生管理规定》中限值 5ppm，且浓度呈递升趋势；（4）土舱内 O_2 的浓度不符合《地下隧道工程施工及验收规范》中不小于 20% 的要求，且浓度呈下降趋势。由于通过球阀泄漏的气体在管口与隧道内的空气进行了混合，根据检测方法、检测点孔口直径、舱内漏气速度，初步推算土舱内（CH_4、CO、SO_2）浓度为检测浓度的 7.9 倍。

从检测到的土舱内有害气体成分分析，该气体与管道燃气成分和化粪池或排污管道形成的沼气成分相似；由于形成爆炸的气体主要是甲烷或一氧化碳，检测过程中舱内液面上部的空间为 $11m^3$，假定在一段时间舱内甲烷的泄漏量按检测数据的分段平均量计算，若按该地区在 8、9 号地层中盾构施工通常采用的欠土压掘进模式（上部空间体积约 $3m^3$），则土舱若封闭 31 分钟，土舱内甲烷浓度就可达到其爆炸下限，而由于一氧化碳的检测浓度一直超过检测仪器的极限，无法推算其浓度的增长趋势。

从地质学的角度分析，白垩系上统大塑山组的泥质粉砂岩、砾岩，其自身不会生成可燃气体，且在地质详勘阶段和地质补勘阶段均没有记载发现可燃、有毒气体。在本标段工程项目已施工的 1720m 隧道中，已采用相同的方法开舱 15 次检查或更换刀具，未发现任何有害气体。

本次事故检测到土舱内有害气体成分主要是甲烷和一氧化碳，该有害气体的成分与管道燃气成分和化粪池或排污管道形成的沼气成分相似。根据事后的进一步环境调查，事故区域地表下污水管道密集；隧道两侧高楼众多，每栋楼都修建了大型化粪池（盾构机位置处 50m 范围内已查明的大型化粪池 4 个），且就在隧道附近有一座大型医院；同时就在隧道附近的地表下不到 1m 深处有一根燃气管道；因此这些环境构筑物内形成的气体可能存在少量的泄漏进入表部地层，并伴随地下水通过岩层节理裂隙渗入到盾构机土舱内形成聚集，在一定的时间内逐步达到爆炸极限。

假定土舱内有害气体的浓度达到爆炸极限，由于密闭式盾构在掘进过程中土舱内的氧气浓度很低，而刀具破岩（白垩系上统大塑山组的泥质粉砂岩、砾岩）时产生火花的可能性极小，且温度也不可能达到几百度，因此在掘进中不会产生爆炸。然而当进行开舱作业时，由于隧道内的空气氧含量达 20% 以上，打开舱后隧道内的空气与土舱内的气体混合就形成了产生爆炸的第二个必要条件 – 氧浓度达标。另外由于用于该隧道施工的盾构机为非防爆设备，尽管在人舱中和用于土舱内的照明电器均采用了带防护罩的普通灯具，但在使用过程中这些电器极有可能产生电火花，形成第三个条件。由此分析，本次事故产生的原因就基本明确。

本次事故并不是发生在打开舱门的一瞬间,而是在滞后几分钟后发生的;调查时证实,施工人员在打开舱门后按正常的作业程序用压力水对土舱和刀盘进行了冲洗,由于有害气体甲烷的相对密度为 0.55(假定空气密度为 1),因此甲烷会聚焦在土舱内的人舱门上部,在冲洗的气雾作用下甲烷沿着舱门释放出来,从而在土舱与人舱间产生"滞后"爆炸。

2) 结论与建议

(1) 工程环境灾害与地质灾害是两个不同范畴的概念。在地下工程界,前者关注的是环境因素对地下工程建设时的人员、设备的损坏;后者关注的是工程建设活动因地质作用而发生的人员、设备及环境损坏,而工程环境灾害具有偶然性、隐蔽性、突发性等特性。在城市修建盾构隧道工程,如何防范工程环境灾害的发生必须引起重视。

(2) 在盾构隧道的风险分析中要进行工程环境灾害的分析与评估,以规避或减轻可能的工程环境灾害。

(3) 如采用密闭式盾构修建城市隧道工程,盾构机宜配置隧道环境有害气体检测仪器和报警系统,并应进行开舱前舱内有害气体检测;对于明确储藏有害气体的地层应进行包括提前释放、隧道环境气体质量评估、特殊通风措施、人员与设备防保等。

2.9.6 全断面饱和含水砂性土层中土压平衡式盾构施工技术

饱和含水砂性土层地下水丰富,摩阻力大,渗透系数高,且极易液化。在全断面饱和含水砂性土层中进行盾构施工,既存在正面切削开挖的困难,又有盾尾漏水、漏砂的风险。饱和含水砂性土虽然含水量大,但是一旦受到刀盘挤压后,其水分排出很快,随之土体的强度急剧提高,大刀盘所受的扭矩和总推力也大大增加,盾构推进较为困难。同时,盾构穿越后隧道周围的土体也很不稳定,盾尾几乎直接受水压力的作用,很容易发生盾尾漏水漏砂等情况。根据砂性土的特性以及盾构施工的特点,必须采取相应的措施,防范可能存在的重大工程风险。

1) 土体改良措施

在全断面饱和含水砂性土层中进行盾构施工,关键在于如何改良开挖面土体的特性,使其既达到土压平衡要求又具有流动性和止水性,确保开挖面土体的稳定和螺旋机的顺利出土,同时达到降低刀盘扭矩和总推力的目的。在全断面饱和含水砂性土层中,可以采取正面加泥或加泡沫的措施进行土体的改良。

2) 施工参数的优化

(1) 适当降低推进速度,控制刀盘扭矩和总推力。

(2) 严格控制出土量,保证开挖面的稳定。

(3) 严格控制土压力的设定和波动,避免加剧刀盘对正面砂土的挤压。

(4) 选择优质的同步注浆浆液,同步注浆做到及时、量足。

3) 其他辅助措施

(1) 控制好盾构轴线,严禁急纠、强纠,纠偏幅度不宜大于 2‰。

(2) 加强盾尾油脂的压注控制,保证盾尾密封。

(3) 间断性压注聚氨酯和双液浆,形成隔水环箍,减小已建隧道后部高压水对盾尾的危害。

2.9.7 盾构过站技术

2.9.7.1 概述

当采用盾构法修建地铁隧道时，需要盾构机过站。盾构机过站一般有三种形式：

1）车站主体结构已经完成，站内净空满足盾构机过站条件的，过站后继续掘进；
2）车站结构未完成或净空不满足过站条件的，采用吊出、转场、下井组装再掘进；
3）盾构先掘进通过车站后施工车站的"先隧后站"法。

在车站主体已经完工，站内净空尺寸满足过站要求的情况下，盾构机直接过站是最常用的一种工法。由于站内空间狭小，一般盾构机和后配套台车要进行分离，先后通过车站，在另一端再连接组装始发。盾构机移动时一般需要在车站扩大段横移、纵移，在标准段纵移，然后在扩大段再纵移、横移就位。后配套台车需要修筑轨道梁、铺轨、纵移后在车站另一端和盾体连接，组装调试，再次始发。有时由于施工场地狭小，受到工期等因素的制约，采用"先隧后站"工艺。目前，在地铁盾构施工过程中，盾构机过站是经常碰到的施工技术环节，是影响施工质量、安全和进度的重要环节之一。

盾构机过站与传统盾构解体吊运方法的区别及优势：

1）盾构机过站一般只要15天时间（20m/天，单圆盾构），而盾构出入井的安装与拆卸、吊运等则需要3个月时间，盾构机过站与折返调头时间相差无几，都为半个月左右，但是每一次折返都必然对应着一次拆卸、吊运与再次下井安装，在区间数量较多，盾构自身达到连续过站要求的前提下，应该尽量选择过站，减少盾构的拆卸与组装，一台盾构沿着某条线路推进过程中所过站数越多，与传统吊运法相比节省的时间就越多，经济效益就越明显。

2）在城市地铁建设中，车站多而区间短，盾构机在大多数情况下需要通过一个甚至更多车站，为充分发挥盾构机的施工能力，让一台盾构机施工多个区间，选择盾构机过站，取代传统的盾构解体起吊二次始发，不仅减少了拆装次数，减少了转场环节，还可以大大加快施工速度、缩短工期，无论是从工期方面还是经济方面考虑，都具有明显的优势。

2.9.7.2 盾构机过站方法

盾构机过站方法很多，以过站移动方法为标准，可以分为千斤顶顶推法、卷扬机牵引法等。具体形式上可以采用车轮法、滚筒法、滑移法以及组合法等；以盾构机盾体部分与后配套台车是否分离为标准，过站形式可以分为整机过站、过站小车过站和滚筒式过站等，如表2-9所示。

过站形式的整体对比分析　　　　　　表2-9

方法	整体过站	过站小车过站	滚筒式过站
工期（天）	26	22	21
成本（万元）	40	36	16
特点	不需分离盾构机，操作简单，适用于无工期压力工程	需分离主机与后配套系统，常见的一种过站方法，技术成熟、操作容易	成本低、工期短、操作简单且灵活，尤其在狭小站区，优越性更为明显，但操作技术较强

1）千斤顶顶推法

（1）方法简介

采用千斤顶动力系统，将千斤顶焊接在盾构基座上面，反力支撑采用钢支撑，盾构平移初期，钢支撑杆系撑在端头井洞门圈上，利用四台盾构推进千斤顶的推力作为动力，如图 2-19 所示；正常推进时，利用车站底板上的预埋件制作钢支撑反力后靠，利用焊接在盾构基座上的两台顶管千斤顶提供动力，如图 2-20 所示。

图 2-19　采用 8 寸泵管支撑推进　　　图 2-20　千斤顶与钢支撑接触面

（2）方法特点

目前，盾构机过站技术已在国内多数城市使用，工艺较成熟，过站的方法与形式较多，由于千斤顶顶推法优势明显，所以被广泛采用，如表 2-9 所示。

① 两台顶管千斤顶采用连通油管，由一台动力站驱动，可保持良好的同步性，千斤顶推进速度稳定，可确保盾构和基座平稳前进；

② 采用钢支撑作为反力支撑，有良好的稳定性；

③ 采用千斤顶动力系统，只需将千斤顶焊接在盾构基座上面，根据钢支撑中心高度来就位，再制作托架来支撑千斤顶，安装作业简便易行；

④ 盾构与车架整体进行平移，避免了盾构与车架断开连接以及过站完成后再进行安装连接的工序。

2）卷扬机牵引法

（1）方法简介

采用一定额定功率的卷扬机作为盾构平移的动力源，将卷扬机固定在可移动的盾构基座上，然后在车站底板的预埋件上面安装定滑轮，依靠滑轮组来产生足够的牵引力，拉动盾构平移，牵引用的钢丝绳一端固定在卷扬机的卷轴上，另一端绕经滑轮组后固定在基座或盾构机本体上，如图 2-21 所示，对于双圆盾构而言，一般采用两台卷扬机以提供足够的牵引力。

（2）方法特点

采用卷扬机牵引法，在实际操作过程中存在以下两大难点：

① 因卷扬机固定在盾构基座上，大致与盾构两鼻尖处于同一竖直面上，牵引用的钢

丝绳一端固定在卷扬机的卷轴上,另一端绕经滑轮组后固定在基座或盾构机本体上。使用两台卷扬机同时牵引盾构时,两台卷扬机的牵引速度必定存在差异,同步协调性很难控制,极易造成盾构的单边受力及位移过大,以及盾构和基座产生偏转。如果处理不及时,很可能发生损坏钢丝绳以及盾构基座上的滚轮出轨等事故。在卷扬机以及相关滑轮组等配件在安装方面也存在很大难度。

② 若将盾构与车架分开,虽然在牵引力方面的要求降低,但过站之前必须进行盾构与车架的分离作业;盾构过站作业完成后,必须将车架与盾构重新组装调试,增加了很大一部分工作量,将大大延长工期,对后续施工以及成本控制极为不利。

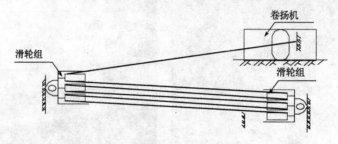

图 2-21 卷扬机工作示意图

3）盾构机过站案例介绍

近年来,地铁建设发展速度较快,全国上下掀起了一股地铁建设的高潮,同时也带动了地下工程的快速发展。期间,盾构机整体过站技术被广泛采用,尤其在北京、广州等地,该项技术的应用已经相当成熟,如表 2-10 所示。除表中所列的盾构过已建车站外,还有"先隧后站"法,例如圆明园站（北京地铁四号线）、五羊村路站（广州）等,"先隧后站"法可以节约成倍的时间,减少了两个单位同在一个工地施工协调管理难度,对施工场地条件要求也不高。

成功应用盾构机过站案例表   表 2-10

序号	车站	城市	过站方案	补充说明
1	学院南路站（北京地铁四号线 14 标段）	北京	千斤顶顶推法过站（北京首次成功应用该技术）	在 4 天时间里把盾构机整体平移 176m
2	官洲站（广州轨道交通四号线大学城专线）	广州	盾构机盾体部分与后配套台车分离,千斤顶顶推法过站	仅用 18 天就完成盾构机到达、过站、始发施工
3	金桥路站（上海市轨道交通 6 号线（L4 线））	上海	千斤顶顶推法过站	双圆盾构机过站一个月左右
4	北洋泾路和德平路车站（上海市轨道交通 6 号线 10 标段）	上海	采用八爪替换法和四鼎垫实法顶升施工、千斤顶顶推法和卷扬机牵引法过站施工	北洋泾路车站施工 34 天;德平路车站 35 天
5	大沙地站（广州市轨道交通五号线鱼珠站～大沙东站盾构区间）	广州	盾构机盾体部分与后配套台车分离,千斤顶顶推法过站	盾构机过站、设备整修、调试、二次始发共用 20 天
6	赤岗塔站（广州市轨道交通三号线）	广州	滚筒法	车站外包长 148.2m,盾构机过站 18 天

续表

序号	车站	城市	过站方案	补充说明
7	北宫门站（北京地铁四号线第二十标段）	北京	盾构机盾体部分与后配套台车分离，采用滑移法过站	盾体平均日推进20多米，最快日推进达31.2m，仅用了10个昼夜就完成了包括后配套台车在内推进通过174m车站的施工任务

2.9.7.3 盾构机过站的适应性

1）盾构机过站条件

通过对盾构机过站的介绍，特别是过站形式及方法的详细阐述，并与传统吊运过站做了相应的比较，在此基础上对过站工况进行对比分析，可以总结出盾构机整体过站的条件：

（1）必须具有两段及两段以上的待施工区间隧道，才需要盾构机过站

盾构机过站这一施工工程目的是为了连接两段区间隧道的施工，属于一个中间环节，因此只有在施工区间不少于两个时才需要盾构机过站。值得一提的是，如果盾构足够耐用，而且工期也能满足要求，在越多段的区间隧道连续施工中盾构机过站的优势就越明显。

（2）盾构机整体过站对车站结构的要求

首先，车站结构必须满足盾构顺利通过车站的空间要求；对于城市地铁隧道来说，使用的盾构机直径一般在5.5m至6.5m之间，因此待通过的车站必须给盾构机通过预留足够的空间。单圆盾构通过车站不需要调整车站立柱的布置，因为一般车站立柱间横向距离都能满足盾构通过。但对于双圆盾构，如果采用两跨结构，就要暂时托换中间立柱，或者后施工中间立柱；如果采用三跨结构则一般不用调整立柱，因为立柱横向间距一般满足横向间距要求。盾构机整体过站更严格的空间要求是站台底板到顶板竖向间距的要求，一般城市地铁车站站台层的高度要低于盾构机的直径，因此，或者调整站台顶板位置，或者在盾构机过站后再施工顶板，才能保证盾构机整体过站的竖向空间要求。其次，因为要为盾构通过车站提供足够的空间，因此需调整结构构件位置、尺寸及施工顺序（或者调整站台顶板位置，或者在盾构机过站后再施工顶板）；有的车站在横向间距上不需要调整，盾构可直接整体过站施工，这时应用盾构机整体过站就具有得天独厚的优越性。

（3）区间隧道和车站施工高度协调

地铁区间隧道和车站的施工都是工期比较长的工程，而且可能遇见一些不可预知的情况影响施工进度，车站主体结构的施工进度不能对盾构机过站造成影响，但是区间隧道与车站的施工往往会相互干扰，造成车站工期压力很大，比如过站一般要求在车站底板施工完毕后进行，而且会延长车站的工期，所以必须协调区间隧道与车站的施工，要求两者的施工高度协调。一般来说，对整个工程进度起控制作用的车站不宜使用盾构机过站方案，因为过站会延长车站施工的工期，对整个工程的工期控制不利。有时候车站和区间隧道施工的承包单位不同，施工单位按照各自的安排施工，这时候做好施工进度安排的协调更加重要。

2）盾构机过站的适应性

（1）盾构机的拆卸、组装与吊运需要相应的施工场地，要求地面有相应的施工条件，由于地铁隧道的施工一般都集中在市区，受到周围建筑物及交通的影响，有时候无法给盾构的进出洞提供足够的场地或条件，此时采用盾构机过站的优势就显得非常突出。

（2）工期要求紧迫的工程可以选择盾构机整体过站

盾构机整体通过已建成的车站和传统的盾构吊出转场相比，可以明显的缩短工期，因此在工期要求紧迫时不失为一种实用的应急之法。北京地铁四号线在学院南路站两端隧道施工中就使用了盾构机整体过站技术，300多吨重的盾构机只用四天就通过了车站，大大缩短了工期，为地铁线路在奥运前运行提供了有力保障。

（3）应用盾构机过站技术有明显的经济效应时，应选用盾构机过站

合理地使用盾构机整体过站技术具有明显经济效应。过站需要在车站底板上铺设轨道、安装推进牵引装置、引导盾构通过车站等操作，但是不需要将盾构机拆卸、吊出工作井，运输、吊放到出发井等施工环节，这些环节任何一个都比前面的环节费钱费力，因此可以节省大量的机械租赁及施工费用。尽管有时候需要对结构的构件位置、施工顺序以及结构尺寸做很大的调整，需要具体问题具体分析，但合理的使用盾构机整体过站技术经济效益突出。

参考文献

[2-1] Vittorio Gulielmetti, Piergiorgio Grasso, Ashraf Mahtab & Shulin Xu. Mechanized Tunneling in Urban Areas. Taylor & Francis, 2007；

[2-2] M. J. Gunn. The Prediction of Surface Settlement Profiles Due To Tunnelling. Predictive Soil Mechanics, Thomas Telford, London；

[2-3] 王洪新、傅德明. 土压平衡盾构平衡控制理论及试验研究. 土木工程学报，第40卷第5期2007年5月。

[2-4] 洪开荣、王玉卿. 盾构隧道施工应重视的工程环境灾害问题——从土舱内不明气体燃爆事故引发的思考. 土木工程学报，第43卷第1期2010年1月。

[2-5] Mr. Hanifi Copur, etc. A case of methane explosion in the excavation chamber of an EPB-TBM, Underground spaces in the service of a sustainable society. WTC-2011 Proceedings, Helsinki, Finland, May 20-26, 2011.

第3章 泥水平衡式盾构施工技术

3.1 概　　述

泥水加压平衡式盾构是20世纪70年代英国最早开发和应用的，自1975年起，在日本得到广泛的应用。1994年，日本东京湾道路隧道工程采用了8台世界最大直径14.14m泥水加压平衡盾构掘进18.8km海底隧道，代表了当时世界泥水平衡式盾构施工技术的最先进水平。

1994年，上海延安东路隧道南线长1300m的圆形主隧道施工，引进日本三菱重工制造的φ11.22m泥水加压平衡式盾构，成功穿越黄浦江江底7m浅覆土和两岸4.2m超浅覆土的软土地层，并于1996年隧道全线贯通。这是中国第一次采用泥水平衡式盾构机进行隧道工程施工。其后，在上海，陆续使用泥水平衡式盾构机完成了大连路隧道、翔殷路隧道、复兴路隧道等穿越黄浦江的公路隧道。上海市上中路隧道工程，中国首次使用直径超过14m的泥水平衡式盾构机进行隧道施工。上海长江隧道工程，使用了直径15.43m的带气囊加压泥水平衡式盾构机。

3.2 泥水平衡式盾构施工基本原理

3.2.1 泥水平衡式盾构原理

泥水平衡式盾构是通过在支承环前面装置隔板的密封舱中，注入适当压力的泥水，使其在开挖面形成泥膜（图3-1），支承正面土体，并由安装在正面的大刀盘切削土体表层泥膜，进而与泥水混合后，形成高密度泥浆，由排泥泵及管道输送至地面。送到地面的泥水，根据土体颗粒直径，通过一次分离和二次分离设备，将大颗粒土砂分离并排弃，分离后的泥水送到调整槽再次调整，使其形成优质泥水后再输送到盾构工作面。

在泥水平衡的理论中，泥膜的形成至关重要。当泥水压力大于地下水压力时，泥水按达西定律渗入土壤，形成与土壤间隙成一定比例的悬浮颗粒，在"阻塞"和"架桥"效应的作用下，被捕获并积聚于土壤与泥水的接触表面，从而形成泥膜。随着时间的推移，泥膜的厚度不断增加，渗透抵抗力逐渐增强。

泥水平衡式盾构施工主要由盾构掘进系统、泥水加压和循环系统、综合管理系统、泥水分离处理系统和同步注浆等五大系统组成。带气囊加压泥水平衡式盾构机还包括可调节压力的气囊，用来保证开挖面的泥水压力。

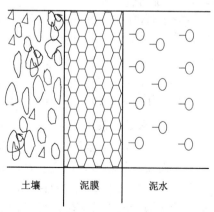

图3-1　泥膜形成示意图

泥水平衡式盾构操作方便，信息反馈能力强，可自动实时采集盾构掘进的各项数据，经分析总结后可以及时指导盾构掘进施工。

盾构掘进机主要技术参数（以 NFM 生产的直径 14.87m 盾构为例）见表3-1。

直径 14.87m 盾构主要技术参数汇总表　　　　表 3-1

名称		技术参数	名称		技术参数
盾构本体	前盾壳直径（mm）	14850	拼装机	回转角度（°）	±220
	后盾壳直径（mm）	14830		平移行程（mm）	2100
	长度（mm）	11650		提升行程（mm）	2400
	后继台车	2 节	管片运输机	装载能力（块）	10/环
	总推力（kN）	184300		行程（mm）	10×2250
大刀盘	直径（mm）	14870	搅拌机	搅拌机数目（台）	2
	旋转方向	顺、逆时针		叶片直径（m）	1.8
	驱动装置（电动机）（台）	14		最大扭矩（kN）	13
	转速（r/min）	0~1.4	注浆系统	压浆泵（台）	3
	最大额定扭矩（kN·m）	36000		注入口数量（个）	6（备用6）
	最大扭矩（kN·m）	43200	人行闸	数量（只）	2（备用2）
	超挖刀行程（mm）	105		最大压力（bar）	4.2
	超挖刀行程（mm）	105		每舱容纳人数（个）	6

3.2.1.1 盾构掘进系统

盾构掘进机系统是进行掘进和完成管片拼装的主要设备。带气囊加压泥水平衡盾构掘进机结构组成见图 3-2。

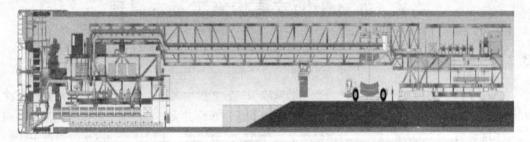

图 3-2　法国 NFM 生产的直径 14.87m 盾构示意图

3.2.1.2 综合管理系统

泥水平衡式盾构掘进管理系统由自动测量子系统、管片输送管理子系统、同步注浆管理子系统和泥水管理子系统等几部分组成，各系统通过中央控制室进行管理。其中，自动测量子系统主要用于控制盾构姿态；同步注浆管理子系统主要用于管理盾构掘进时的同步注浆量和注浆压力，及时填充由盾尾间隙等因素产生的建筑空隙，防止地面沉陷；泥水管理子系统主要用于测定及调节泥水输送系统中的泥水指标，以便于控制推进过程中的开挖面稳定。

3.2.1.3 泥水处理系统

如果将泥水盾构比喻成一个人的身体，中央控制室则是人的大脑，泥水则如同人体内的血液，而泥水处理系统的重要性就如同血液循环系统对人体的重要性。

传统的泥水处理系统主要由泥水控制室、沉淀池、贮浆槽、新浆拌制槽、调整槽、剩余槽、清水槽和泥水分离除砂器及清洁器等组成，起着处理由盾构开挖面排出的泥水和制造新鲜泥水的作用。目前新型的模块化泥水处理设备已经取消了占地庞大的沉淀池等，可以将整套泥水处理设备堆叠在一起，只占用很少的面积就可以完成泥水处理工作。

盾构掘进产生的泥水，经泥水处理系统分离成土砂和泥水，将大颗粒的土砂排弃而回收含有微小颗粒的泥水，后者进入调整槽并按施工要求加入新浆进行调整，再输送至盾构工作面，实现泥水循环。

通常而言，对于直径大于 4~6mm 的土颗粒是用振动筛分离；对于直径大于 0.3~0.5mm 的土颗粒是用有离心效应的气旋法分离；对于直径大于 50μ 的土颗粒是用离心技术分离；当土颗粒直径小于 50μ 时，则可重复使用。

泥水处理能力主要取决于盾构的直径和地层情况，表 3-2 为国内外几个不同直径的泥水平衡式盾构的最大泥水处理量值。

不同直径的泥水盾构隧道的最大泥水处理能力统计　　　表 3-2

项目名称	最大泥水处理能力（m³/h）	盾构直径（m）
EOLE 隧道	1200	7.4
SMART 隧道	2500	11.3
上海长江隧道	3000	15.43

3.2.1.4 泥水输送系统

泥水输送系统通常是由送泥管路、排泥管路、泥水控制阀组等组成。经泥水处理系统处理合格的泥水贮存在调整槽，通过设置在地面的 P_{1-1} 泵送至井下。盾构泥水压力舱内排出的高密度泥水，经分别安装在地面和隧道内的接力泵回送至泥浆沉淀池再处理，见图 3-3。在长隧道中影响工期的事件中，泥水输送系统占 43.9%，因此使泥水输送系统正常工作是泥水盾构施工必须关注的重点。

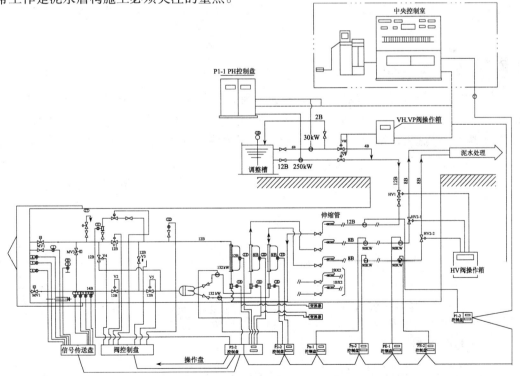

图 3-3　泥水输送系统原理图

3.2.1.5 同步注浆系统

在盾构掘进的同时，同步注浆浆液由地面拌浆系统拌制，输送至井下中继贮存箱，利用压浆泵，通过设置在盾构壳体的注浆孔注入土体，及时充填建筑空隙，减小地面沉陷，同时防止泥水后窜。同步注浆多使用双液注浆工艺（图3-4），对于直径在14m以上的盾构，现在已开始采用以砂为主的不含水泥和水玻璃的同步注浆工艺。

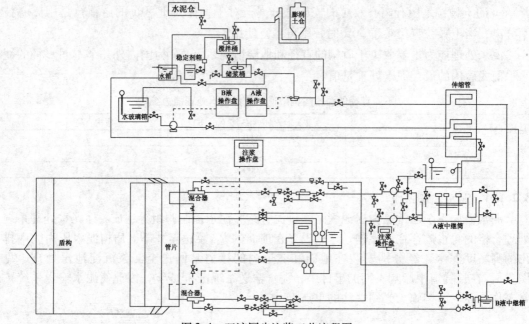

图 3-4 双液同步注浆工艺流程图

3.2.2 适用地层范围

泥水平衡式盾构适用于软弱的淤泥质黏土层、松散的砂土层、砂砾层、卵石砂砾层和砂砾等地层，尤其适用于地层含水量大、上方有大水体的越江隧道和海底隧道的施工。在处于恶劣的市政施工环境和存在地下水（尤其是高承压水）等不良工况条件下，亦能使用泥水平衡式盾构进行施工。随着施工技术的不断进步，泥水平衡式盾构适用的范围不断扩大，被认为几乎能适用于除岩石以外的所有地层。适合泥水平衡式盾构施工的具体地质情况有：

1) 隧道上方有江、河、湖、海等大水体的地层；
2) 黏性土、砂性土、粉土等多层互层构成的地层；
3) 滞水砂层、滞水砾石层及其他松散地层；
4) 有高水压层和高承压水的地层；
5) 有大直径砾石或砾石直径不大，但砾石数量多的地层。

3.2.3 工艺流程

典型的泥水平衡式盾构掘进双线越江隧道施工工艺流程如图3-5（a）、（b）所示。

3.2 泥水平衡式盾构施工基本原理

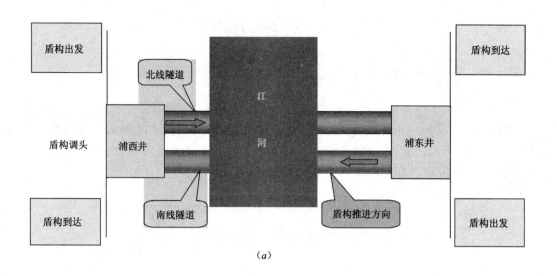

(a)

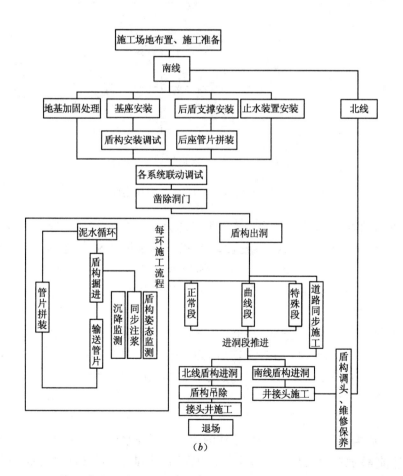

(b)

图 3-5 泥水平衡式盾构施工工艺流程图

3.3 泥水平衡式盾构开挖面稳定性

3.3.1 开挖面稳定机理

在刀盘正面的土体颗粒主要是依靠加压的泥水(流体压力)对其发挥平衡作用,以保持开挖面颗粒稳定,从而防止开挖面大量土体涌入隧道或产生显著的土体流失,并使得地层发生较为严重的沉陷或隆起。因此,在泥水平衡式盾构掘进中,泥水压力对稳定刀盘正面土体起着至关重要的作用,其作用原理如图3-6所示。

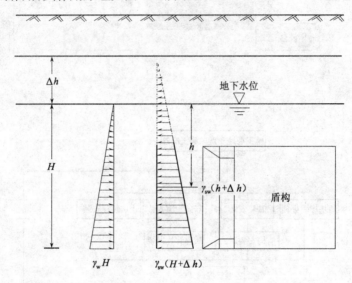

图3-6 泥水加压平衡盾构的泥水压力作用原理示意图

由图3-6可以看出,地下水压力 u 小于泥水压力 P。因此,当在盾构正面的泥水舱内输送比地下水位高 Δh 的泥水时(Δh 一般取2m),由于泥水重度 γ_{sw} 大于地下水的重度 γ_w,因此,就水压力而言,则在开挖面上任一点 h 处的受力方式总是泥水压力 P_h 大于地下水压力 u_h,从而在开挖面附近土体中形成一个向开挖面外围渗透的水力梯度,这是泥水平衡式盾构保持开挖面稳定的基本条件。

为了能有效地在刀盘开挖面上施加泥水压力,要求在泥水压力和地下水压力差的作用下,悬浮在泥水中的膨润土颗粒能在开挖面上很快形成一层不透水的泥膜。一方面防止泥水在压力差作用下的渗透损失,另一方面还阻止刀盘正面的土体颗粒向盾构内流动。因此,刀盘开挖面上泥膜的有效形成对提高开挖面的稳定起到极其重要的作用。这对于自稳能力差、均匀系数小的无黏性砂土的稳定尤为显著。

应当指出,盾构掘进中刀盘开挖面土体的稳定除了泥水压力和泥膜的上述作用外,还有来自盾尾千斤顶传递给刀盘开挖面的较大推力作用。因此,刀盘开挖面土体的稳定,严格来讲,是由盾构推力(主要由刀头传递)和泥水压力共同作用的结果。其中,泥水压力主要承担刀头之间开口范围土体的稳定,刀头作用范围的土体却主要由盾构刀盘推力承担。因此,即使当盾构停止掘进时,开挖面切削土层的大刀盘停止转动和进土,呈闭合状的大刀盘自然成为一个大型支撑板,对开挖面稳定起保护作用。

3.3.2 泥膜形成机理

在泥水平衡理论中,泥膜的形成至关重要。当泥水压力大于地下水压力,且二者之间的压力差保持稳定,泥水将按达西定律渗入到开挖面土体中,泥水中呈悬浮状的颗粒便随泥水渗入到土体颗粒间的孔隙中,在"阻塞"和"架桥"效应作用下,渗透到土体颗粒间隙间成一定比例的悬浮颗粒受分子间范德华力的作用而被捕获,并集聚于土粒与泥水的接触表面,从而形成一层泥膜(图3-7)。随着时间的推移,泥膜的厚度不断增大,渗透抵抗力逐渐加强。当泥膜渗透抵抗力大于正面土压力时,对施加一定压力的泥水产生平衡效果。而在很短时间内要形成高质量泥膜,则要求泥水不太容易渗透到土层较深范围。若配制的泥水质量很差,使得泥水很容易从开挖面穿过土层,一方面会消耗大量的泥水,增加材料成本,另外还会使泥水压力很难有效作用在开挖面上,从而起不到稳定开挖面的作用。

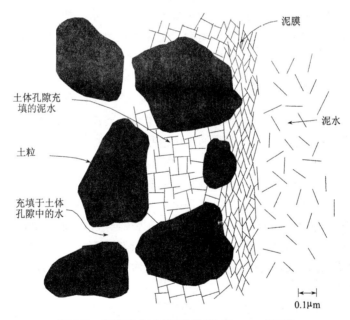

图 3-7 泥膜形成示意图(据 Washbourne,1986)

假如在泥水中添加一定含量的膨润土,便可以在开挖面上形成一层固化和胶凝状的、低渗透性的泥膜,以承受高于地下水压的泥水压力,从而保持开挖面的稳定。要使泥水达到上述效果,泥水必须保证不太容易渗入到地层中。为此,Jancsecz 和 Steiner(1994)研究过泥水的穿透性,并提出如下的公式:

$$S = \frac{\Delta P \cdot d_{10}}{3.5\tau_s} \tag{3-1}$$

式中 S——泥水在开挖面土体中的穿透距离(mm);

d_{10}——土体颗粒分析试验中,累计重量百分含量为10%的颗粒粒径(mm);

τ_s——泥水的抗剪强度或屈服值(Pa);

ΔP——泥水压力和地下水压力之间的差值（Pa）。

按此公式，对于泥水抗剪强度为 20~50Pa 的典型泥水，在 d_{10} 不超过 2~3mm，且压力差 ΔP 若按通常的 2m 水头（约为 0.02MPa）考虑时，泥水在粗砂~中砂中的穿透距离不会超过 1m。而当 d_{10} 超过 2~3mm 时，泥水的穿透距离则会大大增加，此时，必须在泥水中添加一定含量的较大粒径的土粒（粉砂或细砂）来填塞土体中的孔隙，以减小泥水在土体中的穿透距离。

为了减小泥水的穿透性和提高泥膜的形成，通常会在泥水中添加一定剂量的高分子聚合物。聚合物的长链分子结构通常起到加强纤维作用，并形成"网络"以捕获膨润土颗粒，从而充填土体颗粒间的孔隙。

3.3.3 泥膜形成条件

从泥水平衡理论中可以看出，在泥水平衡式盾构掘进中，尽快形成渗透系数很小的泥膜是一个相当关键的环节。前面对泥膜形成机理的分析表明，泥膜的形成既与泥水质量有关，也与土层性质有关。泥水质量包括泥水最大粒径、泥水配比、泥水黏度、泥水密度和泥水压力等内容，而土层性质包括土体类型、土体颗粒直径和土体渗透性等。因此，泥膜的形成是泥水质量与土层性质相互作用的结果。

3.3.4 推进速度与泥膜的关系

泥水平衡式盾构处于正常掘进状态时，理论上讲，希望刀盘前部的刀头并不直接切削原状土体，而是对刀盘正面已形成泥膜的土体进行切削。由于刀盘转速保持一定量值，刀头在下一次切削前，地层应很快形成新一层泥膜。另一方面盾构掘进速率受刀盘转速控制，因此掘进速率只和切入土体的深度有关，而和泥膜没有直接的关系，这就意味着，泥水平衡式盾构未必总是泥水平衡状态。但是，当泥水平衡式盾构在非正常掘进状态时，特别是当泥水质量和切口水压达不到设计要求时，泥膜需经过较长时间才能形成，于是刀头将直接切削原状土体，从而影响了掘进速率，这可以通过刀盘的扭矩来反映。通常，高质量的泥水在刀盘开挖面上形成泥膜的速度较快，高质量的施工，能保证泥膜形成先于刀盘掘进。

在泥水平衡式盾构掘进中，需要注意分析刀盘穿越不同土层时，刀盘推进速度的变化，以了解开挖面形成泥膜的状况。对于泥水平衡式盾构，通常刀盘扭矩的变化反映了开挖面泥水形成泥膜的效果。若盾构掘进穿越的土层有一定变化时，刀盘扭矩应随之变化。如盾构由较硬黏土层过渡到中等密实度的粉砂土层，在较硬黏土层中，在一定的推进速度下，刀盘切削时需要的扭矩应比较大，而中等密实度粉砂土的黏性差，相应地，需要的刀盘扭矩应比较小。若在一定的推进速度下，盾构从较硬黏土层转到中等密实度的粉砂土层时，刀盘扭矩却没有发生太大的变化，则需要弄清泥水在开挖面上形成泥膜的实际效果。鉴于砂性土和黏性土在泥水作用下形成泥膜的机理有很大的差异，要注意盾构掘进中土层的变化所反映的各施工参数的变化。当透水性大的中等密实度的砂性土和透水性小的较硬黏土层在开挖面出现时，尤其要注意泥水质量在推进中的变化与刀盘扭矩、总推力、超挖、欠挖等的关系。

3.3.5 开挖面稳定性计算的经典方法（村山氏公式）

对于盾构掘进前方的土体，因隧道上覆埋深条件的变化，单纯按盾构正面的土柱进行开挖面的稳定性计算是不全面的。当隧道埋深较大时，盾构正面上方土体同样会出现土拱效应，计算中应当充分考虑这一点，即泥水压力严格来说主要平衡土拱效应以内的松弛土压就足够了。图3-8是盾构掘进前方土体在无支撑作用下的几种变形方式。

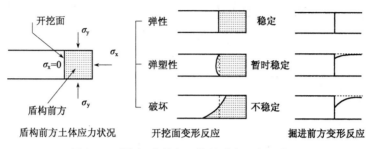

图3-8 盾构掘进前方土体的受力及变形状况

由图3-8可以看出，一旦刀盘正面的开挖面形成，土体中原有的侧向压力会随时间逐渐降低至0。由于刀盘不断推进，并且泥水舱内一直充满加压的泥水，从理论上讲，前述受力状况是不可能出现的。

作为一个作用在开挖面上的主动土压力的估算法，考虑到在开挖面前方上部的松弛土压，并将开挖面前方土体的滑动面假定为对数螺线，则有村山氏等学者的二维法。

在塑性平衡状态下，开挖面前方上部的垂直土压 q，由于土拱效应而减少到松弛土压的值。因此，太沙基松弛土压公式适用于盾构掘进前方，垂直土压 q 可按下式进行计算（见计算模型图3-9）：

$$q = \frac{a \cdot B \cdot \gamma - 2c}{2K \cdot \tan\varphi} \left[1 - e^{\left(-2K \cdot \frac{H}{a \cdot B} \cdot \tan\varphi\right)} \right] \tag{3-2}$$

式中 γ——土的重度（10kN/m³）；
c——土的内聚力（0.01MPa）；
φ——土的内摩擦角（°）；
B——见图3-9（m）；
a——试验常数，一般取1.8；
K——土压力系数，取1.0。

盾构掘进时，作用在开挖面上的全部土压力 p，是与图3-9中的松弛竖直土压力 $q \cdot B$、滑动线围住部分的土体重量 W、作用于滑动面上的反力和阻力有关，可以图3-9中的 O 点作力矩平衡分析来求出：

$$p_d = \frac{1}{l_p} \left[W \cdot l_w + q \cdot B \cdot \left(l_a + \frac{B}{2} \right) - \frac{c \cdot (R_c^2 - R_0^2)}{2\tan\varphi} \right] \tag{3-3}$$

式中 l_p、l_w、l_a——分别表示力 p_d、W、$q \cdot B$ 对应于 O 点的力臂（图3-9），单位 m；
c——松弛区范围土体的内聚力；

φ——松弛区范围土体的内摩擦角（°）；

R_0——从原点 O 到对数螺线滑动面起点的距离（图3-9），单位 m，且有

$$R_0 = \frac{D}{\left[\sin\left(\frac{\pi}{4}+\frac{\varphi}{2}\right) \cdot e^{\left(\frac{\pi}{4}-\frac{\varphi}{2}\right) \cdot \tan\varphi} - \sin\varphi\right]} \quad (3-4)$$

R——从原点 O 到对数螺线滑动面上任一点的距离，单位 m，且式（3-3）中的 R_c 计算如下式

$$R_c = R_0 \cdot e^{(\theta \cdot \tan\varphi)} \quad (3-5)$$

其余符号意义见图3-9。

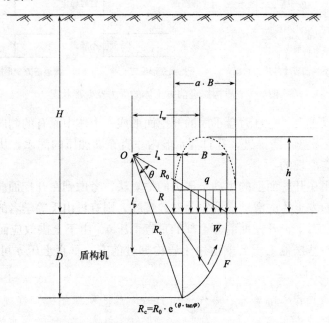

图3-9 村山氏公式计算模型

根据式（3-3）求 p_d 时，将图3-9中的点 O 左右移动，求出最大值 p_{dmax}。作用在开挖面全断面的主动土压力的合力 P 便为

$$P = 2p_d \cdot \frac{D}{3} = \frac{2}{3}p_d \cdot D \quad (3-6)$$

或者，从安全角度考虑，按下式进行估算

$$P = p_d \cdot D \quad (3-7)$$

式中 D——盾构直径，单位 m。

关于地下水位以下的土层，则用水中土的浮重度进行计算，由于孔隙水压的各向同性特征，分开计算的水压部分需再加上。村山氏等根据许多试验，提出的修正式基本上能求出对数螺线滑动面以及上部松动土压。但是因为修正式计算复杂，而且和式（3-3）计算结果的差值是包含在因施工技术以及土质波动等引起的误差范围内，因此，式（3-3）在施工中已足够满足要求。

3.4 泥水平衡式盾构掘进施工关键技术

在盾构法施工的全过程中，出洞、进洞施工技术被认为是不可忽视的、主要关键技术之一。通常，在盾构出洞的始发井和进洞的接收井位置，上覆土层埋深浅，而盾构工作井构筑和下沉过程中，会对周围土体产生较大的扰动。因此，盾构出洞和进洞前，需要对洞口土体进行处理，使洞口土体经改良后到达可以自立的状态，从而保证盾构顺利出洞和进洞。而不同类型盾构由于自身特点和适应性地层条件的限制，需要制定相应的出洞、进洞施工技术方案。

从泥水平衡式盾构开挖面的稳定状况来看，盾构前部安装有旋转切削刀盘，后面设置有密封隔墙，中间为泥水压力舱。在盾构掘进过程中，将泥水送入泥水压力舱，以保持刀盘开挖面的稳定。而开挖面的土壁近直立，当旋转刀盘不断切削开挖面土体的同时，又不断形成新的开挖面。由于泥水平衡式盾构开挖面的稳定是依靠一定密度和黏度的泥水在开挖面上形成一层泥膜，从而保证泥水压力有效作用在开挖面上以平衡正面水土压力。因此，对泥水平衡式盾构出洞、进洞施工而言，应明确泥水应处在密闭加压状态的条件下才能谋求开挖面的稳定。这是泥水平衡式盾构区别于其他类型盾构出洞、进洞施工技术的一个重要不同之处。如果不注意这一特点，盾构出洞和进洞洞口处理不妥当，土体扰动严重，以致泥水不能处于密闭的加压状态，结果是难以形成良好的泥膜止水效应，无法建立正常的泥水平衡体系，难于保持开挖面的稳定的，并将导致泥水冒溢至地面（如上海延安东路南线隧道在出洞施工中，就曾经发生过地面严重塌陷等影响工程进度和质量的情况）。

除了对洞口土体进行加固处理之外，泥水平衡式盾构外壳与工作井洞口之间的建筑空隙还安装止水密封圈，用来保持泥水压力舱中的泥水压力。在止水密封圈作用下，泥水舱内的泥水不致通过建筑空隙外泄，则泥水压力舱内的泥水就能控制在规定的压力。显然，若止水密封圈破损，失去密封效能，则导致泥水回窜外溢、循环的泥水流失，造成工作井泥水淤积。受此影响，泥水舱内泥水压力便不稳定，导致盾构周边土体扰动严重、洞口土体坍塌并产生较大的地表沉降。更为严重的是，泥水平衡式盾构将难于正常运转施工。同样，在泥水平衡式盾构进洞靠近接收井时，若接收井洞口处理不妥当，泥水舱内的泥水将大量涌入接收井内，造成泥水压力舱内的泥水无法正常循环，结果是严重影响泥水平衡式盾构安全进洞。

3.4.1 盾构出洞

3.4.1.1 工艺流程

泥水平衡式盾构出洞时，始发井构筑后，首先需要做好盾构基座、盾构本体安装、出洞段地基加固和止水密封装置。除此之外，其他的相关工作见泥水平衡式盾构出洞的一般工艺流程图（图3-10）。

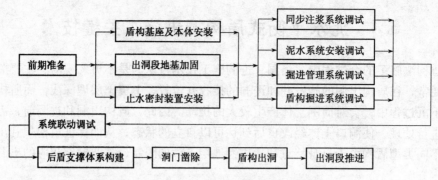

图 3-10 泥水平衡式盾构出洞施工流程图

3.4.1.2 盾构出洞前期准备

1）地基处理

盾构出洞施工是泥水平衡式盾构施工中最重要的环节之一。当泥水盾构从始发井开始推进时，开挖面被盾构前部的旋转刀盘所覆盖。然而，在盾构出洞前先要凿除洞口井壁的混凝土，以使盾构顺利出洞，洞口井壁的混凝土凿除时间较长。为避免混凝土井壁凿除后暴露的土体坍塌，需要在出洞前对洞口周边土体进行加固处理，使开挖面土体稳定，从而保证顺利出洞。

一般而言，采用搅拌桩、注浆、旋喷等方法加固土体时，可能会存在坚硬水泥块和局部薄弱环节，这将导致出渣困难和不能有效封堵压力泥水。而采用冻结法，对洞口土体进行加固，形成一个拱形封闭冻结帷幕，其冻土墙均匀性好、强度高、封水性能好，有较高的稳定性和可靠度，适应条件广泛的特点，可保证及时有效地建立泥水平衡体系，是泥水平衡式盾构出洞口土体的有效加固方法。

2）止水装置

盾构在出洞过程中，洞门圈与盾构壳体之间存在着环形的建筑空隙。为防止出洞时泥水从洞门内通过环形的建筑空隙大量窜入井内，影响开挖面泥水压力平衡的建立和影响土体的稳定，从而阻止工作井内盾构的正常施工，必须设置性能良好的止水密封装置，以确保初始泥水平衡及时有效地建立和出洞段的施工安全。

在洞圈预埋钢板上布置一个箱体结构，该箱体按照实测盾构外形轮廓尺寸制造安装，并在此箱体内安装 2 道止水橡胶带和铰链板。同时，为加强抵抗泥水从盾尾外漏的能力，在出洞口洞圈环向安装 2 道钢丝刷，并在钢丝刷之间布设若干油脂压注管。当水压力不大时，止水密封装置也可采用图 3-11 所示的形式。

3）后盾支撑体系

盾构出洞起始推进阶段，在掘进过程中的后盾力主要作用在后盾支撑体系（图 3-12）上。后盾支撑体必须满足盾构出洞时的最大推力。这对盾构控制推进轴线及隧道衬砌管片拼装成环是至关重要的。后盾支撑体系一般由后盾衬砌管片与后盾支撑所组成。后盾衬砌分为开口环和闭口环两部分。开口环衬砌的开口率及其拼装长度主要根据盾构工作井内垂直吊运物体所需占有空间来确定。闭口环后座力一部分由开口环传递到盾构工作井井壁上，剩余部分则经由后盾支撑传递到井壁。

3.4 泥水平衡式盾构掘进施工关键技术

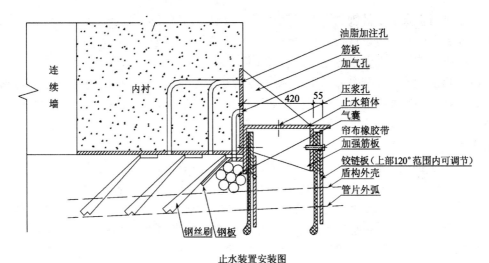

图 3-11 止水密封装置安装图

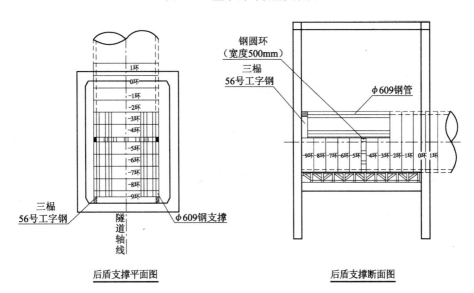

图 3-12 后盾支撑示意图

为确保后座负环的整体刚性、提高管片拼装的平整度和减少管片碎裂现象，所有负环管片一般设置为闭口环，且采用错缝拼装。施工材料、设备等均由矩形暗埋段的预留孔进行吊运供应。待正常段施工时，负环管片上部开口，以吊运施工材料。环向和纵向螺栓连接牢固后，分别将负环逐环推到符合要求的后座位置上。负环拼装时第 1 环的定位相当重要，对后续管片拼装起着基准面的作用，故应尽量减小管片的椭圆度。

后座衬砌就位要求负环拼装连为一体就位于规定的位置上。为确保环面平整度，在衬砌推出时，应控制开启千斤顶同步顶出，顶出应选用开启衬砌纵缝位置千斤顶，并在后座混凝土位置设置限位垫块。经复测及后座环衬砌达到拼装质量要求后，在最后一环负环管片和井壁之间浇筑钢筋混凝土后靠。在浇筑该部分混凝土的过程中，应确保最后一环负环管片的竖向面垂直于设计轴线，并以该环管片后端面为基准面浇筑混凝土。在混凝土结构达到强度要求后，才可以进行后续负环管片的拼装及出洞施工。

在后盾支撑体系布置过程中应注意以下两方面：

(1) 后盾衬砌环的轴线要保持正确。盾构从起始推进起，对后盾衬砌环连续错缝拼装，要求衬砌环的轴线控制必须严格按照隧道起始设计轴线进行布置。其轴线的高程、平面及坡度均应严格按照规定控制在允许偏差范围，以使盾构与隧道轴线形成较正确的起始导向作用。

(2) 后盾钢支撑必须保持稳定。盾构出洞段是后盾结构受到荷载作用最大的施工阶段。因此，盾构出洞阶段所发生的后盾失稳，一般是由于后盾支撑先失稳而引起的。对于后盾支撑结构的强度和刚度，在设计时应考虑到盾构出洞口地基加固状况，若洞口经地基加固，则应根据洞口土体加固后的土体强度而引起的推力增大，考虑支撑结构的强度和刚度。对于支撑布置应按轴心受压设计，这样对构件自身稳定比较有利。对于支撑节点的受力面应妥善处理，否则，将引起偏心受压，因结构局部应力过大而变形，同样会造成支撑整体失稳。

4) 后座管片设置

后座管片设置步骤如下：

(1) 盾构正面切入土体后，分别开启各扇闸门，确保泥水系统畅通。

(2) 临近洞口，布置设有外弧形钢板的特殊闭口环，其位置严格按照设计要求布置，然后根据井内净尺寸布置后座负环管片，见图3-13。

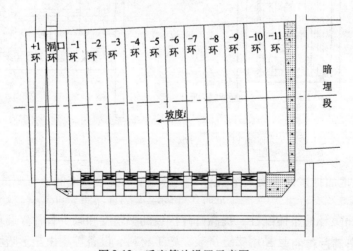

图 3-13 后座管片设置示意图

(3) 后座衬砌除洞口环外，均不设橡胶止水带。为减少盾构出洞时的推进阻力，盾构掘进前在盾构外壳、轨道以及橡胶带上涂抹黄油，洞圈止水密封装置的箱体内注满油脂。

(4) 盾尾推出工作井内壁后，立即用钢板与洞口环的预埋件焊接。若洞口漏水现象严重，则应由预设压浆管压注化学浆液。

5) 洞门凿除

根据凿除洞门工作的需要,应预先在出洞口搭设钢制脚手架。盾构安装及调试完成后,在确保盾构各系统运转状态良好的情况下,开始凿除洞门。

(1) 在洞门上、下、左、右、中5个位置各凿1个孔,以观察外部土体的情况。

(2) 确认达到预期加固效果,采用风镐粉碎性分层破除。首先暴露内排钢筋,并割去内排钢筋,然后继续凿除,留下迎土面10cm厚混凝土及外排钢筋,清理干净落在洞圈底部的混凝土碎块。最后先下后上割除外排钢筋,并剥除残余混凝土。

(3) 洞门凿除要连续施工,尽量缩短作业时间,以减少正面土体的流失量。盾构出洞前开始对洞门进行第一次凿除,去除第一排钢筋(图3-14)。在冰冻效果良好的情况下,在盾构靠近前3d进行第二次凿除,去除第二排钢筋,第二次凿除要连续施工。整个作业过程中全程监督,杜绝安全事故隐患,确保人身安全,同时对洞口上的密封止水装置采取必要的保护措施。

6) 冻结管上拔(除SMW工法要拔出型钢外,其他加固方法没有本工序)

待盾构靠上正面土体后,对该区域土体采用循环加热盐水强制解冻,盐水温度逐步提高,一般不超过80℃。确认土层解冻后方能上拔冻结

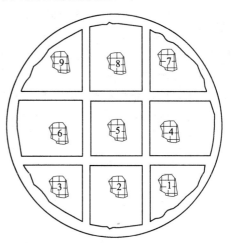

图3-14 洞门凿除分块示意图

管,到距盾构外壳50cm处,然后继续保持冰冻状态,直到盾构完全穿越加固区后,才可以进行该部分土体的解冻。另外,解冻后需采取回填黏土、压密注浆工艺,以减少后期沉降。

7) 泥水系统调试

在盾构机安装结束后,应进行泥水系统的运行调试,检测整个系统的工作状态是否符合推进需要,并反馈相关参数和技术指标,作为原始参考数据来指导出洞段的推进施工。在盾构泥水系统完全具备了出洞条件并经过验收合格后,方可进行出洞施工。

8) 同步注浆系统调试

在盾构机及地面拌浆系统安装结束后,应进行壁后注浆系统的运行调试,检测整个系统的工作状态是否符合推进需要,并对所压注的浆液的具体参数进行试验和总结,在达到工艺和设计要求并经过验收合格后,方可进行出洞施工。

3.4.1.3 盾构出洞过程的要点

1) 盾构内部垫块

实际的盾构内径与管片的外径还是有一定的间隙的,为了保证起始管片的拼装在盾构的正中央,盾构内部要垫一定厚度的钢板。这层钢板的厚度是盾构内径减去管片外径的一半,主要垫在底部和两腰。这些钢板焊接在盾壳内部,出洞段过后要进行拆除。

2) 管片脱出盾尾后轨道垫高

由于盾构的前移,原本盾构底部与盾构紧密相接的轨道将会与脱出盾尾的管片之间有一个比较大的间隙,间隙大小主要为盾壳的厚度与盾壳内部垫块厚度之和。

3) 负环两腰的支撑

盾构在往洞门靠近的时候，盾尾的管片慢慢地脱出盾尾，由于盾尾的管片在脱出盾壳后，四周没有支撑，管片自身巨大的重量很容易使得成环管片真圆度产生变化，横径增加，竖径减小，俗称"横鸭蛋"，情况严重的会导致腰部管片外弧上下、内弧的开裂。所以，在管片脱出盾尾时要及时地给管片的两腰做支撑，防止"横鸭蛋"情况的产生。

4) 盾壳外部限位

当盾构贴近冰冻的土体时进行刀盘旋转，由于冻土的强度比较高，所以刀盘的扭矩也相当大，很容易使盾构本体产生旋转。因此，在盾构的外壳两边部位焊接1排H型钢与基座相靠，通过基座的稳定来对盾构本体产生一个限位作用。在盾构出洞的过程中，这些限位也将逐个进行割除。

3.4.1.4 出洞施工要点、参数设定及措施

在盾构掘进机系统、泥水系统、同步注浆系统、掘进管理系统和泥水系统等各大系统调试成功后，进行盾构出洞施工。

具体施工要点包括：

1) 出洞施工前，将油脂管路、注浆管路接通。

2) 洞门混凝土凿除清理完毕，经检查洞口无杂物，立即进行盾构掘进和拼装施工。

3) 当盾构切口推进至鼻尖距正面土体100mm（经复测核准），即暂停推进，到加固区刀盘扭矩较大时，应进行盾构防旋转限位的焊接安装，推进时加强对其监测。

4) 洞圈止水密封装置的箱体内注满油脂。

5) 盾构出洞施工中，必须时刻密切注意对整个系统施工参数的控制。

6) 禁止进行逆洗循环。

7) 在负环管片拼装作业中，应根据实际情况加贴环面衬垫，逐环调整平整度，保证负环的平整度控制在1mm以内、椭圆度<3cm、管片居中。后座衬砌除洞口环外均不设止水带，管片脱出盾尾后，及时用钢楔垫块垫实。

8) 在推进过程中，充分压注盾尾油脂，发现盾壳外部稍有外渗即停止压注。

9) 在盾构掘进过程中加强对洞门止水密封装置的监测工作。

10) 当盾构切口出加固区时，应适当提高泥水指标。

11) 盾构完全穿越加固区后，为加强隧道的稳定性，应对洞口环10m范围内的隧道进行双液注浆加固。

12) 在出洞施工的前50m，加强对成环隧道的监测（地面沉降、轴线、隧道沉降、椭圆度等）及分析。

13) 为了使作业人员能够在最短的时间内熟悉各岗位的工作，自出洞施工起即应加强作业人员之间的相互交流。

14) 在出洞施工中，应在工作井内设置排污泵，以备排放流入井内的泥水。

15) 在整个盾构出洞施工中，各个岗位的作业人员必须时刻高度重视安全与消防问题，严格按照操作规程进行作业，合理均衡施工。严格执行动火审批程序；加强劳动保护，高空作业人员必须佩戴保险带。

上述施工要点中需要说明的问题（参数设定）：

1) 切口水压的设定

出洞段施工时,由于盾构处于加固区域,切口水压的设定不宜过高。应预测各类施工参数设定值,进行初步预测,再经过理论公式计算,得到切口水压设定值。

在前10m的盾构掘进过程中,为减弱泥水后窜至工作井内等不利状况,故在该阶段的推进中,应按照下限值设定切口水压。

在已经完成洞门封堵后,对于盾构掘进切口水压的设定值,可以在现场施工中根据实际情况作适当的调整。

2) 推进速度

为有效控制推进轴线并保护刀盘,盾构的推进速度不宜过快,应使盾构缓慢稳步前进。

3) 偏差流量

偏差流量的控制相当关键,一般控制在$\leqslant 2m^3/min$。在推进过程中,如大于此值,必须采取止水密封装置补强措施,并适当调低切口水压。

4) 同步注浆

盾构掘进至盾尾距井外壁10m后,开始进行壁后注浆,充填衬砌背面环形建筑空隙。待周围土体加固后,逐步开启同步注浆系统。

实际注浆量根据理论建筑空隙设定,理论注浆量 V 为:

$$V = \pi \times (D^2 - d^2) \times L/4 \tag{3-8}$$

式中 D——盾构有效掘削直径(m);
d——管片外径(m);
L——管片宽度(m)。

工程实践表明,成功的同步注浆不仅能及时充填建筑空隙,而且也能控制盾构的上浮,使盾构和管片保持相对较好的位置,进而确保管片的成环质量。盾构同步注浆可以采用双液浆,也可以采用单液浆。理论上讲,因双液浆凝固时间短,故隧道后期沉降小,但双液浆易使管路堵塞,另外由于结硬前浆液稠度小,也易产生浆液劈裂土层的现象,因此施工麻烦、耗浆多、对地层扰动大。表3-3为近年来上海几条采用双液浆作为同步注浆材料的过江隧道施工期的地表沉降值统计。单液浆分为不结硬的惰性浆和结硬性浆,虽然单液浆凝固时间较长,但可通过调整配方来加大密度和稠度,从而容易控制盾构上浮,承包商一般更喜欢使用单液浆。

上海几条采用双液同步注浆的过江隧道施工期地表沉降值统计表 表3-3

项 目 名 称	盾构直径(m)	最大沉降(mm)
复兴路北线隧道	11.22	185
大连路西线隧道	11.22	150
翔殷路南线隧道	11.58	60

5) 泥水管理

对于不同的土体,泥水管理的要求和方法也会相应不同。施工中应根据实际需要来调节泥水的密度、黏度、胶凝强度、泥壁形成性、润滑性,使其成为一种可塑流体。泥水平衡式盾构使用泥水的目的也就是用泥水来保证开挖面的稳定,在防止塌方的同时,将切削下来的泥膜形成泥水,输送到地面分离处理。出洞施工中,在保证可以提供足够的符合标准的泥水的同时,还必须对泥水排放工作做好充分准备,做到泥水系统运转的稳定、畅通。

3.4.1.5 冻结管拔除及冻结孔回填

施工中先对盾构穿越断面内土体冻结,待盾构靠上正面土体后对该区域土体内的冻结管采取强制解冻提拔,提拔至距盾构外壳50cm处停止提拔,进行再次冻结。

在对第一阶段冰冻管提拔并进行二次冻结之后,盾构才能开始推进。但此时还应保证第二阶段冰冻土体处于冰冻状态,直到盾构切口推进至20环后,才可以进行该部分土体的解冻。另外,土体解冻后强度损失很大,故在土体解冻后需对隧道进行补压浆加固。

3.4.1.6 泥水平衡建立

泥水盾构施工前,必须有足够量的泥水供盾构循环使用。盾构在出洞口建立泥水平衡,必须要具备较好的洞口止水条件,既防止大量泥水侵入井内,又能保证泥水舱的水压平衡与稳定,因此,止水装置的效果甚为重要。由于加固土体具有一定的稳定条件,并进行了出洞口冻结加固后,可以相应减弱泥水舱的水压力,在不影响泥水系统正常输送并保持平衡条件的情况下,可以将泥水舱水位控制在不超过同步注浆管位置高度的水压。随着推进距离增长,对洞口的水位压力逐步减弱,从而泥水平衡逐渐达到正常的控制状态。盾构出洞段20m主要做好有关出洞施工的工艺技术,打开隧道推进良好的施工局面,并相继开通泥水与同步注浆系统。

3.4.1.7 洞门建筑空隙封堵

盾尾壳体进入箱体后,该部位的建筑空隙突变增大,在该阶段要严格监控止水情况,同时调整上部范围内铰链板。盾尾进入箱体5~10cm时,即可进行通缝焊接;焊接结束后,通过管片上的注浆孔向背部建筑空隙内作适当的补压浆。具体压浆量应根据实际监测数据进行调整确定,同时配备必要的防水材料设备及人员。

3.4.1.8 地面监测

由于盾构在推进施工时将不可避免地对周围土体造成扰动,为了确保隧道沿线地面建筑物及地下管线的安全,在出洞期间需要对地面沉降情况进行严密、及时而科学的监测,并摸索沉降规律以提供相关数据,为今后的正常段推进积累经验。

地面沉降可采用水准仪进行监测,每环推前、推后各测1次。并及时将监测信息反馈给施工人员,使其能够根据沉降量及时调整施工参数。

3.4.2 盾构试推进施工

盾构出洞后,为了更好地掌握盾构的各类参数,此段施工时应注意对推进参数的设定,地面变形与施工参数之间的关系,并对推进时的各项技术数据进行采集、统计、分析,争取在较短时间内掌握盾构机械设备的操作性能,确定盾构推进的施工参数设定范围。

在试推进段施工中重点要求做好以下几项工作:

1) 盾构司机用最短的时间对盾构机的操作方法、机械性能进行熟悉,较好地控制隧道轴线及地面沉降。

2）加强对地面沉降、隧道沉降的监测，及时获取监测结果，调整施工参数。

3）熟悉管片拼装工艺，保证拼装质量。

4）加强对盾构施工参数的采集，取得各种数据，并结合监测资料进行综合分析研究，掌握这台盾构在控制地面沉降、纠正轴线偏差等方面的特性，为以后江底施工的参数设定积累经验。

3.4.3 正常段推进施工

3.4.3.1 控制标准

1）隧道质量控制标准参照《盾构法隧道工程施工及验收规程》。

2）在正常推进条件下，由盾构推进引起的地面沉降不能影响周围建筑物和地下管线的安全。

3.4.3.2 地面沉降控制（信息化动态施工管理）

1）每环推进过程中，严格控制切口水压，波动范围控制在允许范围以内，使切口正面土体保持稳定状态，以减少对土体的扰动。当在推进过程中发生微量压力下降，可判断为切口水压偏低，反之亦反。

2）为使盾构推进参数设定更具科学性和准确性，现场建立监测信息交流沟通网络（图3-15），采取信息反馈的施工方法来控制沉降量，以最终达到控制地面沉降的目的。

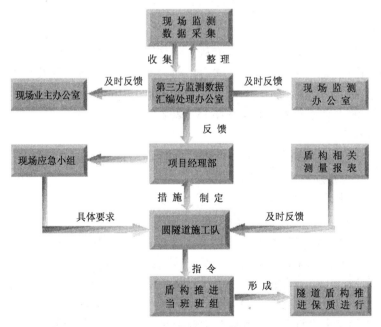

图3-15 现场监测信息交流沟通网络图

对盾构穿越区域地面纵向轴线位置布设沉降观测点（在建筑物、地下管线等控制沉降要求较严的影响区域内布设观测横断面）进行跟踪沉降观测，同时在隧道内布设连通管监测隧道稳定性，通过对监测数据及时反馈和分析，为调整下阶段的施工参数提供依据。

3）施工过程中，对施工参数的匹配进行合理调整，并通过对各种施工参数的调整，研究出1套不同施工工况条件下的不同参数匹配方案，减少地面沉降。

4）及时充填盾尾建筑空隙，一般可采用同步注浆及二次注浆工艺，对沉降量控制要求较高的范围可作2次以上的补注浆。

5）盾构穿越重要建筑物时，必要时可结合采用地面注浆加固措施来保护构筑物的稳定。

6）根据沉降情况，及时调整泥水指标，以保证开挖面稳定。

3.4.3.3 泥水管理

对不同的土体，泥水管理的要求和方法也不同。泥水平衡盾构使用泥水的目的也就是用泥水来谋求开挖面稳定，在防止塌方的同时，将切削下来的泥膜形成泥水并被输送到地面。在掘进过程中如果发生液面突然提高或下降，必须及时分析原因并采取对策。

1）泥水指标

（1）密度

泥水的密度是一个主要控制指标。掘进中进泥密度不应过高或过低，前者将影响泥水的输送能力，过低将破坏开挖面的稳定。在欧洲的相应工程中，进泥密度约为 $1.2 \sim 1.3 kN/m^3$，而出泥密度不超过 $1.5 kN/m^3$；在日本的建议是，进泥密度约为 $1.1 \sim 1.2 kN/m^3$，与我国的实际接近，密度值设定皆大于欧洲的实践，较大的密度值虽然对于维持隧道开挖面稳定有利，但易损耗泥水处理设备，且不利于环保。

（2）黏度

泥水的黏度是另一个主要控制指标。从土颗粒的悬浮性要求来讲，要求泥水的黏度越高越好。考虑到泥水处理系统的自造浆能力，随着推进环数增加，泥浆越来越浓，密度也呈直线上升，而密度的增加并非说明泥浆的质量越来越高，若在砂性土中施工，黏度甚至会下降，因此，泥水黏度的范围应保持在 $18 \sim 25s$。

（3）含砂量

泥水处理的目的是保留全部黏土颗粒，去除直径 $25\mu m$ 以上的砂颗粒，并且直径 $25\mu m$ 以下的砂粒也必须控制在一定的范围内，但实际情况很难做到，因此，工作泥浆中的含砂量控制，在泥水处理中同样是一个重要指标。

（4）析水量和pH值

析水量和pH值是泥水管理中的一项综合指标，它们在更大程度上与泥水的黏度有关，悬浮性好的泥浆就意味着析水量小，反之就大。

在砂性、粉砂性土中掘进时，由于工作泥浆不断地被劣化，就需要不断地调整泥水的各项参数，在黏土、淤泥质黏土中掘进时，由于黏性颗粒不断增加，使排放的泥浆浓度越来越高，适当添加清水进行稀释，则成为主要手段。

2）泥水配比

在施工过程中，现场须配备泥水土工试验室，初始施工阶段，每一环推进前要测试调整槽内工作泥浆的指标，及时调整至满足施工要求为止，并记录在案，这样持续几环后，就可得出泥水指标的变化趋势，在指导配比的基础上再作大的调整。因此，泥水监控是一个动态变化过程,唯一检验配比是否合理的标准是地面沉降量。沉降量得到控制后,就要注意泥水指标的变化趋势,使之稳定在某一区域内。

3.4.3.4 同步注浆和二次补压浆

1) 工作原理

由于盾构的外径大于管片的直径,随着盾构的推进,在管片与土体之间将产生建筑空隙。为了能及时填充这些空隙,尽可能地减少盾构施工时对地面的影响。所以采用较为有效的同步注浆法,即盾构一边向前推进,一边对盾构后产生的建筑空隙进行及时注浆填充。

隧道施工使用的同步注浆搅拌设备,应由计算机编制程序控制,控制的模式可以分为手动和自动两部分,自动部分又可进行分部控制(如:配比称重控制、搅拌时间控制、搅拌次数控制等)。

2) 同步注浆材料的选择条件

在选用同步注浆材料时,需考虑以下条件:

(1) 注浆材料要充分填充到盾尾间隙的每一个角落;
(2) 填充后,要能在早期取得与土体相当或以上的强度;
(3) 硬化后,体积的缩小量要小、止水性要好;
(4) 因地下水面造成的稀释要小;
(5) 要能够进行长距离压送;
(6) 压浆量要能够控制;
(7) 施工管理要方便;
(8) 不产生污染。

3) 注浆量和注浆压力

压浆量和注浆压力视压浆时的压力值和地层变形监测数据而定。施工中对注浆点进行压力、注浆量双参数控制,保证填充效果。

4) 管路清洗

在施工时采取推进和注浆联动的方式。在混合管出口,安装1根模拟管,其长度和通径与本体内的注入管相同。注浆时,可从该管出口检查浆液质量,达到要求后,即可注入盾构注浆管中,这样使浆液在注入管中始终处于可塑状态,而不是过早结硬,引起堵管。

为确保管路畅通,工作面和压注管路在每次压注后都要及时清洗。

5) 二次补压浆

二次注浆主要用于建筑物和地下管线的土体加固。当盾构穿越后,根据沉降情况,采取二次补压浆的方法加固土体,直至稳定。

具体压浆视实际情况从盾尾后衬砌预留孔中注入地层,若效果不佳,可以从压浆孔向外打设压浆管压注。

对于大直径盾构来说,由于管片面积很大,二次注浆的压力相对来说类似于集中荷载作用力,故不建议进行二次注浆,应尽量使用同步注浆来保证施工质量。

3.4.3.5 管片拼装要点

1) 盾构推进施工前

(1) 加强后座。盾构出洞时要确保基准环环面平整,且与设计轴线垂直。

(2) 管片在作防水处理之前必须对管片进行环面、端面的清理,然后再进行防水橡胶条的粘贴。

2) 盾构推进中

(1) 根据盾构报表中高程和平面的偏差值和盾壳与管片四周的间隙,严格控制盾构姿态,避免盾构卡住圆环管片。

(2) 平稳控制盾构推进轴线,减少不必要的盾构推进纠偏,且每次纠偏量必须控制在允许范围内。

(3) 合理使用千斤顶,尽量保证环面受力均匀。

3) 管片拼装时

(1) 整个拼装过程中,直线情况下应贯彻左转、右转相间隔布置的原则;平面曲线情况下,应及时根据当前盾构姿态、管片超前量、盾尾间隙等数据,合理选择管片旋转角度。

(2) 在拼装过程中要清除盾尾处拼装部位的垃圾和杂物,同时必须注意管片定位的正确,尤其是第一块管片的定位会影响整环管片成环后的质量及与盾构的相对位置良好度。

(3) 每环管片拼装要精心,尽量做到管片接缝密贴,环面平整。

(4) 拼装时,要确保"T"字接头平整。

(5) 环面超前量控制:施工中经常测量管片圆环环面与隧道设计轴线的垂直度,当管片超前量超过控制量时,及时调整管片旋转角度,从而保证管片环面与隧道设计轴线的垂直度。

(6) 圆环隧道由纵、环向斜螺栓连接而成,其连接的紧密度将直接影响到隧道的整体性能和质量。因此在每环管片成环后立即拧紧;在推进下一环时,在推进顶力的作用下,复紧纵向斜螺栓;当成环管片推出车架后,必须再次复紧纵、环向斜螺栓。

(7) 每一块管片拼装结束后,伸出千斤顶并控制到所需的顶力,再进行下一块管片的拼装,这样逐块进行完成一环的拼装。对于不平整环面的管片,在拼装下一环管片用千斤顶压实时,应先顶"凸"位置的千斤顶。

(8) 拼装后及时调整千斤顶的顶力,防止盾构姿态发生突变。

(9) 泥水盾构的管片拼装作业环境不同于其他盾构,泥水系统在施工时易造成工作面区域积水现象,若在拼装作业期间未将水及时排除,往往影响对管片的正确定位,危及管片成环质量。因此,应避免工作区域内大量积水,在增设排水设备前提下,应及时处理好水力机械管路渗漏水点,为管片拼装创造良好的作业环境。

3.4.3.6 轴线控制

1) 管片的合理选取

隧道衬砌采用楔形管片施工时,不同的旋转位置,将产生不同的上、下、左、右超前量,通过不同位置管片的拼装,实现对隧道轴线的拟合。因此拼装前管片的选型至关重要。选择正确的管片旋转角度,能保证拼装工作的顺利进行,提高拼装质量,保证构筑隧道符合设计轴线。另外,盾构推进施工中,成环管片作为盾构推进后座,对盾构推进起到一种导向作用。为此,在盾构推进尤其是曲线推进时,应通过严格的计算和量测来确定管片的超前量。

2) 盾构姿态控制

盾构的姿态控制是盾构施工中的一个重要环节。盾构推进过程中,依靠千斤顶不断向前推进,为便于轴线控制,将千斤顶设置分成不同区域。在切口水压正确设定的前提下,应严格控制各区域油压,同时控制千斤顶的行程,合理纠偏,做到勤纠,减小单次纠偏量,实现盾构沿设计轴线方向推进。

3) 严格控制施工参数

每环推进时应正确设定切口水压,保证每环土砂量接近理论值,减小土体扰动。

4) 盾构推进应尽可能做到连续性,减少不必要的停顿,以防止盾构下沉。

3.4.3.7 隧道抗浮

引起隧道上浮的主要原因是由于盾构上部覆土较浅或覆土被较大扰动,这样使土层与隧道及盾壳周边的握裹力减弱,盾构正面泥水沿盾壳流向已建成隧道,同时,部分泥水还带有一定压力,导致盾构上浮。另一方面,由于同步注浆欠佳,使注出衬砌外的浆液不能形成环箍,起不到充填建筑空隙和阻止泥水渗流的作用,这样,盾构正面泥水通过盾壳流向已建成隧道,导致隧道周边充满带有一定水压的泥水,使隧道上浮。

根据大型泥水平衡盾构隧道施工经验,盾构施工过程中将使临近盾构的隧道产生"上浮"。一般管片脱出盾构约15m范围内,成环管片即呈"上浮"趋势,最大"上浮"量可达100mm。然后隧道将逐步下沉,在脱出盾构50~60m后,隧道沉降将趋于稳定。

1) 隧道的纵向变形监测

隧道施工过程中全线监测。加强隧道隆沉监测是防止隧道上浮的积极措施。在已建成的隧道段中,每隔10~20m布置连通管测量点,利用计算机自动监测隧道垂直位移情况,使施工人员及时了解隧道上浮量,以便及时采取相应措施。

2) 隧道抗浮措施

在实际工程中,根据工程地质条件、壁后注浆、管片接头形式、盾构姿态、隧道坡度、盾构直径、隧道覆土厚度等,预先制定管片上浮的控制措施与对策,在施工过程中加强管片位移监测,及时调整相应措施,避免管片产生较大上浮而引发工程质量事故。对控制管片上浮,目前主要采用以下措施:

① 及时铺设隧道道路。

② 严格控制隧道轴线。根据测量到的隧道上浮情况,在推进过程中,为了保证隧道轴线偏差控制在设计允许的范围内,盾构掘进轴线可适当低于隧道设计中线。每环均匀纠偏,减少对土体扰动。

③ 控制盾构姿态。首先提高盾构操作水平,控制盾构"栽头",盾构倾斜与隧道坡度差控制在2‰以内。但是对流塑性淤泥质地层,同时又是大直径盾构,由于大直径盾构的刀盘很重,施工时有必要进行地基加固,或掘进前将待安装管片堆放在盾尾内等临时压重措施,以减小由于盾构"栽头"引起的上浮。

④ 严格控制地面沉降。减少地面沉降量能保证盾构正面及上部土体的原状性,增强土体握裹力,使土体与盾构间间隙减小,这样就割断了正面泥水流失的路径,同时也起到

了控制隧道上浮的作用。

⑤ 加强同步注浆管理。这就要求注浆浆液有较短的胶凝时间,使其遇泥水后不产生劣化,并要求浆液具有一定的流动性,使同步注浆的浆液能均匀地布满隧道一周。同时应提高浆液的密度和稠度,实现注浆与盾构推进的高度同步性,使浆液能及时充填建筑空隙。建议采用胶凝时间可调的塑性浆液,使浆液胶凝时间与施工速度相匹配。单液浆主要原材料有水泥、膨润土、工业废渣(粉煤灰、硅灰)及添加剂(减水剂、增塑剂、缓凝剂等)。对浆液的基本性能要求见表3-4。

比较理想的单液浆性能指标　　　　　表3-4

稠度 (cm)	坍落度 (cm)	pH值	28d水陆强度比 (%)	流动度 (cm)	凝结时间 (h)	28d强度 (MPa)	抗渗等级	90d自由膨胀率	Ca^{2+}浓度 (mg/L)
9~10.5	3~4	7~9	80~100	18~20	4~11	3~6	S4	$(2.0~5.0)\times10^{-4}$	0~60

⑥ 当发现隧道上浮量较大,且波及范围较远时,应立即采取对已建隧道补压浆,以割断泥水继续流失路径。补压浆要求均匀,压浆后浆液成环状。一般补压浆可采用双液浆与聚氨酯相结合的注浆方法,注浆范围为5~10环。

⑦ 确保每环管片之间紧密连接,在管片脱出盾尾后,重新拧紧所有纵、环向螺栓。

⑧ 根据地层情况采用适当的接头形式。采用纵向刚度与抗剪强度大的接头,增加剪力销、剪力键、凸凹榫等,设计错缝拼装。

3.4.4　曲线段盾构施工

3.4.4.1　管片拼装

在管片拼装过程中,应严格控制管片旋转角度,使每环管片的楔形量与实际间隙相接近,以达到良好的线形。

3.4.4.2　纠偏量控制

在盾构推进过程中,加强对轴线的控制,盾构的曲线推进实际上是处于曲线的切线上,因此推进的关键是确保对盾构头部的控制,由于曲线推进,盾构环环都在纠偏,因此,必须做到勤测、勤纠,每次的纠偏量应尽量小,确保管片环面始终处于曲线半径的径向竖直面内。

3.4.4.3　注浆量控制

由于曲线段推进增加了曲线推进引起的地层损失及纠偏次数,加大了对土体的扰动。在曲线段推进时,应严格控制同步注浆量。每环推进时根据施工中的变形监测情况,随时调整注浆量。注浆过程中,必须严格控制浆液的质量及注浆量和注浆压力,注浆未达到要求时,盾构暂停推进。

3.4.4.4　仿形刀超挖

在盾构大刀盘上,大多安装有仿形刀,如在曲线段推进过程中,盾构偏离设计轴线严重,且用常规方法不能纠正盾构推进方向时,可开出仿形刀,采用仿形刀超挖技术进行纠偏,使盾构回到设计轴线。仿形刀的最大超挖量一般可达到50mm。

3.4.5 特殊段施工

3.4.5.1 两隧道间净距小

双线隧道推进施工时，经常发生已建隧道与后建隧道呈平行施工的工况。特别是进出洞段两隧道间距较小，此范围土层已受先行施工隧道穿越的扰动，尚处于非稳定状态，施工时相互影响大。

针对这一工程难点，应采取以下具体措施：

1) 已建隧道的加固

在后建隧道推进前，先对已建隧道周边外侧 3m、轴向 50m 范围内进行双液浆加固，使其能够承受后建隧道盾构施工时的影响。

2) 后建隧道施工中，应做好以下工作：

(1) 控制推进速度，保证连续均衡施工。

(2) 严格控制泥水压力，压力波动范围尽量控制在允许范围以内。

(3) 合理控制排泥量，防止超挖及欠挖。

(4) 根据施工实际情况，及时调整泥水指标，保证开挖面稳定。

(5) 严格控制同步注浆量及浆液指标，有效阻止泥水后窜。

(6) 盾构施工过程中，及时注浆并加固脱出盾尾 5 环后的管片，通过注浆使其固结，从而克服因隧道施工扰动而引起的已建隧道的漂移。

(7) 盾构在穿越过程中，姿态变化不可过大、过频。

3) 已建隧道的监测

在已建隧道内布设监测点，监测隧道径向变形、隧道位移及隧道沉降。必要时采用连通管等进行 24 小时监测。

后建隧道推进时，根据已建隧道内的监测数据反馈，调整推进参数、隧道内注浆量、注浆压力及注浆部位。

3.4.5.2 浅覆土推进

盾构进出洞段施工中，为浅覆土（小于隧道直径）施工区，地面沉降及隧道轴线控制难度大，若该处地面有大量建筑物及地下管线，则施工时更需引起足够重视。

1) 准备工作

(1) 对该处建筑物及地下管线加密布设沉降测点，必要时预留跟踪注浆管。

(2) 为确保盾构机顺利穿越，穿越前必须对机械、电器设备等进行检修，保证其推进时具有良好的性能。

(3) 对整套泥水检测仪进行调整，保证所采集数据的正确性。

(4) 进一步核准每环隧道推进时的里程、覆土厚度，为切口水压设定提供依据。

2) 盾构穿越

(1) 地面沉降控制要点

① 切口水压控制

由于盾构顶部覆土浅，给切口水压控制增加了难度。切口水压力波动太大，会增加正面土体的扰动，导致正面土体的流失。因此应尽可能减少切口水压的波动。在技术上要求有关操作人员由自动控制改为手动控制，以人工调整施工参数，把切口水压波动值控制在最小范围内，保证正面稳定。

实际操作中，根据监测信息，作及时调整。

② 同步注浆控制

同步注浆是防止地层沉陷的重要措施。同步注浆控制包括注浆量和注浆压力控制。为了控制同步注浆压力，在注浆管路中安装安全阀，以免注浆压力过高而顶破覆土。同步注浆的压力一般比开挖面泥水压力高出 0.5bar，以防止正面泥水后窜现象。

③ 泥水质量控制

为了加强对正面土体的支护能力，防止地面冒浆，采用重浆推进。为了确保泥水质量，在推进过程中，泥水处理人员应加大对泥水的测试频率，及时调整泥水密度，保证推进顺利。

④ 信息化动态施工

为了保证盾构安全顺利穿越出洞段，除事先作好充分准备工作外，信息化施工成为施工中重要技术要求。通过监测系统提供的测试数据，及时调整与控制盾构穿越过程中施工参数，必要时采取管片二次补压浆及地面跟踪注浆措施，使盾构施工对建筑物影响降到最低。

（2）隧道轴线控制要点

① 盾构姿态控制

盾构保持平稳推进，减少纠偏，减少对正面土体的扰动。在穿越过程中控制刀盘转向，以免对土体产生较大的扰动。该段施工中，推进速度避免过快，如推进速度过快，则会引起正面土体挤压过大。

② 加强隧道纵向变形的监测，并根据监测的结果进行针对性的注浆纠正。如可调整注浆部位及注浆量，配制快凝及提高早期强度的浆液。

3.4.5.3 大坡度盾构推进

越江隧道纵剖面一般呈 V 形，坡度可达 3% ~ 5%，这给盾构推进以及隧道内的水平运输都带来了极大困难，采取相应的技术措施显得尤为重要。

1）盾构推进

（1）每环推进结束后，必须拧紧当前环管片的连接螺栓，并在下环推进时进行复紧，避免作用于管片的推力产生垂直分力，而引起成环隧道浮动。

（2）清除盾壳内的杂物，尽量做到盾壳内的管片居中拼装，同时保证环面平整度。

（3）盾构下坡推进时，要防止盾构"磕头"，盾构坡度每次向下纠偏幅度不得大于0.2%，严格控制土砂量，调整切口水压设定值。盾构上坡推进时，盾构很容易发生"上抛"现象。故盾构坡度每次向上纠偏不得大于 0.2%。

（4）为防止正面泥水后窜引发隧道较大上浮，应每隔 5 ~ 10 环在隧道外利用双液浆在隧道外打环箍，必要时采用聚氨酯。

2）隧道内水平运输

隧道纵坡坡度大，对运输工程材料的车辆牵引力提出了更高的要求。在施工过程中，采用大牵引力车辆作为水平运输的牵引动力。施工时注意加强对运输车辆的保养，保证其具有安全、可靠的制动装置。

3.4.5.4 穿越江河防汛墙

1) 沉降监测及测点布置

为确保防汛墙结构的安全，在防汛墙处隧道轴线上，每隔3m布置1个沉降测点，并各布置3排横向监测点，施工过程中，根据监测结果及时优化、调整各类施工参数。

2) 盾构推进措施

(1) 切口水压：原则上根据切口水压的计算值（考虑到隧道上部覆土厚度和荷载变化，需计算每环切口水压值），实际施工中按照地面沉降结果进行调整。

(2) 泥水质量指标：在施工期间，将高质量的泥水输送到切口，使其能很好地支护正面土体。

(3) 推进速度：此阶段推进速度不宜太快。采用中低速推进，可以使土体被盾构推进所产生的应力充分释放，避免产生由于推进应力过大或过于集中而造成的破坏，这样也有利于盾构纠偏。同时，考虑到防汛墙下部可能存在不明障碍物，推进时还需密切注意刀盘扭矩的变化。

(4) 密切注意偏差流量的变化，充分压注盾尾油脂。

(5) 确保压浆闷头的紧密和牢靠，防止压浆孔产生漏浆。

3) 沉降控制

地面沉降控制分为两个方面：盾构切口前的沉降，由切口泥水压力和推进速度、土砂量控制，为使切口泥水能更好地支护正面土体，必须同时严格控制泥水指标；盾尾后的沉降由同步注浆和壁后二次注浆进行控制。在盾构实际推进过程中，同样要根据地面沉降情况，由当班技术人员分析判断后，对压浆量、压浆部位和注浆压力进行调整。在施工中，必要时进行补注浆，有效控制后期沉降。

4) 通信联络

在盾构穿越某防汛墙期间，有专职人员昼夜进行沉降监测，及时观察结构的变形情况。采用先进的通信手段，将监测数据及时、准确地反馈给中央控制室，使中央控制室能根据地面所反映的情况，进行正确判断，及时通知各子系统调整施工参数。

5) 盾构穿越应急措施（盾尾漏浆对策）

(1) 对渗漏部位集中压注盾尾油脂；

(2) 利用堵漏材料在管片与盾尾间进行封堵；

(3) 配制初凝时间较短的双液浆进行壁后压注，压注位置在盾尾后5~10环；

(4) 在实际情况允许的条件下，适当降低切口水压，渗漏抑制后即恢复正常，掘进一段距离后进行充分的壁后注浆；

(5) 上述措施效果不佳时，可在盾尾后一定距离处采用聚氨酯压注封堵；

(6) 同时，安排好排水工作，保证进入盾构的泥水顺利排出隧道。

3.4.5.5 盾构穿越江河

盾构穿越江河时，盾构最小覆土厚度一般较小，此时在盾构推进过程中，必须采取多种防范措施，以实现盾构顺利穿越江河。

1) 掘削管理及控制要求

(1) 盾构开挖面泥水压力的控制

开挖面泥水平衡是一种动态的平衡,当由于某些原因变化时,平衡就可能被打破,故无论是在掘进阶段还是停止掘进阶段都应注意泥水压力的变化,采取相应措施,使泥水压力尽可能地接近设定值。

(2) 掘削干砂量管理及控制

根据送排泥的流量计和密度计测定的各种数据,对送排泥浆中包含的掘削干砂量的体积进行计算,来反映盾构每环掘削下来的土体量。

同时可根据中央控制室监视盘所显示的掘削干砂量、管理值(即理论掘削干砂量)作比较,如果两者之间有差距,就可以判断开挖面的欠挖量、超挖量及地质变化等情况。

当干砂量过大时,应使用土层探测装置,以便及时掌握切口正面土体坍方情况,并及时反馈。要求根据具体施工情况及时调整参数,使干砂量的数据接近理论值,从而减小正面土体坍方的可能。

2) 水底监测措施

盾构进入江河前10天,对隧道轴线沿线的江底水深情况进行一次全面扫描(背景测量),复核隧道覆土层厚度。在盾构推进到江中段后即开始进行江底高精度水深监测,并充分利用监测结果指导施工。如江底发生较大的隆沉须及时采取措施。

3) 防止江底冒浆(防冒)措施

(1) 严格控制切口水压波动范围。在推进过程中,要求盾构推进相关操作人员以人工调整施工参数,将切口水压波动值控制在 $-20 \sim +20$ kPa 之间,保证正面稳定。

(2) 合理设定推进速度,保证推进速度稳定,开始推进或结束推进时,速度应逐渐提高或减小。

(3) 严格控制出土量,原则上按理论出土量出土,可适当欠挖,保持土体的密实,以免江河水渗透入土体并进入盾构。

(4) 控制同步注浆压力。并在注浆管路中安装安全阀,以免因注浆压力过高而顶破覆土。

(5) 若出现机械故障或其他原因造成盾构停推,应采取措施防止盾构后退。

(6) 调整泥水结构,使优质泥膜快速形成,减少冒浆。

当发现江底冒浆时,如果是轻微的冒浆,在不降低开挖面水压下能进行推进,则向前推进,应适当加快推进速度,提高拼装效率,使盾构尽早穿过冒浆区。

当冒浆严重,不能推进时,应采取如下措施:

(1) 将开挖面水压适当降低;

(2) 提高泥水密度和黏度;

(3) 为了能使盾构向前推进,要检查掘削干砂量,确认有无超挖;

(4) 掘进一段距离以后,进行充分的壁后注浆;

(5) 将开挖面水压返回到正常状态,进行正常掘进;

(6) 当发现江水由盾尾处流入隧道时,应首先分析当前情况,组织力量进行抢险。

抢险过程中,可在漏水部位相应压注聚氨酯,同时,安排好排水工作,保证进入盾构的江水顺利排出隧道。

4) 防止盾尾漏浆(防漏)措施

盾构在施工中若引起盾尾漏浆,则将导致盾构设备受淹,甚至引发隧道被淹事故。因此,施工中必须落实以下技术措施,防止盾尾漏浆。对于长隧道,可在盾构的盾尾外侧设置圆形冻结管,在必须换盾尾时对盾尾外侧先行冻结(调换盾尾的程序详见图3-16)。

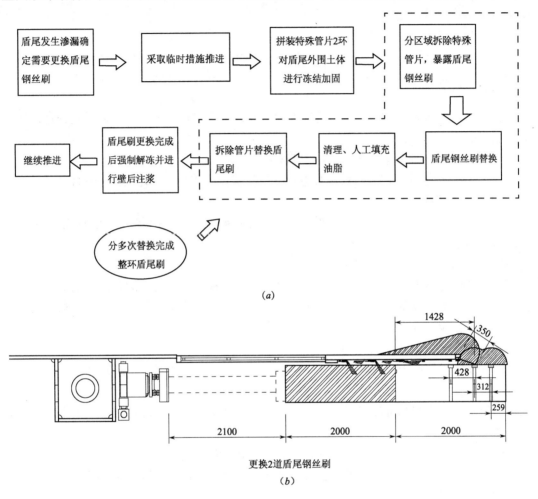

图3-16 盾尾刷更换流程图

(1) 提高同步注浆质量

每环推进前需对同步注浆浆液进行小样试验,严格控制初凝时间,在同步注浆过程中,应合理掌握注浆压力,使注浆量、注浆流量与推进施工参数形成最佳参数匹配。

(2) 保持切口水压稳定

在推进过程中,应保持切口水压稳定,防止因设备故障和人为操作失误而引起切口水压波动。每次调高水压后,需进行试推进,安排专人观察盾尾漏浆情况,待确定盾尾无泥水溢漏后,方可正式调高水压,进行正常推进。

(3) 垫放止水海绵及钢丝球

为防止盾尾严重漏浆,在江中段推进过程中,应视情况在管片外侧垫放止水海绵,封堵管片与盾构间存在的间隙。必要时可以在管片和盾壳间的空隙内填塞钢丝球,以加强盾尾钢刷的止水效果。

（4）增加备用泵及堵漏材料

为防止盾尾漏浆后大量泥水积蓄，导致盾构设备被淹，应增加1套备用泵，以利于大量积蓄泥水的排放。

（5）盾尾油脂压注

盾尾油脂压注应定期、定量、定位压注。目前的盾构可设置自动压注系统，以确保盾尾油脂的压注量。当发现盾尾有少量漏浆时，应对漏浆部位及时进行补压盾尾油脂。

（6）拼装管片

管片应考虑居中拼装，以防盾构与管片之间建筑空隙过分增大，降低盾尾密封效果。

盾尾漏浆的对策：

（1）针对泄漏部分集中压注盾尾油脂；

（2）配制初凝时间较短的双液浆进行壁后注浆，压浆位在盾尾后5~10环；

（3）利用堵漏材料进行封堵；

（4）如上述措施效果不佳时，可采用聚氨酯在盾尾后一定距离处压注封堵。

5）防止江底土层沉降（防塌）

（1）按设计值设定切口水压

盾构推进过程中，应按设计值设定切口水压，并根据推进时刻的潮位变化情况对其进行相应调整。由于设备原因切口水压低于设定值，应停止正常掘进，待切口水压恢复至设计值后，方能继续进行正常掘进。

（2）江中段江底土体沉降观察

加强江中段江底土体沉降观察，及时了解沉降情况。推进过程中跟踪观察土砂量、干砂量计算曲线。

为便于信息反馈和沉降资料整理，应在每天安排2次江中段沉降测量，必要时可增加监测频率。

（3）利用土体探测装置，检查正面土体的稳定情况

推进过程中，提高土层探测装置使用频率，及时掌握正面土体扰动情况。

（4）注浆控制

当发现江底沉降大于5cm时，应适当增加同步注浆量，必要时进行补压浆。

6）防止吸口堵塞（防堵）措施

（1）整个掘进过程应开通1~2个搅拌机。

（2）遇到切口不畅时，应及时转旁路，并通过大旁路和旁路的泥水进、排情况分析，找到不畅原因。如确定吸口堵塞时，应相应降低推进速度，立即进行逆洗处理。逆洗状态必须由旁路状态转入，严禁掘进状态、逆洗状态直接切换。逆洗完成后先切换到旁路，再切换到掘进状态。每次逆洗的时间控制在2~3min，在逆洗过程中，由于土舱或盾构机内的排泥管处于堵塞状态，因此，逆洗时应提高排泥流量，但不能降低切口水压。推进、逆洗和旁路三状态切换时的切口水压控制偏差值应为 -50~+50kPa。如多次逆洗都达不到清除堵塞的目的，则可采用压缩空气置换平衡舱内泥水，在确保安全前提下，由气压舱进入泥水舱清除堵塞物。

3.4.6 盾构进洞

3.4.6.1 工艺流程

泥水平衡式盾构进洞的工艺流程与出洞时较为相似（图 3-17、图 3-18）。

图 3-17 盾构进洞

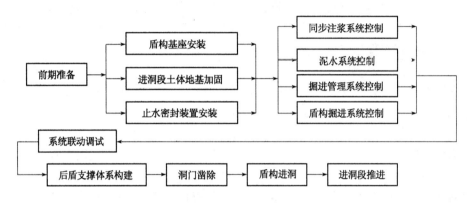

图 3-18 泥水盾构进洞施工流程图

如果是水中进洞，需在盾构进洞前对工作井灌水，盾构进洞后实施排水，当洞门暴露出水面后，应用钢板对洞门封堵，然后注浆（图 3-19）。水中进洞有利于盾构泥水压力控制，这一点对于大型盾构尤为重要，此外也减少了洞门渗漏水的风险。采用水中进洞，需考虑水荷载对工作井的下沉影响。

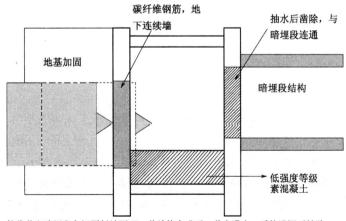

图 3-19 盾构水中进洞方案

3.4.6.2 盾构进洞前准备

1) 地基处理

盾构进洞阶段，可采用垂直局部冰冻法对洞门外土体进行加固。这与出洞前土体加固方法基本一样。在砂性土层中，地基处理的范围大于盾构的长度。

2) 接收井盾构基座设置与调整

盾构接收井施工完成后，对洞门位置的方位测量确认，在底板上现浇安装钢筋混凝土盾构接收基座。进洞基座的安装主要考虑进洞的盾构坡度以及精确的计算盾构进洞时与井壁之间的夹角，基座要根据这些数据，并本着"宁低不高"的原则来进行安放，为保证盾构的平稳进洞提供条件。

由于盾构基座是难以与盾构靠近洞门时的盾构姿态完全吻合，当接收井盾构基座位置与进洞时的盾构姿态差异较大时，非常容易造成盾构前进轨迹的偏差，从而引起已经成环隧道与盾构同心圆偏离值增大，使进洞时的管片难以成环。同样，盾构进入基座时，亦使盾构对基座的正常受力状态发生改变，以致引发结构受力不利的因素。基于此，盾构进洞时，需要对盾构基座作相应的调整。

3) 洞门扇形插板安装

在盾构进洞前，必须安装好洞门扇形插板（密封）。盾构进洞过程中，根据盾构（或管片）的实际间隙及时进行调整，挡住洞门的间隙，防止泥土从洞门大量流失。

4) 复核测量

盾构贯通前的测量是复核盾构所处的方位、确认盾构姿态、评估盾构进洞时的姿态和拟定盾构进洞段的施工轴线、推进坡度的控制值和施工方案等的重要依据，以使得盾构在此阶段的施工中始终能够按预定的方案实施，以良好的姿态进洞，并准确就位在盾构接收基座上。

在盾构进洞前100m时，进行1次定向测量作业。根据测量结果，盾构将在刀盘切口到达距槽壁10cm的位置停止。

5) 冻结管拔除（除SMW法也要拔出型钢外，其他加固方法没有本工序）

在盾构距冻墙6m时，停止冻结作业，并依次拔除冻结管，冻结管拔至脱离盾构掘进断面50cm即停止上拔，并继续保持断面上部的冻结维护，同时做好对解冻后土体的后期观测和防融沉措施。如发现冻土墙有不正常的情况发生，可通过隧道内的管片的注浆管对其进行加固。

6) 洞门凿除

为了凿除洞门工作的需要，应预先在洞圈内搭设钢制脚手架。在盾构靠上井壁后，开始凿除洞门。洞门凿除要连续施工，尽量缩短作业时间，以减少正面土体的流失量。在拆除钢筋混凝土封门时，需将混凝土碎片清理，以确保洞门密封效果。

3.4.6.3 盾构进洞前的泥水系统控制

盾构进洞前，各施工参数总体来讲与出洞时的各参数控制基本一致。

当泥水平衡式盾构临近接收井洞门时，盾构切口的正面土压力随着切口洞门逐渐靠近而相应变小。因此，相应地逐步降低盾构切口泥水压力，有利于洞口处结构的稳定，避免因结构变形而引发大量泥水涌入接收井等严重后果。

与此同时，在泥水平衡式盾构切口临近洞门，并确保洞口土体稳定条件下，可逐步把泥水的黏度和密度等指标降低，直至以清水替代。

当泥水平衡式盾构切口靠拢洞口时，在完成掘进的最后阶段，应充分利用泥水循环，对泥水压力舱及泥水循环管路进行最后清舱处理。

3.4.6.4 盾构进洞时轴线控制

在该阶段推进施工中，为使盾构进洞的姿态与接收基座配合良好，并保证上部同步注浆管与洞圈间隙足够，必须时刻关注对隧道轴线和盾构姿态的控制。因此，在盾构进洞施工中，必须严格按照设计轴线推进，保证盾构顺利、准确地进洞。

3.4.6.5 盾构进洞注意事项

当盾构切口到达距离洞门槽壁前，施工时应注意以下几点：

1）进洞段的推进速度应控制在 5~10mm/min。

2）在保证泥水系统正常运行和切削干砂量、土砂量的正常，切口水压降为最低限度。

3）密切观察洞门变形和刀盘力矩等参数的变化情况，一旦发现有异常情况，应立即停止推进，采取相应对策。

4）当盾构切口距离槽壁约 3~4m 时，在确定洞口土体稳定条件下，可逐渐降低泥水黏度及密度指标，直至用清水替代。

5）加快信息反馈速度，并加强作业人员之间的联系和交流，以实时化、信息化提高施工的精度和质量。

当盾构靠上洞门槽壁停止推进后，在施工中应做好如下事项：

1）对成环管片连接件进行复紧，并用槽钢或预拉索进行紧固连接，保证管片在进洞施工中能够达到强度要求。

2）在调整槽内加满清水，置换切口泥舱内的泥浆，同时清洗泥水管路。

3）通过洞门混凝土的开孔，进一步确认盾构的姿态和方位，并将基座轨道调节到最佳位置。

4）在洞门全部凿除完成的前一天，要在成环隧道内储存足够多的管片。

5）延长接管台车的轨道，保证接管台车可以将储存在车架后的管片吊装在电机车的平板车上。

6）在完成洞门凿除和清理后，应以最快的速度进行盾构的推进和管片的拼装工作，并安排人员密切注意基座、轨道及各支撑的状态并及时进行修整，以保证盾构准确定位在盾构基座上，同时还应安排人员负责插板的调节工作。

7）在洞口环拼装完成后，为使洞口环脱出盾尾，应在相应位置上等距均布钢管支撑以传递千斤顶的推力，然后再继续拼装管片。

8）在洞口环脱出盾尾后，即可进行洞口环环面钢板、洞门封堵钢板与洞圈预埋钢板的焊接工作。

9）在该阶段推进施工中，必须时刻关注对轴线的控制，保证盾构顺利准确地进洞。

3.4.6.6 钢套筒进洞技术

盾构接收钢套筒主要装置是一端开口、另一端封闭的圆柱形容器（图 3-20），开口端与洞门预埋环板相连，这样形成一个整体密闭的容器，容器内充满回填料，用于支撑盾构推进时对洞门回填混凝土形成的反力，防止大块的混凝土块掉入钢套筒底部或进入环流堵塞管路。素混凝土连续墙的主要作用是在洞门凿除过程中进行挡土，防止凿洞门过程中出现较大涌水、涌砂情况。

图 3-20 钢套筒进洞方式

钢套筒筒体分为上下两半圆。筒体材料用一定厚度的钢板制作而成，每段筒体的外周焊接纵、环向筋板以保证筒体刚度。每段筒体的端头和上下两半圆接合面均焊接圆法兰，上下两半圆以及 2 段筒体之间均采用螺栓连接，中间加橡胶垫密封。在筒体底部制作托架，托架分 3 块制作，均与筒体底部焊接固定一体。用钢板将托架承力板和工字钢按固定的尺寸焊接成为整体，托架与下部筒体焊接连成一体。

1）优点：

（1）适用性广。

（2）免除端头加固。

（3）可以循环使用。

（4）盾构出洞的整体安全性高。

（5）对水土影响小。

2）缺点：

（1）总体耗费时间长

① 前期钢套筒的安装时间长。钢套筒主体分上、下两个半圆，共计 7 大块 9 个接触面，超过 750 个连接螺栓。这么大一个设备，在狭小的基坑里面进行安装并进行加固，至少需要 15d 才能完成，再加上安装反力架、钢套筒填充和试压的时间，至少需要 20d 才能真正进行盾构机的出洞工作。

② 盾构机出洞时间长。盾构机在钢套筒里面进行出洞任务，和通常的出洞形式有很大的不同，因为，从头至尾均需要严格控制好盾构机姿态，并且推进速度也非常缓慢，否则刀盘很容易碰到钢套筒，出现卡壳、钢套筒变形、刀具损伤等问题。

③ 收尾时间长。盾构机出洞后，需先进行钢套筒上半部分的拆除，然后再解体盾构机，最后再拆除钢套筒的下半部分。在钢套筒里面进行盾构机的解体工作，比在托架上解

体困难。

总体而言，因为使用钢套筒辅助出洞增加了很多的步骤和程序，比常规的出洞方法，单台次盾构机要多耗费 15d 左右。

(2) 运输和保管困难。

(3) 出洞操作困难。

(4) 费用相对较高。

钢套筒整个制作和安装的费用在 130 万元左右，再加上运输和保管的费用，整体来说都很大。

3.5 隧道稳定性

成环隧道作为盾构施工的产品，应该满足设计中对于轴线、椭圆度、渗漏水量以及外观质量的各方面标准和要求，以保证后续施工工序的顺利进行，最终实现隧道建成后的各项使用功能。其中，成环隧道的稳定性，也就是成环隧道的位移量和径向变形量将直接关系到竣工后在隧道中运行的地铁或车辆的安全情况和运行条件，在盾构掘进施工当中应当给予充分的重视，并采取科学有效的预防及应对措施，将其控制在合理的范围中。

3.5.1 引发隧道不稳定的因素

无论选用何种类型的盾构进行隧道施工，都将产生不同程度的隧道纵向变形而导致隧道的不稳定，该变形主要是由处在隧道下半部土体的支撑力和上部覆土压盖力的变化和波动引起的。按其产生的时间先后，通常情况下可将该类变形分为施工阶段变形、固结阶段变形和使用阶段变形等 3 类。

3.5.1.1 施工阶段变形

施工阶段变形是指在盾构掘进施工过程中所发生的隧道变形。产生施工期变形的主要原因有：施工建筑空隙、过量纠偏、泥水效应和浆液收缩等。

3.5.1.2 固结阶段变形

隧道的固结阶段变形主要表现为隧道位移。固结位移可分为主固结位移和次固结位移。由于在盾构掘进过程中，对周边土体产生了不同程度的挤压、超挖和压浆作用，造成邻近地层的扰动，使得隧道周围地层产生正、负孔隙水压力。主固结位移为超孔隙水压消散引起的土层压密，次固结位移是由于土层骨架蠕动引起的剪切变形。

主固结位移与土层厚度（即隧道的埋深）有着密切的关系。在隧道埋深较大的工程施工中，地层沉降总量虽然相对较小，但隧道本身的主固结位移的现象，应给予高度重视。

成型隧道所处地层的土力学性质也是引起隧道固结位移的另一主要因素，例如在黏土层中的隧道的长期位移明显大于砂质土层中的隧道。该类位移主要是由地基特殊徐变的塑性变形引起的。

总之，该阶段的隧道变形的根本原因是由于隧道周围土体受到扰动。隧道位移的滞后时间和距离与盾构的种类、地质条件、施工工艺等因素密切相关。

3.5.1.3 使用阶段变形

隧道上方地面荷载的变化是引起使用阶段隧道纵向变形的又一主要因素。这主要是指在已建隧道的两侧或隧道上方进行加载、卸载的建筑施工活动以及其他一些引起地表载荷变化的因素。

3.5.2 隧道纵向变形的特点

成环隧道本身不可避免地要产生不同程度和不同方向的位移和变形，特别是在超大直径泥水平衡式盾构施工中，隧道的"上浮"现象尤为明显，而在越江隧道中，由于受潮汐影响，江底隧道更处于经常性的垂直运动状态。

3.5.3 隧道纵向变形特点分析

3.5.3.1 隧道的上浮

大型泥水平衡式盾构在施工过程中，将使临近盾构尾部的成形隧道产生一定的"上浮"。其原因可能是：

1）同步注浆注浆量或注浆压力与地层不匹配；
2）盾构后车架自重远远小于盾构本体自重。

3.5.3.2 隧道的沉降

在隧道上浮作用力减弱和消失后，隧道注浆所造成的下卧层土体超孔隙水压逐渐消散，隧道将转向土层固结沉降和隧道与土体间密合沉降的阶段。通过连通管监测系统，可以对隧道变形数据进行不间断的连续采集，并绘制位移变化曲线。隧道的上浮速度较快，而沉降速度较慢。

3.5.3.3 潮汐对隧道纵向位移的影响

在越江隧道施工和使用过程中，都将受到因江面水位变化而产生可恢复性的隧道纵向变形。在江中段隧道的轴线纵向变形过程中，存在规律性的波动，该波动是由于江中段隧道受到了潮汐的规律性影响而形成的。

3.5.4 隧道上浮和沉降的预防措施

1）施工期间严格控制隧道轴线，使盾构尽量沿着设计轴线推进，每环均匀纠偏，减少对土体的扰动。

2）提高同步注浆质量，要求浆液有较短的初凝时间，使其遇泥水后不产生裂化，并要求浆液具有一定的流动性，能均匀地布满隧道一周，及时充填建筑空隙。

3）当发现隧道上浮量较大，且波及范围较远时，应立即采取对已建隧道进行补压浆措施，以割断泥水继续流失路径。补压浆要求均匀，压浆后浆液成环状。一般补压浆可采用双液浆与聚氨酯相结合的注浆方法，注浆范围 5~10 环。

4）每隔 10~20m 打 1 道环箍，使隧道纵向形成间断的止水隔离带，以减缓、制约隧道上浮，从而控制隧道变形。

5）加强隧道纵向变形的监测，并根据监测的结果进行针对性的注浆纠正。如调整注浆部位及注浆量，配制快凝及提高早期强度的浆液。为了正确观测隧道纵向变形，消除潮汐对隧道的影响，正确地判断隧道是否稳定，采用连通管进行纵向变形监测。

6）为了解盾构掘进过程中江底土层的相应沉降情况，应对江中段进行高精度的水深测量，监测盾构施工时江底土层的相应沉降情况，以便指导盾构掘进施工。为便于信息反馈和沉降资料整理，应每天安排1~2次的江中段沉降测量，并对每次监测结果及时进行内业资料整理。

参考文献

[3-1] 刘建航，侯学渊. 盾构法隧道. 北京：中国铁道出版社，1991
[3-2] 程骁，潘国庆. 盾构施工技术. 上海：上海科学技术文献出版社，1990
[3-3] 徐永福，孙钧. 隧道盾构掘进施工对周围土体的影响. 地下工程与隧道，1999（2）
[3-4] Historic breakthrough of the Channel Tunnel. World News, Tunnels & Tunnelling, January 1991
[3-5] 刘建航，侯学渊. 软土市政地下工程施工技术手册. 上海市市政工程管理局，1990
[3-6] 汪德珍编译，项兆池技术校对. 东京湾盾构隧道掘进、衬砌与防水. 上海隧道，1996
[3-7] Alastair Biggart, John King. Design and construction of the Channel Tunnel. Tunnels & Tunnelling, January 1991
[3-8] LEE K M, Ji H W, etc. Ground response to the construction of Shanghai metro tunnel-line2. Soils and Foundations, 1999, 39（3）：113~134
[3-9] M. J. Gunn. The prediction of Surface Settlement Profiles Due To Tunnelling. Predictive Soil Mechanics, Thomas Telford. London, 1992
[3-10] 龚晓南. 土塑性力学. 杭州：浙江大学出版社，1990
[3-11] 关宝数，麦倜曾. 隧道力学. 北京：中国铁道出版社，1983
[3-12] 横贯东京湾水线交通：盾构机械的始发推进. 基础工，1998.1
[3-13] 侯学渊，钱达仁，杨林德. 软土工程施工新技术. 合肥：安徽科学技术出版社，1999
[3-14] 华南理工大学，东南大学. 地基及基础. 北京：中国建筑工业出版社，1991
[3-15] 掘进在市区日本最大级别的双设盾构隧道. トソネルと地下. 2002.3
[3-16] 绵贯元惠. 东京湾横断道路设计施工概要. 建设机械化，1993（1）
[3-17] 郑宜枫，孙钧. 基坑工程中的可视化分析方法. 岩石力学与工程学报，2003，22
[3-18] 朱伟，陈仁俊. 盾构隧道基本原理及在我国的使用情况. 岩土工程界，2001，4（11）
[3-19] 朱伟译. 日本土木学会隧道标准规范（盾构篇）及解说. 北京：中国建筑工业出版社，2001

第4章 岩石隧道掘进机施工技术

4.1 概 述

4.1.1 发展历史

岩石隧道掘进机的英文简称是TBM，即"Tunneling Boring Machine"的缩写，它是一种开凿岩石隧道的大型施工机械。采用TBM施工拥有显著的优越性，这是人工钻爆法（Drill-and-Blast）施工不可比拟的。尽管TBM并不能完全取代具有机动、灵活特点的钻爆法，但是二者之间的互补性，展示了TBM技术的广阔应用前景，使众多深埋、长大隧道[4-2]的设计和建设成为可能。与钻爆法相比，TBM掘进隧道具有以下优点：

（1）圆形TBM掘进隧道具有更好的稳定性；

（2）隧道掘进机不会改变岩石的裂隙和节理性质，即使采用了预注浆技术，对其影响也微乎其微；

（3）对围岩的支护程度低，稳定性与安全性也更容易预测；

（4）对于无衬砌输水隧道，由于其摩阻系数小，所需断面也只有钻爆法隧道的2/3。这也意味着出碴量的减少；

（5）具有较大的一次性隧道开挖长度和开挖效率；

（6）可减少隧道施工出入口的修建；

（7）对周边环境的噪声和振动影响小；

（8）施工环境好，没有爆炸尘烟；

（9）随着连续出渣运输技术的推广，减少了对柴油运输车的依赖；

（10）对地下水位影响小，这意味着地层沉降也小；

（11）没有运输和保存好炸药的麻烦；

（12）对围岩扰动较小，冷先伦等[4-15,4-16]用有限差分方法，研究了TBM开挖对围岩的扰动特征，认为相同条件下TBM开挖位移和塑性区分别约为钻爆法的65%和70%。

TBM掘进隧道的缺点主要有：

（1）初次资金投入较大；

（2）对现场条件要求高，施工耗电量大；

（3）TBM设备采购时间较长；

（4）一旦动工，无法改变隧道尺寸，施工灵活性差；

（5）对地质变化的适应性差，因此需要更仔细、更准确地进行前期工程勘察。

4.1.1.1 国外TBM应用概述

1851年美国工程师Charles Wislson发明了TBM，通常认为这是第一台在岩石中连续掘进的成功机器。1956年，Robbins为加拿大基础公司制造了第一台岩石隧道TBM，被用于多伦多市的洪贝尔（Humber）下水道工程，这是一台直径3.28m的隧道TBM，掘进一条长约4.51km，主要由砂岩、页岩和灰岩组成的隧道，岩石抗压强度为5~186MPa。

目前，世界上使用TBM施工的隧道数量不断上升。在发达国家和新兴工业国家，由于劳动力昂贵，TBM施工已成为优先考虑的一种隧道施工方案。

世界上采用TBM施工的大型隧道中，比较著名的有连接英法的英吉利海峡隧道（Channel Tunnel），包括3条平行的、各长约50km的隧道，使用了11台TBM，从1986年开始施工，到1994年贯通。瑞士的长约19km的费尔艾那铁路隧道（Vereina Tunnel），其中有约9.5km用TBM施工，已于1997年4月贯通。南非的莱索托高地（Lesotho-Highlands）水利工程的引水隧道，总长约82km，采用了5台TBM施工，施工时间自1992~1996年。在希腊，从阿车罗斯（Acheloos）河到特赫萨利（Thessaly）平原修建了1条17.4km的引水隧道，使用了3台TBM。我国台湾的坪林隧道，包括双线隧道和1条导洞，单洞长达12.9km，采用了3台TBM施工瑞士穿越阿尔卑斯山的新圣哥达（Gotthard）铁路隧道，长57km，已于2011年通车。

4.1.1.2 国内TBM应用与前景[4-1]

随着国外尤其是西方国家广泛应用TBM，20世纪50年代，中国开始研究和开发各种类型TBM及其施工技术，施工技术日趋完善和成熟。1964年在国家科委领导下，原第一机械工业部成立了全断面隧道TBM攻关组，研制了50多台TBM，但基本上没有发挥作用。20世纪70年代中期，国家科委成立了掘进办公室，采取联合攻关方式，制造出8台TBM，先后应用于云南西洱河水电站、引滦入津、山西太原古交煤矿等。但与国际水平相比，差距甚大，主要表现在掘进速度上，国产TBM月平均进尺仅为国际水平的1/5~1/10，显示不出优越性。20世纪80年代后期，随着中国对外开放，许多外国建筑承包商或中国建筑公司购买国外TBM进入国内隧道建筑项目，使用国外TBM施工的成功实例，给我国隧道TBM制造业带来巨大的冲击。

我国TBM应用[4-3]始于1985年广西天生桥水电工程，由于遭遇岩溶洞穴，这是一次不成功的应用实例。随着引大入秦、引黄入晋和秦岭铁路隧道的陆续建设，在我国应用TBM的优越性得以成功展示。在此之后，则有磨沟岭、昆明掌鸠河、辽宁大伙房、新疆伊犁河等隧道工程的TBM应用。其中，引黄入晋隧道应用TBM长达111.242km，不仅谱写了我国隧道建设史上的新篇章，而且创造了当时在单一工程中TBM应用长度的世界新纪录（表4-1）。

我国采用进口TBM施工工程表　　　　　表4-1

工程	承包商	机型	地质	施工时间	洞径(m)	完成洞长(km)	备注
广西天生桥水电工程	水电武警部队	罗宾斯353-197	灰岩、砂岩30~50MPa	1985~1991	10.8	4.6	遇到严重不良地质、施工很不顺利
广西天生桥水电工程	水电武警部队	罗宾斯353-196	灰岩、砂岩30~50MPa	1988~1992	10.8	2.9	遇到严重不良地质、施工很不顺利
引大入秦30A、38号	CMC（意大利）	罗宾斯1811-256	砂砾岩、泥岩、砂岩2.8~133MPa	1991~1992	5.53	17.0	30A号长11.649km，38号长5.3km
引黄入晋总干8号	CMC-SELI集团（意大利）	罗宾斯205-277	石灰岩为主60~100MPa	1994~1995	6.13	12.0	

续表

工程	承包商	机型	地质	施工时间	洞径(m)	完成洞长(km)	备注
引黄南干线 4号洞 5号洞北 5号洞南 6号洞 7号洞北 7号洞南	Impregilo （意大利）	罗宾斯 1617-290 1617-290 154-273-1 154-273-1 1616-289 NFM	长石石英砂岩、泥灰岩、砂砾岩、煤层 50~100MPa	1997~2001	4.82～4.94	6.635 19.302 6.208 13.978 20.755 19.364	
引黄入晋 5标	CMC （意大利）	罗宾斯 155-274	石灰岩 60~100MPa 泥灰岩 10~20MPa	2000.11~ 2001.9	4.82	13.0	
秦岭隧道 北口	中铁隧道局	维尔特 TB880E	混合花岗岩、混合片麻岩为主 78~325MPa	1997.12~ 1999.8	8.8	5.2	
秦岭隧道 南口	中铁十八局	维尔特 TB880E	混合花岗岩、混合片麻岩为主 78~325MPa	1998.2~ 1999.8	8.8	5.6	
磨沟岭隧道	中铁隧道局	维尔特 TB880E	石英片岩、大理岩夹云母石英片岩 48~90MPa	2000.7~ 2001.11	8.8	5.0	
桃花浦 1号隧道	中铁十八局	维尔特 TB880E	石英岩、大理岩 95~200MPa	2000.9~ 2002.5	8.8	6.2	
昆明掌鸠河	CMC （意大利）	罗宾斯 1217-303	砂质片岩、石英岩、石灰质砂岩 15~110MPa	2003~	3.66	21.53	
大伙房工程 TBM1段	北京振冲公司	罗宾斯 MB264-310	正常斑岩、混合花岗岩、混合岩、凝灰岩 25~109MPa	2005~	8.03	19.81	
大伙房工程 TBM2段	中铁隧道局	维尔特 TB803E	凝灰质砂岩、安山岩、凝灰岩、混合岩 25~109MPa	2005~	8.03	19.22	
大伙房工程 TBM3段	辽宁水利工程局	罗宾斯 MB264-311	凝灰岩、混合岩、砂岩夹砾岩、凝灰质泥岩，25~109MPa	2005~	8.03	18.49	
新疆伊犁河引水工程	山西水利工程局	海瑞克 S-301	砂岩、灰质岩，20~90MPa 安山岩、流纹岩 110~140MPa	2005~	6.76	19.71	
青海引大济湟引水工程	中铁隧道局	维尔特 TB8593E/TS	泥质粉砂岩、泥质夹砂岩、花岗闪长岩、石英岩，20~160MPa	2006~	5.93	19.97	
锦屏二级4条发电隧道	中铁十三、十八局	罗宾斯 海瑞克	大理岩、灰岩、砂岩、板岩等	2008~	12.4	4×16	衬砌厚度60cm

就我国目前基础设施建设的步伐来看，为了改善公路铁路交通环境，缓解城市交通压力，解决城市水资源匮乏，加快水利水电工程建设，众多隧道工程建设已在21世纪初期进入了遍地开花阶段，诸如铁路、公路、水利水电隧道、城市地下工程等，甚至包括一些海底隧道。根据我国建筑业的发展速度预测，未来20年的隧道工程建设长度将超过3000km，远远超过整个西方国家的总体规模，无疑将会越来越多地采用高度机械化的TBM掘进技术[4-4]。

追寻国内外TBM先贤们的开拓性足迹，特别是我国TBM工程实践，归纳形成了本章节的主干脉络，其中既有广西天生桥、昆明掌鸠河TBM应用失事分析，又有引黄入晋[4-1]、引大入秦、秦岭隧道[4-5]、大伙房、锦屏TBM应用的成功经验。

4.1.2 TBM分类及其基本原理

TBM家族分类众多，根据切削刀具及是否拥有护盾壳体的区别，总体上可以划分为开敞式TBM和护盾式（密闭式）TBM两种类型。

4.1.2.1 开敞式TBM

开敞式TBM可分为支撑式和扩孔式，在靠刀盘附近装有较短的防尘护盾。通常用于围岩较完整的隧道，要求80%~90%地段围岩是稳定的，裂隙间隙大于0.6m，岩石抗压强度应在50~300MPa之间，或者岩石点荷载强度I50为25±5MPa、岩石质量指标RQD为50%~100%。我国西安—安康线秦岭铁路隧道Ⅰ线采用德国Wirth公司制造的TBM就是支撑式（图4-1）。

图4-1 秦岭隧道和桃花浦隧道采用的TB880E支撑式TBM[4-8]

支撑式TBM在软弱围岩施工中存在以下几方面弱点：
1) 主机部分和支护人员作业区域都是敞开的，没有护盾保护；
2) 不能及时安装管片施作二次衬砌；
3) 距开挖面一定范围的围岩，在没有出刀盘护盾之前，由于空间所限，不能及时施作喷锚支护；
4) 软弱围岩不能及时提供足够的支撑反力来满足TBM的推进要求；

5) 在易坍塌的地层中，刀盘后油缸部分容易被埋入，需要通过附加的侧边巷道的地层进行加固，而被埋部分需要通过手工方式恢复自由状态，这意味着施工进度将受影响；

6) 扩孔式 TBM 系统由 2 台分开的机器组成：1 台支撑式导洞 TBM 和 1 台扩孔式 TBM。这 2 台机器用于不同的工序，首先用支撑式导洞 TBM 沿隧道的整个长度开挖 1 条导洞，然后再用扩孔 TBM 掘进。扩孔 TBM 有 1 个推进支撑系统，用支撑板将机器自身撑紧在向前挖好的导洞上，后配套则跟着扩孔 TBM。

4.1.2.2 护盾式（密闭式）TBM

护盾式（密闭式）TBM 可用于破碎围岩和涌水隧道，对于自稳能力较好的硬黏土和密实性砂土也能掘进。按护盾数量又分为单护盾式 TBM（泥水平衡盾构和土压平衡盾构也可列入此类）和双护盾式 TBM，常采用管片支护。密闭式 TBM 机身外周以钢壳制作，以防止遭遇周围岩层松动、坍塌时危及人员和设备安全，一般多配合混凝土环片作为支撑。

密闭式 TBM 适用范围很广，尤其在岩石抗压强度为 50 ± 5 MPa、点荷载强度 I50 为 5 ± 0.5 MPa、岩石质量指标 RQD 为 $50\% \pm 10\%$ 时，掘进速率更为显著。而对于易坍塌的地层，密闭式 TBM 由于有护盾设备，将比开敞式 TBM 更容易控制。当 TBM 遭遇较大的断层破碎带时，因局部围岩松动、坍落而挤压 TBM 刀盘，导致切削扭矩负荷大增，甚至出现局部偏压，当超过机械负荷时即无法掘进，或者遭受夹埋的风险。此时，大多需对岩层加以改良，但将增加工程费用，延长 TBM 闲置时间。

单护盾 TBM 只有 1 个护盾，适用于自稳时间较短的软土地层，例如城市地铁隧道和给排水隧道的施工（详见本书其他章节内容）。

双护盾 TBM 又称伸缩护盾式 TBM 或支撑护盾式 TBM，在软岩及硬岩中都可使用，它与单护盾 TBM 的区别在于增加了 1 个护盾。在自稳条件不良的地层施工时，其优越性更为突出。掘进时，利用水平支撑，将尾部推力千斤顶作用于安装好的衬砌管片上，支撑洞壁传递反力，致使 TBM 向前推进开挖，与此同时，实施衬砌管片的安装。由于掘进和管片安装实现了同步，致使停机时间大为缩短，提高了施工速率。双护盾 TBM 系统在纵向上可分 3 部分：

1) 前护盾（装有刀盘）；
2) 伸缩护盾（位于中间部分）；
3) 后接触护盾（用于管片安装）。

拥有 2 个相互独立且重叠的护盾盾壳，前护盾安装刀盘和推进油缸，支撑在前护盾和后接触护盾的连接点上，将这两部分护盾经由伸缩护盾而推开。前护盾外径略小于 TBM 开挖直径，以允许机器实现方位调整，防止边刀磨损后使开挖直径减小而导致护盾和洞壁之间的卡阻。伸缩护盾为刚性盾壳，支撑油缸及盾壳撑靴位于接触护盾（支撑护盾）中。接触护盾有一沿纵向分开的护盾盾壳，盾壳直径可以借助于内置切向作用的液压支撑油缸增大或缩小。这些伸缩油缸以水平交叉方向布置在护盾的上部，支撑在护盾下部侧面的撑架上，产生移动护盾所需的接触力。由于掘进和管片衬砌的先后操作，双护盾 TBM 工作周期分为两个阶段：

1）掘进和管片放置过程：支撑护盾牢固地撑紧在洞壁上，刀盘推进油缸支撑在接触护盾的连接处，并在掘进过程中将刀盘向前推进，保持所达到的掘进速率直至刀盘推进油缸行程结束。同时管片在盾尾安装，在安装期间用于后护盾的推进油缸支撑着管片直至整环闭合。

2）后护盾换位阶段：后护盾（伸缩护盾、接触护盾和盾尾）盾壳换位只持续几分钟。首先，推进油缸卸载，随后护盾盾壳支撑的径向支撑油缸缩回并卸载，然后，借助于后护盾推进油缸使刀盘推进油缸周围的后护盾盾壳前移。在此过程中，护盾推进油缸支撑在管片环上。在伸缩护盾区域，后护盾盾壳以望远镜形式插进前护盾内。然后，重复掘进和管片安装过程。

由于双护盾 TBM 在较为复杂围岩条件下工作，对其刀盘性能应有以下要求：
1）刀盘转速能根据围岩条件进行调整，以达到最经济的运行；
2）在较硬和合适的岩石中，应达到尽可能高的转速，以达到最佳的贯入率；
3）在破碎岩体中，刀盘应以较低的转速和最大的扭矩运转。

在我国甘肃引大入秦工程中的 30A 号引水隧道（水磨沟隧道）、山西万家寨引黄工程的隧道和昆明掌鸠河引水工程，采用的就是双护盾 TBM（图 4-2）。

图 4-2　昆明掌鸠河隧道采用的罗宾斯 1217-303 型双护盾 TBM[4-8]

4.1.2.3　ACT（all conditions tunneler）

ACT 由 ROBBINS 开发，具有敞开和双护盾相互转换的功能，并配备了从开挖面直接钻孔了解前方地质条件的钻机。

4.1.2.4　TBE（Tunnel Bore Extender）

TBE 的最初想法 1963 年由 Company Lawrence 提出，后来 WIRTH 又进一步做了改进，但挖孔和扩孔仍然需分两步进行。今天所见到的 TBE（图 4-3）已能做到挖孔和扩孔同步，适用于围岩稳定而且隧道直径大于 10m 的工程条件。

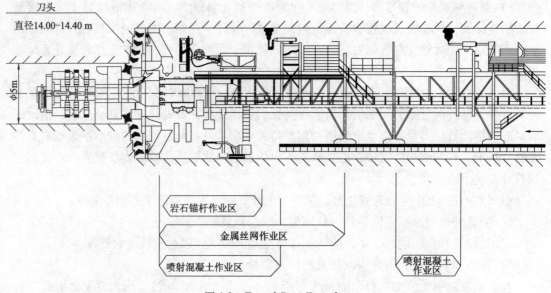

图 4-3 Tunnel Bore Extender

4.2 施工前期准备

4.2.1 TBM 组装前的准备工作

4.2.1.1 场地准备

组装 TBM 设备需要有充足的场地，整个场地要求平整、硬化，不仅满足组装需要，还要有摆放 TBM 各类部件的位置，并便于设备的起吊和运输。由于 TBM 主机要求在滑轨上组装，后配套要求在道轨上组装，这些辅助设施也应在场地上准备就绪。

根据 TBM 组装顺序的要求，应合理安排、依次摆放各类设备。TBM 由主机、辅助设备、后配套、后配套辅助设备四大部分组成，主机大件进场后直接停放在组装位置附近，其余散件和集装箱摆放在方便使用之处。

采用双护盾，当遭遇前方大范围空洞时，也比较容易后退。由于双护盾较长，遇到膨胀性地层时容易被卡住。

4.2.1.2 装配工器具和材料准备

主要为机械、电气、液压装配工具及材料的准备，所涉及的机械、工具、测试仪器仪表、材料等多达四十余种，以满足 TBM 组装的各类需要。

4.2.2 始发洞段的人工开挖

人工开挖 TBM 始发洞，旨在为 TBM 推进提供支撑点，因为 TBM 推力是靠撑靴支撑于已开挖的隧道洞壁或管片上的反力实现的，其摩擦力用于克服掘进时的刀盘推力和扭矩。对于双护盾 TBM，则在始发洞设置负环管片受力架，以便安装管片。始发洞长度为刀盘端面至撑靴末端的长度，直径应略大于刀盘外径，断面净空应满足 TBM 通行要求，即在 TBM 外缘预留 5cm 空隙，但空隙不宜过大，以免撑靴伸开时达不到隧道洞壁。始发洞采用复合式衬砌支护形式，初期支护采用网锚喷联合钢拱架支护，二次衬砌采用 C20 钢筋混凝土。

图 4-4 为辽宁大伙房引水隧洞 TBM 即将步进（驶入）始发洞现场。

图 4-4　TBM 即将步进（驶入）始发洞

4.2.3　供电供水及通风除尘系统

4.2.3.1　供电系统

TBM 配套电力的设计与施工可分为两个部分：其一为 TBM 施工专线，其二则为洞外辅助设备的供电。

TBM 专线：洞口 35/10kV 变电所馈出后，为了方便停送电和 TBM 技术上的要求，应在洞口开闭所内装置 1 台高压开关柜。TBM 高压开关柜具备过流、速断、接地保护、电缆接头脱开或电缆拉断自动停电功能。高压开关柜，可在原来设计基础上增加监测器 IG200R，利用 10kV 电缆中的软铜皮、钢铠和监测器 IG200R，达到当电缆接头脱开或电缆拉断时自动停电功能。采用零序电流互感器监测零序电流进行接地保护，当高压侧有接地发生时，零序电流互感器产生零序电流经过放大器的放大后使触点闭合，跳闸线圈得电，断路器跳开，实现接地保护的功能。

洞外辅助设备的供电：洞口 35/10kV 变电所另外路径馈出，通过电缆进入洞内的开闭所。自备的发电机供电，是为了当网电停电时，备用发电机开始工作，经过升压变压器变为 10kV 的高压，以保证网电停电后洞内的通风和照明以及其他用电等级比较高的设备的供电。

整个供电系统完成后，需对高压开关柜进行耐压试验，以及二次回路的动作灵敏度试验，然后根据各回路的负荷确定继电保护值，使高压开关柜真正起到继电保护的功能；也要对高压电缆进行耐压和泄漏试验；变压器和跌落熔断器以及低压部分的安装和走线，严格根据电力安装规范施工。

4.2.3.2 供水系统

TBM 正常工作时,需从洞外通过输水管道提供一定数量清水,用于主机配套设备的冷却和掘岩时的除尘。水系统是 TBM 中比较简单的系统,由进水、排水两个独立系统组成。

进水系统主要用于冷却、降尘和清洗。一般按每开挖 $1m^3$ 岩石供给 $0.25 \sim 0.3m^3$ 水量考虑,进水压力一般小于 2MPa,可用泵站供水,也可用洞外高位水池供水。供水需经滤网滤清后经 TBM 上的水管卷筒进入各用水机构。

排水系统主要根据隧道坡度和隧道最大涌水量设置。在掘进上坡时,可采用隧道排水沟自流方式排水。在掘进下坡时,必须配置抽水量大于最大涌水量的排水泵。长距离隧道设置集水坑,采用接力式排水。排水泵除正常工作外,还应留有备份,避免某一排水泵发生故障时造成 TBM 整机浸水的大事故。

4.2.3.3 通风系统

1)TBM 通风方式

TBM 隧道通风是向工作面输送足够的新鲜空气,滤除开挖面附近空气中的粉尘,同时通过通风,排出 TBM 运行中产生的热量,达到散热目的。通风方式有 3 种,即压入式、抽出式及混合式。有时为了提高通风效果,可在开挖面附近设压入风机进行局部通风。TBM 隧道施工通风一般采用压入式,但对超长隧道的施工,混合式通风更为有效。

主要通风设备如下:

(1)通风管:目前使用的通风管道有刚性和柔性两种,风管直径可达 3m,为减少气锤效应,靠近风机的风管起始段落采用耐高压风管。隧道通风管末端,安装在 TBM 后配套尾端,每根 $100 \sim 300m$ 的 PVC 风管装在储风筒内,随着 TBM 向前掘进,风管被逐段拉出并安装好。

(2)风机:长距离隧道通风,国内外广泛运用风量较大的无级变速节能风机。新鲜空气从洞口风机由软风筒送入,在到达掘进机后配套尾部台车的风筒舱释放,约占 1/3 风量,作为附近施工人员和机车的新鲜空气;由带吸气口和消声器的助推风机,将大约 2/3 的风量吸入并通过安装在台车上的硬风管(硬风筒在各台车的相连接处由柔性接头相连)送到 TBM 前端,新风一部分在该位置上回流,供给施工人员,其余由除尘系统压入刀盘。在若干需要的作业点,也可有足够的新鲜空气通过风筒排风口释放。流经 TBM 和后配套的风速,在隧道长距离掘进后为 0.4m/s,而在掘进作业的初期可达到 0.5m/s。

2)通风防尘安全标准

目前,国内外尚无专门针对 TBM 隧道施工的通风标准。水利水电部门采用的通风标准一般参考《矿山安全标准》及《隧道施工技术规范》制定,在《水工建筑物地下开挖工程施工技术规范》(DL/T 5099—1999)和《水利水电工程施工组织设计手册(第二卷:施工技术)》中有相关规定。以此为依据,按隧道的布置方案、施工程序、施工方法、开挖断面的大小、隧道的长短及国家有关通风、防尘卫生标准等进行通风设计。

3)通风设计和计算

按隧道施工规范要求,在通风计算中根据所需风量、风压以及风管的损失,确定风机功率和风管直径。通风控制指标:

(1) 洞内氧气（按体积计算）大于 19%；

(2) 粉尘容许浓度，每立方米空气中含有 10% 以上的游离二氧化硅的粉尘不得大于 2mg；

(3) 一氧化碳最高允许浓度 $30mg/m^3$；

(4) 二氧化碳（按体积计）不得大于 0.5%；

(5) 氮氧化物（换算成 NO_2）为 $5mg/m^3$ 以下；

(6) 隧道内气温不得高于 28℃；

(7) 供应每人新鲜空气大于 $2m^3/min$；

(8) 洞内最小风速为 0.2m/s。

风量的计算：按人均新鲜空气用量 $3m^3/min$、风量备用系数 1.2、洞内同时工作的最多人数的乘积，计算出所需要的新鲜空气（$Q_1 = 3 \times 1.2 \times$ 高峰人数）。但在一般情况下，TBM 工作环境中工作人员有限，TBM 设备主机和后配套又以电力为主，采用皮带运碴或运输牵引设备采用直流交变机车、低污染内燃机车，所耗风量不是控制因素，隧道风量计算中真正起控制的参数是风速。TBM 施工中同时考虑通风、降温、洞长等因素，规定了洞内最小风速为 0.2m/s，按此计算的风量基本符合实际要求，并可作为设计、验算依据。

风压的计算：通风机产生的风压克服通风阻力，包括沿程摩擦阻力和局部阻力，并保证风管末端的风流量具有一定的动压，以维持风流的连续性。其中，沿程风压损失按《水利水电施工技术手册》有关资料取值。

4.2.3.4 降温与除尘系统

在 TBM 施工中，热源主要来自于 TBM 掘进、机械运输和人员活动，另外还有围岩自身的散热，这些因素导致工作面温度的增加。此外，TBM 刀盘通过旋转、摩擦、切削岩石形成的石碴温度也会高于岩石初温，随着出碴过程热量会散失到隧道沿线，导致隧道温度升高。

TBM 制冷装置安装在机头和后配套部分。制冷系统工作时，热空气通过蒸发器后，被液态的制冷剂带走热量而使气温下降，吸热后的制冷剂随即气化，再经冷凝器由气态转变成液态，从而完成一个完整的制冷循环过程。

TBM 刀具破岩过程中，必然产生大量粉尘，为防止粉尘扩散，净化现场工作环境，通常采取以下防尘措施：

1）在刀盘上均匀布置几十个喷嘴，通以压力水喷雾降尘；

2）头部机架紧贴洞壁外设置 1 圈防尘罩，将粉尘封闭在刀盘内；

3）在连接桥中层设吸尘风机，其吸尘管一直伸进防尘罩内，粉尘抽出后通过除尘机除净。

TBM 供电供水通风及交通系统如图 4-5 所示。

图 4-5 TBM 供电供水通风及交通系统

4.2.4 TBM 组装与调试

4.2.4.1 TBM 组装

双护盾 TBM 主机组成包括刀盘、前护盾、主轴承及驱动装置、伸缩护盾、主推进油缸、支撑护盾、辅助油缸、尾盾、TBM 皮带机、管片安装机等。辅助设备包括超前钻机、自动导向系统、瓦斯探测系统等。

TBM 后配套设备包括台车、双线轨道、组合道岔、扒碴机等。后配套辅助设备包括吊机及材料运输系统、除尘系统、二次通风系统、压缩空气系统、供水系统、排水系统、注浆系统、豆砾石充填系统等。

图 4-6、图 4-7 分别为四川锦屏 3 号引水发电隧洞 TBM 和辽宁大伙房引水隧洞 TBM 组装现场，二者均采用开敞式 TBM。

图 4-6　锦屏 3 号隧洞 TBM 组装　　　图 4-7　辽宁大伙房引水隧洞 TBM 组装

4.2.4.2 TBM 检测和调试

当 TBM 组装完成后，进入现场调试阶段，主要调试液压系统、电气系统、PLC 控制系统，其次包括润滑系统、冷却系统、配电系统、勘探系统、豆砾石水泥回填注浆系统、管片喂送机系统、通风除尘系统、皮带机系统等（图 4-8）。

图 4-8　辽宁大伙房引水隧洞 TBM 出渣皮带

在完成了上述 TBM 各项目的检测和调试，TBM 的功能和性能达到设计要求后（具体应遵照 TBM 制造厂家提供的操作手册进行），即表明该 TBM 已具备工作能力。

4.3 掘进技术

4.3.1 确定掘进模式

TBM 掘进有 3 种模式可供选择，即自动控制推进模式、自动控制扭矩模式和手动控制模式。选择何种工作模式，操作人员要根据岩石状况决定。

在均质硬岩中掘进可选择自动控制推进模式，设备既不会过载，又能保证有较高的掘进速度。选择此种模式的判断依据是：掘进时，推进力先达到最大值，而扭矩未达到额定值，即判定围岩为硬岩状态，可选择自动控制推进模式。

在软弱围岩中掘进，所需设备推力不大，但刀盘扭矩却很高，则可采用自动控制扭矩模式，其判断依据是掘进扭矩先达到额定值，而推进力未达到额定值或同时达到额定值。

在断层破碎带或软硬相间围岩中掘进可采用手动控制模式。

无论何种围岩，TBM 手动控制模式都能适用。若围岩较硬，且较完整时，应以推进力模式操作，限制推进压力不超过额定值；若岩石节理发育、裂隙较多或存在破碎带、断层等，应以扭矩变化并结合推进来选择掘进参数。

4.3.2 设定掘进参数[4-6]

不同的围岩，TBM 推力、刀盘转速和刀盘扭矩是不同的。对于均匀性相对较差的岩石，通常采用人工操作模式，应根据不同的地质条件及时设定和调整 TBM 掘进参数。

1) 均质、完整硬岩：岩石抗压强度较大，不易破碎，若推进速度太低，将造成刀具刀圈的大量磨损；若推进速度太高，会造成刀具的超负荷，产生漏油现象。在此情况下，贯入度一般为 9~12mm，刀盘转速一般选择 5.4~6.0r/min，采用的推力达到额定推力的 75% 左右，扭矩为额定值的 30%~50%，撑靴支撑力一般为额定值。

2) 节理较发育、完整性较好软岩：采用扭矩控制模式，推力较小，但扭矩较大，应密切观察扭矩变化。贯入度可取 10mm 左右，扭矩值一般小于额定值的 80%。刀盘转速可取 2.0~4.0r/min，撑靴支撑力一般调整为额定值的 90% 左右。

3) 硬度变化较大、节理较发育岩石：采用手动控制模式，注意推力和扭矩的变化，贯入度可取 6.0mm 左右，扭矩≤额定值的 55%，且扭矩变化范围不超过 10%，密切注意并随时调整推进速度。由于通过局部硬岩时可能使刀具过载，损害刀具，同时也使主轴承和内机架产生偏载，因此在扭矩和推力变化情况下，应尽量降低推进速度，必要时可停机，到开挖面检查刀具和岩石条件。

4) 节理发育或存在破碎带的围岩：应以扭矩控制模式为主，选择和调整掘进参数，同时密切观察扭矩、电流、推力变化：

（1）电机选用高速时，推进速度小于 50% 的预定值，扭矩变化范围小于 10%；

（2）电机选用低速时，推进速度开始为 20% 的预定值，待岩石变化稳定后，推进速

度可上调,但应≤45%的预定值,扭矩变化范围小于10%;

(3)当直径30cm左右石碴块体达到20%~30%时,应降低掘进速度,贯入度≤7mm;

(4)当连续出现大量多棱体石碴时,应先停止推进,然后更换电机转速为2.7r/min,低速掘进,并控制贯入度不超过10mm;

(5)当掘进断层带时,刀具因承受轴向载荷而影响寿命,控制扭矩变化范围≤10%,推进速度≤55%的预定值,贯入度≤7mm,稳步渡过断层。

4.3.3 掘进操作步骤

在TBM主控室,掘进操作主要分为6大步骤:
1)启动准备;
2)启动;
3)掘进;
4)停机;
5)换步;
6)调向。

其中,关键的步骤是正常掘进,其他各项步骤都是为它服务的。

4.4 围岩支护与管片衬砌技术

4.4.1 围岩支护技术

4.4.1.1 超前支护和预加固技术[4-8]

岩石隧道经常遇到断层破碎带、剪切带和节理密集带,目前主要采用超前锚杆、超前管棚和超前预注浆等超前支护方法。

1)超前锚杆

超前锚杆是为确保围岩稳定,以较大的外插角向开挖面前方安装锚杆,形成开挖面的预支护。超前锚杆外插角约10°,孔深一般20m,孔间距0.3~1.0m,纵向搭接长度不小于2倍的TBM换步距离。采用超前锚杆进行支护的地段,不再进行注浆处理。

2)管棚支护

管棚的钢管沿上拱90°的轮廓线,以较小外插角打入前方围岩,管棚尾端利用圈梁构成棚架预支护(图4-9)。管棚支护有两种,即短管棚(短至10m)和长管棚(长至40m)。

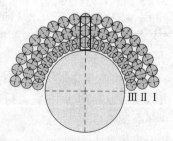

图4-9 管棚支护示意图[4-8]

短管棚使用外径50mm左右钢管,环向间距40cm左右,外插角6°左右,钢管与圈梁搭接牢固。在TBM施工中,也可用钢板替代钢管,将钢板一端搭在圈梁上,另一端插入到上护盾与隧道拱顶之间。

长管棚使用管径 70~180mm 钢管，孔径比管径稍大，环向间距为 20~80cm，纵向搭接长度不小于 TBM 的 2 倍换步距离。

施工顺序是：超前管棚支护 16m 后掘进 10m，再进行超前管棚支护 16m。在超前管棚支护过程中，采取超前管棚和超前导管注浆 2 种方案。超前管棚施作过程中，若岩石破碎，易塌孔，需采用 TUBEX 偏心钻（钻头直径为 765mm）与 ϕ89mm 的套管跟进施作超前管棚。在富水区域施作管棚或导管的同时，还要注浆，使浆液与岩土固结，相邻管孔的浆液在压力下相互渗透连接，形成天幕式保护隔离层，支护顶部的破碎带、松散带，使其不能冒落并阻隔地下水的渗漏。

3）超前小导管注浆

超前小导管注浆是在开挖面周边钻孔，然后将导管插入已钻好的孔位，向围岩注入有压力的浆液，用于固结或加固地层（图 4-10）。超前小导管注浆可全断面注浆，也可周边注浆。

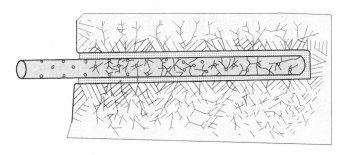

图 4-10　超前小导管注浆示意图[4-8]

TBM 施工中，利用 TBM 自身配备的超前钻机和注浆设备，对开挖面前方破碎围岩进行超前注浆加固。注浆前，先用水冲洗钻孔，注浆时为防止串浆和漏注，可先从两侧的钻孔向拱顶对称注浆。其注浆参数应根据围岩条件（如围岩孔隙率、裂隙率、渗透系数、涌水量和水压等）并结合试验确定。除此之外，还可通过超前钻孔安装锚杆，以进一步提高围岩稳定性。

采用小导管注浆进行超前支护，使 TBM 顺利通过断层、破碎带的成功实例很多。磨沟岭隧道经过小导管注浆进行超前支护处理后，在后续的 TBM 掘进施工中，围岩坍塌、收敛变形得到了很好控制，刀盘和护盾上方未出现过大范围的坍塌现象，TBM 掘进速度大幅上升，即使在特别困难地段，掘进进尺仍可达到 150m/月。

超前小导管钻孔外插角约 6°，孔深小于 16m，纵向搭接长度不小于 2 倍换步行程长度；注浆使用的钢管外径 50mm 左右，内径 40mm 左右，管壁上小孔直径 10mm，间距 0.5m，相邻两孔为垂直布置（图 4-11）。钢管钻孔环向间距 60cm，注浆压力取 0.6~3MPa，扩散半径达到 0.6~0.8m。实际施工中，由于围岩裂隙发育程度及环境差异，每孔实际注浆量不等，主要以定压注浆进行控制。

4）围幕注浆

围幕注浆也可称为筒状封闭加固注浆，注浆范围由围岩塑性破坏区的大小具体计算，注浆材料与小导管注浆相同，注浆量取决于被加固围岩的孔隙率。适用于所有软弱破碎围

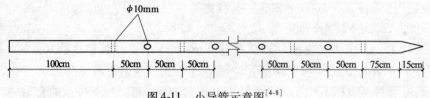

图 4-11 小导管示意图[4-8]

岩或非稳固性岩土层的加固（图 4-12）。

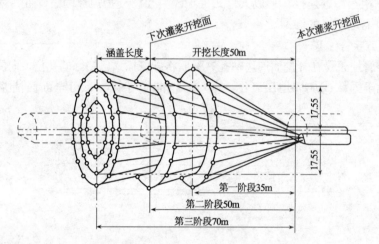

图 4-12 隧道围幕注浆示意图[4-8]

对于具有一定渗透性的破碎围岩、砂卵石层、砂层等，可采用中等压力注浆，这样更容易把浆液注入到孔隙之中，达到固结作用。

对于透水性差的黏土质地层，为了形成高强度的挤压加固效果，必须使用更高压力的浆液，因而称为高压深孔（30~50m）注浆，或者劈裂注浆。在引黄入晋黄土隧洞段的注浆加固时，就采用了此注浆方式[4-1]。

4.4.1.2 围岩一次支护技术

作为永久衬砌的一部分，一次支护主要解决施工期间的洞室稳定和安全，实施喷射混凝土、安装锚杆、支立圈梁（钢拱架）、加设钢网以及仰拱封底等，充分体现新奥法支护原理：以维护和利用围岩的自稳能力为基点，将圈梁及锚杆和喷射混凝土结合在一起为主要支护手段，及时进行支护，有效地控制围岩的变形与松弛，使围岩成为支护体系的组成部分，形成了以锚杆、喷射混凝土和隧道围岩三位一体的承载结构，形成对围岩压力的支承作用（图 4-13）。

图 4-13 锦屏 TBM 支护

1）喷射混凝土

围岩失稳是一种累积性破坏，可能从某一块周边抗剪强度低的岩体错动、坠落开始，逐渐使周围围岩失稳、坍塌，而及时采用喷射混凝土可封闭开挖面，不仅阻止洞内潮气和水对围岩的侵蚀，减少膨胀岩的软化和膨胀，还可抵抗岩块之间沿节理的剪切和张裂，使围岩变形不能发展，有效地阻止围岩的松动。是否应在TBM刀盘后部平台上进行喷射混凝土作业，要根据围岩变化来决定。喷射混凝土的作用与效果如下：

（1）支承和粘结围岩，使围岩表面形成新的张力，使围岩处于三维受力的有利状态。

（2）加强块状岩体间的粘结力，防止围岩松动，形成止水和防风化保护层。

（3）控制围岩的变形量，缓解围岩可能产生大的应力。

（4）喷射混凝土与锚杆、钢网和钢拱架结合起来，使支护结构均匀受力。

在软弱围岩地段，为了及时封闭、稳固围岩，在围岩出露护盾后，立即人工喷射混凝土对围岩进行封闭。人工干喷可控性好、针对性强，弥补了TBM后配套上喷射混凝土设备距掌子面较远不能及时喷射的缺陷。

2）安装圈梁[4-8]

圈梁是超前支护不可缺少的支撑构件，如隧道浅埋、偏压或为断层带时，及时支立圈梁可提高初期支护的强度和刚度，抑制早期围岩压力的过快增长，防止围岩的变形、失稳或坍塌。

圈梁形状有格栅及各类型钢，型钢圈梁也有刚性和可收缩式之分（图4-14）。格栅拱的作用在于它与喷射混凝土的紧密结合，形成其中的骨架，提高承载能力。可缩式圈梁也称之为柔性圈梁，其最大优势是利用拱片接头的可滑移连接形式，使支护断面随围岩变形而缩小，允许围岩较大变形，并随之卸载，但在TBM施工中，过大的柔性圈梁变形量会使内净空变小，有可能阻碍TBM内的安装设备不易通过，柔性圈梁仅用于膨胀围岩或高应力围岩的场合。

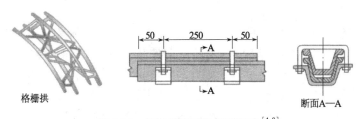

图4-14 格栅拱及柔性钢拱接头[4-8]

圈梁安装时，必须保证圈梁紧贴岩面，使圈梁保持竖直度及圈梁连接螺栓和夹板螺栓坚固可靠；2榀圈梁之间可用螺纹钢搭焊起来，增加它们的刚度，圈梁之间的距离由仰拱预制块预设沟槽决定。

3）安装锚杆

锚杆是利用主机配备的锚杆钻机安装的，由于TBM主梁占据隧道中心位置，故锚杆孔不在隧道断面半径方向上，即非法线方向。注浆锚杆的钻孔孔径应大于锚杆直径，采用先注浆后安装锚杆的工艺时，钻头直径大于锚杆直径约15mm左右；若采用先安装锚杆后注浆工艺时，钻头直径大于锚杆直径约25mm左右。锚杆间距及钻锚杆孔深度由支护参数决定。采用药卷工艺时,嵌入锚杆孔内的锚固剂长度应大于孔深度的 2/3,使用袋装锚固剂,应尽量缩短锚固剂与顶入锚杆之间的时间间隔,保持锚杆的牢固、可靠。

4.4.2 衬砌施工技术

4.4.2.1 喷射混凝土衬砌技术

喷射混凝土衬砌从喷射材料上区分,可分为素混凝土和钢纤维混凝土,它的设计是针对隧道围岩的永久性衬砌,适应于围岩支护结构、防水等需要。

1) 喷射素混凝土

喷射混凝土可与锚杆、钢拱架及钢网形成良好的柔性支护体系,适应于各种形状、断面、深浅、薄厚的要求,它的作用可以归纳如下:

(1) 形成围岩止水、防风化、阻止节理裂隙充填物流失的保护层,促使围岩处于三向受力状态,提高围岩稳定性;

(2) 具有抑制围岩变形能力,增强围岩承载能力;

(3) 具有早期强度控制作用,阻止围岩松动;

(4) 具有粘结作用,形成锚杆、钢拱架与围岩的一体化支护体系。

为提高混凝土拌合质量,喷射混凝土宜采用湿喷工艺,大面积喷射应尽量使用机械手,手工喷射时,注意喷嘴与受喷面的距离和角度。掌握喷射顺序,防止喷层的滑动和脱落。较厚喷层可分层分次,一次不能太厚,注意分层喷射的时间间隔。

2) 喷射钢纤维混凝土

钢纤维混凝土是在喷射混凝土中加入钢纤维,从而弥补了喷射混凝土的脆性,增加了韧性,使脆性材料的混凝土接近于弹塑性材料,改善了混凝土的受力条件,将普通喷射混凝土的抗压强度提高 45% 左右,抗拉强度提高 50% 以上,韧性提高了几十倍。由于优化了这些物理力学指标,目前已广泛应用于软弱破碎围岩的初期支护,甚至可以作为永久衬砌结构。

在制作钢纤维混凝土时,钢纤维加入量为喷射混凝土体积的 1.5% 左右,规格 30mm×0.4mm。喷射钢纤维混凝土时,坍落度可控制在 10~12cm。使用钢纤维混凝土喷射设备应能满足隧道 TBM 施工进度要求,且与其他相关工序的作业时间相配套。

4.4.2.2 预制混凝土管片拼装技术

TBM 掘进与管片的拼装同步完成,在尾盾处设有管片安装器,其形式为机械夹持式和真空式 2 种,安装在支撑护盾结构的悬臂梁上。机械式的夹持装置上的扩张销撑紧管片上的注浆孔,将管片夹持在安装器端部,安装器可双向转动 220°,端部在 3 个平面内铰接,有 6 个自由度,确保管片准确安装到位。

真空式安装器的回转和伸缩均采用液压式,可由无线电遥控,也可安装电缆连接的操作控制板,所有液压软管、电气控制及供电电缆都布设在 1 个操作箱中,避免软管和电缆散落。其真空吸盘从管片存送架上提起管片,并可用万向连接转动的抓捡臂将管片放下,安装器可沿安装桥轴向移动,无级变速控制。

管片形状和连接方式因工程而异。例如引黄入晋工程,每环管片由 4 块六边形管片组成,无螺栓连接;而在秦岭铁路隧道,每环管片则由 5 块正常管片和一块用于封闭的楔块组成，管片之间由螺栓连接。由此，所有管片就构成了一个完整的封闭环。对于管片衬砌环与围岩之间的缝隙，将用豆砾石和水泥浆回填；而在每块管片的接缝处，则由具有膨胀功能的橡胶止水条防水。TBM 换步后，安装器有足够的行程和时间，在尾盾离开前，安装好最后 1 块管片，直至衬砌环回填后完全稳固为止。

4.4.2.3 管片的回填灌浆技术

TBM 掘进后，在围岩和管片外的环形空间，需要填充豆砾石并注浆，以使管片衬砌与围岩形成整体结构，共同受力，减少管片在自重及荷载下的变形，并达到封闭管片衬砌和防水效果。回填灌浆工艺取决于围岩条件：当围岩可能坍塌时，需在盾尾处及时回填；如果围岩条件良好，则可通过管片注浆孔进行回填。

双护盾 TBM 通过尾壳同步注浆，密封式尾盾在仰拱处与注浆回填管同为一体。尾壳密封通过管片将 TBM 与开挖间隙隔绝，保护 TBM 尾部，防止地下水和浆液的侵入。密封由若干排丝刷组成，这些丝刷分段焊接到尾盾壳上，在护盾前行时，丝刷用油脂润滑，若干条油脂管线与尾盾壳连接在一起。盾尾密封损坏时，可以随时更换。

敞开式 TBM 盾尾采用砂浆注入仰拱，其余部分回填豆砾石。在尾盾壳的防护下安装预制混凝土管片，当管片环安好后，立即灌注仰拱下的砂浆垫层。管片设有开口，装配喷嘴，通过喷嘴将豆砾石注入管片与围岩的空隙。

回填灌浆采用先吹填豆砾石后注浆方式。通过高压风从管片预留压浆孔向管片与隧道间隙吹填豆砾石（粒径为 5~10mm），充盈率达到 70%后，在距盾尾 10 环处注入水泥砂浆，使之充填到豆砾砂的孔隙中，达到固结作用。但由于注浆压力、浆液配比、封堵等原因，也常常发生环状空间未注满现象（图 4-15）。当超声波探明环状间隙较大时，应进行固结注浆（图 4-16）。

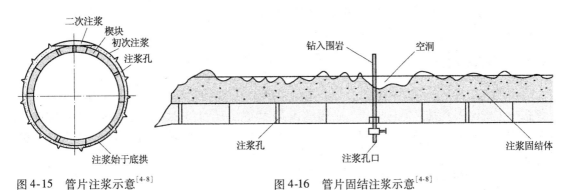

图 4-15 管片注浆示意[4-8]　　　　　图 4-16 管片固结注浆示意[4-8]

4.5 超前预报技术

4.5.1 超前预报目的

TBM 施工对地质条件很敏感，为应对各种突发事故，必须提前进行详细、准确的探测工作，以便掌握前方地质条件和围岩稳定性的变化，结合 TBM 设备适应性，及时采取针对性的超前措施（如调整掘进参数、采取有效支护手段等）。然而，埋深稍大的隧道（大于100m），地面地质勘查难度大，尤其是难以探查到可能造成危害的较小的不良地质体，也仅能大致确定许多界面和不良地质体在隧道开挖时可能出现的位置。因此，在施工过程中校准勘查资料，并对开挖面前方的各种不良地质作探查并准确地定位十分必要。超前预报、超前防范是确保 TBM 快速、安全掘进的关键环节之一。

另一方面，由于 TBM 为全断面施工，刀盘占据了开挖断面的整个空间，施工人员无法直接看到开挖面，对围岩状况不能作出准确判断，支护或超前支护缺乏可靠依据。而 TBM 配备的支护机构在机器上的位置是固定的，在施工过程中，支护具有很强的时间性，稍纵即逝，一旦错过时机，就会给后续施工带来困难。通过超前预报，及时发现异常情况，预报开挖面前方不良地质体的位置、产状及其围岩结构的完整性和含水的可能性，为正确选择支护设计参数和优化施工方案提供依据，并为预防隧道灾害提供信息，提前做好施工准备，保证施工安全。因此，隧道超前预报对于安全科学施工、提高施工效率、缩短施工周期、避免事故损失、节约投资等具有重大的社会效益和经济效益。

4.5.2 超前预报范围

隧道 TBM 施工超前预报的范围，一般应包括：

1）灾害地质预报：预报开挖面前方灾害地质的范围、规模、性质，提出应对和预防措施；

2）水文地质预报：预报洞内突水的大小及其变化规律，评价其环境影响；

3）断层及其破碎带的预报：预报断层的地质特征和充水程度，判断其稳定性；

4）围岩类别及稳定程度预报：预判开挖面前方的围岩类别与前期设计是否吻合，随时进行设计修正、调整支护类型和二次衬砌时间等；

5）隧道内有害气体、放射性等特殊条件的预报。

4.5.3 超前预报分类

隧道施工超前预报如何进行合理分类，目前国内外尚未形成系统的分类标准。但超前预报分类的必要性是显而易见的，必须纳入 TBM 施工计划和管理的全过程。根据超前预报的内容、目的和作用，结合我国隧道施工超前预报的客观实际，以下简要介绍几种分类方法。

4.5.3.1 按距开挖面的距离划分

隧道施工超前预报距离与隧道施工速度和工程实际需要密切相关。结合 TBM 技术现状和快速施工要求，按开挖面前方距离可分为 3 类：

1）短距离预报（0~15m）：根据我国目前的探测技术，预报开挖面前方 15m 范围内的地质条件并不困难，且测试工作基本可与施工同步进行。

2）中距离预报（15~50m）：结合 TBM 快速施工的特点，进行范围超过 15m 的中距离预报是必要的。从目前的预报实践来看，在开挖面上采用物探方法探测这样的距离已十分有效。

3）长距离预报：50m 以上为长距离预报。

4.5.3.2 按采用的手段划分

1) 经验预报：在以往工程经验的基础上，凭感觉就能进行的预报。如钻孔过程中发现岩粉异常喷出，可能遇到了瓦斯或有害气体；听到岩石劈裂声、岩块弹射现象可能是岩爆；钻孔异常喷水可能有大涌水；隧道塌方也有先兆等。显然，经验预报效果与预报人员的阅历有关。

2) 仪器预报：需借助仪器、设备进行预报，如钻机、地质雷达、物探仪器等。

3) 综合预报：应是上述两种或多种方法的结合，不同方法相互补充和印证，寻找最佳效果。

4.5.3.3 按预报的作用划分

1) 常规预报：该预报也称短距离预报，主要任务是判断围岩类别，了解开挖面前方短距离地质条件，手段多以地质素描为主，利用施工间隙进行，具有机动灵活的特点。

2) 灾害预报：是指施工中因前方地质条件突变导致的机毁人亡、被迫停工的重大事故，如塌方、涌水、岩爆、瓦斯等，因此预报的目的就在于减灾、防灾。

3) 特殊预报：也称专门预报，如膨胀岩、放射性、高地温等，可采用专门手段作定量预报。

4.5.4 超前预报方法

4.5.4.1 超前勘探法

超前钻探：拥有两种选择，一是利用 TBM 上配备的超前钻机进行钻探，但它不能钻取岩心，只是从钻孔的时间、速度、压力、卡钻、跳钻以及冲洗液颜色、成分等数据，大致判断前方短距离的地质条件；二是使用水平定向岩心钻机，该法已在挪威的海底隧道工程中成功使用。

4.5.4.2 岩土分析法

事实上，这一方法仍属于常规地质工作范畴，所使用的手段也是传统的东西，需要地质工程师的亲力亲为。其优点是占用施工时间很短，设备简单，不干扰施工，成果快速，预报效果较好；缺点是预报长度有限，需要全天候的现场工作。

4.5.4.3 物探测试法

(1) 物探预报手段的总体目标

① 基本查明（或为不遗漏）开挖面前方及周边至少 1/2 隧道跨度范围内的重大隐患，包括断层、破碎带、强风化岩脉、溶洞、溶管、暗河、溶槽深沟、大中涌水体等；

② 预报的地质体空间定位要有足够的精度，误差应小于 5%；

③ 要能对涌水量作出定量或半定量的估算。因为施工需对于小、中、大涌水分别制定引排或超前注浆堵水等方案，确定是否作水平钻孔及其他措施；

④ 要能预报岩体的破碎或完好情况。若围岩情况将有突变，施工方要做好施工措施变更预案，设计方也要作设计的变更，地质预报应从资料方面给予必要的支援；

⑤ 要适应 TBM（全断面掘进机）的施工，预报手段要适应其工作方式；

⑥ 要少占用开挖时间，少干扰施工。过多地占用开挖时间，过多地干扰施工，将会影响施工方与预报方的配合。

(2) 选择物探手段的基本要求

① 要有特长,在综合物探系统中要能独当一面,例如弹性波类方法主要探查断层、破碎带、溶洞等,并能准确定位,可以对岩体破碎和完整程度给出一定判定;电磁类方法主要探查含水层;激发极化类方法要能区分含水泥砂、淤泥或自由流动的水,并判定涌水量。

② 要探查一定远的距离,与开挖速度相适应。一般来讲,主力方法应能探查 200m 左右,预报 100m 以上;预报特定目标的方法,也应当探查 50m 以远。

③ 要能较准确地进行被探查地质体的空间定位。

④ 现场采集时间短,开挖面停止掘进时间不超过 1 小时。

(3) 物探预报的主要手段

物探测试法亦称非损伤测试法(non-destructive testing methods)。用于超前预报的非损伤测试法主要有:以机械振动原理为基础的地震波反射法、以电磁波原理为基础的地质雷达法、光学原理为基础的红外技术、声发射法和电法。还有近年来在国内广泛采用的陆上极小偏移距超宽带弹性波反射超短余震接收系统单点连续剖面法(陆地声纳法),它是地震反射法的变种,吸收了水声法、探地雷达、超声波法的某些特点而形成的一个"杂交"品种。分别介绍如下。

① 地震波反射法

TSP(Tunnel Seismic Prediction)超前预报系统由瑞士安伯格(AMBERG)测量工程技术公司开发,它是一种利用地震波在不均匀地质体中产生的反射波特性来预报隧道开挖面前方及周围邻近区域的地质情况。其中,TSP-203 超前预报仪可进行施工前方 150m 范围内地质条件的超前探测(图 4-17)。

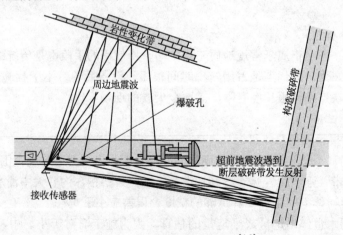

图 4-17 TSP-203 测量原理图[4-8]

TSP-203SUPER 通过在掘进面后方一定距离内的钻孔中,施以微型爆破来发射声波信号,爆破引发的地震波在岩体中以球面的形式向四周传播,其中一部分向隧道前方传播,当波在隧道前方遇到一界面时,将有一部分波从界面处反射回采,界面两侧岩石的强度差别越大,反射回来的信号也越强。反射信号到达接收传感器后,被转换成电信号,并进行放大,从起爆到反射信号被传感器接收的这段时间是与反射面的距离成比例的,通过反射时间与地震波传播速度的换算就可以将反射界面的位置、与隧道轴线的交角以及与隧道掘进面的距离确定下来；同样使用 TSP 也可以将隧道上方或下方存在的岩性变化带的位置方便地探测出来。测量后将存储在小型计算机上的地震信号转移到一台微机上作进一步的分析处理。TSP 测量系统配备有专门的分析软件，以获得清晰的反射波图像，最终获得反射事件本身的空间位置以及与隧道的相对位置。

采用 TSP-203 测量每掘进 150~200m 测量做 1 次，在使用 TBM 施工的隧道，TSP-203 超前预报测量是切实有效的测量手段之一，因为 TBM 施工时的日进尺有时高达 20~30m，超前预报的范围应数倍于 TBM 的日进尺才显得有意义。采用 TSP 测量能大大减少施工中的盲目性，减少事故发生率。测量时，在开挖面后方边墙上打 24 个深 1.5m 的炮孔，每个炮孔间距 1.5m，放 10~40g 炸药，逐一放炮。在距开挖面 60m 左右的边墙上打 1 个 2.4m 深孔，安放靶子接收器，接收地震波信号，在测量 1.5h 左右时间内，TBM 需停机。

TSP 技术在隧道反射地震方面是有较强的实用性，但是，由于受观测方法的限制，不可能对断层的产状、位置和岩体波速等参量同时给出准确的结果，因而在定位精度和岩体类别划分方面还有待改进。

TRT（True Reflection Tomography）意为"真正反射层析成像"，该技术是由美国 NSA 工程公司近年来开发的，在欧洲、亚洲开始应用。TRT 技术进行超前预报，在坚硬的结晶岩地段可探测开挖面前方 100~150m，在软弱土层和破碎岩体地段可预报 60~90m。NSA 公司 TRT 技术在奥地利穿越阿尔卑斯山的安德瓦特（铁路双线）隧道施工中进行了全程超前预报，对于岩性变化界面和断裂破碎带的预报结果与施工揭露的地质情况基本一致。TTR 方法在观测方式和资料处理方法上与普通的地震反射波法有很大的不同。虽然在观测上也是利用反射地震波，但它采用空间多点接收和激发，接收点和激发点呈空间分布，可充分获得空间波场信息，以提高不良地质体的定位精度。TRT 资料处理方法的关键技术是速度扫描和偏移成像，不需要读走时。该方法对岩体中反射界面位置的确定、岩体波速和工程类别的划分等都有较高的精度，应较 TSP 方法有较大的改进。

地震波反射法的缺点就是容易受汽车等振动噪声干扰，所以在城市地铁工程中使用常常受到影响。

② 地质雷达技术

利用高频电磁波以宽频带短脉冲的形式，由开挖面通过发射天线向前发射，当遇到异常地质体或介质分界面时，发生反射并返回，被接收天线接收，并由主机记录下来，形成雷达剖面图。由于电磁波在介质中传播时，其路径、电磁波场强度以及波形将随所通过介质的电磁特性及其几何形态而发生变化，因此，根据接收到的电磁波特征，即：波的旅行时间、幅度、频率和波形等，通过雷达图像的处理和分析，可确定开挖面前方界面或目标体的空间位置或结构特征。在前方岩体完整的情况下，可以预报 30m 的距离；当岩石不完整或存在构造的条件下，预报距离变小，甚至小于 10m。雷达探测的效果主要取决于不同介质的电性差异，即介电常数，若介质之间的介电常数差异大，则探测效果就好。

表 4-2 为不同介质的介电常数。

不同介质的介电常数[4-14]　　　　　　　　　　　　　表 4-2

介质类型	介电常数
空气	1
纯水	81
盐水	81
冰	4
混凝土（干燥）	6
混凝土（潮湿）	12
花岗岩（干燥）	5
花岗岩（潮湿）	7
石灰岩（干燥）	7
石灰岩（潮湿）	8
砂岩（潮湿）	6
玄武岩（潮湿）	8
砂性土（干燥）	4
砂性土（饱和）	30
黏土（饱和）	10
金属	1

由于该法对空洞、水体等的反映较灵敏，因而在岩溶地区用得较普遍。缺点是洞内测试时，由于受干扰因素较多，往往造成假象，形成误判。此外，它预报的距离有限，一般不超过 30m，且要占用开挖面的工作时间。

应用地质雷达进行超前预报，在钻爆法施工的隧道中使用相对较多，如太平驿水电站引水隧道、海南高速公路东线大茅隧道等工程，均取得了较好的应用效果。由于探测时需要占用开挖面的工作时间，故在开挖面上测试时需要停机进行，因而在 TBM 法施工的隧道中应用时，需首先研究解决工作时间重叠问题。

③ 红外探水法

由于所有物体都发射出不可见的红外线能量，该能量大小与物体的发射率成正比。而发射率的大小取决于物体的物质和它的表面状况。当开挖面前方及周边介质单一时，所测得的红外场为正常场，当存在隐伏含水构造或有水时，则所产生的场强要叠加到正常场上，从而使正常场产生畸变。据此判断开挖面前方一定范围内有无含水构造。当地下水和开挖面岩土温度差异较大时，红外探水法效果就会比较理想。

现场测试有 2 种方法：一是在开挖面上，分上、中、下及左、中、右 6 条测线的交点测取 9 个数据，根据这 9 个数据之间的最大差值来判断是否有水；二是在已挖洞段按左边墙、拱部、右边墙的顺序进行测试，每 5m 或 3m 测取 1 组数据，共测取 50m 或 30m，并绘制相应的红外辐射曲线，根据曲线的趋势判断前方有无含水。开挖面上 9 个数据的最大差值大于 $10\mu w/cm^2$，就可以判定有水；红外辐射曲线上升或下降均可以判定有水，其他情况判定无水。红外探测的特点是可以实现对隧道全空间、全方位的探测，仪器操作简单,能预测到隧道外围空间及掘进前方 30m 范围内是否存在隐伏水体或含水构造,而且可利用施工间歇期测试,基本不占用施工时间。但这种方法只能确定有无水体存在,至于水量大小、赋水形态、具体位置没有定量解释。

④ 声发射法

声发射是指材料在外力作用下,其内部变形或裂纹扩展过程中,由应变能的瞬态释放而产生弹性波的现象。隧洞开挖引起围岩应力场的调整,导致新裂纹产生、旧裂纹扩展,聚集于岩体内部的能量以弹性波的形式进行释放,产生大量的声发射信息。不同尺寸、不同形式的微破裂,岩体所释放出的声发射信号强弱和特征是不同的,通过捕捉岩石微破裂产生的声发射信息,可以系统研究围岩损伤时空演化规律、损伤机制及微破裂的强弱等。

声发射的缺点就是容易受汽车等振动噪声干扰,所以在城市地铁工程中使用常常受到影响。

⑤ 隧道电法

BEAM(Bored Tunnelling Electrical Ahead Monitoring)探测技术就目前而言是当前国际上一种较先进的电法隧道超前探测技术。它由德国 GETGEO EXPLORATION TECHNOLOGIES 公司(简称 GET 公司)从 1998 年开始进行开发研制,2004 年获得德国国家专利。

作为聚焦电流频率域的激发极化方法的一种超前探测技术,BEAM 开发研制源自于一种被称为百分频率效应(PFE – Percentage frequency effect)的综合电性参数,此外还应用了聚焦电流技术使得探测数据固定在一定的范围之内。BEAM 测试技术的原理是通过对岩层电阻率进行测试的电法(激发极化法)来探知岩体质量和其中的空洞及水体。电子导体和离子导体的岩石在人工电流场中被极化的现象称为激发极化现象。

德国 GET 公司开发研制的 BEAM 测试系统就是一种以交流激发极化法为探测手段的技术。

交流激发极化法使用超低频段(0.01~10Hz)中两种相差较大的固定频率分别供电(f1 和 f2),然后分别观测 f1 和 f2 两种频率供电时的电压,求得两种电阻率 R(f1)(用较低频率 f1 观测所得)和 R(f2)(用较高频率 f2 观测所得),由此来计算百分频率效应 PFE(公式如下):

$$R(f1) = U(f1)/I(f1) \text{ 和 } R(f2) = U(f2)/I(f2)$$

$$PFE = [R(f1) - R(f2)]/R(f1) \times 100\% \quad (f1 < f2)$$

PFE 是一种表征岩石储存电能能力的岩体特性参数,而孔隙率与 PFE 呈反比关系。在隧道超前预报当中岩溶洞穴、断层、破碎带等具有较高孔隙率的不良地质体相应的 PFE 就较低;充水和充气的高孔隙率段只能储存很少的电能,PFE 也因此较低;砂、黏土层、桩、漂石和混凝土等也因其典型的 PFE 值,能够通过 BEAM 探测到。

BEAM 的预报成果的解译就是基于以上对不同岩体分类的定义,其中高、中、低表示岩体的孔隙率高低程度,孔隙较高硬质岩地区的断层带、洞穴等 PFE 值最低,软土区的类似地质情况次之,较为紧密的岩体 PFE 值最高,孔隙率和 PFE 值呈明显的反比关系。不同的电阻率也会对应不同的岩体情况,干燥致密的岩体电阻率较高,孔隙率大的含水岩体电阻率较低,BEAM 系统采用交流激发极化法进行超前预报,获得百分频率效应 PFE 和电阻率 R 两种参数,以这两种参数为成果解译基础,综合对前方地质情况进行预报。

BEAM 在隧道中的探测有几种不同用途目的的应用方式：

首先是 BEAM 部件连接 TBM 机，利用 TBM 作为探测电极，不需附加钻孔等措施，随着 TBM 往前掘进获得连续的超前地质预测数据，探测范围为开挖面前方的一部分；

其次是在隧道洞身直径方向上对洞身四周进行放射状探测，检查其安全性，揭露可能存在的岩溶洞穴的潜在危害；

第三是应用移动式的 BEAM 设备在传统钻爆法施工隧道中进行超前探测，此种探测需要钻孔并连接几个测试电极，探测范围也是这几个电极布置部分。

目前该项技术自 2000 年开始，在国外被应用于在各种复杂的地质条件下进行施工的隧道工程，截至现在已经完成探测隧道的累计洞身长度已超过 100km。主要应用有意大利 Ginori 隧道，瑞士哥斯塔特基线隧道（Gotthard Base Tunnel）（目前世界上最长的隧道），瑞士勒其山基线隧道（Lotschberg Base Tunnel），德国 Irlahull，Geisbers 和 Stammham 隧道（连接了 Nuremberg 到 Ingolstadt 的高速铁路）等等。

⑥ 陆地声纳法

陆地声纳法适合用于 120～150m 以远、规模大于 0.5m 的断层、破碎带、溶洞、暗河的探测，该方法不需打孔、不需放炮，安全简便。

需要强调的是，没有一种物探方法可以解决所有的问题，各种方法的资料都有多解性。因此，几种物探方法综合应用是必要的。综合物探也是围岩条件复杂情况下物探应用的一个原则，主要注意各种方法使用参数的互补性。

有时完全依靠隧道中的预报也是不合理的。例如在隧道上方几十米或百米之上若有地下暗河，暗河的水可能通过岩溶裂隙与隧道穿过的岩溶裂隙连通。在这种情况下隧道中的预报手段只能探查到开挖面前方的岩溶裂隙。如果在勘测阶段对暗河的探查结果未能满足施工需要，则应当补充地面勘探工作，将补充勘察结果与隧道中探查相结合，进行综合分析。

4.5.5 超前预报专家系统

要推动隧道超前预报发展，提高预报准确度，就必须将地质调查方法与多种物探方法有机结合起来，对地质物探资料进行系统处理和综合分析。其工作方法和主要内容为：

1) 掌握前期地质资料，了解隧道所处地质背景和宏观环境，明确可能发生地质灾害的位置、规模和防治措施，结合施工进程，顺应地质变化，提出适当的调整与应对方案。

2) 通过 TBM 岩碴的观察，加强分析、取样和相互比照。

3) 掌握 TBM 掘进参数的运行状况，注重归纳、总结岩层与掘进的关系。

4) 适时进行围岩特性测试，为地质条件评估并指导施工提供依据。

5) 采用 TBM 自带超前钻机进行探测，分析前方地质条件的潜在影响

6) 利用 TBM 维护时间，观察开挖面或隧洞边墙围岩特征。

7) 进行施工地质编录与素描，详细记录隧道沿线地质条件与变化。

8) 结合现场物探测试，掌握隧道开挖面一定距离内的物理力学参数特征。

9) 设立超前预报专门组织，通过上述地质、物探信息的综合分析，适时做出预测预报。

采用上述各种方式和程序，一经发现不良地质的迹象，应立即采取应对措施，以便防范地质灾害，控制施工风险，确保 TBM 正常运行。

4.6 特殊洞段施工关键技术

4.6.1 特殊洞段的分类

对于 TBM 施工来说，特殊洞段就是不良地质条件（Unfavorable geological condition）洞段，导致 TBM 施工困难或不适合 TBM 施工（图 4-18）。已有施工表明，围岩单轴抗压强度（UCS—Uniaxial Compressive Strength）约在 30~200MPa 时，TBM 掘进效率发挥较为正常。UCS 小于 30MPa 时，被称为软弱围岩，TBM 适应性极差；大于 200MPa 时，TBM 掘进很困难，刀头磨损增大，当岩石弹性模量 E 较大时，岩体内还可积蓄很大的弹性能，导致灾难性的岩爆事故。

图 4-18　大伙房不良地质段 TBM 施工

TBM 特殊洞段包括松散、破碎、极硬岩和挤压围岩，还有岩爆、突泥、涌水、溶洞和偏压地段等，不仅为 TBM 施工带来麻烦，甚至可能造成 TBM 损坏、人员伤亡局面，因此必须慎重对待，根据既有施工经验与教训，及时给出合理有效的针对性措施。

4.6.2 特殊洞段综合施工技术[4-11]

4.6.2.1 岩溶洞段施工技术[4-1]

TBM 施工中可能遇到的溶洞，在数量、尺寸、产状、部位、是否充填以及充填物特性等都是不确定的，以引黄入晋工程为例，溶洞就分为包容型、底拱型、顶拱型和边墙型 4 类（图 4-19、图 4-20）。TBM 穿过小于 $2m^2$ 的溶洞，以及隧道边界以外的溶洞，感知能力极差；若遇更大溶洞，其危险性更不容小视，甚至对隧道永久运行埋下隐患。经归纳，

通常采取如下应对措施:

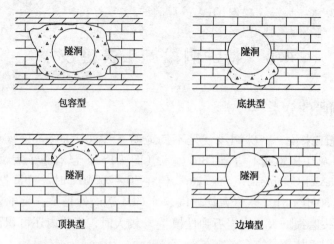

图 4-19 TBM 隧道与充填型溶洞接触关系示意图[4-1]

图 4-20 引黄入晋北干线 TBM 前方溶洞处理

1) 停机处理

TBM 穿越小溶洞时,可将主机退至溶洞边缘,清除或部分清除溶洞充填物(如需要,可打旁洞辅助施工),采用砌石、豆砾石或混凝土等可灌性好的材料进行封堵、回填并压浆加固;如部分清除,则先采用格栅拱架结合喷混凝土或其他临时支护,然后进行重点加固处理。待 TBM 通过后,经管片回填孔对溶洞段进行高压固结灌浆并施设锚杆加固。

对于处在隧道底板以下的溶洞,清除充填物后,以浆砌石或混凝土支顶加固溶洞顶板,或先进行注浆加固,待 TBM 经过后,通过管片回填孔对溶洞段进行高压固结灌浆并施设锚杆。

对于充填的大型溶洞,可用 TBM 上的超前钻探设备进行全洞周超前注浆处理,以防 TBM 经过时充填物塌落或下沉,待 TBM 通过后,经管片回填孔进行高压固结灌浆并施设锚杆。

对于空的或少量充填的大型溶洞,填塞或加固工程较大,如有建基条件,可采取梁、拱、桥形基础架设渡槽、箱涵跨越措施。如上述措施仍然难以处理,可局部改线绕开溶洞。

2) 掘进过程处理

先临时处理,待TBM通过后再永久加固。为避免局部下沉或产生其他施工缺陷,可预制带螺栓孔的特型管片,安装时在接缝处用"香蕉式"螺栓进行连接,也可首先在整个溶洞段用型钢或其他钢结构进行纵向整体连接,后期采取高压固结灌浆、施设锚杆、钢衬、拆除管片现浇钢筋混凝土以及抹平等措施。

3) 溶洞水处理

遵循排堵结合原则,采用超前预灌浆措施通过溶洞后,再进行固结灌浆堵水。在工程运行期,长期排水可能掏空洞周土体,造成基础沉降及偏压受力现象,应根据溶洞的规模、大小、充填物性质以及与周围岩洞的相对关系,采取更为有效的加固处理措施。

4.6.2.2 高硬度与磨蚀性围岩施工技术[4-9]

1) 高硬度与磨蚀性围岩特征及危害

不同的岩层往往具有不同的磨蚀性,表4-3归纳了各种岩石种类的磨蚀性。

岩石种类与磨蚀性关系表　　　　表4-3

岩　石　种　类	磨　蚀　性
片麻岩和结晶花岗岩	极度磨蚀
角闪岩	非常磨蚀
花岗岩、片麻岩、片岩、辉石岩	磨蚀性大
砂岩	磨蚀性较大
辉绿岩、粗粒玄武岩	磨蚀性一般
砂岩	磨蚀性较轻
石灰岩	磨蚀性很少

极硬岩虽不至于发生TBM事故,但会严重影响TBM效率,使得TBM推力难以贯入或破碎岩石。表征TBM对某种岩层开挖能力的主要指标是,在最大推力下所能取得的刀盘旋转1周的贯入率,如刀盘旋转1周的贯入率小于2~2.5mm,就认为岩石的可钻性存在问题;如果贯入率大于3~4mm/周,那么TBM的开挖效率就较高。如果TBM不能以充足贯入速率贯入岩层,就会造成刀具、刀圈及轴承的严重磨损,甚至导致液压系统故障,影响效率、增加成本。

滚刀破岩的原理[4-10]就是利用盘形滚刀的冲击、切割、挤压作用破碎岩石。为了保持足够的贯入率,常常最大限度地向前推进刀盘。但如果TBM某一部分不能在最大推力下工作,将会引起异常振动,刀盘和撑靴结构将逐渐出现裂缝。由于在隧道内不容易更换刀盘,因此,TBM的损失很严重。同样,如推进刀盘的推力过大,主轴承和向TBM刀盘传送动力的齿轮箱有可能受损,这样造成的后果更为严重。

2) 高硬度与磨蚀性围岩TBM施工对策

考虑到这种极硬地层对刀具的消耗,应选择合适的掘进参数,并且进行适时调整,主要应对措施如下:

(1) 刀盘旋转应选择高速模式；
(2) 刀盘总推力不应过高，设置上限；
(3) 选择合适的刀具，按掘进参数及出碴情况，判断刀具的损耗情况，及时更换刀具；
(4) 针对频繁更换刀具占用很多时间的问题，应多配备掌握快速换刀技术的人员。

4.6.2.3 岩爆洞段施工技术

1) 岩爆的预测预报

岩爆是在高地应力作用下，岩体内积蓄的弹性应变能在隧道开挖后突然释放，使围岩发生间歇性脆性猛烈破坏，这多发生于坚硬脆性岩体中。一旦发生岩爆，不仅威胁人员和设备的安全，还会影响施工进度。在国外，南非是岩爆多发国家，主要发生于金矿中。仅在1975年，南非31个金矿就发生了680次岩爆。德国鲁尔矿区是发生煤爆最多的产煤区，仅1910~1978年就记载了危害性岩爆283次。智利埃尔特恩特铜矿1992年3月发生岩爆，造成上百米巷道垮落，停产长达22个月，是南美洲受岩爆危害最严重的矿山。此外，前苏联、美国、波兰、加拿大、挪威等国家都发生过多次强岩爆[4-17]。

我国最早有记录的煤爆发生与1933年抚顺胜利煤矿。据1949~1997年不完全统计，我国33个煤矿发生了2000多次煤爆。

表4-4给出了国内外15个典型的有岩爆事件记录的工程。

国内外部分岩爆情况简表[4-17]、[4-18] 表4-4

序号	工程名称	围岩	埋深（m）	地应力（MPa）	岩爆简况
1	瑞典Forsmark核电站	花岗片麻岩	5~15	20 (σ_1)	弹射出大约10cm×10cm大小的岩片，发噼啪响声
2	美国Galena矿	石英矿	1200	52 (σ_1)	岩柱爆裂
3	日本关越隧道	石英闪长岩	730~1050	20~28 (σ_1)	开挖面发生强烈岩爆，侧壁较轻
4	瑞典Ritsem交通洞	糜棱岩	130	12~20 (σ_1)	劈裂岩爆
5	南非金矿	石英岩	2500~3400	60~80 (σ_1)	强岩爆
6	中国岷江渔子溪一级水电站引水隧洞	花岗闪长岩及闪长岩	250~600	30~45 (σ_θ)	隧洞长8429m，在6000m以上长度的洞线上断续十多次发生岩爆，最长的一段有25m，最短的约为1.0m，一般在10m左右。开挖面开挖后在24h之内最剧烈，一般持续1~2个月，个别地段一年后仍有岩爆发生
7	南盘江天生桥二级水电站引水隧洞	厚层块状灰岩，白云岩	130~760	25.8 (σ_1)	多发生在距开挖面4~10m的洞壁上，零星岩爆的面积为0.5×0.5~2×2m²，大面积岩爆，宽3~4m，长度大于10m，延伸100~150m
8	太平驿水电站地下洞室	花岗闪长岩	400	62.6 (σ_θ)	岩爆发生规模不等，记录400多例岩爆

续表

序号	工程名称	围岩	埋深（m）	地应力（MPa）	岩爆简况
9	重庆陆家岭高速公路隧道	凝灰岩	120~600	32.8（σ_1）	隧道7个区段的拱顶和边墙发生了93次岩爆
10	瀑布沟水电站地下洞室	花岗闪长岩		10.1~28.3（σ_1）	地下厂房开挖过程多次发生岩爆，部位多在上游壁拱角处
11	陕西秦岭铁路隧道	混合片麻岩和混合花岗岩	最大埋深1600	20~40（σ_1）	岩爆43段，累计长1900多米
12	川藏公路二郎山隧道	砂岩、砂质泥岩、泥岩、灰岩	最大埋深770m	53.7（σ_1）	共发生200多次岩爆，累计岩爆总长度1095m
13	铜陵冬瓜山铜矿	矽卡岩、石英砂岩、闪长玢岩等	主采区在地表下800~1000m深处	105.5（σ_θ）	在高程-790m矽卡岩中出现岩爆，进行锚网支护后，锚杆剪短，并在岩层交界处出现1.8m长底鼓；在高程-850m矽卡岩中，侧帮及顶板发生岩爆，岩爆声历时约20天，锚网支护破坏
14	二滩水电站2号支洞	正长岩	194	90（σ_1）	围岩壁面爆裂，属轻微岩爆
15	锦屏二级水电站辅助洞（东端）	大理岩	1200~2000	38.02（σ_1）	中等—强烈岩爆多次发生，一次最大岩爆岩块为4m×2m×1.5m

注：σ_1—主应力；σ_θ—洞壁切向应力。

目前，岩爆机理的研究基本停留在定性分析阶段，尚待进一步研究，施工中应对岩体完整、地形变化大、容易应力集中地段进行监测，做好预测、预报、预防，施工中常用预测预报方法如下：

（1）钻孔岩芯饼化率法：在TBM施工中，可以通过安装在刀盘上部的超前钻孔了解围岩性质，若钻孔岩芯饼化率集中、钻孔出现爆裂声、摩擦声和卡钻现象等，常可作为岩石完整、地应力高、容易岩爆的判据。

（2）地震波预测法：利用弹道地震仪对开挖面及前方岩体进行监测，其基本原理是一次地震事件释放的地震能量的平方根与地震事件发生前岩体的应变成正比。通过超前钻孔每隔1m逐点测试弹性波速度，如利用该方法在印度科拉尔金矿的采矿巷道对岩爆的预报准确率为70%~80%，甚至预测的岩爆发生位置与记录到的位置正好一致。

（3）声发射法（A-E法）：是岩爆孕育过程最直接的监测预报方法。基本参数能率E和大事件数频度N在一定程度上反映出岩石内部的破裂程度和应力增长速度。A-E活动的暂时平静是岩爆发生的前兆。

提出建议的应变型岩爆五因素综合判据及其岩爆分级如表4-5所示[4-18]。

岩爆五因素综合判据和岩爆分级 表4-5

影响岩爆因素	无岩爆	弱岩爆	中岩爆	强岩爆
σ_1/R_c	<0.15	0.15~0.20	0.20~0.40	>0.40
σ_θ/R_c	<0.20	0.20~0.30	0.30~0.55	>0.55
R_c/R_t	<15	15~18	18~22	>22

续表

影响岩爆因素	无岩爆	弱岩爆	中岩爆	强岩爆
W_{et}	<2	2~3.5	3.5~5	>5
K_v	<0.55	0.55~0.60	0.60~0.80	>0.8

注：σ_1——围岩洞壁最大主应力；
σ_θ——围岩洞壁最大剪应力；
R_c——岩石单轴抗压强度；
R_t——岩石单轴抗拉强度；
W_{et}——岩石弹性应变能指数。它是岩爆对岩石的储能要求；
K_v——岩体完整性系数。它是岩爆对岩体完整性要求。

2）岩爆防治对策

（1）超前应力解除法：在 TBM 施工中，可以利用刀盘前面的钻机设备进行超前钻孔解除应力，主动为岩体提供变形空间，使其内部的高应力得以部分释放，从而达到预防岩爆效果。

（2）喷水或钻孔注水促进围岩软化：在隧道易出现岩爆地段，在施工过程中可以通过向开挖面喷水或钻孔注水促使围岩软化，既可以降尘，又可以缓释围岩应力。

（3）选择合适的支护方式：及时加固已开挖隧道周边或开挖面围岩，尽快使隧道周边岩体从单向应力状态转为三向应力状态，主要措施有喷锚支护、挂钢筋网、系统锚杆等。

（4）其他注意事项：在易发生岩爆的地段，应降低 TBM 的掘进速度，一旦发生岩爆，及时停机、避闪，并做好岩爆记录，为预防和治理岩爆提供依据。

4.6.2.4 突泥洞段施工技术

1）突泥危害及特征

在富水的松散围岩或者岩溶分布区，TBM 开挖如遇充水溶洞、地下暗河等，在水压作用下，泥砂碎石可能会突然涌入 TBM 内部，发生突泥事故。伴随着围岩的不断坍塌，将 TBM 掩埋，并危及人身安全，因而这是一个十分严重的地质灾害。

2）突泥地段 TBM 施工对策及措施

一旦在 TBM 施工中发生突泥事故，处理起来将十分棘手，只能采用人工辅助开挖，即先在 TBM 一侧开挖支洞，一直开挖到 TBM 前方，然后利用人工开挖主洞，同时采取排水措施，开挖之后再让 TBM 通过；另一种就是采用城市地铁施工时常用的冷冻法，但对于运动中的泥水，冷冻法的效果很不理想。

通常情况下的突泥事故是由断层引起的，呈带状出现，如果宽度有限，可用注浆、化学灌注等方法解决。如果宽度较大，则用人工开挖超前导洞处理。处理步骤如下：

（1）在 TBM 前方 140°~150° 范围内，采用化学注浆加固围岩，提高前方围岩的整体性，同时在开挖面斜上方打排水孔，疏导水流；

（2）在超前导洞内开挖工作舱；

（3）必要时采用液态氮进行冷冻开挖；

（4）从工作室开挖至 TBM 开挖面，同时辅以重型钢支撑、喷射混凝土支护；

（5）启动 TBM，并在空腔内充填豆砾石。

4.6.2.5 膨胀岩洞段施工技术[4-1]

TBM 掘进时，如果遇到膨胀性岩层，其表现形式是将 TBM 紧紧捆绑，出现卡机现象。由于围岩被 TBM 前盾及安装好的管片所遮掩，发生围岩膨胀变形时不易被及时发现，因而其危害性较大。一旦发生卡机现象，施工人员必须马上进行应急处理，防止 TBM 变形受损。

TBM 通过膨胀岩洞段的有效手段是超挖，即采用扩挖刀，加大开挖直径，适当超挖，同时加强观测，每掘进 2~3 个行程，要求通过伸缩护盾的窗口对开挖直径进行测量，并尽量减少刀头喷水量，如发现膨胀现象，应立即停止喷水，并加快速度，尽快通过。

如果膨胀岩洞段的长度不超过 10m，也可以在该段考虑采用承载能力相同，但厚度（外径）可较小的钢管片替代钢筋混凝土管片。

对于膨胀岩洞段长度较长的情况，甚至可考虑在膨胀岩洞段采用新奥法的做法，当然这就需要多做 1 个工作井，以实施新奥法施工和将 TBM 暂放在隧道轴线以外的空间内（图 4-21）。

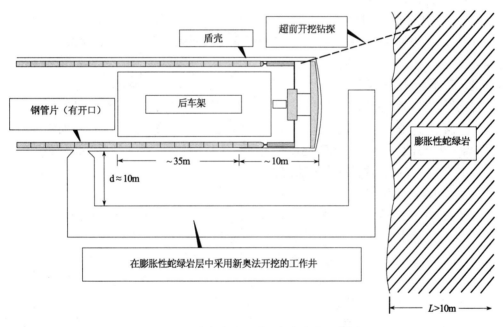

图 4-21 膨胀岩洞段采用新奥法的示意图

如果 TBM 机头已被卡死，处理措施为：首先加大推进力，并在护盾与围岩间强行注入润滑剂，以减少机身与围岩间的摩擦力，以求脱困；如果不能脱困，则需要割开伸缩护盾侧壁的钢板，多开几个窗口，通过这些窗口对 TBM 机身前后、上下进行扩挖；对扩挖区进行有效支护，并对围岩进行监测；加固已衬砌管片，尚未衬砌段使用配筋量大的重型管片；脱困后迅速回填，防止围岩继续变形，影响隧道质量。

4.6.2.6 软土洞段施工技术[4-12]

当 TBM 掘进到软土或砂砾石洞段时，可能出现 TBM 机头下沉的现象。一旦出现这一现象，则用扩挖刀将开挖直径加大，操作手将机头向上抬起掘进，使 TBM 保持向上掘进的姿态；降低刀盘转速，减小掘进推力，将前后支撑收回，依靠辅助推力缸推动TBM前行。

如果含土砂砾石洞段自稳能力不好，可使用超前钻孔进行超前灌浆；如仍不能通过，必须采用人工超前开挖和支护的方法使TBM通过，主要步骤如下：

1）在TBM机头后部，紧贴护盾的两侧或顶部（建议采用顶部）沿洞轴线方向，人工开挖1个1.5~2m直径的圆形或城门洞形导洞，进尺至刀头前部后，扩挖出整个刀盘。导洞出碴利用TBM的传送带。由于围岩破碎，采用钢拱架（16号工字钢0.75~1.5m间距）支撑，挂钢丝网（ϕ5mm）的喷锚支护措施。

2）在TBM前方的洞轴线方向，继续进行人工开挖和喷锚支护，为防止TBM向前滑行过程中再次沉陷，洞底部需要加深开挖30cm，浇筑C15的素混凝土，并对底部的软弱基础进行固结补强灌浆。另外，在土洞施工时要及时清理刀盘，更换铲刀，以提高掘进效率。

4.6.2.7 放射性洞段施工技术

TBM在放射性地层中掘进，还应注意环境氡气浓度、γ辐射照射剂量、内照射剂量、外照射指数超标现象。应按照国家有关安全规范要求，严格进行监测、预报、预防工作，加强隧道的通风措施，平安度过危险区。

4.6.2.8 高外水洞段施工技术

结合引黄入晋高外水隧道TBM设计与施工实例，仅仅依靠衬砌管片难以抵抗高外水压力，唯一有效的方法是"堵排结合"，具体操作上，首先采用注浆堵水和加固围岩的措施，拦截一部分外水，剩余外水再通过安装在管片上的排水孔排入隧道。该隧道竣工并运行10余年的事实表明，这是一个成功的工程案例。

1）高外水洞段设计[4-1]

经前期勘察，引黄南干线7号隧道大部为高外水洞段，砂岩与泥岩相间分布，构成了多层含水结构，外水水头最高可达300m，所幸隧道埋深巨大，赋存地下水的砂岩裂隙已很稀少，各层间含水层几乎不连通，隧道施工时的渗水只能来自所在含水层，不存在越层补给，预估渗水量不会很大。后经TBM掘进证实，前期勘察结论是基本正确的[4-1]。

设计的关键是确定外水压力。作用于衬砌上的外水压力大小，可用两种分析方法分别确定并相互校核：其一为外水压力折减系数法，主要根据衬砌和围岩的透水性选取经验值；其二为外水压力渗流场分析法，根据衬砌和各岩层渗透系数，考虑各渗流层的构成及排水、灌浆等措施影响，进行三维渗流场分析计算，取得外水压力值。显然，后者较为真实、可信。

在特定工程中，具体衬砌管片的允许外水压力是确定的，问题在于这一允许外水压力值相当于多大的外水水头高度，然后再根据折减系数法与渗流场分析法取得的综合校核成果，换算为衬砌管片能够承受的实际外水水头高度。具体到工程现场，根据前期勘察中查明的隧道沿线地下水位分布高程，确定哪些洞段属于高外水洞段，必须采取排水降压措施；哪些洞段在设计上是偏于安全的，隧道衬砌可以采用无排水工况。尚需说明，对于衬砌需要排水降压的工况，其排水系统还应进行专门的设计和计算。

2）高外水洞段施工

根据上述设计思路，引黄入晋工程 TBM 进行了 20km 以上的高外水洞段施工。从实际施工效果看，高外水洞段的出水量主要取决于围岩裂隙发育程度，外水水头的大小对出水量的影响并不显著，如有些外水水头较大的洞段，因隧道埋深大，岩石完整，施工时并无外水渗出。

因此，TBM 采取先堵后排、排堵结合原则通过高外水洞段，不仅有利于 TBM 运行安全和洞室稳定，还可以有效地减少区域地下水位的下降，保护生态环境。尤其是在断层、裂隙发育的富水洞段施工，围岩注浆堵水加固措施必不可少，否则可能造成塌方、掉块和涌水等事故，TBM 也将因此被迫停机。

4.6.2.9 断层破碎带施工技术

1）断层破碎带对 TBM 施工影响

TBM 掘进中，当遇到出碴量增大、掘进速度加快、推力降低、支撑反力减少等情况，可认为 TBM 遭遇到断层了。断层破碎带对 TBM 的危害主要包括：

（1）开挖面及拱顶坍塌、剥落，掩埋刀盘，刀盘旋转困难；边墙坍塌，撑靴支撑不稳。

（2）围岩软硬不均时，刀盘旋转时易产生振动，影响刀具寿命，增加刀具消耗；还可能引起 TBM 机体的不均匀下沉，给掘进方向的控制带来困难。

（3）如发生涌水，可能淹泡 TBM，危及设备、人员安全。

（4）如发生塌方，可能压住机头或发生卡机事故，影响 TBM 掘进，还会导致 TBM 掘进方向偏移，管片安装接缝超标，出现较大的错台和裂缝。

2）中小断层施工技术

（1）首先进行超前预测预报，根据预报结果采取应对措施：轻微地段对 TBM 不会造成影响时，可不进行处理，直接掘进；对于一般地段，可采用先掘进、再处理的办法；对于严重地段，TBM 停止掘进，进行超前处理，然后 TBM 掘进通过或直接步进通过。

（2）合理选用 TBM 掘进参数，并根据掘进中的参数变化来判断和了解前方围岩的变化情况，以便及时调整或采用其他技术措施，使 TBM 快速、安全通过。

（3）TBM 掘进后，选取适当方式及时支护，常用的支护形式有喷混凝土、喷纤维混凝土、锚喷、喷锚网、喷锚网加钢拱架的联合支护等。

3）超大型断层施工案例

（1）秦岭Ⅰ线隧道采用开敞式 TBM 施工，其处理软弱围岩的能力较差，为确保工期和施工安全，对进口段的 F4（165m）断层和出口段的 fq12（80m）、fss13（160m）断层采取了预处理，提前用钻爆法全断面开挖并衬砌，TBM 只通过、不掘进。

（2）引黄入晋隧道遭遇摩天岭大断层[4-1]，曾引发塌方，导致 TBM 停机处理达 81 天。处理措施：沿护盾侧壁围岩向前开挖辅助巷道，并由此弃渣；靠开挖面 10m 破碎围岩加固，形成伞状保护拱（图 4-22）；加固注浆完成后，TBM 适当降低功率和推力，缓步通过断层带。

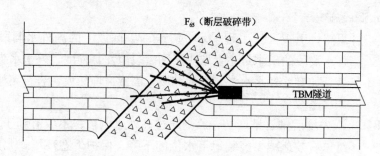

图 4-22 TBM 穿越断层带时注浆拱的形成[4-1]

4）超大型断层施工技术

根据上述成功案例，考虑施工风险，结合中小断层的对比结果，为使 TBM 快速、安全通过超大型断层，确保工期，可将其处理方案归纳如下：

（1）中导洞钻爆法开挖，实施围岩注浆、加固和堵水措施，再由 TBM 扩挖通过；

（2）全断面钻爆法开挖，同样实施围岩注浆、加固和堵水措施，TBM 穿行通过。

前者具有钻爆开挖量少、能尽量利用 TBM 快速掘进的优点。但是前提是帷幕注浆必须达到能使加固层围岩提高到 4 级以上的效果，而且要求帷幕有足够的厚度。后者则是完全应用钻爆法，TBM 仅是步进通过。

4.6.2.10 煤层及有害气体洞段施工技术[4-1]、[4-2]

（1）主要危害形成

煤层和有害气体是一对孪生兄弟，往往相伴而生，造成隧道施工期和运行期的危害。施工期的危害在于煤岩粉尘、有害气体（瓦斯）对 TBM 施工人员及设备的影响，包括：

① 在 TBM 掘削时因瓦斯喷出并遇火源，引起火灾或爆炸；

② 因电气火花引燃易燃物；

③ 因油气过多且通风不良引起爆炸；

④ 有害物携入因火爆炸；

⑤ 因氧气、乙炔未放妥而致爆炸或火灾。

（2）施工实例

引黄入晋南干线 7 号隧道存在 1km 煤系地层，TBM 施工主要采取"防治并举"的原则。预防措施包括：

① 根据前期勘察资料，分析前方煤层分布、成分、含量以及岩体完整性，必要时超前预注浆堵塞岩石裂隙，防止瓦斯泄漏；

② 施工期通风、瓦斯引排和气体含量监测；

③ 采用防爆设备，控制和确保施工期安全用电；

④ 对煤岩粉尘爆炸、岩体塌方和滑动做好预防措施，避免突发事件；

⑤ 运行期洞内水质检测。

该工程 TBM 施工措施包括：

① 降低刀盘转速，减少掘进推力，将前后支撑收回，依靠辅助推力缸抵住管片环推进 TBM；

② 考虑到煤层处 TBM 易下沉，需用扩挖刀将开挖直径加大，操作员将机头抬起掘进，使 TBM 呈向上推进的姿态；

③ 如果发生塌方，则需封堵刀盘边缘的几个进碴口，拆除刀盘上除边刀与中心刀以外的其余刀具，以增大正面进碴量，减少超挖量，不停机快速通过；

④ 安装抗硫酸盐混凝土重型衬砌管片，采用固结灌浆封闭衬砌，防渗止水。

4.6.3 围岩事故的处理技术

4.6.3.1 坍塌处理技术

TBM 施工中，坍塌现象比较多见，根据其规模大小，可采取不同的处理措施：

1）对于小规模的坍塌，可在撑靴以上部位挂钢筋网、打系统锚杆，视情况架立钢拱架，并将塌落的岩碴从护盾上除掉，然后封闭；

2）对于中等规模的坍塌，要加密锚杆，撑靴以上部位挂单层或双层钢筋网，并利用手喷混凝土系统向坍塌处喷射混凝土，及时封闭围岩，减少岩石暴露时间，安装全圆钢拱架；

3）对于大规模的坍塌，TBM 要停止掘进，采取辅助措施：

（1）利用超前钻机从 TBM 后方打孔，预注浆加固破碎岩层；

（2）采用喷锚网加钢拱架的联合支护措施；

（3）除去坍塌处岩碴并用细石混凝土或气泡灰浆等充填。

引黄入晋隧道施工中，TBM 通过断层破碎带时，采用了如下支护措施：对于较小断层破碎带视具体情况分别采用喷混凝土、锚喷、锚喷 + 钢筋网 3 种措施；如遇较大的断层、破碎带则施做喷锚网并安装 12 号槽钢预制环形钢支撑，必要时施以钢筋混凝土浇筑。秦岭隧道在通过 fsn11、fsn12 较大断层破碎带时，由于钻机试用不成功而无法进行预注浆加固，只好采用停止掘进、设置钢筋网并架立钢拱架的措施。但由于坍塌严重，致使钢拱架严重变形，主机室不能通过。为此，对初支进行了清除坍塌石碴，重新立拱，注浆回填，割掉已变形拱架，锚网喷加固处理。

4.6.3.2 承载围岩加固技术

TBM 掘进时，支撑靴支撑着设备的重量，并将推力和刀盘扭矩的反力传递给边墙岩壁，当边墙岩壁强度足以承受支撑靴压力时，TBM 方可正常掘进。因此，对小范围的边墙坍方，可通过锁死部分支撑靴，减小对围岩的支撑压力，同时相应地减小 TBM 推力、推进速度，在 TBM 不停机的情况下通过坍塌地段；如果边墙相对软弱，可在支撑靴处加垫枕木垛，增大接地面积，然后通过。

当隧道边墙发生较大的坍塌或边墙围岩强度不足以承受支撑靴压力，而以卜措施又不能奏效时，可先停机，采用喷锚网 + 钢拱 + 灌注混凝土的联合支护方式进行处理，然后再掘进通过。

4.6.3.3 软弱带下沉处理技术

如果地层承载力不足，施工中 TBM 会下陷，无法正常施工，甚至损坏机械设备。根据其施工部位的不同可分为 3 种情况处理：

1）开挖工作面前方：根据前方地质情况，如判断可能发生较严重的下沉时，可先进行预注浆加固处理,达到一定的强度后再掘进通过。

2) 开挖工作面:有 2 种方式进行处理,其一,通过灌浆加固地基(尤其是在较低部位);其二,控制开挖轴线的向上偏移。

3) TBM 后面:有 2 种方式进行处理,其一,加强地层承载力,防止下陷,如发生沉陷,在低处采取灌浆措施;其二,打基础桩加强地层承载能力。

4.6.3.4 涌水处理技术

隧道涌水不仅带来 TBM 施工困难,而且往往是围岩坍塌等事故的起因,尤其是高压涌水造成的危害更大。若对涌水问题处理不当,有时还会波及到隧道建成后的正常运营。处理涌水主要有 2 种,即"排"和"堵",一般可采用下列基本步骤:

1) TBM 掘进前打超前钻孔,探测钻孔出水量、水压、涌水点桩号等。如水量不大、水压减小,可在做好排水系统的情况下,TBM 继续掘进;如水量较大、水压不减,则要注浆、堵水处理后再掘进,否则涌水可能后会造成工作面及侧壁坍塌,甚至当排水设施跟不上时,导致淹没 TBM 设备的危害。

2) TBM 掘进后,及时排除工作面的涌水或注浆后的剩余水,并加强一次支护。如水压较高而使一次支护破坏,可采用引排方法或壁后注浆法进行处理;当水压过高、水量过大时,可采用围岩注浆,将水封堵在围岩内部。

根据涌水情况的不同,引黄入晋及秦岭隧道分别采取了以下处理措施:

1) 当围岩渗水微小或滴渗时,采用先引水再支护措施。

2) 当围岩渗水为线涌时,采用透水管引排、铺无纺布、格栅拱与喷锚挂网措施。

3) 当围岩股状集中涌水时,首先采用深排水孔截排水,再喷射添加速凝剂的混凝土,由远及近逐渐喷射有水地段,然后进行重型支护。

本章节涉及大伙房、锦屏 TBM 施工现场照片均由刘绍宝先生提供,在此谨致以诚挚的谢意!

参考文献

[4-1] 刘冀山,肖晓春等. 超长隧道 TBM 施工关键技术研究. 现代隧道技术,2005 (4)

[4-2] 刘冀山. 深埋长隧洞方案的工程地质论证. 岩石力学与工程学报,1998 (4)

[4-3] 茅承觉. 全断面岩石掘进机发展概况. 工程机械,1992 (6)

[4-4] 茅承觉. 全断面岩石掘进机的应用前景. 工程机械,1996 (8)

[4-5] 刘春. 开敞式掘进机在通过硬岩及软岩围岩时的对策和分析. 建筑机械,2002 (4)

[4-6] 刘瑞庆. 不同地质条件下掘进参数的标准及经验. 建筑机械,2000 (7)

[4-7] 赵勇,肖书安等. TSP 超前预报系统在隧道工程中的应用. 铁道建设技术,2003 (5)

[4-8] 水利部科技推广中心. 全断面岩石隧道掘进机. 北京:石油工业出版社,2005

[4-9] 本书编委会. 岩石隧道掘进机(TBM)施工及工程实例. 北京:中国铁道出版社,2004

[4-10] 张照煌. 全断面岩石掘进机及其刀具破岩理论. 北京:中国铁道出版社,2003

[4-11] 李宏亮,叶定海等. 全断面岩石掘进机在困难地层中的施工技术. 建设机械技术与管理,2005 (5)

[4-12] 李宏亮. 开敞式隧道掘进机在软弱围岩段的施工. 建设机械技术与管理,2005 (4)

[4-13] 刘春. 关于 TBM 设备选型的研究. 建筑机械,2002 (11)

[4-14] A. Haack, J. Schreyer, G. Jackel, State – of – the – art of Non – destructiveTesting Methods for Determining the State of a Tunnel Lining, Tunneling and Underground Space Technology, Vol. 10, No. 4, pp413-431, 1995

[4-15] 冷先伦. 深埋长隧洞 TBM 掘进围岩开挖扰动与损伤区研究. [博士学位论文], 中国科学院武汉岩土力学研究所, 2009

[4-16] 冷先伦, 盛谦, 朱泽奇等. 不同 TBM 掘进速率下洞室围岩开挖扰动区研究 [J]. 岩石力学与工程学报, 2009, 28 (增2): 3 692-3 698

[4-17] 张镜剑, 傅冰骏. 岩爆及其判据和防治. 岩石力学与工程学报, 2008. 27 (10): 2034-2042

[4-18] 张镜剑, 傅冰骏, 李仲奎, 宋胜武, 尚彦军. 层状大理岩卸荷力学特性试验研究. 岩石力学与工程学报 2009. 28 (12): 2496-2502

第5章 复合式隧道掘进机掘进技术

5.1 概 述

为了适应不同地层的隧道开挖,隧道掘进机发展了多种形式,如气压平衡型、力学平衡型、土压平衡型及泥水平衡型等等。从理论上讲,不存在哪一类地层不能用掘进机或盾构机开挖的情况;但是单一掘进模式隧道掘进机(如土压平衡盾构),只能适用于特定的地层,不适合地质条件复杂、软硬不均的复合地层的隧道掘进。为此,可转化模式的隧道掘进机应运而生,即复合式隧道掘进机。复合式隧道掘进机在结构空间允许的情况下,将不同类型隧道掘进机的功能部件同时布置在一台隧道掘进机上,如刀盘上不同的刀具组合,不同的排土系统及辅助设备,掘进过程中根据不同地层,选择相应的掘进模式,如开敞式、土压平衡、泥水平衡模式等。

5.1.1 复合式隧道掘进机种类

复合式隧道掘进可用于含水硬(软)岩、软土层及复合地层的隧道掘进,根据不同掘进模式组合可分为以下三种:敞开式-土压平衡复合隧道掘进、土压-泥水平衡复合隧道掘进、敞开式-泥水平衡复合隧道掘进。每种复合隧道掘进机包含了2种或2种以上的掘进模式,下面介绍几种主要的掘进模式。

敞开式模式主要适用于含水量不大且稳定性好的岩层隧道掘进。掘进过程中主要由滚刀进行岩石破碎,刀盘内的空气压力为常压,不需要对开挖面施加外力以维持其稳定,岩石破碎形成的岩渣通过刀盘上的开口进入刀盘内,在刀盘底部聚集,并利用带式运输机排出。此种模式可随时进入刀盘,观察开挖面破岩情况、刀具磨损和渣土输送等情况,便于及时进行刀具维修和更换,合理调整隧道掘进机掘进参数和及时转化隧道掘进机掘进模式。

土压平衡隧道掘进模式适用于相对软弱的地层,如容易坍塌的砂土层、黏土层以及高含水地层、断裂破碎带等。掘进过程中土舱内渣土经充分混合后具有理想塑流性状态,具备良好的传力性和流动控制性,并通过调整隧道掘进机推进速度和螺旋排土器转速控制土舱内土压力,以平衡开挖面土压力和水压力,确保开挖面稳定,实现连续掘进。可见顺利施工的关键在于土舱内形成理想塑流状态的渣土,即需具备以下4个基本条件:1)良好的塑性变形特性;2)优良的黏稠性能;3)较小的内摩擦角;4)较低的渗透性(渗透系数)。如果开挖土层达不到以上条件,则需要通过向刀盘前方、土舱内和螺旋排土器中注入添加剂进行土体改良。此种模式对开挖土层扰动较小,但刀具更换较为复杂。

泥水平衡模式对高水压地层、砂、砾石、卵石等地层都有较好的适应性。掘进过程中通过进料管向泥水舱内注入泥水平衡开挖面的水压力和土压力，刀盘在泥水环境中切削土层，渣土与泥水充分混合后通过出料口排出，输送到地面的泥水处理系统中分离泥浆与渣土，实现泥浆的循环使用。此种模式由于使用泥水泵和泥水处理系统，能够有效地控制开挖面的泥水压力，保持开挖面稳定，但是泥水处理系统占地面积大，而且泥水处理容易造成环境污染。

土压-泥水平衡复合隧道掘进机（图5-1）可以在泥水平衡模式和土压平衡模式下互相转换进行隧道开挖。隧道掘进机内将螺旋排土器和排泥管道两种不同的排土系统结合起来，安装一套完整的泥水加压和循环系统所需的设备和装置，地面上设置泥水处理站，处理隧道掘进排出的泥浆，分离渣土和泥水，泥水经过调整后再送到隧道掘进机内循环使用，新浆液输送和渣浆排出由隧道内的泥水管输送系统实现，同时安装螺旋排土器满足土压平衡掘进模式的渣土排出要求。

图5-1 土压-泥水平衡复合隧道掘进机

敞开式-泥水平衡复合隧道掘进机（图5-2）可以在封闭的泥水平衡模式和敞开的硬岩掘进模式下互相转换进行隧道开挖，隧道掘进机内在设置泥水管道渣土运输系统的同时安装满足硬岩掘进模式下的渣土运输系统，满足不同掘进模式的渣土排出要求。

图 5-2 敞开式-泥水平衡复合隧道掘进机

敞开式-土压平衡复合隧道掘进机（图 5-3）可以在土压平衡模式和敞开的硬岩掘进模式之间转换进行掘进隧道。

图 5-3 敞开式-土压平衡复合隧道掘进机

5.1.2 复合地层的定义和分类

为了更恰当地表述复合地层，国外提出几个不同的表达方式，例如，混合面、混合地层、混合开挖面条件。当我们讨论软硬混合开挖地层时，一般是从隧道横切面考虑，而不是从纵向剖面来谈的。但是，复合地层实际上包括 2 种情况，一是整条隧道分别跨越硬岩组成的地层和软土组成的地层，开挖面存在 3 种状况，分别是全断面硬岩地层、全断面软土地层和软硬混合开挖面地层；另一种情况是隧道开挖面全部由软硬混合地层组成。严格地讲，复合地层应该叫软硬混合开挖地层较为合适。

软硬混合开挖地层是在开挖面上同时出现两种或两种以上力学性质不同的岩土层，例如硬岩层与第四纪松散堆积层，硬岩层与软岩层。也可以由不同风化等级及裂隙化程度的同一岩层组成，比如花岗岩中的新鲜岩石与完全风化花岗岩组成。其中风化作用作为一个地质过程，经常形成一些混合开挖面，如沿岩脉及较大裂隙形成的强风化带，这种风化形成的混合面常常是突变性的，新鲜岩石与完全风化岩石交界缺失过渡风化带。以上各种不同的地质情况造成了各类软硬混合开挖地层，考虑到各种混合开挖地层对掘进机运行及施工效果的不同影响，可以把软硬混合开挖地层分为以下三类。

第一类混合开挖地层（层状混合开挖地层）。由不同岩体特性的层状岩层组成（图5-4），其中图5-4（a）为不同岩性地层组成，图5-4（b）为岩体和不连续面组成，可以是风化带或断层带，图5-5是岩层中的软弱夹层。图5-4（c）及（d）为侵入岩浆岩条带构成的混合地层，侵入条带强度可能比围岩高，也可能比围岩低，这两种情况对掘进的影响也会有差异。图5-6显示

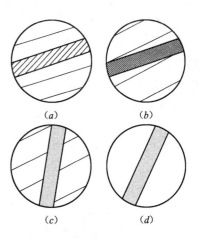

图 5-4　第一类混合开挖地层

了在新加坡某一隧道开挖中 Jurong 沉积岩组中由于石英岩脉侵入所构成的混合开挖地层。

图 5-5　岩层中的软弱夹层

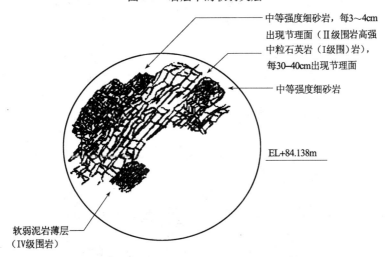

图 5-6　由侵入岩脉及围岩组成的第一类混合开挖地层（Shirlaw et al. 1993）

第二类混合开挖地层（上下两部分组成的混合地层）。从开挖面上看，地层从上到下为两类性质地层，上层主要为第四纪松散土层、风化残积土或强风化的岩石，下部为较新鲜的岩石，中间可能夹有薄层的过渡带（图 5-7）。此类型的混合开挖地层在花岗岩地层中经常遇到，如广州地铁隧道、新加坡地铁及污水管隧道等。图 5-8 显示一个典型的出现在新加坡 Bukit Timah 花岗岩中的突变风化剖面，从全风化花岗岩直接过渡到新鲜花岗岩。

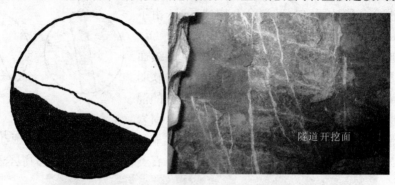

图 5-7　第二类混合开挖地层

图 5-8　新加坡 Bukit Timah 花岗岩中典型的突变型风化剖面（Zhao et al. 1994）

第三类混合开挖地层（岩块咬合型混合开挖地层）。这类混合开挖地层主要是由土及岩块组成，分布在土中的岩块能相互咬合（图 5-9）。在刀盘转动过程中，岩块有可能转动但不会错位，岩块的破碎过程与土及岩块的结合强度及岩块与岩块的咬合强度相关。这种类型的混合地层主要出现在风化花岗岩地层或者洪冲积扇的上部。在边坡开挖中经常遇到，如香港及新加坡的边坡开挖，在北京地铁隧道开挖中亦可能遇到此类地层。

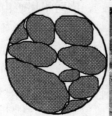

图 5-9　第三类混合开挖地层

综上所述，对于软硬不均混合开挖地层，从工程地质角度讲，可以定义为开挖面上同时出现两种或两种以上岩性的地层；或者是具有明显不同风化程度的同种岩性地层，例如在花岗岩中，强风化至完全风化的花岗岩与新鲜或微风化的花岗岩可构成软硬混合开挖地层。另一方面，从掘进机掘进效果来讲，只考虑地质角度的软硬混合开挖地层可能不影响正常的掘进机运行及施工效率。事实上也表明，只有当软硬地层的强度差异及在开挖面上的组成比例达到一定程度时，软硬混合开挖地层才真正影响到掘进机的施工。因此，在定义软硬混合开挖地层时，应考虑到软硬混合地层的地质特性，也要兼顾到混合面对掘进机实际开挖过程的影响，即对掘进机运行及施工效率有相当大影响的混合开挖地层。

以上各种情况形成的复合地层往往又可能是富水地层。由此可见，在复合地层中掘进隧道，预先的水文地质勘察特别重要；且勘察结果的准确与否，将直接影响到工程的成败，所以进行全面的水文地质勘察是十分必要的。根据加拿大（Westland J. R.，1998）和新加坡（Shirlaw J. N.，2003）的施工经验，对于复合地层，如果要进行充分的地质调查，则每掘进 1m 双线隧道，就需要 0.8m 的地质调查钻孔工作量，而且地质调查的内容不仅要有强度、刚度和渗透性等常规参数，还要有颗粒直径、地下水水位、地层磨损性、岩石抗拉强度、气体分布、化学污染情况、断层、膨胀性、溶洞和障碍物等相关项目。

5.1.3 应对复合地层的传统办法

对于掘进机隧道施工而言，在复合地层中的困难程度要远远大于在均匀的软土或岩石地层中的施工难度，其主要原因在于：

（1）复合地层中隧道开挖的方法原理和均匀地层隧道开挖的方法原理存在很大差异。在复合地层中开挖隧道，既不像在软土地层中只要重点考虑开挖面稳定和周围地层变形，也不像在硬岩地层中只重点考虑掘进效率和刀具更换问题；必须同时考虑上述问题。而且，作用在刀具上的推力容易出现高频率大幅度变化，从而引起掘进机刀盘、滚刀及其轴承上的冲击载荷，也会造成刀盘振动、刀盘变形和中心回转轴承保护的问题，以及滚刀及刀盘的磨损增加，特别是滚刀的异常磨损增加。新加坡和葡萄牙的施工经验表明，每把滚刀的挖掘使用寿命只有 $100m^3$（以渣土体积计）。

（2）复合地层土力学参数差异大、变化快，因此难以准确设定建立土舱内土压值，易造成工作面失稳、地下水涌入以及由此引发的地面沉降或地面塌陷。

（3）在复合地层开挖过程中，还经常遇到机头难以定向、不同开挖模式选择问题和渣土输送困难等问题。

在复合式隧道掘进机问世以前，为了解决在复合地层中挖掘隧道的难题，传统的方法是采用超浅预加固稳定地层的办法来解决软土层问题，同时采用矿山法开挖岩层。对软弱地层部分进行加固的具体方法有：冻结法、水泥注浆和化学注浆。对岩石地层部分，要采用短行程、小剂量钻爆技术，以减少对软弱地层的扰动，采用传统方法在复合地层中开挖隧道，效率往往是非常低下的。在广州地铁建设中，局部复合地层的隧道开挖进度仅为每天 17cm。此外，当地层中的水压小于 3 个大气压时，对复合地层开挖面施加气压以稳定开挖面的软土部分也是一种可行的方法，特别是当地层中有富含地下水的粉细砂层或地层沿隧道纵向逐渐变化成全断面软土层的地质条件。

5.1.4 复合式隧道掘进机开挖复合地层的技术现状

复合式隧道掘进机的产生是为了解决岩土复合地层的隧道掘进问题，通过转换掘进模式实现不同地层的隧道开挖。然而，任何一台复合式隧道掘进机在设计时都面临着要以某一种模式为主进行设计的限制要求，这就要求把握地层的主要特性。当然，对于已知的软硬混合开挖地层，首先应该改进掘进机的设计，优化掘进机运行，在此基础上，研究制定具体施工措施以减少刀盘振动及滚刀的异常磨损，在滚刀磨损与掘进机的掘进速度之间取得平衡，优化复合式隧道掘进机的施工。

在复合地层开挖中，尽管对复合式隧道掘进机隧道开挖进行了大量的研究，但还是遇到了相当大的施工困难，且迄今为止，还没从机器设计、运行、施工效果及岩体特性等方面综合考虑给出软硬混合开挖地层一个明确的定义。目前的研究也仅限于一些案例方面的研究，例如针对某一类软硬混合开挖地层从项目计划、机器设计及在招投标方面提出一些处理的措施等。很少从掘进机的优化设计、优化施工参数及提高掘进机的施工预测方面去进行全面研究。

5.2 复合式隧道掘进机的选型

5.2.1 复合式隧道掘进机选型的原则

复合式隧道掘进机选型除应满足土建设计尺寸要求外，同时应兼顾考虑隧道掘进机能很好地适应工程环境，并满足工程总体进度要求。

1）满足设计线路要求

通常隧道设计中为避开地表重要建（构）筑物等，其设计轴线会出现平面曲线和竖曲线。因此，在隧道掘进机设计中就必须考虑其对设计轴线的适应性，加之在复合地层中掘进与在单一软土环境中掘进又存在较大差别，前者掘进机无法通过局部挤压来实现掘进机纠偏并满足沿设计轴线掘进的目的，因此，就必须通过掘进机设计加以解决，通常的办法有铰接式设计（缩小掘进机长细比）、局部超挖设计（增加掘进机纠偏空间）等。

此外，还需根据隧道线路设计特点，特别是隧道纵坡设计来确定隧道水平运输的方法，否则将有可能造成水平运输设备不能满足施工需求或严重制约施工进度等不良后果。

2）适应工程环境，确保工程安全

对于在复合地层中进行施工的掘进机设备，必须具备适应软硬地质环境的刀盘结构和刀具配置，以及确保工程安全的辅助设备，如盾尾密封体系、中心回转轴承密封及人行气压设备等。

3）配置需满足工期要求

对于每个工程来说，都有特定的工期要求，因此，掘进机在总体配置上必须加以满足，特别是其动力系统、推进系统和刀盘掘削系统应重点考虑，如刀盘扭矩、总推力、推进油缸伸出速度等。

4）满足保护环境要求

目前，隧道大多处于城市中，施工中对环境保护要求较高。为此，掘进机在设计时就应重点考虑，如同步注浆系统、超前勘探设备、关键参数传感仪器精度、出土计量设备以及轴线控制系统等。

5.2.2 刀盘形式的选择

刀盘是隧道掘进机的关键组成部分，是地层的掘削机构。通常来说，刀盘结构由若干个条幅和圆形壳板组焊成盘体，条幅板及周边壳板厚 50～70mm。目前其主流形式有两种：面板式和辐条式。另外，还有介于二者之间的辐板式刀盘（由辐条和幅板组成）。

面板式刀盘一般为焊接箱形结构，其上设置面板、刀具、进渣口、与主轴承连接等部件（图5-10）。掘进过程中在刀盘的转动下刀具切削土层，渣土通过进渣口进入土舱，刀盘开口率较小，在20%～30%左右，面板对开挖面有一定的支撑作用，有利于开挖面的稳定，是中国目前应用最广泛的刀盘形式。辐条式刀盘主要由轮缘、辐条及设置在辐条上的刀具组成（图5-11）。刀盘开口率较大，约在60%～95%之间。辐板式刀盘兼有面板式和辐条式刀盘的特点，由较宽的辐条和小块幅板组成，切刀和滚刀分别布置在宽辐条的两侧和内部，开口率约在35%～50%之间（图5-12）。

图5-10 面板式刀盘

图5-11 辐条式刀盘

图5-12 辐板式刀盘

在进行刀盘及刀具设计时,首先要针对隧道沿线地质特点,对刀盘形式、刚度和强度及耐磨性进行针对性设计,使其足以承受在掘进时所产生的最大推力和扭矩,同时又利于开挖面稳定和正常排渣。复合式隧道掘进机刀盘应满足不同地层的开挖要求,因此需有广泛的适应性,根据穿越地层情况选择刀盘形式,多采用面板式刀盘,以满足安装不同刀具的要求,既能适应土层开挖,又能具备岩石地层的破岩功能。在刀盘参数选择上,刀盘转动为液压驱动,通过改变泵的流量实现无级调速,使刀盘转速和扭矩运作遵循其性能曲线关系,以满足刀盘在软土层中低转速、大扭矩和在岩土层中高转速、小扭矩运转。一般刀盘转速在 0~4r/min。其中在软土中掘进时,由于刀盘在保持工作面稳定的状态下转动切削土体,刀盘扭矩除包括切削土体消耗力矩外,还包括摩擦力矩以及舱内土体所产生的重力力矩等,所以刀盘运转力矩较大,此时刀盘要相对低速转动,转速控制在 0.5~1.5 r/min,以满足刀盘在扭矩和转速性能曲线上运转。而在硬岩地层中掘进时,刀盘在土舱常压状态下转动,刀盘转速可提高到 2~4 r/min,此时刀盘力矩主要克服滚刀对岩土挤压破碎,刮刀对已产生裂缝岩块切刮所需力矩,刀盘力矩不会很高,约占额定力矩 30% 左右,同时刀盘上安装的滚刀在一定推力下,自身转动也可加快破碎岩土。

5.2.3 常见刀具及工作机理

复合式隧道掘进机上常见的刀具有切刀、刮刀、滚刀、齿刀、鱼尾刀等,不同刀具的工作特点各有不同,下面重点介绍这几种常见刀具的工作机理。

1)切刀和刮刀属于典型的切削类刀具,在隧道掘进前进和刀盘的转动共同作用下切削、剥离土体,主要适用于软土地层。切刀一般布置在刀盘开口两侧,掘进时可以分解成两个方向的运动,一个是平行工作面的圆周运动,具有分离开挖土层的作用;另一个是垂直开挖面的运动,决定土层的切削厚度(图5-13);刮刀主要分为正面刮刀和刀盘周边弧形刮刀,除了具有刮渣、切削土层的作用之外,弧形刮刀还有修正隧道壁的形状的作用。

2)滚刀有单刃滚刀、双刃滚刀和三刃滚刀之分,属于滚刀型刀具。一般用于岩石地层掘进,主要依靠挤压进行破岩,破岩过程如图 5-14 所示。当隧道掘进穿越混合地层时,需在刀盘上布置滚刀型刀具(Gong et al., 2007)。

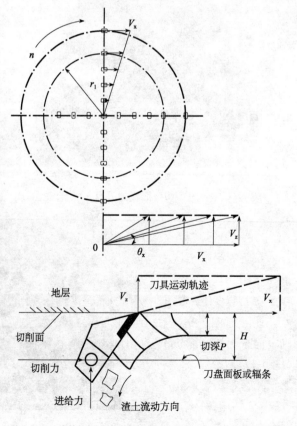

图 5-13 隧道掘进切削刀切削原理图(宋克志,2007)

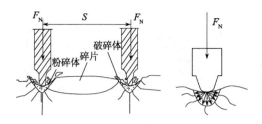

图 5-14 滚刀破岩机理

滚刀主要破碎岩石，滚刀间的间距必须能保证相邻刀头之间的岩体在滚刀切削时完全破坏，由此可知图 5-15 中的上图满足这一要求，而下图显然是滚刀间距过大。

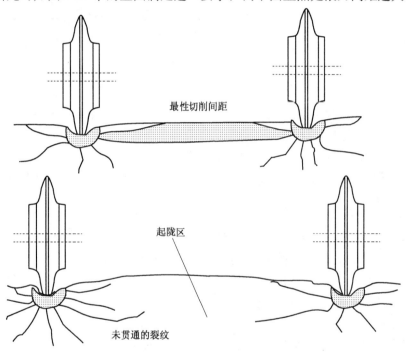

图 5-15 切削间距的两种情况示意图（Rostami, J. 1993）

3）齿刀一般作为先行刀使用，先行刀也称为超前刀，其安装位置超前于切刀或滚刀，在后者接触土层之前先行切削土层，将工作面土层切割分块，为切刀创造良好的切削条件（图 5-16），由此可大大降低刀盘扭矩，减少刀具磨耗，适用于土层及软岩地层。

4）鱼尾刀（也称中心先行刀）位于刀盘中心，在整个开挖工作面上最先切削土体，让隧道掘进机先在小圆截面切削土体后再扩大到全断面切削土体，确保隧道掘进机定向；另一方面鱼尾刀切削刀盘中心土体，大大改善切削土体的流动性和搅拌效果（图 5-17）。

其刀具布置和组合必须充分考虑隧道掘进机掘进模式选择、刀盘类型、开挖地层特性等因素。根据研究刀盘三个性质不同的区域（中心区、正面区及边缘区），对刀具的配置和组合进行考虑。

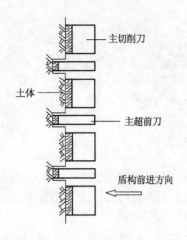 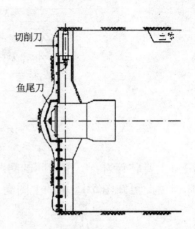

图 5-16　齿刀切削土体示意图（宋克志，2006）　　图 5-17　鱼尾刀工作示意图（宋克志，2006）

1) 中心区

该区是刀盘布局的关键，既要考虑到刀盘中心土体流动性，又要兼顾到不同开挖面的强度，因此该区采用齿刀和滚刀可以互换的方案，刀座既可安装齿刀，又可以安装滚刀，而且采用背装式，以便在土舱中就可以完成换刀。

在砂土、黏土和较为破碎的岩层掘进时，使用齿刀对开挖面进行松土切削，也可以更换成鱼尾刀，提高开挖效率；在硬岩中掘进时，用滚刀更换齿刀，对开挖面进行挤压破碎适应硬岩掘进的需要。

2) 正面区

该区采用切刀与单刃滚刀或齿刀组合的布局方式，相邻切刀之间的切削轨迹边缘相交，保证将开挖土体清除干净，同时根据土层情况的不同选择单刃滚刀或齿刀。在砂土、黏土和较为破碎的岩层掘进时，使用切刀和齿刀相组合的方式，利用齿刀对开挖面先行松散，然后切刀进行切削；当隧道掘进进入硬岩地层时，将齿刀更换为滚刀，进行破岩掘进。

3) 边缘区

该区设置了滚刀、边缘刮刀和超挖刀。滚刀用于对该区围岩的破坏，边缘刮刀用来刮渣和校准洞径的尺寸，超挖刀则是用于隧道掘进曲线施工和隧道掘进姿态调整。刀盘边缘的线速度较高，磨损快，故可配置较多的边缘刮刀、滚刀。

刀盘面板上各种刀具组合因掘进地质条件不同而有所不同。以敞开式-土压平衡复合式隧道掘进为例，刀盘上装有用于切削软土的切刀、刮刀、先行刀和用于破碎岩石的盘型滚刀，如图 5-18 所示。中心区设置中心双刃滚刀，正面区设置切刀或刮刀，相应地配置单刃滚刀或先行刀，其中单刃滚刀的挤压力一般可达 250kN，刀具磨损大或地层变化时可更换刀具。切刀和刮刀呈辐条状规则地布置在刀盘上，主要起切削软土的作用，也能切削强度较小的强风化岩。先行刀适宜切削强度较低的风化岩，能起到撕裂破坏岩体的作用。先行刀一般高出刀盘面板 95~150mm，如图 5-19、图 5-20、图 5-21 所示。边缘区设置滚刀和弧形刮刀，满足隧道壁的开挖要求并修正隧道形状。

5.2 复合式隧道掘进机的选型

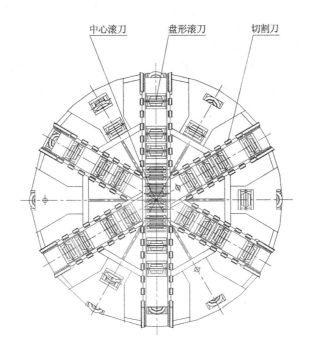

图 5-18 刀具布置示意图

图 5-19 二刃先行刀示意图　　　图 5-20 五刃先行刀示意图

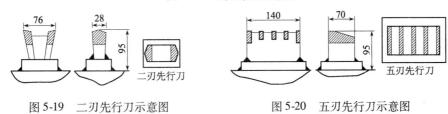

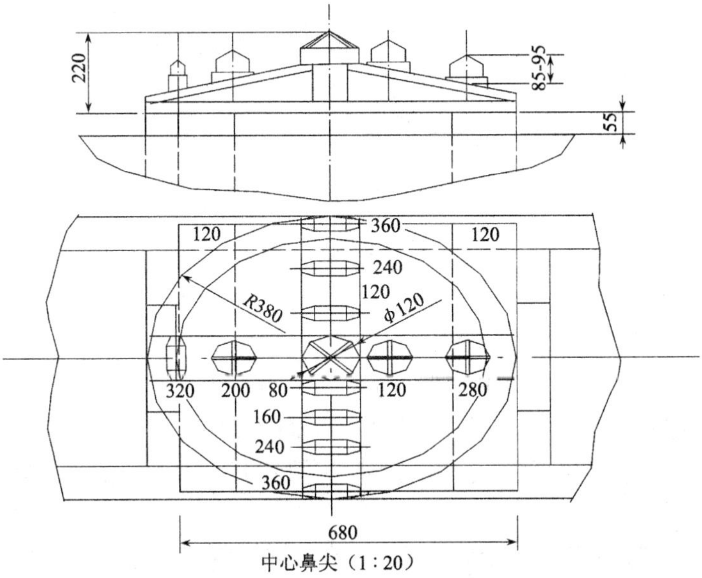

图 5-21 先行刀示意图

在微风化硬岩中掘进，刀盘上主要是切刀和滚刀混合组装。两种刀具各自在径向等间距布设：一般切刀间距70mm（净距）、滚刀间距70~100mm（净距），而切刀与滚刀相对错开，刀具切削轨迹需覆盖整个刀盘面。滚刀高出盘面110mm左右，切刀高出刀盘面80mm左右，两种刀具高差30mm左右，使得滚刀对开挖面先行破碎，然后刮刀进行切削，曲线段施工时需配置超挖刀进行径向超挖。

在全风化岩层和软土层掘进时，刀盘上刀具宜布置切刀和先行刀（搅削作用），先行刀装在刀座架上（拆下盘式滚刀，然后在盘式滚刀座架室内装上先行刀，每架焊装两把），一般高出刀盘面120mm左右，两种刀具高差40mm，先行刀径向等间距布设，净距为70mm，中心位置换上鼻尖刀，高出刀盘面350mm，刀盘转动、推进时，先行刀超前对开挖面土体搅削松散，然后切刀切削松散和未脱落的土体进入土舱，由螺旋机排出。

5.2.4 渣土运输系统的选择

渣土运输系统主要是指从隧道掘进机土舱内输出渣土，然后运输到地面的设备系统，在不同的隧道掘进机掘进模式中是完全不同的，如泥水平衡模式的泥浆管，土压平衡模式的螺旋排土器，敞开式模式的带式运输机。

泥水平衡模式的泥浆管分为供泥管和排泥管，供泥管将泥浆注入土舱，混合渣土后由吸泥管输送到排泥管中，然后运输到地面（图5-22）。通常在吸泥管入口处设置岩石破碎机，破碎颗粒较大岩块。

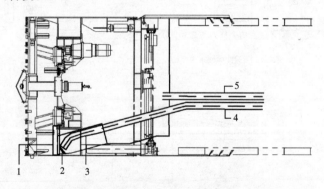

图5-22 泥水平衡模式出渣系统
1—岩石破碎机；2—拦石栅；3—吸泥管；4—排泥管；5—供泥管

土压平衡模式的螺旋排土器主要由液压驱动马达、套筒、伸缩滑套、螺旋杆、排土闸门等部件组成，螺旋输送机安装于前体的底部，沿中心线从隔板到运输皮带并与水平线成一定的角度。螺旋排土器内部为一个带轴或不带轴的螺杆，螺旋片部分延长到土舱内渣土中，排土过程中马达驱动螺杆转动，在螺杆的作用下将土舱内的渣土输送出土舱（图5-23）。

敞开式模式的带式运输机系统全部由输送带组成，输送带直接收集渣土，然后运输到隧道外（图5-24）。

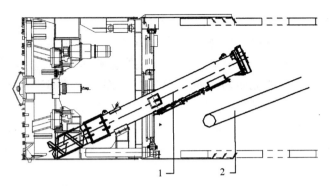

图 5-23 土压平衡模式出渣系统
1—螺旋输送机，2—带式输送机

在混合式隧道掘进中通常需要配备两套输料系统，如敞开式—土压平衡复合隧道掘进机配置带式运输机和螺旋排土器，敞开式—泥水平衡复合隧道掘进机配置带式运输机和泥浆管，土压—泥水平衡复合隧道掘进机配置螺旋排土器和泥浆管。但对于直径小于 8.5m 的隧道掘进机要做到在两种模式下都达到最优是很困难的，特别是泥水—土压平衡模式复合式隧道掘进机，当转换到泥水模式时，此时由于空间影响，很难在土舱内装一台碎石机。

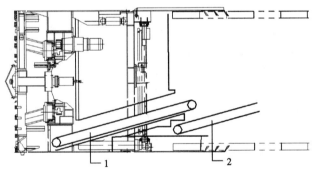

图 5-24 敞开式模式出渣系统
1，2—带式输送机

5.2.5 典型复合隧道掘进设备组成

隧道掘进机的设备组成取决于设计，设计的主要技术参数包括总推力、刀盘切削扭矩、螺旋输送机、管片拼装机、注浆设备等。表 5-1 为敞开式-土压平衡复合式隧道掘进机设计的主要内容。

1）刀盘驱动马达。驱动马达的设计选型必须考虑复合式隧道掘进机在软土地层为主的开挖面切削时扭矩大、转速小，而在岩石地层为主的开挖面切削时扭矩小、转速大的特点。由于地层条件的不确定性和尽可能用于较多的项目，功率设计应适当偏大。

2）带式螺旋输送机。由于隧道掘进切削的混合地层可能产生大块岩石，常用的带中心轴的螺旋输送机不易出渣，故应选用可运出大石块的带式螺旋输送机。在选用螺旋机时，必须注意隧道工程的主要矛盾是什么。一般而言，直径大、长度短的螺旋机虽然磨损小,但对挡水不利;直径小、长度长的螺旋机虽然对挡水有利,但磨损较大。

3)电气监控系统。隧道掘进机电气监控系统是掘进机设备的重要组成部分,主要由供配电系统、控制系统、数据采集系统组成。隧道掘进机电气监控系统组成见表5-2。掘进机电气监控系统不仅要满足隧道掘进机工艺流程、隧道掘进机施工的要求,而且能系统地协调隧道掘进机电气系统与隧道掘进机机械功能、隧道掘进施工参数的关系。在此基础上建立掘进机控制模型,确定供配电器件、传感器、仪表、PLC和计算机的基本配置;确定PLC I/O信息的性质、流向和数量;确定系统的逻辑和时序关系、数值变换关系。其中,隧道掘进机切口压力自动平衡PID控制参数的确定和调整是稳定掘进机切口压力;同步注浆控制算法的建立是为了实时控制注浆量,以减少地面沉降;掘进分区油压控制根据调整不同分区的油压来控制隧道掘进机掘进轴线。需要监控的动力设备见表5-3中带*的设备,需要监控的传感器见表5-4(需要控制的电磁阀80余只、限位开关20余只)。

4)隧道掘进机施工监控计算机。实时采集隧道掘进机工作时的各类参数以及隧道掘进机各种设备的状态(如千斤顶、油泵、电动机的工作状态)等。掘进机施工的数据采集由PLC来完成,隧道掘进机施工监控计算机具有实时数据处理、实时信息显示、存储数据资料、打印报表、检索历史数据和资料等功能。监控计算机应置于隧道掘进机控制室内。

5)隧道掘进后配套系统。由同步注浆系统、进出料运输系统、渣土改良系统、测量系统等组成。主要设备有管片衬砌设备、灌浆用的砂浆槽及灌浆泵;用于泥水系统的膨润土泥浆分离设备,包括液体容器、泵、分离装置和膨润土储存室;用于敞开式掘进系统的尘土抽排设备等等。此外,还要有在特定模式下使用的特殊设备(泥浆泵,管道连接和架设设备,盛装土壤改良剂的容器和输送泵等)。

复合式隧道掘进机的主要设计内容　　　　　　　表 5-1

序号	主要设计参数名称		参　　数	单　位
1	外径(D)			mm
2	机总长(L)			mm
3	灵敏度(L/D)			
4	重量(W)			kN
5	总推力(F)			N
6	刀盘切削扭矩			N·m
7	推进速度(v)			cm/min
8	管片拼装机	提升力(F)		kN
		回转力矩(T_p)		kN·m
		转速(v)		r/min
		倾覆力矩		kN·m
		回转角度		°
		行程		mm

续表

序号	主要设计参数名称			参数	单位
9	螺旋输送机	出土量（Q）			m^3
		输送力矩（T）			$kN \cdot m$
		其他主要参数	螺杆直径		mm
			螺杆节距		mm
			转速		r/min
			输送量		m^3
			驱动扭矩		$kN \cdot m$
10	皮带机	隧道掘进出土方量			m^3
		输送量			m^3
		电动滚筒			
11	液压系统	刀盘转速			r/min
		刀盘扭矩			$kN \cdot m$
		泵台数			台
		泵流量			L/min
		泵压力			MPa
		泵功率			kW
		总流量			L/min
12	泥浆注入系统	注入量			m^3/h
13	真圆保持器				
14	电气控制系统				

掘进机电气监控系统的组成　　　　　　　　　　　表5-2

序号	组成
1	供电
2	电气设备电压等级
3	照明
4	电气设备的运行环境和防护要求
5	传感器、变送器和检测仪器仪表的基本配置
6	控制系统
7	施工计算机管理系统

动力设备表　　　　　　　　　　　表5-3

序号	设备名称	数量	备注
1	刀盘泵电机	n 台	比例泵*
2	推进泵电机	1 台	比例泵*

续表

3	螺旋机泵电机	1台	比例泵*
4	螺旋闸门泵电机	1台	*
5	拼装回转泵电机	1台	*
6	拼装平移泵电机	1台	*
7	皮带机电机	1台	*
8	集中润滑电机	2台	*
9	集中润滑补油电机	1台	*
10	刀盘润滑油电机	1台	*
11	双梁起吊葫芦	2台	
12	泡沫空压机	2台	施工用设备
13	注浆装置	1套	施工用设备
14	盾尾油脂装置	1套	施工用设备
15	泡沫装置	2套	施工用设备
16	刀盘补油电机	1台	*
17	刀盘冷却电机	1台	*
18	1号冷却电机	1台	*
19	2号冷却电机	1台	
20	加泥泵电机	4台	施工用设备
21	加泥搅拌机	1套	施工用设备
22	注水电机	1台	*
23	照明	1套	

传感器汇总表　　　　　　　　　　　表 5-4

序号	传感器名称	数量	量程
1	推进油压	1	0~50MPa
2	刀盘油压	1	0~35MPa
3	四区油压	1	0~35MPa
4	螺旋机油压	1	0~35MPa
5	土压计	一般为6	0~1MPa
6	倾斜仪	1	坡度±3°，转角±5°
7	千斤顶行程	3	0~2000mm

续表

序 号	传 感 器 名 称	数 量	量 程
8	刀盘测速	1	0~4r/min
9	螺旋机测速	1	0~16r/min

5.3 复合式隧道掘进机隧道施工技术要点

5.3.1 施工模式的转换

5.3.1.1 施工总平面布置

鉴于复合式隧道掘进机兼具多种施工模式，因此，现场总平面布置必须予以配套，配套形式可以在隧道掘进机始发场地一次布置到位，也可以在始发场地和转换地点附近（若设转换井）的场地分开布置，如土压平衡和泥水平衡转换式隧道掘进机，就必须同时布置临时弃土的运输、存放设施和泥水处理系统，供电方面也应按最大供电量进行配置。

5.3.1.2 转换地点选择

对于可转换模式隧道掘进机施工来说，根据隧道沿线的地质勘查结果来确定不同模式的转换地点非常重要。但是通常按50m间距布孔的详勘结果，并不能很好地反映隧道断面内特殊地层分布，因此在施工前一般会结合隧道沿线地貌环境进行必要的补充勘查，勘查的重点主要是查明不同地层的分布情况和地下水情况，为转换地点的选择创造条件。

同时，转换时工作人员一般要进入密封舱或开挖面工作，如清理土舱或更换刀具等，因此转换地点一般选择在远离水源地（如江、海、河、湖等）的岩层中或易于通过地基处理的地层中。

5.3.1.3 隧道内的超前地质调查

众所周知，地质参数的差异很大，以土体的一个重要参数——渗透系数为例，其数值分布范围广达10亿数量级。然而，即使是每隔50m的详勘，地下工程被调查的比例也只有0.001%。因此，地质条件具有很大的不确定性。对于复合地层，特别是有可能存在溶洞、含水断层、障碍物时，地质条件不确定性的矛盾更为突出。当隧道上方不具备地质调查的条件时，隧道内的超前地质调查就变得必不可少。超前地质调查的方法有两大类，一类是钻探法，另一类是物探法。钻探法的成果较为直接，而物探法（图5-25）具有快速、连续检测和不影响正常掘进的优势。

常见的物探技术主要有（Schmitt J. et al.，2004）：
1）隧道前方电量检测方法（BEAM方法）；
2）隧道地震预测（TSP）；
3）复合地震成像系统（ISIS）；
4）实时反馈的X线断层摄影技术（TRT）；

5) 音速软土探测（SSP）。

各种方法的重要特点见表5-5。第四章4.5.4.3节还详细介绍了TSP方法和这里没有提到的红外探水方法和地质雷达方法。

各种物探方法的重要特点汇总表　　　　表5-5

	BEAM-敞开式	TSP	ISIS	TRT	SSP
制造/研究单位	Geohydraulic Data	AMT	GFZ	NSA 工程	Herrenknecht AG
开发日期	1998	1990's	1998	1999	1997
原理	感应极化和大地电集中	地震反应谱	地震反应谱	地震反应谱	地震反应谱
应用	岩体	硬岩	硬岩	硬岩	松散岩体
信号传输器的位置	开挖面	隧道墙体	隧道墙体	开挖面	开挖面
信号接收器的位置	开挖面	隧道墙体	隧道墙体	隧道墙体	开挖面
表面范围	隧道直径的2~5倍	150~200m	200m（石英岩）	60~100m	40m
测量时段/停工期	连续	大约2h	大约2h	大约4h	连续
评价	实时	大约6h	2~3h	20h	实时

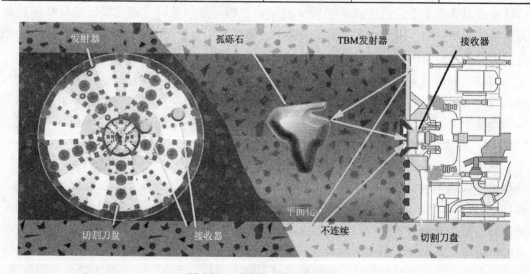

图 5-25　隧道内的物探示意图

5.3.1.4 隧道前方的超前地层加固

隧道前方的超前地层加固可以通过超前导洞完成，也可以在隧道内向前方加固。采用超前导洞法加固地层具有不影响隧道正常掘进的优点，该法既可以对开挖面的局部加固（图5-26），也可以对开挖面进行全断面加固（图5-27）。

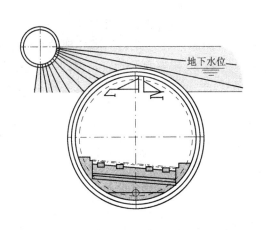
图 5-26 隧道前方局部超前地层加固

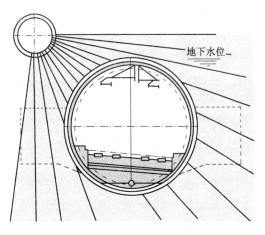
图 5-27 隧道前方全断面超前地层加固

5.3.2 刀具的维修和更换

众所周知,刀具的锋利与否、磨损程度和切削效率将直接决定隧道掘进机的使用寿命和掘进速度。在复合地层中进行施工,由于地层中常含有大量的砂砾成分或岩石,因此刀具磨损是必然的,本节将着重介绍刀具更换的关键技术。

5.3.2.1 更换刀具的依据

虽然可以通过计算预估刀具的寿命,然而由于地层的离散性极大,预估结果难以让人信服。在刀具内部加入液压回路或可供测试的液体,通过刀具磨损后液压回路无法加压或液体流出的现象能准确判断刀具使用情况(图5-28),但这类判断技术只能在少量刀具上应用。在硬岩地层中,可通过对滚刀轴承的润滑油内添加具有异味的MOLYUAN添加剂,一旦刀具漏油,即可通过异味得知滚刀的损坏。通过直接从开挖面观察了解刀具的使用情况,然后决定是否需要更换刀具的做法当然是最直接也是最传统的方法,但耗时间、耗劳力且有一定风险。因此,建议实际工程应该采用综合方法判断。对刀具的检查和更换可分为定期和不定期两种。定期检查是指根据地质资料等事先确定的位置进行刀具检查、更换,特别是在初始掘进阶段,必须作一次检查,以得到刀具对工程地质的适应性指标,此外在隧道掘进机进入江河、湖泊之前,宜再作一次刀具检查。不定期检查是指掘进机的掘进参数异常或工程特殊需要时,进行刀具的检查。

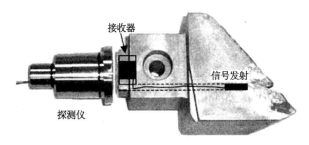

图 5-28 刀具磨损检测仪

5.3.2.2 更换刀具的准备

更换刀具是一项风险较高的施工技术，为了减少由于刀具更换而带来的工程安全风险和人员安全风险，通常对刀具更换地点的地层作预先加固处理。虽然加固处理的方法很多，但各种方法都有其局限性，比如：灌浆法在止水方面是没有百分之百把握的，降水法可能带来周边地层附加沉降的不利影响，冻结法存在冻胀和冻融的问题。因此必须在确保地层稳定的前提下，施工人员才能进入开挖面更换刀具。

1. 刀具检查和更换的操作程序

1) 综合勘察资料并检查出土，对工作面岩土性质作进一步判断，选择合适位置。
2) 停止掘进，做好检查和更换的各项准备工作。
3) 开舱并测试舱内是否含有有毒气体。
4) 地层稳定性判断：如果地层稳定，可直接排空土舱内的渣土；如果地层不稳，则关舱推进另选合适位置。若刀具磨损严重或其他原因必须检查、更换刀具时，则可采用加固或气压作业，以稳定工作面，然后实施刀具检查、更换工作。
5) 逐个检查刀具，并做好记录，根据刀具磨损情况，确定换刀的类型和编号。
6) 在稳定地层中，可采取先拆后换的流程进行。如地层不够稳定，则采取边拆边换的流程进行，以便地层变化较大时可及时恢复掘进。
7) 刀具更换完成后，须经专职工程师的检查，确认无误后，清理土舱，关闭舱门。
8) 恢复掘进阶段，将刀盘转速和总推力由小到大逐渐递增，避免损坏刀具。必要时，准备换刀前先在推进过程中将铰接千斤顶（若有）伸出 20~30mm，换刀完成后恢复推进前将铰接千斤顶再适当缩回，并恢复推进。

2. 刀具检查和更换的安全防护措施

1) 开舱前，保护可能损坏的电器、液压设备。
2) 入土舱前，尽可能排清土舱内积泥，观察土舱内水土压力的变化情况，在确认无异常波动后，准备开舱。
3) 开舱后，人行闸门一定要固定牢固，以防发生突发事情。
4) 开舱后，定期检测舱内是否含有有毒气体。
5) 严格控制进舱施工人员，每次作业规定 2 人次左右参加。舱门口派专职安全员进行全过程监察，观察工作面岩土稳定情况及渗漏水量。如发现异常情况，组织施工人员有序撤离，并迅速关闭人行闸和法兰门。
6) 为保证土舱内空气流动，进风直接用鼓风机送至材料闸门处，排风用鼓风机在人行闸处倒吸（鼓风机必须良好接地）。
7) 土舱内照明使用 24V 电压灯，配有漏电保护及防护罩保护。
8) 焊工在气割和焊接时，接地应远离土舱，保护刀盘大轴承，并配备足够灭火器材。
9) 施工人员不得走出刀盘外，如果人员在刀盘外清理，上方岩土必须进行临时支护，并保证进出通道畅通。

5.3.2.3 气压下的刀具更换

在隧道掘进机设计时，需配置人员密封舱和相应的气压设备（空压机和管路）。气压系统的基本构成为：在后续台车上布置一台无油空压机与人行闸直接相连，同时布置一台相同容量柴油驱动的无油空压机，以便隧道内电力突然中断时及时启动供气。

在气压条件下更换刀具，涉及如何在大于常压的狭小环境下（图5-29）安全施工的特殊要求；因此，一般应由在气压条件下具有施工经验的专业队伍来实施更换刀具的工作。

1）带压进舱压力的确定

依据开舱处水文地质条件及埋深等资料，计算出工作面理论顶部水土压力和其他部位侧压力（根据工作面软弱地层高度）作为压力参考值；但主要根据保压停机时气垫舱泥水液位相对稳定时的切口环压力，来确定本次带压进舱的工作压力。在软弱地层中，设定压力应略高于切口压力10~20kPa。

由于在不良地层中带压进舱，地层渗透性强或裂隙发育，在开舱前应向泥水舱内注高黏度特种泥浆，以形成有效的泥膜，从而建立起良好的气压边界，达到密封工作面的目的。

图5-29 气压舱

通过对地层和掘进情况分析，判断工作面的自稳性或舱内坍塌情况，并根据地表冒浆、漏气和塌陷情况，来确定高黏度泥浆的性能和注入量，使泥浆满足护壁要求。一般泥浆体积质量在 $1.1 \sim 1.2 \text{g/cm}^3$，黏度在 $50 \sim 170 \text{s}$，注泥浆量为泥水舱容量的0.2~0.5倍（注入前应先把液位降低）。

2）地表注浆封堵处理

如地表已出现隆起、击穿、漏气和冒浆，或地表出现塌陷、漏气和冒浆，应加强地表沉降监测和观测，有条件可通过地表灌浆、压密注浆等措施封堵漏气或冒浆通道。

3）带压进舱前水密性试验

(1) 地表监测

确定停机进舱方案后，在停机前几环，应加强地表监测和观察，如有漏气冒浆之类，则要观察其发展及变化，与工作面人员及时沟通，直至进舱作业完毕，确保进舱过程安全。

(2) 降液位

降液位就是要减少舱内泥水。降液位前要将泥水模式转换为气垫模式，即打开两舱之间的平衡阀向泥水舱送气，随着泥水舱气体的增加，调整各进排浆泵的流量，使泥浆循环的排浆大于进浆，泥水舱与气垫舱液位最终都缓慢下降。随着舱内液位的下降（一般液位最低为10%左右），同时梯度降低气垫舱压力，原则上保证泥水舱切口压力为设定的进舱工作压力，波动范围控制在±10kPa。

(3) 气压与液位观察

转换为气垫模式后，要加强与地表观察人员的联系，地表漏气和冒浆等情况不能有大的变化，地表监测正常；液位降至预定位置后，继续观察压力与液位，工业空压机供气要比较稳定，压力未急剧下降或出现大的波动，同时舱内泥水液位上涨较缓慢或稳定。

4) 舱内积水的抽排

为了尽量降低进舱工作压力,一般情况下所设定的压力只平衡泥水舱中上部的压力,所以地层中难免还会有水进入舱内,液位还会逐步上升,当上升到一定高度影响工作时,就必须再次降低液位。这时降低液位的方法与前面的方式基本相同,但应更加缓慢,保持压力稳定,还要跟舱内作业人员沟通,如果地层不太稳定,要在人员出舱的情况下降液位。

5) 减压出舱及恢复掘进

(1) 减压出舱

进舱作业全部完毕后,最后一组作业人员将所有物品和工器具等带出舱外,机械技术人员对舱内所更换的刀具和处理的故障进行检查,确认无误后关闭好方形门和气垫舱门,最后减压出舱。

(2) 加液位恢复掘进

加液位与降液位操作基本没有区别,只是进排泵的流量调节刚好相反(加大进浆减小排浆),先在平衡阀打开的模式下把舱内液位加至一定高度(65%左右),关闭气垫舱通往泥水舱的平衡阀,同时慢慢打开泥水舱的排气阀,根据液位上升的快慢和压力的变化选择排气阀开度。另外,慢慢增加气垫舱压力,原则保证土舱切口压力稳定,直到排气阀里有泥水流出,关闭排气阀,恢复至掘进模式。

尽管隧道施工人员在气压下工作相对来说较为安全,而且也具有较长历史(已有150年之久),但大量历史统计数据表明,气压越高、工作时间越长,发生降压病的概率也就越大,详见表5-6和表5-7(Donald L. and Richard B., 2006)。

HSE 对减压病的统计(1984~2002年)　　　　　　　　　　　　表5-6

气压值(bar)	0~2 h	2~4h	4~6h	6~8h	>8h
<1.7	0.00	0.00	0.00	0.00	0.00
1.7~1.95	0.01	0.03	0.06	0.20	0.21
2.0~2.25	0.03	0.02	0.20	0.24	0.39
2.3~2.55	0.03	0.22	0.81	1.07	1.69
2.6~2.85	0.05	0.89	2.41	1.92	1.63
2.9~3.15	0.22	1.11	1.85	19.05[a]	0.00[a]
3.2~3.35	0.79[b]	0.23[b]	2.84[b]	没有数据	
3.4~3.7	0.00[a]	没有数据	没有数据	没有数据	
>3.7	没有数据	没有数据	没有数据		

注:(a)非常小样本,样本数<100;(b)小样本,样本数<1000。

Evans 对减压病的统计(1950~1980年)　　　　　　　　　　　　表5-7

气压值(bar)	0~2 h	2~4h	4~6h	6~8h	>8h
≤1.95	0.03	0.00	0.00	0.00	0.03
2.0~2.25	0.02	0.04	0.05	0.22	0.43

续表

气压值（bar）	0~2 h	2~4h	4~6h	6~8h	>8h
2.3~2.55	0.03	0.11	0.17	0.49	0.43
2.6~2.85	0.12	0.21	0.50	0.67	0.48
2.9~3.15	0.12	0.20	0.89	1.25	0.95
3.2~3.35	0.19	0.78	1.18	1.35	1.60
3.4~3.7	0.14	0.74	1.18	2.26	1.49
>3.7	0.26	1.65	5.90	2.97	2.61

因此，为了将降压病控制在一个较小的概率范围内，气压作业必须有一系列严格的规定，主要包括：

（1）人员必须接受体检；
（2）体检合格的人员必须接受相关的培训；
（3）气压作业中的各项操作必须满足国家的有关规定；
（4）严格遵守规定的加压时间和减压时间；
（5）正式作业前做好一切应急准备；
（6）对人员作业后的不适要及时治疗；
（7）根据隧道埋深及地质情况，设定气压作业的工作压力。

更换刀具的施工必须在专业医务人员的指导下进行，所有相关人员的医疗报告和气压下工作时间的记录必须保存40年以上（Tony R. & Andrew C., 2002）。为了减少减压病的事故率，2001年以后英国明文规定必须采用氧气减压技术（图5-30），美国、新加坡、日本等国家和中国香港地区均已开始采用。

在美国洛杉矶的地铁工程中，为了加快人员进出的速度和医生救护的时间，海瑞克泥水隧道掘进安装了2个人员密封舱，每个密封舱可以进入3人。

图5-30 氧气减压照片

5.3.2.4 旋转刀具的更换

为了避免因刀具更换而必须对地层进行加固或在气压下更换刀具的弊端，日本的鹿岛建设公司开发了从隧道掘进机内就可以更换刀具的旋转刀具更换工法。该工法不论何时何地，均可对隧道掘进进行常压下刀具更换，不仅大大节省了工期，而且也避免了以往更换刀具所带来的各种风险。显而易见，旋转刀具将是未来隧道掘进机技术发展的一个方向（图5-31）。

图 5-31　旋转刀具示意图

1）常压更换刀具

在常压下拆卸更换刀具前，首先准备好有关的工具，包括葫芦、导向螺杆、扳手、闸门开闭专用油缸和手动液压泵等，具体步骤如下：

（1）刀盘旋转到位。首先将安装了拟拆卸刀具的刀盘辐条旋转到6点位置，便于施工人员进入刀盘辐条内工作；然后打开刀盘中心锥上的舱门通风换气，安装从隧道掘进机到该辐条的气管、水管和照明线路等，并安装吊装刀具的葫芦。

（2）安装导向杆与闸门开闭油缸。① 拆除位于刀具尾部的用来安装导向螺杆的螺栓；② 将导向螺杆安装至上一步所拆除螺栓的螺栓孔中；③ 将拆装螺杆安装到位；④ 将刀具闸门开闭专用油缸与闸门两端连接固定起来；⑤ 将手动液泵与刀具闸门开闭专用油缸连接好，做好关闭闸门的准备。

（3）安装冲洗水管。将隧道掘进机上的高压水管连接到刀具冲洗水管上（刀具冲洗水管共2根，一进一排，均连接到刀具闸门后部的刀体上，与刀腔相连）。

（4）拆除固定螺栓退出刀具。拆除刀具尾部剩余的固定螺栓，使用扳手同时旋转2根拆卸螺杆，使刀具（刀齿和刀座）沿导向螺杆均匀缓慢退出。

（5）冲洗刀腔、关闭闸门。当刀具的前端刚好退至闸门的内侧时，打开冲洗水管进水阀门，使用高压水冲洗刀腔；同时，使用手动液压泵为闸门开闭专用油缸供油，关闭闸门，并确保闸门关闭严密。在闸门关闭过程中，要保持高压水持续冲洗刀腔，直至闸门彻底关闭。

（6）更换刀具。拆除导向螺杆和拆装螺杆，利用葫芦将刀齿和刀座从刀腔内吊出，检查刀具（齿）的磨损情况。如果刀齿磨损严重，首先拆除位于刀座尾部的外盖板固定螺栓，取下外盖板；然后拆除内盖板固定螺栓，分别安装内、外盖板，刀具的安装程序与拆卸程序基本相反，这里不再赘述。

2) 常压下更换刀具的注意事项

在常压下检查、更换刀具时，为了确保施工安全，需要注意以下几点：

（1）在工地组装隧道掘进机前，需要对常压更换刀具的刀腔和闸门进行耐压测试，测试压力一般为工作压力的 1.5 倍，确保刀腔和闸门在此压力下密封性良好。

（2）定期检查拆装刀具的导杆和拆装螺杆的状况，如果发现裂纹、拉伸或螺纹损坏等情况及时更换，防止拆装刀具时导杆或拆装螺杆失效。

（3）制定、完善施工应急预案，确保发生意外时施工人员能够及时从刀盘的辐条内撤离，并及时关闭刀盘辐条闸门。

5.3.3 混合地层隧道掘进施工所遇到的问题和对策

5.3.3.1 第一种情况

由混合地层的分类可得，混合地层主要有两种情况，第一种情况是隧道的纵向截面由相间的软硬地层组成，遇到的问题主要是复合式隧道掘进及时进行不同掘进模式的转化，包括由软土层进入全断面岩石层和全断面岩石层进入软土层的掘进模式转化，具体的施工技术措施如下：

1）软土层进入全断面岩石层的施工技术措施

（1）根据勘察资料和补勘资料以及相关调查资料确定特殊地质界面的位置。

（2）适时调整技术参数，如适当降低土压（泥压）设定值等，使隧道掘进机由土压（泥水）平衡掘进模式向敞开式掘进模式过渡，同时要调整各区域油压的油压差以改变隧道掘进千斤顶的合力方向。

（3）放慢掘进速度。

（4）充分利用测量信息指导施工。

2）全断面岩石层进入软土层的施工技术措施

（1）根据勘察资料和补勘资料以及相关调查资料确定特殊地质界面的位置。

（2）适时调整技术参数。根据地层变化情况和各种土层的岩土物理力学特征，必须适时、适当增加土压（泥压）设定值等。也就是通常所说的由敞开式掘进模式向土压（泥水）平衡掘进模式过渡，同时提高掘进机与设计轴线的相对坡度，调整各区域油压的油压差以改变隧道掘进千斤顶的合力方向。

（3）加快掘进速度。由于地层变得相对软弱，因此，可逐渐提高每转进尺，也就是加快推进速度，这样一方面可以提高工作效率，另一方面又有利于设备运行和开挖面的稳定控制。

5.3.3.2 第二种情况

混合地层的第二种情况是隧道的横切面即隧道的工作面由混合地层组成，按混合地层的分类有三种情况，其施工困难及技术措施如下：

1）第一类混合地层的施工困难及施工技术措施

对于第一类混合开挖地层(图 5-4a~d)。如果阴影部分为软弱层，只有当软弱层所占工作面面积超过总面积 10% 时，混合地层对掘进机开挖的负面影响才会显现出来（Steigrimsson et al., 2002）；否则，这类混合地层还会略微提高掘进速度。而当阴影部分为坚硬岩层时，即使阴影部分的面积与工作面面积相比很小，也会影响到掘进机的掘进速度。

在美国 Culver-Goodman 隧道开挖时（Nelson P. P., 1983），遇到了 618m 长的第一类混合地层（从桩号 96+89ft 到 117+17ft），混合地层由 Maplewood 页岩和 Reynales 石灰岩组成。当工作面为全断面页岩（平均单轴抗压强度 68MPa）或全断面石灰岩（平均单轴抗压强度为 130MPa）时，其掘进速度分别为 10.4 mm/转、6.9 mm/转。隧道段是从全断面页岩向全断面石灰岩转变段，石灰岩在断面中的比例越来越高。当掘进机从全断面页岩掘进到全断面石灰岩时，掘进速度从 10.4 mm/转减少到 6.9 mm/转，约减少 34%。同时，平均推力从 98kN/滚刀增加至 147kN/滚刀，差不多增加了 50%。在石灰岩地层时，推力几乎达到了最大设计推力的 94%，可以说是处于极限推力控制状态，相反，在全断面页岩地层时，掘进机处于最大扭矩控制状态。

Wallis（1987）和 Hunter and Aust（1987）介绍了由坚硬玄武岩及软弱黏性土夹层组成的混合地层的不利影响。主要困难是掘进机掘进方向难以控制。当时主要是通过改进油缸推力及定向油缸来解决这一问题。当黏性土夹层出现在隧道顶部时，超挖明显。在含地下水黏性夹层超过工作面面积一半以上时，含卵石的黏性物质涌出，通过刀盘上 6 个 1700mm 长 150mm 宽的出渣口，冲进了隧道掘进中部。最终黏性土堆满了出渣口，阻止了出渣通道。异常的滚刀磨损也是一个问题，例如滚刀的平直磨损、滚刀缺口及轴承破坏。

Wallis（1993 & 1995）讨论了在软弱玄武岩层中含有中生代硬玄武岩及角闪岩岩脉及条带混合地层对掘进机开挖的影响。掘进机振动及开挖中对滚刀及刀盘产生的冲击荷载引起了滚刀刀刃及刀盘的破坏。另外在玄武岩块状地层中，工作面掉块对滚刀及刀座造成破坏。

此类复合地层中，坚硬部分控制了总的掘进速度。因此施工中应减少刀盘总推力及每分钟转数以减少刀盘振动及滚刀磨损。

2）第二类混合地层的施工困难及施工技术措施

第二类混合开挖面是最常见的混合地层，此类混合地层一般硬岩部分位于工作面底部，容易产生掘进机定向难的问题，另外引起掘进过程中的振动问题。在存在地下水的情况下，地下水压力及地下水的弱化作用造成工作面失稳及造成超挖现象，刀盘的振动进一步加剧了工作面失稳。在开挖过程中，需要在工作面加上压力（如土压平衡模式下加上一定的土压力，泥水平衡模式下加上泥水压力）。对于土压平衡模式来讲，土压舱内高土压平衡压力会造成渣土及刀具的磨损加快以及刀具和土压舱温度增高。在刀盘维护及滚刀更换过程中，需要有气压去平衡和维持工作面稳定及地下水涌入。在以上因素的影响下，总推力及转速不得不维持在较低水平。在一些极端的情况下，硬岩部分非常难以破碎，进尺速度很慢，刀盘转动容易受到限制或被小块卡住。为了使刀盘能自由转动，不得不将刀盘反复双向转动，掘进机的掘进速度非常低，如 Shirlaw et al.（2000）提到在这种情况下平均日进尺为 1.5~3.0m。超挖及滚刀的异常磨损及破坏也经常发生。

Shirlaw et al.（2000）提到了土压平衡隧道掘进在新鲜到微风化花岗岩与全风化及花岗岩残积土混合开挖地层中出现的两类问题。包括土舱内压力难以建立及工作面失稳超挖。尽管在刀盘上安装的滚刀能成功地破碎新鲜到微风化的花岗岩，但是形成的渣土主要是岩片及卵石大小的花岗岩，而从软弱工作面部分全风化花岗岩的渣土是由砂状的石英颗粒组成。因此，土压舱内的渣土既不是塑性的也不是不渗透的材料，很难在工作面形成平衡土压。由于全风化花岗岩在地下水压力及刀盘振动作用下表现出流动性，像液化砂土一样流向土压舱，容易产生超挖。当以土压平衡模式开挖这种花岗岩混合开挖地层时，由于风化花岗岩石英含量高，具有高摩擦性，为了维持工作面的稳定，必须建立高的平衡土压，在开挖过程产生大量的热能，因此，滚刀的高损耗及高温是掘进机在此类地层中使用土压平衡隧道掘进模式开挖所表现的一个特点。Shirlaw et al.（2000）提到在一工程中渣土的温度达到了 71°C。由于以土压平衡模式运行，掘进机需要提供高推力及高扭矩。

Valle（2001）提到了由新鲜到微风化花岗岩与全风化花岗岩到花岗岩残积土组成的混合地层对掘进机开挖影响的例子。在开挖过程中，由于滚刀磨损过快，最初安装的单一整体性滚刀不得不被环形活动滚刀所替代。掘进机在这种混合地层条件下封闭式运行时，进尺相当困难，与掘进机在全断面新鲜到微风化花岗岩中掘进速度 7.5～12.5 mm/转及在全断面花岗岩残积土掘进速度 15～20 mm/转相比，在混合地层中掘进速度降至 0.5～2.5 mm/转。由于在渣土中存在一定数量的花岗岩岩片，很难在不损失土压平衡压力的情况下排出渣土。由于滚刀在摩擦性极强的岩粉糊状物中的连续转动，刀具磨损过快，特别是刀轴及最边缘的滚刀。低掘进速度及高扭矩运行也导致了高温问题，当混合面中硬岩超过 90% 时，掘进机以封闭模式运行需加入大量的泡沫来改进渣土的质量以减少摩擦及刀具的磨损。

在这种混合地层条件下进行掘进施工具有许多难点（表 5-8），针对这些难点必须制定切实可行的技术措施来加以解决，表 5-8 给出了相应的对策。

施工技术措施汇总表 表 5-8

序号	技术难点	相 应 对 策
1	隧道断面内岩土难以切削	选型时考虑可装拆盘形滚刀的复合式隧道掘进，遇到高强度的基岩时，安装周边滚刀，进行切削；针对泥岩遇水软化的特性，推进时对正面土体定期注水
2	土舱内岩土难以有效排出	刀盘正面或土舱内压注泡沫，增加切削下来的岩土的和易性
3	掘进机可能产生自转	a. 不专门设置防滚动装置，只在施工过程中采取措施进行纠正。 b. 掘进过程中，有针对性地加注泡沫以减小刀盘扭矩，消除产生旋转的外力因素。 c. 通过改变刀盘旋转方向来纠正旋转
4	隧道轴线难以控制	a. 合理利用超挖刀和铰接功能以达到纠偏效果。 b. 控制好掘进速度，以保证刀盘充分破碎前方岩石。 c. 合理利用铰接千斤顶调整姿态。 d. 由于在岩石层中施工必然会有超挖现象产生，故必须提高同步注浆的及时性，控制成型隧道轴线
5	上部软弱土体易坍方，造成超挖	a. 保持土压力设定的合理性。 b. 使用泡沫剂或局部气压法，减小地下水的渗透、流动，保持上部土体的稳定

序号	技术难点	相 应 对 策
6	刀具容易磨损	a. 选用高强度及高耐磨性的合金钢刀具。 b. 根据刀具切削的工效，判断磨损情况，在适当地层中更换刀具。 c. 合理选择施工参数
7	刀盘易发生变形	隧道掘进机设计时，刀盘的强度和整体刚度赋予较高的安全系数

3) 第三类混合地层的施工困难

第三类混合开挖地层不管是对哪种复合隧道掘进机都具有相当的难度，主要原因是在开挖过程中大块石可能错位或随着刀盘的转动而转动。在这类孤石或块石地层中，块石容易从隧道顶部掉落，造成工作面塌陷，尤其是如果充填物为砂类土。由于这类混合面的特性，当滚刀从软弱填充物滚动到岩石所产生冲击载荷的频率大为增加，刀盘振动剧烈，对工作面稳定更为不利，而且刀盘也有可能经常被卡住。如果块石粒径较大时，可能还需要人工破碎。跟第二类混合地层一样，如果充填物为砂类土，在地下水作用下，工作面极易产生流沙及失稳。这类型混合开挖面的案例并不多，鲜有文献叙述。

如上所述，软硬混合开挖地层对掘进机的开挖效率、掘进机的运行参数及掘进机的设计有相当大的影响。与硬岩掘进相比，软硬混合开挖面对隧道掘进机最大的影响是作用在滚刀上的推力高频率大幅度变化，从而引起掘进机刀盘、滚刀及其轴承上的冲击载荷，进而造成刀盘的振动。由于上述的影响，滚刀及刀盘的磨损增加，特别是滚刀的异常磨损增加，例如滚刀掉块、裂口、平直磨损及轴承损坏等。

为了减少作用在刀盘及滚刀上的冲击载荷及刀盘的振动，掘进机的掘进推力及刀盘的转速不得不减少，从而降低了掘进速度。另外，破岩效率或掘进效率也大大降低，能量损耗增加，滚刀的磨损也增加。

工作面的稳定、地下水涌入以及由此引发的地面沉降或地面塌陷通常是隧道掘进机在软硬混合地层开挖时所经常遇到的问题。地面沉降的发生主要是在开挖软硬混合地层时，由于工作面的失稳及地下水的涌入，造成出渣的速度超过掘进速度造成。另外，软硬混合地层开挖时，也经常遇到掘进机难以定向的问题，往往需要改进机器设计或改变施工参数来克服此类问题。

在第二、三类混合地层中，掘进机常以土压平衡模式运行，特别是地层中含有地下水时，土压舱必须维持一定的压力来保持工作面的稳定。这时，不能只单方面追求掘进速度，而要在刀具磨损、机器利用率与掘进速度之间保持一种平衡。为了达到这一目标，掘进机运行推力及转速不得不降低，以降低掘进机的振动，减少刀具的异常磨损以及掘进机部件的损坏。在混合开挖地层中仅追求掘进速度而忽视其他运行参数是不可取的。

5.3.4 复合式隧道掘进机在特殊地层中的关键施工技术

5.3.4.1 存在孤石段的隧道施工方法

(1) 孤石的定义

孤石有两方面的含义：一是指岩石层中被风化岩石包裹着的未风化的岩石块或断裂带内因构造运动而形成的且未完全风化的块石；二是指这些块石相对于隧道掘进机刀盘的开

口尺寸过大，造成其不能顺利地进入土舱或进入土舱后不能被螺旋机顺利排出。

(2) 孤石出现与否的判断

在地层中掘进时，如何准确判断是否遇到孤石非常重要，否则可能会造成工期延误。当产生以下现象时，则认为很有可能遇到孤石。

① 推力明显增大，但掘进速度变化很小；
② 刀盘油压明显上升并伴有大幅波动现象，扭矩增大；
③ 掘进机姿态发生较大变化；
④ 正面土压力明显减小；
⑤ 出土量明显减少。

(3) 人工处理孤石

① 当掘进机出现异常情况，并根据前述判断为孤石时，首先立即停止推进并锁定千斤顶防止掘进机后退，然后利用掘进机本身的取样设备对刀盘前方土体进行取样分析、试验，并据此判断前方土体的自立性状况和地下水情况。

② 依据对前方土体自立性状况和地下水情况的评估，确定是否需要对前方土体进行加固或建立气压平衡。具体地说，若前方土体完全能够自立，则无需进行加固和建立气压平衡；若前方土体不能自立，则需建立气压平衡或加固。

③ 操作人员通过人行闸门进入土舱，对孤石进行粉碎处理。当孤石处理完毕后，通过螺旋机反转结合少出土尽快建立土压平衡，恢复掘进施工。

(4) 矿山法处理孤石

若沿隧道方向较长距离内均分布有孤石，且该地段适合矿山法施工及其竖井布置，则采用矿山法结合隧道掘进法施工隧道，无论从工期角度还是从经济角度均更为有利。采用矿山法排除孤石，总体来说步骤如下：

① 施工准备→② 竖井制作→③ 上台阶开挖、支护（3m 左右）→④ 下台阶开挖、支护→⑤ 工作面封闭→⑥ 隧道成形断面净空、轴线检查、验收→⑦ 混凝土导台施工（相当于隧道掘进穿越时的基座）→⑧ 工程验收。

(5) 地面钻孔破碎孤石

在地面条件允许的前提下，从地面钻孔并破碎孤石也不失为一种经济可行的方法。

5.3.4.2 泥岩/黏土的防附着措施

通过大量的工程实践证明，对于地层中有大量泥岩/黏土层的隧道，掘进时在刀盘面中心区、土舱内回转中心管和其他较小的刀盘开口处极易被泥岩/黏土颗粒附着，形成"泥饼"，下面将就"泥饼"形成的原因、后果和对策等加以阐述。

(1) 泥岩附着的原因

根据工程经验，探究泥饼的成因，应从工程地质条件、掘进机选型及施工措施等三个方面着手。其中工程地质条件客观存在，是形成"泥饼"的基础。

① 地质方面

通常易在掘进过程中形成泥饼的地层有：可塑、硬塑状的黏土类地层、粘土质砂土地层、泥岩、泥质粉砂岩、母岩为花岗岩的残积土层、全风化岩层和强风化岩层等。根据地质常识，黏土类地层和黏土质砂土地层经"成岩作用"分别将演变为泥岩、泥质粉砂岩或泥质砂岩；前者是土，后者是岩，两者工程性质差别很大，但岩与土的矿物成分相类同。

当岩或土中黏土矿物含量均超过25%（根据地质学定名原则判断），也就是说，当岩或土中黏土矿物含量超过25%时，随着其含量的增加，相同施工设备和工艺的条件下，泥饼形成的可能性将增加，当其含量达到40%左右时，泥饼就极易形成，由此可见黏土矿物是形成泥饼的基础，这也正是上海地铁工程虽然大部分处于黏土地层中，但通常并未在施工中发现有泥饼现象产生的真正原因。

② 施工方面

对于土颗粒粘附问题，施工因素亦是促成其形成的重要原因，通过在施工过程中的反复调查和研究，主要有以下几方面：

a. 施工过程中参数设定不当。施工过程中土压力设定过高、报警温度设定偏高（包括停机温度设定）和推进速度控制不当等因素是导致土颗粒粘附并逐步形成泥饼的重要原因。

b. 操作不当。施工中的误操作或操作不当亦是导致泥饼形成的主要原因之一，如土舱中未能及时加水控制泥土的含水量，高温状态下仍然继续推进，设备状态不良的情况下仍继续让其运转，不出土的情况下仍然在推进等。

c. 未及时采取消除泥饼措施。对于富含黏土颗粒的地层，土颗粒粘附现象是必然的，只是施工过程中应根据施工参数的变化及时作出判断和分析并采取相应措施，使其控制在不严重影响施工的状态下，如刀盘正面适时加注肥皂水或泡沫，定期、不定期主动洗舱或清除泥饼。

d. 施工不连续，长时间停机。施工综合安排不科学，造成掘进机不能连续掘进，使得土舱内的土体有比较充分的固结时间，若土舱内温度再比较适宜的话，则泥饼就很容易形成。

e. 调研不充分。对隧道沿线断面内的地层未进行充分分析，造成施工人员对其认识不足，且在施工过程中对出土情况未作观察、分析，就进行盲目操作，这也是原因之一。

③ 掘进机设计方面

与泥饼形成有着密切关系的掘进机设计要素主要有以下几点：

a. 刀盘额定扭矩及总推力设计值偏低，这样将直接制约掘进能力和功效，进而制约掘进速度，容易导致设备升温，从而客观上为泥饼形成创造了有利条件。

b. 刀盘整体结构刚度小，容易变形等，亦制约隧道掘进机掘进效率，进而对促进泥饼形成产生了一定影响。

c. 刀具选择不合理（包括刀具本身结构形式不合理），其对地层适应性差，从而影响掘进效率，进而促使泥饼形成。

d. 刀具布置不科学或不合理，不能充分切削前方岩土，从而影响掘进效率，进而促使泥饼形成。

e. 刀盘开口率或开口尺寸设计不合理，导致出土不便，亦易在刀盘面板上形成泥饼，减少隧道掘进面板中心闭口尺寸也是减少泥饼尺寸的有效手段。

f. 土舱内未设置合理的搅拌装置，使得土舱内土体流动差。

（2）工程实践中泥土粘附形成"泥饼"情况

在掘进施工过程中，一般来说，只要掘进机处于良好的运转状态，泥饼是不易形成的，但随着刀具磨损和各种设备的损耗，若再加上操作不当或在过程中未根据施工的具体情况采取有效预防措施,泥饼就会逐渐形成,严重者将会形成恶性循环,最终导致掘进机因无法出土而停止掘进。

当然,泥饼的形成有个过程,这个过程因地质条件、施工参数或操作方法的不同有长有短。通常来说,泥饼最易在刀盘中心部位及土舱内的轴承四周形成,此外,就是在刀盘面板和开口部位的内壁表面形成薄层泥皮(图 5-32),这时掘进状态还比较正常,不易发觉,但若仔细观察出土情况,有时还是能发现一些迹象,如出现不正常的干硬土团。

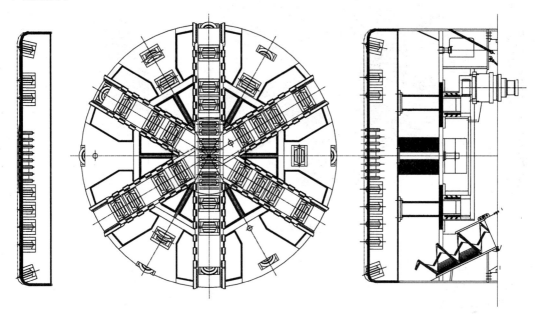

图 5-32 刀盘及土舱泥饼形成的初步阶段

在形成上述初步泥饼后,随着时间的推移和不正常操作的继续发生,泥饼就会越积越大,施工参数也会有比较明显的变化,如温度升高、推进速度降低等,对于施工管理者来说,这时已必须采取有效措施来消除泥饼,不然就会导致泥饼堵塞大部分刀盘开口部位和土舱,甚至包括螺旋机内部(图 5-33)。

(3)黏性土/泥岩附着后形成泥饼的后果

前文对此已有所阐述,为表达更为集中、清晰,结合以往施工经验,现将其归纳为以下几条:

① 致掘进效率降低、直接影响工程工期;
② 致施工成本增加;
③ 致刀盘及刀具磨损加快;
④ 致温度升高,影响大部分设备的使用寿命;
⑤ 饼形成严重时,不得不开舱处理,增加了工程风险;
⑥ 致开舱换刀频率加快,增加了工程风险;
⑦ 开舱动作一般来说将涉及刀盘正面土体的加固工作,而这些加固工作又基本上要

在地面实施，故在城市环境中进行这些工作必然对环境造成一定的影响；

⑧一定程度上影响企业声誉和业绩。

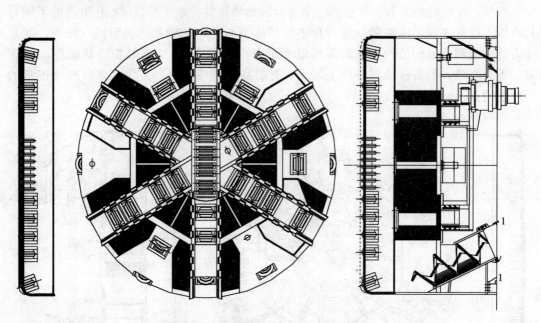

图 5-33　刀盘及土舱泥饼形成的严重阶段

概括而言，就是增加成本和工程风险、影响工期、环境和企业业绩。

（4）黏性土/泥岩的防附着措施

① 掘进机设计、选型

由于黏粒黏性大，加之掘进机在掘进过程中刀具逐渐磨损，推进速度下降，温升快，被切削土体在刀盘面中心区及土舱内回转中心管部位易形成"泥饼"，且会越积越厚，导致隧道掘进不能前进。

为避免这种现象产生，掘进机在设计时应尽量做到：

a. 土舱容积空间尽可能大，舱板光滑，使切削下来的岩土不易粘附；

b. 刀盘中心部位进土孔加大，渣土进口腔侧面与盘面均呈一定倾斜角度（外小内大），使进土流畅不易产生阻塞现象；

c. 刀盘与驱动装置连接的支撑腿用厚壁粗钢管呈放射状布置，增加径向搅拌棒，通过搅拌使舱内土体处于流动状态而不易固结；

d. 盘面增设喷淋注水孔（也可注泡沫），增加土体和易性和可流动性（若注泡沫还可以降低土体的黏性），该注水孔还可用来破碎前方孤石水平钻孔；

e. 螺旋机螺杆伸至土舱内一定距离，更有利于舱内土体被螺旋机排出，进而有利于舱内土体的流动。

② 掘进施工的防附着措施

a. 充分了解工程地质条件及特点

首先要加强对隧道断面所处地层的认识，工程伊始，一方面要做好补充勘察工作，对详勘资料进行补充，同时考虑到勘察孔布置的局限性，还可以对工程周边的在建或已建工程进行调查，以便更加全面地了解和掌握工程地质条件和相关地层的特性，关于对工程地质的了解和认识问题，重点在于补充勘察手段和调查工作的实施，其中请教当地勘察单位岩土和水文地质工程师，是卓有成效的办法。

此外，尤为重要的一点是在施工过程中，应动态地了解和掌握地层的变化和岩土特性，这一点可通过隧道掘进机掘削排出的土体来实现，并据此制定相应施工措施，如：刀具布置安排或刀具更换点的预设定，推进速度和土压力等参数设定筹划，重点区段防、除泥饼措施的采用等。

b. 人员培养及管理措施

施工中由于施工人员特别是掘进机司机的责任心不强或受其本身业务素质制约，往往不能及时发现问题并作出准确判断，故操作上就做不到对症下药，形成操作不当，更有甚者是工作不负责任、漫不经心，不按操作规程操作形成误操作，上述情况均会导致不良后果，鉴于此施工伊始应着力做好相关培训和交底工作并建立相应规章制度，为便于控制，可制订掘进机操作要领及有关过程控制表式，并督促实施。

c. 黏性土（泥岩）地层掘削土的改良

在黏性土（泥岩）地层土压平衡隧道掘进施工区段，使用发泡剂可有效降低土体间的黏聚力，减少土舱中土体压实结密的可能性，减少掘削土体与隧道掘进机刀盘及结构间的粘着力，改善土体的和易性，从而起到对土体的改良作用。

d. 主要关联参数的设定

土压力设定值宜偏低设定（相对于理论值），原因在于复合地层土体强度较高，自稳性较好。刀盘密封温度设定值，应执行制造商设计值，施工过程中不得随意更改，而且一旦出现报警，应立即停机冷却。

e. 严格控制土砂密封温度，保持冷却水（必要时使用冰水）循环的全过程正常运行。

f. 保持均衡施工，每天定期停机对设备进行维修保养，同时也对全面降低刀盘、隔舱板等温度起到积极的作用。

g. 其他辅助施工措施，如定期对土舱进行加气、注水或清舱处理。

参考文献

[5-1] John O. B. and Kuesel T. R. Tunnel Engineering Handbook. Van Nostrand Reinhold, 1982.

[5-2] Tony R. Andrew C., Modern Medical and Hyperbaric Management of Compressed Air Tunneling Operations. TRHA Ltd. 2002.

[5-3] Matter J. Portnerid. Successful Grouting for the Zimmerberg Base Tunnel. ITA2004.

[5-4] Faessler G., Hessler N., Matter J. The Weinberg Tunnel in Zurich. ITA2004.

[5-5] Donald L. & Richard B. Acute Decompression Illness in UK Tunneling. NCE. 2006.

[5-6] Martin H., Ulrich R., Bertram C. L. Tunneling in Changing Geology. ITA2004.

[5-7] Westland J. R., Busbridge J. R. Ball J. G. Managing Subsurface risk for Toronto's Rapid Transit Expansion Program. Proc. North American Tunneling, Ozdemir I. ed. Balkema, Rotterdam. pp. 37-45. 1998.

[5-8] Shirlaw J. N., Chua G. L., Seetoh H. H., Yip S. F. An Assessment of the Site Investigation for the North East Line, Based on a Review of Contractor's Claims. Rapid Transit Conference. Singapore, 2003.

[5-9] Schmitt J., Gattermann J., Stahlmann J. Hohlraumerkundurg im Tunnelbau. Messen in der Geotechnik 2004. Mitteilung des Instituts fur Grundbau und Bodenmechamik (IGB). TU Braunschweig. Vol. 77, pp. 173-200, 16 sources.

[5-10] Rostami, J. & Ozdemir, L. A new model for performance prediction of hard rock TBM s. In Bowerman & Monsees (eds). Proc. RETC. Boston, MA. 793-809. Littleton, CO: Soc. for Mining, Metallurgy, and Exporatopn, Inc. 1993.

[5-11] 胡胜利,乔世珊. 混合式盾构机. 建筑机械. 2000 (7): 67-70.

[5-12] 宋克志,潘爱国. 盾构切削刀具的工作原理分析. 建筑机械. 2007 (2): 75-77.

[5-13] 宋克志,袁大军,王梦恕. 隧道掘进机常用切割刀具应用分析. 建筑机械. 2006 (11): 72-76.

[5-14] Shirlaw J. N., Hencher S. R. and Zhao J. Design and construction issues for excavation and tunnelling in some tropically weathered rocks and soils. GeoEng2000 - An International Conference on Geotechnical & Geological Engineering, Melbourne, 2000.

[5-15] Blindheim O. T., Grøv E., and Nilsen B. The effect of mixed face conditions (MFC) on hard rock TBM performance. ITA World Tunnel Congress, Sydney, 2002.

[5-16] Steingrímsson H. J., Grøv E. and Nilsen B. The significance of mixed-face conditions for TBM performance. World Tunnelling, pp 435-441, 2002.

[5-17] Nelson P. P. Tunnel boring machine performance in sedimentary rock. Doctoral dissertation, the Graduate School of Cornelll University, USA, p. 438, 1983.

[5-18] Wallis S. Manapouri struggles to make headway. T&T International, Apr. 2000.

[5-19] Wallis, S. Lesotho highlands water project. volume 2. Laserline, 1993.

[5-20] Wallis, S. Lesotho highlands water project. volume 3. Laserline, 1995.

[5-21] Hunter P. W. and Aust M. I. E. Excavation of a major tunnel by double shielded TBM through mixed ground basalts and clayey soils. Proceedings of Rapid Excavation and Tunnelling Conference, pp526-561, 1987.

[5-22] Valle D. N. Boring through a rock-soil interface in Singapore. Proceedings of Rapid Excavation and Tunnelling Conference, pp633-645, 2001.

[5-23] Gong Q. M., Zhao J., Bian H. Y., Wang S. J. and Liu G. Classification and applicability of full-face TBM s. Chinese Journal of Engineering Geology, 14 (1): 101-106, 2006.

[5-24] Gong Q. M., Zhao J. and Zhang X. H. The influence of mixed face ground on TBM performance. Geo-Changsha, pp. 117-123, 2007.

第6章 隧道施工运输技术

6.1 概　　述

在隧道施工过程中的运输任务主要是运送开挖出来的渣土、预制管片和隧道衬砌壁后的注浆材料以及隧道内部结构施工材料等。隧道施工运输的方法有：轨道运输方法、连续运输方法和车辆运输方法。隧道施工运输方法的选择取决于隧道掘进机类型、地层条件、隧道几何尺寸和埋深等因素。由于连续运输方法和车辆运输方法的设计比较简单，本章将着重介绍轨道运输的优化设计，而对于连续运输方法和车辆运输方法，仅作一般工艺上的介绍。对轨道运输系统的设计离不开隧道工程的经济因素，也需要用到最优化理论，下面将首先简要介绍这两方面的相关内容。

6.1.1 掘进机隧道工程的造价分析

典型的掘进机隧道工程的造价分布如图6-1所示。

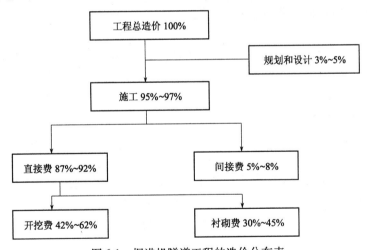

图 6-1　掘进机隧道工程的造价分布表

从图6-1可见，施工费用占据了掘进机隧道工程费用的绝大部分，因此优化隧道施工技术对于经济合理地建造隧道具有决定性的意义。

6.1.1.1 掘进机隧道工程的惯用造价分类方法

1) 工程造价指数

工程造价指数是反映不同时期工程造价相对变化趋势和程度的一种指标，它设定的是报告期工程造价相对于基期工程造价的变化程度。一般以基期的价格设定为100，并有下列关系式：

工程造价指数 = 报告期价格／基期价格 × 100，即：

$$I_n = P_n/P_o \times 100$$

通过工程造价指数的预测，可以估算未来某一时期的工程造价：

预算工程造价 = 基期价格 × 工程造价指数，即：

$$P_f = P_o \times I_n \tag{6-1}$$

式中　P_f——预期工程造价；

　　　P_o——基期工程价格；

　　　I_n——预期的工程造价指数。

根据 Hay Group 的研究报告，2007 年我国工资涨幅位居全球第一，而我国建筑业人工费用价格指数的增长是建筑材料价格指数的两倍以上，与此同时建筑业利润率基本是逐年下降，因此建筑业的发展要依靠提升行业的科技水平，减少对劳动力的依赖程度。

2）基础单价的计算

基础单价的计算包括以下 3 部分内容：

(1) 人工工日单价的计算；

(2) 材料及设备单价的计算；

(3) 机械台班单价的计算。

3）直接费用计算

直接费用是指施工过程中直接构成工程实体和有助于工程形成的各项费用，它由人工费、材料费和施工机械使用费三个部分构成。

(1) 人工费

直接从事建筑安装施工的生产工人开支的各项费用。但人工费中不含下列人员的费用：

① 驾驶施工机械的工人；

② 材料采购及保管工人；

③ 驾驶运输车辆的工人；

④ 材料装卸工人。

这四项费用计入材料费或施工机械使用费之中。

(2) 材料费

是指在施工过程中耗用的构成工程实体的原材料、辅助材料，构配件、半成品的费用和周转性材料的费用。

(3) 施工机械使用费

是指在施工过程中，由于施工机械进行作业所发生的费用。

(4) 单列费用的计算

单列项目有开办费、暂定金额、计日工三项。国际工程招标中，开办费项目一般是施工机械费、施工用水电费、临时设施费及脚手架费用。

(5) 分摊费用的计算

凡是在工程量清单中没有开列，而在实际施工中都必须发生的合理费用，均可列入分摊费用进行计算。包括：

① 开办费；

② 业务费；

③ 现场管理费；

④ 公司管理费；

⑤ 利润；

⑥ 不可预见费；

⑦ 贷款利息；

⑧ 税金。

在实际工程中，盾构机隧道工程的价格组成反映在不同的工作量清单中，盾构机隧道工程典型的工作量清单如表6-1、表6-2、表6-3所示。

盾构工程典型工作量清单表   表6-1

顺 序	分项工程名称	单 位	数 量	单 价	价 格
1	盾构（含备件）	台			
	制造	台			
	运输	km			
	安装	次			
	拆除	次			
2	地面生活、办公设施				
3	工作井	个			
4	行车安装	台			
5	洞门	个			
	防水设施安装	个			
	洞门外加固	m³			
6	衬砌总环数	环			
7	车架转换	次			
8	盾构掘进	环			
	盾构负环拼装掘进	环			
	盾构试验段掘进	环			
	盾构正常段掘进	环			
9	注浆	m³			
	拌浆系统	套			
	同步注浆	m³			
	二次注浆	m³			
10	盾尾油脂	t			
11	管片防水系统和连接件				
12	土方地面运输	m³			

续表

顺 序	分项工程名称	单 位	数 量	单 价	价 格
13	隧道运输工具				
14	隧道走道、通风、照明				
	设备、材料、安装费				
	电费				
15	现场量测	次			
16	地面测量	次			
17	隧道清理（含抽水）	m			
18	行车拆卸	台			

隧道衬砌典型工作量清单表　　　　　　　　　　　　　　表 6-2

顺 序	分项工程名称	单 位	数 量	单 价	价 格
1	钢模（含设计）	套			
2	厂房修建和设备费				
3	管片材料费				
	混凝土	m³			
	钢材费	t			
	水费	m³			
	电费	kWh			
	其他材料费				
4	管片试验费				
5	管片地面运输	环数			

隧道工程间接费清单表　　　　　　　　　　　　　　表 6-3

顺 序	分 项 名 称	单 位	数 量	单 价	价 格
1	总部实际管理费				
2	通信费				
	设施费				
	使用费				
3	利润				
4	风险				
5	仲裁、律师费				
6	税费				
7	投标费				

盾构机隧道施工部分的造价占了隧道建设工程的绝大部分，它的工作量清单的最终价格是由承包商确定的，但这个价格往往没有反映盾构机隧道施工的真实造价，譬如当竞争非常激烈时，承包商可能会报出亏本价；当少有竞争时，承包商的价格可能含有很大的水

分。另外，政府行为对盾构机隧道施工造价的影响也是不可忽视的，政府部门对工期的过高要求会大大增加工程造价和技术难度。腐败的政府还会产生"腐败"成本。里根时代的美国，差不多有十年时间在与隧道有关的基础设施上投入很少，导致20世纪90年代美国即使有钱也由于缺乏人力和技术资源而严重影响美国的隧道工程建设。

与一般建筑工程不同，盾构机隧道工程的造价并非总是发达国家高于发展中国家，一个典型的例子是巴西圣保罗的地铁造价与加拿大多伦多的造价几乎相同[6-1]，而圣保罗的人工费只有多伦多的十分之一。产生这一现象的原因主要是：

(1) 对发展中国家有利的人工费只占总工程的14%左右；

(2) 技术经济指标最好的材料和设备价格必须来源于全球采购，无论是Herrenknecht、Lovat还是Mitsubishi，其各自的隧道掘进机价格在瑞士和孟加拉国是一样的；

(3) 虽然维持隧道掘进机运行的能源费在发达国家几乎是一样的，但在有些发展中国家如印度，由于电力供应不稳定和缺口大，有时需要备用的柴油发电机维持隧道掘进机掘进，导致这项费用甚至远高于发达国家；

(4) 发达国家的公司有较强的技术力量和管理能力，所以有可能提高价格竞争力。

6.1.1.2 理论分析所用的盾构机隧道工程造价分类方法

以上所述的工作量清单法虽是实际工程常用的造价计算方法，但却不便于理论分析。在理论分析时，盾构机隧道工程的造价应按以下方法分类：

1) 与工作量和工期关系不太密切的初始费用（A类费用），如：现场布置费、盾构等机械设备费和隧道口部或工作井费用等（初始费用通常采用一次性摊销的算法，如果考虑残值，则这部分费用也与工期/工程量有关）。

2) 与工期密切相关的费用（M类费用），如：隧道开挖、衬砌、通风、供电、供水等现场运行费用，根据经验，这部分费用约占总费用的60%~70%，所以快速施工隧道具有很大的经济效益。

3) 与工作量密切相关的费用（N类费用），如：开挖体积、运输及衬砌量、刀头损耗、通风、供电、供水等。

显然，有些项目与其中的第三部分或第二部分均有关，并不能简单地归结到某一类，因此实际应用时需要作进一步分解。

因此，盾构隧道工程的造价可用以下公式定量描述：

$$c = a + m \cdot T + n \cdot L \tag{6-2}$$

式中　c——总费用（元）；

a——初始费用（元）；

m——单位时间的施工费用（元/d）；

T——开挖和支护隧道所需的时间（d）；

n——衬砌、灌浆、开挖和运输土渣的单位隧道长度费用（元/m）；

L——隧道的长度（m）。

上式也可以形象地通过图6-2来表达，而图6-3则表示劳动力、设备和材料的合理组合可以使总造价达到最小值。

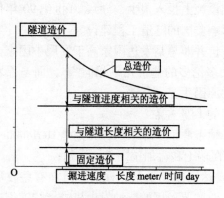

图 6-2　隧道造价示意图

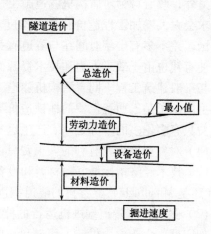

图 6-3　隧道最优造价示意图

如果将隧道平均掘进速度 R 定义为：$R = L/T$，则有：

$$c = a + L(n + m/R) \tag{6-3}$$

由上式可见，隧道工程的造价与隧道平均速度成反比，与隧道长度成正比。

公式（6-2）和公式（6-3）的另一个实用意义在于大大简化了掘进机隧道工程的经济分析。本章的最优化建模工作正是利用了以上结论。

6.1.1.3　小结

通过对隧道造价分析体系所作阐述，可以得到以下结论：

1) 盾构机隧道施工费用占据了盾构机隧道工程费用的绝大部分，因此优化隧道施工技术的经济意义重大；

2) 由于我国建筑业人工费用的价格指数增长很快，因此建筑业的发展要依靠提升科技水平；

3) 由于盾构机隧道工程的价格特征与一般建筑工程不同，在盾构机隧道工程行业中，技术和管理的能力是最重要的竞争因素；

4) 优化盾构机隧道工程各要素，可以使总造价达到最小值。

6.1.2　最优化理论

6.1.2.1　一般多目标最优化问题的数学模型[6-2]

$$\begin{aligned}
&\min\ f_1(x_1, \cdots, x_n) \\
&\quad \cdots\cdots \\
&\min\ f_r(x_1, \cdots, x_n) \\
&\max\ f_{r+1}(x_1, \cdots, x_n) \\
&\quad \cdots\cdots \\
&\max\ f_m(x_1, \cdots, x_n) \\
&\text{约束条件}\ g_i(x_1, \cdots, x_n) \geq 0,\ i = 1, \cdots, p \\
&\quad h_j(x_1, \cdots, x_n) = 0,\ j = 1, \cdots, q
\end{aligned} \tag{6-4}$$

公式 (6-4) 表示在满足 q 个等式约束和 p 个不等式约束的条件下，求 r 个数值目标函数极小和 $m-r$ 个数值目标函数极大。

与单目标最优化问题类似，通过"极大化"转化为"极小化"，即令：
$$\max \varphi(x_1, \cdots, x_n) = \min[-\varphi(x_1, \cdots, x_n)]$$

可将公式 (6-4) 统一为"极小化"形式：

$$\min f_1(x_1, \cdots, x_n)$$
$$\cdots\cdots$$
$$\min f_m(x_1, \cdots, x_n) \tag{6-5}$$
$$约束条件 \quad g_i(x_1, \cdots, x_n) \geq 0, i=1, \cdots, p$$
$$h_j(x_1, \cdots, x_n) = 0, j=1, \cdots, q$$

通常称公式 (6-5) 为一般多目标最优化问题 (模型)，其中 n 个变量 $x_1, \cdots, x_n$ 叫决策变量，由决策变量构成的向量 $x = (x_1, \cdots, x_n)^T$ 叫决策向量；$m(\geq 2)$ 个数值目标函数 $f_i(x) = f_i(x_1, \cdots, x_n)(i=1, 2, \cdots, m)$ 叫目标函数，由目标函数构成的向量 $F(x) = (f_1(x), \cdots, f_m(x))^T$ 叫向量目标函数；$g_i(x) = g_i(x_1, \cdots, x_n)$ 和 $h_j(x) = h_j(x_1, \cdots, x_n)$ 叫约束函数，称

$$D = \left\{ x \in R^n \middle| \begin{array}{l} g_i(x) \geq 0, i=1, \cdots, p; \\ h_j(x) = 0, j=1, \cdots, q \end{array} \right\}$$

为可行域。

问题式 (6-5) 记为向量形式：
$$V\min \quad F(x) \tag{6-6}$$
$$(VMP) \quad x \in D$$

称为向量数学规划 (VMP) (*Vector Mathematical Programming*)，符号 "$V-\min$" 表示在可行域 D 上对向量目标函数 $F(x) = (f_1(x), \cdots, f_m(x))^T$ 求极小。

若公式 (6-6) 中所有函数均为线性的，则化为
$$V-\min \quad Cx = (c_1^T x, \cdots, c_m^T x)^T$$
$$(VLP) \quad 约束条件 \quad A_x \leq b \tag{6-7}$$
$$x \geq 0$$

称为多目标线性规划或向量线性规划 (VLP) (*Vector Linear Programming*)，其中

矩阵 $\quad C = \begin{pmatrix} c_1^T \\ \vdots \\ c_m^T \end{pmatrix}^T \quad A = \begin{pmatrix} a_{11}, \cdots, a_{1n} \\ \cdots \\ a_{l1}, \cdots, a_{ln} \end{pmatrix}$

和向量 $b \in R^l$ 是已知的。

要在复杂的实际问题中应用多目标最优化的理论与方法，首要的任务就是要建立起相应的数学模型。这是个关键问题，往往也是个难点。因此，要在收集充分的资料和数据的基础上，深入地分析各种数量间的关系，着重要确定"建模"三要素：

1) 决策变量——确定一组恰当的变量，把可供选择的方案表示出来。这组变量取不同值对应着不同方案。

2）目标函数——根据决策者的意图，对问题提出若干（多于1）需要极大化和极小化的目标（指标），它们是决策变量的函数，并组成1个向量目标函数。

3）约束条件——寻找并建立决策变量必须满足的所有限制条件，并且用含有决策变量的不等式和等式表示出来。

6.1.2.2 动态规划方法[6-2]、[6-3]、[6-4]、[6-5]

动态规划（Dynamic Programming）是20世纪50年代前后由美国数学家贝尔曼（Richard Bellman）等人建立和发展起来的一种解决多阶段决策问题的最优化方法。所谓多阶段决策问题是指决策过程是在多个相互联系的阶段分别作出决策以形成序列决策的过程。而这些决策都是根据总体最优化这一共同的目标而采取的。贝尔曼根据一类多阶段决策问题的特征，发展了动态规划的最优化原理。该原理概括了动态规划方法的基本思想，即把一个较复杂的问题，按照其阶段划分，分解成若干个较小的局部问题，然后根据局部问题的递推关系，一次作出一系列决策，直到整个问题达到总体最优的目标。

动态规划又称为多阶段规划（Multi-stage Programming），不仅研究时间变化的决策问题，而且研究非时间因素的决策问题。这是因为在这里，"阶段"可以是时间意义上的阶段，也可以是空间和一般意义上的阶段。

动态规划不像线性规划或非线性规划那样有一个标准的表达式，而是对一个具体问题就有1个数学表达式，从而动态规划没有统一的处理模式。它必须依据问题本身的特性，利用灵活数学技巧来处理。因此，利用它解决新问题本身就是一种创造。

1）基本概念

（1）阶段

问题的全过程划分为若干互相联系的阶段。用k表示阶段变量。

（2）状态

状态表示每个阶段所面临的自然状况或客观条件。通常一个阶段有若干个状态。过程的状态通常可以用一个或一组变量来描述，称为状态变量，用x_k表示第k个阶段的状态变量。状态变量取值的集合称为状态集合，用S_k表示。

状态变量的取法依具体问题而定。可以有不同的取法，但是都必须满足一个重要性质：无后效性。所谓无后效性，系指由某状态x_k出发的后继过程（称为k子过程），不受前面演变过程之影响。就是说，由第k阶段的状态x_k出发的k子过程，可以看作是一个以状态x_k为初始状态的独立过程。无后效性是动态规划中的状态和通常描述的系统的状态之间的本质区别。在具体确定状态时，必须使状态包含问题给出的足够信息，使之满足无后效性。

（3）决策

给定某一阶段的状态后，从该状态到下一阶段的某一状态的一种选择称为决策。可以有一个或一组变量来描述决策，称之为决策变量。因状态满足无后效性，故只需考虑当前状态而作决策，完全无须考虑过去的历史状态。用$u_k(x_k)$表示第k个阶段处于状态时的决策变量。决策变量可取值的全体称为允许决策集合，用$D_k(x_k)$表示第k阶段从x_k出发的决策集合，显然$u_k(x_k) \in D_k(x_k)$。

(4) 策略

在从第 k 阶段开始的 k 子过程中，由每阶段的决策组成的决策函数序列 $\{u_k(x_k), u_{k+1}(x_{k+1}), \cdots, u_n(x_n)\}$ 称为 k 子过程策略，简称子策略，记为 $p_k(x_k)$，即

$$p_k(x_k) = \{u_k(x_k), u_{k+1}(x_{k+1}), \cdots, u_n(x_n)\} \tag{6-8}$$

当 $k=1$ 时，此决策函数列称为全过程策略，简称策略，记为 $p(x_1)$，即

$$p(x_1) = \{u_1(x_1), u_2(x_2), \cdots, u_n(x_n)\} \tag{6-9}$$

对每个实际问题，往往都存在若干策略可供选择。可选择的策略的全体称为允许策略集合，用 p 表示。允许策略集合中达到最优效果的策略称为最优策略，记为 p^*。

(5) 状态转移方程

第 $k+1$ 阶段的状态变量 x_{k+1} 由第 k 阶段的状态变量 x_k 和决策变量 u_k 所确定，即 x_{k+1} 随 x_k 和 u_k 的变化而变化，把 x_k，u_k 与 x_{k+1} 的对应关系表示为

$$x_{k+1} = T_k(x_k, u_k) \tag{6-10}$$

它反映了从第 k 阶段到第 $k+1$ 阶段的状态转移规律，称为状态转移方程。

(6) 指标函数（值函数）

任何一个决策过程都有一个衡量其策略好坏的准则。这个准则往往可以表示成一种数量指标，称之为指标函数或值函数。它是定义在过程上的数量函数，用 V_k 表示，

$$V_k = V_k(x_k, u_k, x_{k+1}, u_{k+1}, \cdots, x_n, u_n), k = 1, 2, \cdots, n$$

阶段指标是衡量该阶段效果的数量指标，用 $v_i(x_i, u_i)$ 表示在第 i 阶段由状态 x_i 和决策 u_i 所得的阶段指标。

决策过程的最优化，就是求最优值函数，称 V_k 的最优值为 k 子过程的最优值函数，记为 $f_k(x_k)$，即

$$f_k(x_k) = \underset{\{u_k, \cdots, u_n\}}{\operatorname{opt}} V_k(x_k, u_k, \cdots, x_n, u_n) \tag{6-11}$$

其中 opt 表示取最优，实际问题中取最大或最小，分别记为 max 或 min。显然，$f_1(x_1)$ 为全过程的最优值函数。

2) 动态规划的最优性原理与基本方程

(1) Bellman 最优性原理

若 $p_{1,n}^* \in P_{1,n}(x_1)$ 是最优策略，则对于任意的 k，$1 < k < n$，它的子策略 $p_{k,n}^*$ 对于由 x_1 和 $p_{1,k-1}^*$ 确定的以 x_k^* 为起点的第 k 到 n 后部子过程而言，也是最优策略。

这就是最优性原理，通常略述为：对最优策略来说，无论过去的状态和决策如何，由前面诸决策所形成的状态出发，相应的剩余决策序列必构成最优子策略。

最优性原理不是对任何决策过程普遍成立，它与以下所述的基本方程不是无条件等价，两者之间也不存在任何确定的蕴含关系，因此对具体问题必须注意是否符合定理 6-1。

定理 6-1：设阶段数为 n 的多阶段决策过程，其阶段编号为 $k = 1, 2, \cdots, n$。

允许策略 $p_{1,n}^* = (u_1^*, u_2^*, \cdots, u_n^*)$ 是最优策略的充要条件是对任一个 k，$1 < k < n$ 和 $x_1 \in X_1$ 有

$$V_{1,n}(x_1, p_{1,n}^*) = \underset{p_{1,k} \in p_{1,k}(s_0)}{\operatorname{opt}} \left\{ V_{1,k}(x_1, p_{1,k}) + \underset{p_{k+1,n} \in p_{k+1,n}(s_{k+1}^*)}{\operatorname{opt}} V_{k,n-1}(s_{k+1}^*, p_{k+1,n}) \right\}$$

式中 $p_{1,n}^{*} = (p_{1,k}, p_{k,n})$，$s_{k+1}^{*} = T_k(s_k, u_k)$，它是由给定的初始状态 x_1 和子策略 $p_{1,k}$ 所确定的 k 段状态。当 V 是效益函数时，opt 取 max；当 V 是损失函数时，opt 取 min。

（2）动态规划的基本方程

顺推算法的基本方程

如果阶段序数和状态变量 x_k 的定义不变，第 k 阶段的允许决策集合 $D_k'(x_{k+1})$ 定义为

$$D_k'(x_{k+1}) = \{u_k | u_k \in D_k(x_k), T_k(x_k, u_k) = x_{k+1}\}, \tag{6-12}$$

或

$$u_k(x_{k+1}) = x_k \tag{6-13}$$

此时的状态转移方程不是由 x_k 和 u_k 去确定 x_{k+1}，而是由 x_{k+1} 和 u_k 确定 x_k，即

$$x_k = T_k'(x_{k+1}, u_k) \tag{6-14}$$

所以顺推算法的基本方程为

$$f_k(x_k) = \underset{u_{k-1} \in D_{k-1}'(x_{k-1})}{\text{opt}} \Psi_{k-1}\left[x_k, u_{k-1}, f_{k-1}\left(T_{k-1}'(x_k, u_{k-1})\right)\right] \tag{6-15}$$

$$k = 2, 3, \cdots, n+1$$

边界条件为

$$f_1(x_1) = \varphi(x_1) \tag{6-16}$$

其中 φ 为已知函数。

顺推算法的递推过程是从 $k=1$ 开始，从前向后推移，直到求出 $f_{n+1}(x_{n+1})$。

本质上，轨道运输系统的最优化问题是以时间和资金为最优化目标的多目标最优化问题。笔者根据轨道运输系统的本质特征，将该最优化问题分成两个阶段并用顺推算法来处理，从而使问题成为多目标动态规划问题。具体方法是将水平轨道运输系统的单轨无岔道最优极限长度的求解设为第一阶段 K_1，由于此时的求解以不增加任何人力资源和设备材料资源为前提，所以时间为这一层次的唯一目标函数 u_1。如果隧道长度短于单轨无岔道最优极限长度，水平轨道运输系统的最优化问题就是 1 个单目标最优化问题，而且计算也到此为止；如果隧道长度长于单轨无岔道最优极限长度，显然需要进一步对比双轨方案和单轨加岔道方案，此时的计算设为第二阶段 K_2，时间和造价为这一阶段的 2 个目标函数 u_2，为了将水平轨道运输系统的最优化问题简化，利用工期与造价呈线性正比函数关系的性质（公式(6-2)），将目标函数由 2 个转化为 1 个。其实，求解多目标问题的基本途径也是将多目标转化为单目标。显而易见，由于对阶段的划分满足无后效性，而且第二阶段的最优解与第一阶段的任意解集之和的最优解是总体最优解（符合定理 6-1），根据 Bellman 最优性原理，只需考虑对第二阶段的状态作决策，完全无须考虑第一阶段的历史状态。

6.2 施工运输问题的最优化建模和解析

6.2.1 分析程序

盾构机隧道施工运输方法的最优化分析程序可以用图 6-4 来表示。

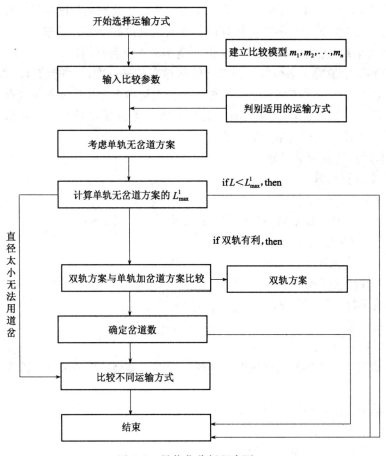

图 6-4 最优化分析程序图

6.2.2 土压平衡盾构隧道施工运输问题的最优化建模和解析

土压平衡盾构隧道施工的运输可分为垂直运输和水平运输两部分。垂直运输是指通过地面工作井口龙门行车将管片、弃土、施工材料等进行垂直吊运。水平运输的运输机具一般采用交流传动窄轨蓄电池电机车或柴油机车。为了进一步提高安全度，运输机车还可采用刹车安全系统（dead man safety system）。土箱和浆箱装于平板车上，由机车牵引，平板车的行走轨道一般选用 24kg/m，轨距为 813mm（轨道中心），轨枕用 H20 型钢加工而成，轨道与轨枕间用压板螺栓连接，运输轨道铺设顺直、固定牢靠、轨枕间距标准、轨道面平整。运行中对轨道、轨枕的维修保养指派专人负责，确保运输畅通和安全。为提高运输效率缩短出土、驳运管片的行驶时间，在井口处设置 1 副 "Y" 形道岔。井底车场为双轨，并在道岔处设置信号灯。也有采用井口可移动式双轨的做法，这就省去了进口道岔，达到了节省工作井平面尺寸的目的。

6.2.2.1 土压平衡盾构单轨加岔道运输的时间最优化分析

1）基本假定

（1）假设设置 U 个岔道（不包括工作井内的岔道）。由于岔道的不可移动性，可假设各岔道之间的距离相等并与最优化决策不矛盾，亦即各岔道的长度相等。在设岔道的情况下，最优化的状态为运输车不需互相等待，在岔道处恰好交汇，错车。

（2）运输车到达岔道后必须等待交汇，错车，不可盲目前行。

（3）车到达岔道后，必须与相向而行的运输车相遇一次，才能前行；否则继续等待，直至两车相遇，在前方岔道同样必须与相向而行的运输车相遇后才能继续前行。根据这一原则，可以假定，当设置 U 个岔道时，为最大限度地保证不撞车，宜配置 $U+2$ 辆运输车，这样可以比较方便地安排运输车的操作。

2）基本计算参数和单元分析

（1）基本计算参数

B：管片宽度（m）；

T_v：工作井垂直运输土渣包括吊放管片1次的耗时（min）；

L：隧道掘进长度（m）；

V_1：盾构掘进速度（m/min）；

U：岔道数，取整数；

M：运输车数，$M = U+2$；

L_2：岔道长度（m）；

L_3：岔道间距（m）；

V_3：运输车在岔道间的运行速度，其值与运输车类型、隧道坡度等因素相关，一般为160m/min；

V_2：运输车在岔道中的运行速度（m/min）。

（2）单元分析

土压平衡盾构掘进的单元分析：

设：1辆运输车牵引若干节平板车，其中迎工作面为运管片和土箱车，背工作面为浆液车，盾构推进一环，运输车需要运行 n 个来回。具体流程如图6-5所示。

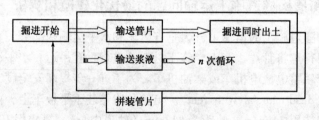

图6-5 土压平衡盾构掘进流程图

3）优化的基本模型

岔道的设置如图6-6所示。

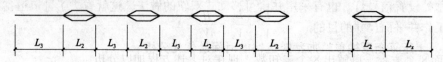

图6-6 单轨加岔道分析示意图

设目标函数为运输车运行 1 个循环所用的时间，则有：

$$\min f = 2\left[U\left(\frac{L_3}{V_3} + \frac{L_2}{V_2}\right) + \frac{L_x}{V_3} + \frac{B}{2nV_1} + \frac{T_v}{2}\right] \tag{6-17}$$

约束条件：

$$L = L_x + UL_2 + UL_3$$

$$L_x \leqslant L_3$$

$$\left(\frac{L_3}{V_3} + \frac{L_2}{V_2}\right) \leqslant \frac{B}{nV_1}$$

式 (6-17) 中，L_3、U 和 L_x 为决策变量，其中 U 为整数，所以式 (6-17) 是非线性混合整数规划问题。

下面采用分枝定界法（branch and bound）步骤求解：

根据拉格朗日乘子法，首先在不等式的约束方程上加上松弛变量，使不等式约束变为等式约束：

$$g_1(x) = L_x - L_3 + X_1^2$$

$$g_2(x) = \left(\frac{L_3}{V_3} + \frac{L_2}{V_2}\right) - \frac{B}{nV_1} + X_2^2$$

引入拉格朗日函数

$$G(\min f, \lambda_1, \lambda_2, \lambda_3) = 2\left[U\left(\frac{L_3}{V_3} + \frac{L_2}{V_2}\right) + \frac{L_x}{V_3} + \frac{B}{2nV_1} + \frac{T_v}{2}\right] + \lambda_1(L - L_x - UL_2 - UL_3) +$$

$$\lambda_2(L_x - L_3 + X_1^2) + \lambda_3\left[\left(\frac{L_3}{V_3} + \frac{L_2}{V_2}\right) - \frac{B}{nV_1} + X_2^2\right]$$

具有最优解的必要条件为：

$$\frac{\partial G}{\partial U} = 2\left(\frac{L_3}{V_3} + \frac{L_2}{V_2}\right) - \lambda_1(L_2 + L_3) = 0$$

$$\frac{\partial G}{\partial L_x} = \frac{2}{V_3} - \lambda_1 + \lambda_2 = 0$$

$$\frac{\partial G}{\partial L_3} = \frac{2U}{V_3} - U\lambda_1 - \lambda_2 + \frac{\lambda_3}{V_3} = 0$$

$$\frac{\partial G}{\partial X_1} = 2\lambda_2 X_1 = 0$$

$$\frac{\partial G}{\partial X_2} = 2\lambda_3 X_2 = 0$$

$$L = L_x + U(L_2 + L_3)$$

$$L_x = L_3 - X_1^2$$

$$\frac{L_3}{V_3} + \frac{L_2}{V_2} = \frac{B}{nV_1} - X_2^2$$

上面 8 个方程，可解出 8 个未知数。现在对上述方程加以分析：

由 $\lambda_2 X_1 = 0$ 和 $\lambda_3 X_2 = 0$ 可以知道只可能存在表 6-4 所示 11 种情况。

可能解汇总表　　　　　　　　　　　　　　　　　　　　　表 6-4

情况	1	2	3	4	5	6	7	8	9	10	11
λ_2	≡0	≡0	≡0	≡0	≡0	≡0	≠0	≠0	≠0	≠0	≡0
X_1	≡0	≠0	≠0	≠0	≡0	≡0	≡0	≡0	≡0	≠0	≠0
λ_3	≡0	≡0	≠0	≡0	≠0	≡0	≠0	≡0	≡0	≡0	≠0
X_2	≡0	≡0	≡0	≠0	≠0	≠0	≡0	≡0	≠0	≠0	≠0

经计算，除情况 8 以外，其余情况均无解。因而情况 8 的最优解是问题的最优解。

情况 8：

因为
$$\lambda_2 \neq 0, \lambda_3 \neq 0, X_1 = X_2 = 0$$

所以
$$L_3 = \left(\frac{B}{nV_1} - \frac{L_2}{V_2}\right)V_3$$

$$L = (U+1)L_3 + UL_2 \tag{6-18}$$

式（6-18）是式（6-17）的唯一解，也是退化解，现对式（6-18）讨论如下：

设 $U = 0$，则得到不设岔道的隧道最优极限长度：

$$L_{\max}^1 = L_3 = \left(\frac{B}{nV_1} - \frac{L_2}{V_2}\right)V_3$$

显然：

（1）增加运输车的动力可减少 n 值，这意味着 $L_{\max}^1$ 值增加。

（2）增加管片宽度 B 值，则意味着 $L_{\max}^1$ 值增加，这也是为什么近年来设计管片宽度比以往增加较多的原因。

（3）盾构机停顿时间包括地基处理、机械设备保养、运输材料、故障、换班、因协调不力或其他各种原因导致的停顿。按本章方法设计轨道系统可大大减少因运输材料而导致的盾构机停顿时间，从而提高了盾构机的运行利用率。

（4）以上海地铁一号线工程为例，设：$n = 6$，$B = 1\text{m}$，$V_1 = 0.03\text{m/min}$，$V_2 = 50\text{m/min}$，$V_3 = 160\text{m/min}$，$L_2 = 50\text{m}$，则有：$L_{\max}^1 = 729\text{m}$。

（5）由于解结构的特殊性，在 L_3 一定的情况下，需假设 U 值才能计算 L 值，实际上也免除了分枝定界法步骤。本问题解的退化是由于 L_3 的固定性所引起的。

（6）隧道长度与岔道数呈简单的线性关系。

4）盾构推进耗时分析

在求得隧道长度与岔道数最优关系的前提下，可以进一步分析盾构推进耗时与隧道长度的关系：

设：盾构推进 1 环所需时间为 T；

盾构推进 1 环，运输车需要运行来回数为 n；

运输车运行 1 个循环所需时间为 T_1（即：目标函数 $\min f$）；

运输车在相邻岔道间运行所需时间为 T_2。

显然有：

$$T = 0.5T_1 + (n-1)T_2 \tag{6-19}$$

将式（6-17）和式（6-18）代入式（6-19），整理后可得：

$$T = U\left(\frac{L_3}{V_3} + \frac{L_2}{V_2}\right) + \left(n - \frac{1}{2}\right)\frac{B}{nV_1} + \frac{L_3}{V_3} + 0.5T_v$$
$$L = (U+1)L_3 + UL_2 \tag{6-20}$$

由于 T_v 与 T 相比是可以忽略的，所以

$$T \approx U\left(\frac{L_3}{V_3} + \frac{L_2}{V_2}\right) + \left(n - \frac{1}{2}\right)\frac{B}{nV_1} + \frac{L_3}{V_3}$$
$$L = (U+1)L_3 + UL_2$$

仍以上海轨道交通 1 号线工程为例，设：$n = 6$，$B = 1\text{m}$，$V_1 = 0.03\text{m/min}$，$V_2 = 50\text{m/min}$，$V_3 = 160\text{m/min}$，$L_2 = 50\text{m}$，并有 $L_3 = 729\text{m}$，则有：

在 $L = 779U + 729$ (m) 的情况下，$T = 35.112 + 5.556U$ (min)

由上式可见，随着岔道数 U 的增加，盾构推进 1 环所需时间 T 也以一固定值增加。

6.2.2.2 土压平衡盾构双轨运输车的时间最优化分析

1) 基本假定

假设双轨中一轨固定用作运输车向盾构机方向运行，另一轨固定用作运输车向工作井方向运行，施工中至少有 2 辆运输车，而且双轨与盾构机由移动式 Y 形道岔相连，不会发生由于运输车数量不足而使盾构推进停顿的现象。

2) 优化的基本模型

显然，从数学上讲，双轨运输车的最优化分析要比单轨加岔道时运输车的最优化分析简单得多。其表达式如下：

$$T_1 = \frac{2L}{V_3} + \frac{B}{nV_1} + T_v$$
$$\frac{2L}{MV_3} + T_v \leq \frac{B}{nV_1} \tag{6-21}$$

上面第一个方程式中的 T_1 为目标函数，第二个方程式为约束条件，L、M 为决策变量，其中 M 的含义为运输车数量，其余符号含义同前。

由于 T_v 是可以忽略的，所以有：

$$T_1 \approx \frac{2L}{V_3} + \frac{B}{nV_1}$$
$$L \leq \frac{MV_3 B}{2nV_1}$$

3) 盾构推进耗时分析

$$T = \frac{L_{M=2}}{V_3} + \frac{B}{V_1} + T_3$$
$$L_{M=2} = \frac{2V_3 B}{2nV_1} \tag{6-22}$$

式中 T_3 为两辆运输车在移动式 Y 形道岔错车所需时间，$L_{M=2}$ 表示运输车数量 $M = 2$ 时隧道水平运输不影响掘进速度的隧道最大掘进长度。整理上式并忽略 T_3，则有：

$$T \approx \left(\frac{1}{n} + 1\right)\frac{B}{V_1}$$

$$M \geqslant \frac{2nLV_1}{BV_3} \tag{6-23}$$

式中符号含义同前,其中 $M > 1$,而且必须取整数。

仍以上海地铁轨道交通 1 号线工程为例,设:$n = 6$,$B = 1\text{m}$,$V_1 = 0.03\text{m/min}$,$V_3 = 160\text{m/min}$,则有:

$$T \approx 38.886\text{min}$$
$$M \geqslant 0.00225L(\text{m})$$

6.2.2.3 土压平衡盾构单轨加岔道方案与双轨方案的时间最优化对比分析

我们将式(6-20)和式(6-23)绘成曲线(图6-7与图6-8),即可以直观地对单轨加岔道方案和双轨方案进行对比。从图6-7可见,在运输车数量相同的前提下,单轨加岔道方案的每环掘进时间在运输车数量小于等于 3 辆时(相当于单轨加一个岔道),少于双轨方案的每环掘进时间;但当运输车数量大于 3 辆时,单轨加岔道方案的每环掘进时间多于双轨方案的每环掘进时间,而且其差值随着运输车数量的增加而增加。从图6-8可见,当隧道长度小于1100m 时,单轨加岔道方案的运输车数量多于双轨方案的运输车数量;当隧道长度大于1100m 时,单轨加岔道方案的运输车数量少于双轨方案的运输车数量。显而易见,当隧道长度小于1100m 时,无论是运输车数量还是掘进时间,都是单轨加岔道方案不利;而当隧道长度逐渐加大时,到底是单轨加岔道方案好还是双轨方案好就有待于下一阶段的多目标分析。

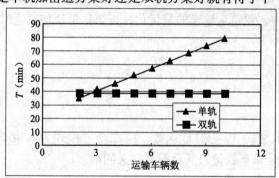

图6-7 时间最优化前提下土压平衡盾构每环掘进时间与运输车数量关系图
(计算参数取之于上海轨道交通 1 号线工程)

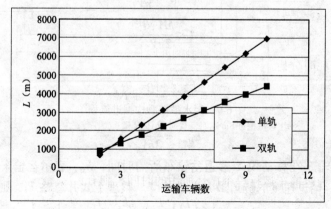

图6-8 时间最优化前提下土压平衡盾构隧道长度与运输车数量关系图
(计算参数取之于上海轨道交通 1 号线工程)

6.2.3 泥水平衡盾构隧道施工运输问题的最优化建模和解析

6.2.3.1 泥水平衡盾构单轨加岔道的运输车时间最优化分析模型

必须指出，出渣采用皮带运输机或泵送方式的土压平衡盾构机的单轨加岔道时运输车的时间最优化分析模型与泥水平衡盾构完全相同。

1）基本假定

同土压平衡盾构的情况。

2）基本计算参数和单元分析

(1) 基本计算参数

B：管片宽度（m）；

T_v：工作井垂直运输土渣包括吊放管片1次的耗时（min）；

L：隧道掘进长度（m）；

t_1：单轨梁吊运1车管片所需时间（min）；

V_1：盾构掘进速度（m/min）；

t_2：每环管片拼装时间（min/环）；

U：岔道数，取整数；

M：运输车数，$M = U + 2$；

L_2：岔道长度（m）；

L_3：岔道间距（m）；

V_3：运输车在岔道间的运行速度，其值与运输车类型、隧道坡度等因素相关，一般为160m/min；

V_2：运输车在岔道中的运行速度（m/min）。

(2) 单元分析

泥水平衡盾构掘进的单元分析：

设：1辆运输车牵引若干节平板车，其中迎工作面为运管片，背工作面为浆液车，盾构推进1环，运输车需要运行 n 个来回。具体流程如图6-9所示。

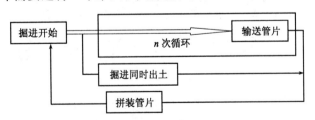

图6-9 泥水平衡盾构掘进流程图

注：每掘进8m左右需耗时2h左右接长土泵输送管1次。

3）优化的基本模型

设目标函数为运输车运行一个循环所用的时间，则有：

$$\min f = 2\left[U\left(\frac{L_3}{V_3} + \frac{L_2}{V_2}\right) + \frac{L_x}{V_3} + \frac{t_1}{2} + \frac{T_v}{2} \right] \tag{6-24}$$

约束条件：
$$L = L_x + UL_2 + UL_3$$
$$L_x \leqslant L_3$$
$$\left(\frac{L_3}{V_3} + \frac{L_2}{V_2}\right) + t_1 \leqslant \frac{B}{nV_1} + \frac{t_2}{n}$$

本问题的决策变量为：L_3、U 和 L_x。

采用与式（6-17）相同的求解方法，可得：
$$L_3 = \left(\frac{B}{nV_1} + \frac{t_2}{n} - \frac{L_2}{V_2} - t_1\right)V_3$$
$$L = (U+1)L_3 + UL_2 \tag{6-25}$$

现对式（6-25）讨论如下：

设 $U = 0$，则得到不设岔道的隧道最优极限长度：
$$L_{\max}^1 = L_3 = \left(\frac{B}{nV_1} + \frac{t_2}{n} - \frac{L_2}{V_2} - t_1\right)V_3$$

显然，泥水平衡盾构不设岔道的隧道最优极限长度大于土压平衡盾构隧道的最优极限长度。

4）盾构推进耗时分析

在求得隧道长度与岔道数最优关系的前提下，可以进一步分析盾构推进拼装耗时与隧道长度的关系如下：

设：盾构推进 1 环所需时间为 T；

盾构推进 1 环，运输车需要运行来回数为 n；

运输车运行 1 个循环所需时间为 T_1（即：目标函数 $\min f$）；

运输车在相邻岔道间运行所需时间为 T_2。

显然有：
$$T + t_2 = 0.5T_1 + (n-1)T_2 \tag{6-26}$$

其余符号含义同前。

将式（6-24）和式（6-25）代入式（6-26），整理后可得：
$$T = U\left(\frac{L_3}{V_3} + \frac{L_2}{V_2}\right) + 0.5t_1 - t_2 + \frac{L_3}{V_3} + 0.5T_v + (n-1)\left(\frac{B}{nV_1} + \frac{t_2}{n}\right)$$
$$L = (U+1)L_3 + UL_2$$

由于 t_1、T_v 与 T 相比是可以忽略的，所以
$$T \approx U\left(\frac{L_3}{V_3} + \frac{L_2}{V_2}\right) + \frac{L_3}{V_3} - t_2 + (n-1)\left(\frac{B}{nV_1} + \frac{t_2}{n}\right)$$
$$L = (U+1)L_3 + UL_2$$

为了以后与土压平衡盾构的情况比较，以上海轨道交通 1 号线工程的参数为例，设：$n = 3$（以后将说明，对于泥水平衡盾构，n 值应为土压平衡的一半），$B = 1\text{m}$，$V_1 = 0.03\text{m/min}$，$V_2 = 50\text{m/min}$，$V_3 = 160\text{m/min}$，$L_2 = 75\text{m}$，$t_2 = 30\text{min}$，并有 $L_3 = 3138\text{m}$，则有：

在 $L = 3213U + 3138$（m）的情况下，$T = 21.11U + 31.83$（min） \hfill (6-27)

由上式可见，随着岔道数 U 的增加，盾构推进 1 环所需时间 T 也以一固定值增加。

6.2.3.2 泥水平衡盾构双轨运输的时间最优化分析

1）基本假定

同土压平衡盾构的情况。

2）优化的基本模型

其表达式如下：

$$T_1 = \frac{2L}{V_3} + t_1 + T_v$$

$$n\left(\frac{2L}{MV_3} + T_v + t_1\right) \leq \frac{B}{V_1} + t_2 \tag{6-28}$$

上面第一个方程式中的 T_1 为目标函数，第二个方程式为约束条件，L、M 为决策变量，其余符号含义同前。

由于 t_1 和 T_v 是可以忽略的，所以有：

$$T_1 \approx \frac{2L}{V_3}$$

$$L \leq \frac{MV_3}{2n}\left(\frac{B}{V_1} + t_2\right)$$

3）盾构推进耗时分析

$$T = \frac{L_{M=2}}{V_3} + \frac{B}{V_1} + T_3$$

$$L_{M=2} = \frac{V_3}{n}\left(\frac{B}{V_1} + t_2\right) \tag{6-29}$$

式中 T_3 为 2 辆运输车在移动式 Y 形道岔错车所需时间，$L_{M=2}$ 表示运输车数量 $M=2$ 时隧道水平运输不影响掘进速度的隧道最大掘进长度。整理上式并忽略 T_3，则有：

$$T \approx \left(\frac{1}{n} + 1\right)\frac{B}{V_1} + \frac{t_2}{n}$$

$$M \geq \frac{2nLV_1}{V_3}\left(\frac{1}{B + V_1 t_2}\right) \tag{6-30}$$

式中符号含义同前，其中 $M > 1$，而且必须取整数。

仍以上海轨道交通 1 号线工程的参数为例，设：$n = 3$，$t_2 = 30\text{min}$，$B = 1\text{m}$，$V_1 = 0.03\text{m/min}$，$V_3 = 160\text{m/min}$，则有：

$$T \approx 54.44\text{min}$$

$$M \geq 0.000592L(\text{m})$$

6.2.3.3 泥水平衡盾构单轨加岔道方案与双轨方案的时间最优化对比分析

我们将式（6-27）和式（6-30）绘成曲线（图 6-10 与图 6-11），即可以直观地对单轨加岔道方案和双轨方案进行对比。从图 6-10 可见，当隧道长度短于 10000m 时，单轨加岔道方案的运输车数量多于双轨方案的运输车数量；当隧道长度大于 10000m 时，单轨加岔道方案的运输车数量少于双轨方案的运输车数量。从图 6-10 可见，在运输车数量相同的前提下，单轨加岔道方案的每环掘进时间在运输车数量小于等于 3 辆时（相当于单轨加 1

个岔道），少于双轨方案的每环掘进时间；但当运输车数量大于 3 辆时，单轨加岔道方案的每环掘进时间多于双轨方案的每环掘进时间，而且其差值随着运输车数量的增加而增加。显而易见，当隧道长度短于 10000m 时，无论是运输车数量还是掘进时间，都是单轨加岔道方案不利。而当隧道长度逐渐加大时，到底是单轨加岔道方案好还是双轨方案好就有待于下一阶段的多目标分析。

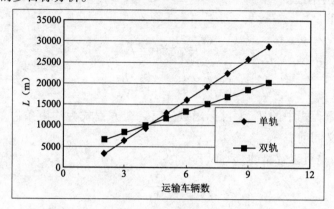

图 6-10　时间最优化前提下泥水平衡盾构隧道长度与运输车数量关系图
（计算参数取之于上海轨道交通 1 号线工程）

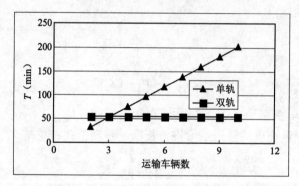

图 6-11　时间最优化前提下泥水平衡盾构每环掘进时间与运输车数量关系图
（计算参数取之于上海轨道交通 1 号线工程）

6.2.4　泥水平衡盾构与土压平衡盾构的单轨加岔道方案的时间最优化对比分析

泥水平衡盾构的单轨加岔道方案并不能直接与土压平衡盾构的单轨加岔道方案对比分析，因为对于同一工程，采用泥水平衡盾构还是土压平衡盾构会使 n 值和 L_2 值不同。图 6-12 为隧道直径的土渣重量与管片重量比较图。由图 6-12 可见，对于不同的隧道直径，土渣重量与管片重量之比为一定值，其值大约为 4。如果不计管片运输空间的限制、管片车的自重等因素，泥水平衡盾构每掘进一环的水平运输次数应是土压平衡盾构的 4 倍。实际上管片运输空间的限制和管片车的自重因素是不能忽略的，由于盾构车架处单轨梁高度的限制，管片叠高通常为 2 层，而每一辆管片车的自重也达 30kN 左右。因此，本文假设泥水平衡盾构每掘进一环的水平运输次数应是土压平衡盾构的 2 倍，相应地，泥水平衡盾构的岔道长度（L_2）由于管片车数量的增加而增加，可近似认为是土压平衡盾构的 1.5 倍。

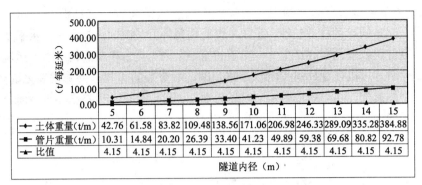

图 6-12　隧道直径的土渣重量与管片重量比较图
（部分计算参数取之于上海轨道交通 1 号线工程）

图 6-13 为单轨加岔道方案隧道长度与运输车数量关系图，图 6-14 为单轨加岔道方案的盾构每环掘进时间与隧道长度关系图。由图 6-13 和图 6-14 可知，对于同样的隧道长度或同样的隧道每环掘进时间，土压平衡盾构所需的运输车数量总是多于泥水平衡盾构，而且这个差异随着隧道长度的增加而增加。根据本节的最优化分析前提条件，运输车数量多，也意味着轨道岔道数量多。由于泥水平衡盾构的出土运输是泵送方法，所以以上结论也是显然的。

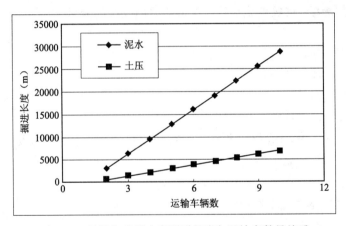

图 6-13　单轨加岔道方案隧道长度与运输车数量关系

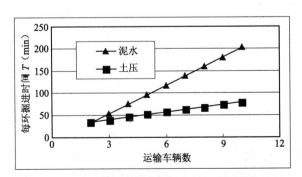

图 6-14　单轨加岔道方案的盾构每环掘进时间与隧道长度关系图
（部分计算参数取之于上海地铁一号线工程）

图 6-15 为单轨加岔道方案的泥水平衡盾构与土压平衡盾构每环掘进时间对比图,由图 6-15 可见,对于同样的隧道长度,土压平衡盾构每环掘进时间总是多于泥水平衡盾构,而且其差值不随隧道长度而变。产生这一差值的原因是因为泥水平衡盾构的水平运输内容主要是管片,部分管片可以在管片拼装阶段运输,即:后拼装的管片只要在拼装之前运到即可,而对于土压平衡盾构,水平运输必须同时运送管片和土渣,这意味着管片拼装前所有管片均已运至盾构工作面,所以泥水平衡盾构在盾构掘进时期的运输量要小于土压平衡盾构。

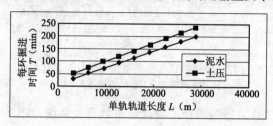

图 6-15 单轨加岔道方案的泥水平衡盾构与土压平衡盾构每环掘进时间对比图

6.2.5 双护盾盾隧道施工运输问题的最优化建模和解析

6.2.5.1 双护盾隧道掘进机单轨加岔道运输的时间最优化分析

1) 基本假定

同土压平衡盾构的情况。

2) 基本计算参数和单元分析

(1) 基本计算参数

B:管片宽度(m);

T_v:工作井垂直运输土渣包括吊放管片 1 次的耗时(通常没有竖井)(min);

L:隧道掘进长度(m);

t_1:单轨梁吊运 1 车管片所需时间(min);

t_2:每环管片拼装时间(min/环);

U:岔道数,取整数;

M:运输车数,$M = U + 2$;

L_2:岔道长度(m);

L_3:岔道间距(m);

V_3:运输车在岔道间的运行速度,其值与运输车类型、隧道坡度等因素相关,一般为 160m/min;

V_2:运输车在岔道中的运行速度(m/min)。

(2) 单元分析

双护盾隧道掘进机掘进的单元分析:

设:1 辆运输车牵引若干节平板车,其中迎工作面为运管片,背工作面为浆液车,盾构推进 1 环,运输车需要运行 n 个来回。具体流程如图 6-16 所示。

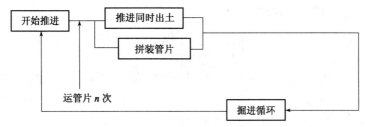

图 6-16 双护盾掘进机掘进流程

3) 优化的基本模型

设目标函数为运输车运行一个循环所用的时间，则有：

$$\min f = 2\left[U\left(\frac{L_3}{V_3} + \frac{L_2}{V_2}\right) + \frac{L_x}{V_3} + \frac{t_1}{2} + \frac{T_v}{2}\right] \quad (6-31)$$

约束条件：

$$L = L_x + UL_2 + UL_3$$
$$L_x \leqslant L_3$$
$$n\left(\frac{L_3}{V_3} + \frac{L_2}{V_2} + t_1\right) \leqslant \max\left(\frac{B}{V_1}, t_2\right)$$

本问题的决策变量为：L_3、U 和 L_x。

采用与式 (6-17) 相同的求解方法，可得：

$$L_3 = \left(\frac{t_2}{n} - \frac{L_2}{V_2} - t_1\right)V_3$$
$$L = (U+1)L_3 + UL_2 \quad (6-32)$$

设 $U=0$，则得到不设岔道的隧道最优极限长度：

$$L_{\max}^1 = L_3 = \left(\max\left(\frac{B}{nV_1}, \frac{t_2}{n}\right) - \frac{L_2}{V_2} - t_1\right)V_3$$

4) 双护盾隧道掘进机推进耗时分析

在求得隧道长度与岔道数最优关系的前提下，可以进一步分析双护盾隧道掘进机推进拼装耗时与隧道长度的关系：

设：双护盾隧道掘进机推进 1 环所需时间为 T；

双护盾隧道掘进机推进 1 环，运输车需要运行来回数为 n；

运输车运行 1 个循环所需时间为 T_1（即：目标函数 $\min f$）；

运输车在相邻岔道间运行所需时间为 T_2。

显然有：

$$T = 0.5T_1 + (n-1)T_2 \quad (6-33)$$

其余符号含义同前。

将式 (6-31) 和式 (6-32) 代入式 (6-33)，整理后可得：

$$T = U\left(\frac{L_3}{V_3} + \frac{L_2}{V_2}\right) + 0.5t_1 + \frac{L_3}{V_3} + 0.5T_v + (n-1)\cdot t_2$$
$$L = (U+1)L_3 + UL_2$$

由于 t_1、T_v 与 T 相比是可以忽略的，所以

$$T \approx U\left(\frac{L_3}{V_3} + \frac{L_2}{V_2}\right) + \frac{L_3}{V_3} + (n-1)t_2$$

$$L = (U+1)L_3 + UL_2$$

为了便于以后讨论，以引黄入晋工程国际二、三标的参数为例，设：$n = 0.5$（每运输 1 次管片和土渣可掘进 2 环），$B = 1.4\text{m}$，$V_1 = 0.1\text{m/min}$，$V_2 = 50\text{m/min}$，$V_3 = 160\text{m/min}$，$L_2 = 100\text{m}$，$t_2 = 20\text{min}$，并有 $L_3 = 6080\text{m}$，则有：

在 $L = 6180U + 6080$（m）的情况下，$T = 40U + 28$（min） (6-34)

由上式可见，随着岔道数 U 的增加，盾构推进 1 环所需时间 T 也以一固定值增加。

6.2.5.2 双护盾隧道掘进机双轨运输的时间最优化分析

1）基本假定

同土压平衡盾构中的情况。

2）优化的基本模型

其表达式如下：

$$T_1 = \frac{2L}{V_3} + t_1 + T_v$$

$$n\left(\frac{2L}{MV_3} + T_v + t_1\right) \leq \max\left(\frac{B}{V_1}, t_2\right) \tag{6-35}$$

上面第一个方程式中的 T_1 为目标函数，第二个方程式为约束条件，L、M 为决策变量，其中 M 的含义为运输车数量，其余符号含义同前。

由于 t_1 和 T_v 是可以忽略的，所以有：

$$T_1 \approx \frac{2L}{V_3}$$

$$L \leq \frac{MV_3}{2n}\max\left(\frac{B}{V_1}, t_2\right)$$

3）盾构推进耗时分析

$$T = \frac{L_{M=2}}{V_3} + \max\left(\frac{B}{V_1}, t_2\right) + T_3$$

$$L_{M=2} = \frac{V_3}{n}\max\left(\frac{B}{V_1}, t_2\right) \tag{6-36}$$

式中 T_3 为 2 辆运输车在移动式 Y 形道岔错车所需时间，$L_{M=2}$ 表示运输车数量 $M = 2$ 时隧道水平运输不影响掘进速度的隧道最大掘进长度。整理上式并忽略 T_3，则有：

$$T \approx \left(\frac{1}{n} + 1\right)\max\left(\frac{B}{V_1}, t_2\right)$$

$$M \geq \frac{2nL}{V_3}\left(\frac{1}{\max\left(\frac{B}{V_1}, t_2\right)}\right) \tag{6-37}$$

式中符号含义同前，其中 $M > 1$，而且必须取整数。

仍以引黄入晋工程国际二、三标的参数为例，设：$n = 0.5$（每运输一次管片和土渣

可掘进两环），$B = 1.4\mathrm{m}$，$V_1 = 0.1\mathrm{m/min}$，$V_2 = 50\mathrm{m/min}$，$V_3 = 160\mathrm{m/min}$，$L_2 = 100\mathrm{m}$，$t_2 = 20\mathrm{min}$，则有：

$$T \approx 60\mathrm{min}$$
$$M \geq 0.0003L(\mathrm{m}) \tag{6-38}$$

6.2.5.3 双护盾隧道掘进机单轨加岔道方案与双轨方案的时间最优化对比分析

将式（6-34）和式（6-38）绘成曲线（图6-17与图6-18），即可以直观地对单轨加岔道方案和双轨方案进行对比。

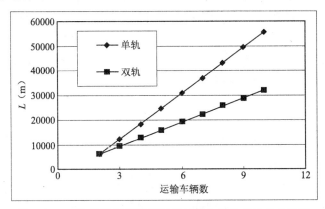

图6-17 双护盾隧道掘进机隧道长度与运输车数量关系图
（计算参数取之于引黄入晋工程国际二、三标）

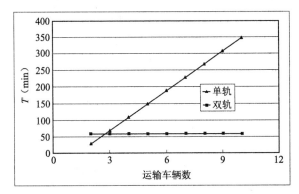

图6-18 双护盾隧道掘进机每环掘进时间与运输车数量关系图
（计算参数取之于引黄入晋工程国际二、三标）

从图6-17可见，在同样的隧道长度条件下，单轨加岔道方案的运输车数量总是少于双轨方案的运输车数量。从图6-18可见，在运输车数量相同的前提下，单轨加岔道方案的每环掘进时间在运输车数量小于等于3辆时（相当于单轨加1个岔道），少于双轨方案的每环掘进时间；但当运输车数量大于3辆时，单轨加岔道方案的每环掘进时间多于双轨方案的每环掘进时间，而且其差值随着运输车数量的增加而增加。显而易见，当隧道长度短于某一长度时（该长度的最优化结果对于单轨方案是单轨加一个岔道），无论是运输车数量还是掘进时间，都是单轨加岔道方案有利。而当隧道长度逐渐加大时，到底是单轨加岔道方案好还是双轨方案好就有待于下一阶段的多目标分析。

6.2.6 水平运输系统最优化问题第二阶段的计算原则

本问题的状态转移方程就是单轨无岔道极限长度（L_{max}^1）与隧道长度（L）的比较式：
如果 $L \leqslant L_{max}^1$，则最优解即为：L_{max}^1；
如果 $L > L_{max}^1$，则转入第二阶段求解。

在求解第二阶段的最优化目标时，为了避免未知的工程总造价的困难，利用工程总造价可以分解为3大块的性质，即：与工作量和工期关系不太密切的初始费用（A类费用）、与工期密切相关的费用（M类费用）和与工作量密切相关的费用（N类费用），仅通过比较各方案的与水平运输系统密切相关的M类费用和N类费用，得到最优施工价格比的水平运输方案。根据以上原则，作者采用EXCEL Visual Basic编写了掘进机轨道运输方法设计程序。该设计程序的具体应用见下一节。

6.2.7 运输问题的最优化工程应用与分析

6.2.7.1 北京地铁五号线盾构试验工程

1）工程相关信息[1-11]

盾构试验工程为北新桥至雍和宫区间的左线隧道，全长742.6m，线路最大坡度2.2%，平面曲线最小半径700m，隧道覆土厚度12~16m。隧道沿线穿越砂、黏土、卵石等地层。试验隧道采用圆形结构，管片内径5400mm，管片环宽1200mm，管片分块为5+1，管片之间用弯螺栓连接，环向每接缝有2个螺栓，纵向共16个螺栓，管片采用错缝拼装。试验隧道采用土压平衡盾构机施工，盾构机的掘进速度为2.5cm/min。施工运输为双轨方式，运输车为12t电瓶车，每掘进1环需水平运输3次，其中2次含出土运输。盾构车架后的Y形岔道系固定式，一般保持在盾构机后50m范围内，移动1次道岔耗时约4小时。由于工作井场地太小，工作井上方只能布置1辆轨道式吊车，增加了垂直吊运的时间，使工作井轨道式吊车垂直吊运1次的时间约为10min，每掘进1环需垂直吊运土箱10次（10个土箱），大于管片和灌浆桶的吊运次数，所以总吊运次数可按10次计算。

2）不设岔道的隧道最优极限长度计算

由公式（6-18）：

$$L_{max}^1 = L_3 = \left(\frac{B}{nV_1} - \frac{L_2}{V_2} \right) V_3$$

式中 B——管片宽度（m）；

V_1——盾构掘进速度（m/min）；

L_2——岔道长度，其值取决于运输车长度（m）；

L_3——岔道间距（m）；

V_3——运输车在岔道间的运行速度，其值与运输车类型、隧道坡度等因素相关，为10km/h 或 160m/min；

V_2——运输车在岔道中的运行速度（m/min）。

根据工程相关信息，可设：$n=3$，$B=1.2$m，$V_1=0.025$m/min，$V_2=50$m/min，$V_3=160$m/min，$L_2=90$m，则有：$L_{max}^1=2272$m（详见表6-5）。

计算表　　　　　　　　　　　　　　　　　　表 6-5

项目名称：	北京地铁五号线盾构试验工程			计算日期：	2003-4-20	
输入参数：				过程输出参数：		
管片宽度：	1.2	m		单轨无岔道最优极限长度：	2272	m
每环管片运输次数：	3			岔道数（单轨）：	0	
盾构掘进速度：	0.025	m/min		运输车数量（单轨）：	2	
运输车在轨道上的运行速度：	160	m/min	如不输入则按设定值计算	运输车数量（双轨）：	2	
运输车在岔道上的运行速度：	50	m/min	如不输入则按设定值计算	运输费（单轨）：	1545474	RMB
岔道长度：	90	m	如不输入则按设定值计算	运输费（双轨）：	1749474	RMB
每环管片拼装时间：	30	min		每环掘进时间（单轨）：	76	min
每量运输车价格：	500000	RMB	如不输入则按设定值计算	每环掘进时间（双轨）：	64	min
每量运输车人工价：	10000	RMB/Month	如不输入则按设定值计算	（单轨/双轨）施工价格比：	0.9	
每公里轨道价格：	130000	RMB	如不输入则按设定值计算			
掘进合同工期：	20	Month				
掘进人工合同价格：	10000	RMB/m				
每个固定式岔道价格：	50000	RMB	如不输入则按设定值计算	结论：		
每个移动式岔道价格：	200000	RMB	如不输入则按设定值计算			
隧道长度：	742.6	m		最优运输方法：	单轨无岔道方案	
注：充填色为输入或输出格。				文件名：	北京地铁五号线盾构试验工程	

3）工程分析

本工程不设岔道的隧道最优极限长度计算表明：不设岔道的隧道最优极限长度为 2272m，而本工程总长度只有 742.6m，所以布置双轨方案是不必要的。

本工程的施工统计如下：拼装 1 环管片的时间约为 30min，掘进 1 环的时间约为 48min。由于掘进和拼装 1 环管片的时间小于垂直运输时间，所以本工程的瓶颈是垂直运输。

6.2.7.2 上海延安东路隧道南线工程盾构施工

1）工程相关信息

上海延安东路隧道南线工程，西起浦西市中心区延安东路福建路口，东止浦东陆家嘴路（烂泥渡路）口。延安东路隧道南线全长 2207.5m，其中穿越黄浦江的圆形盾构隧道长 1310.5m。圆形隧道线路最大坡度 3.5%，平面最小曲率半径 700m。隧道采用圆形结构，管片内径 9900mm，管片环宽 1000mm，管片分块为 8 块，管片之间用螺栓连接、采用通缝拼装，拼装一环时间为 45min。圆形隧道采用泥水平衡盾构机施工，盾构机的掘进速度为 3.5cm/min。施工运输虽为双轨方式，但其中一轨用作道路同步施工的运输。运输车为电瓶车，每掘进 1 环需水平运输 4 次。由于工作井垂直运输设计合理，吊车垂直运输不占用额外工期。

2）不设岔道的隧道最优极限长度计算

由公式（6-25）：

$$L_{\max}^1 = L_3 = \left(\frac{B}{nV_1} + \frac{t_2}{n} - \frac{L_2}{V_2}\right)V_3$$

式中　B——管片宽度（m）；
　　　V_1——盾构掘进速度（m/min）；
　　　t_2——每环管片拼装时间（min/环）；
　　　L_2——岔道长度（m）；
　　　L_3——岔道间距（m）；
　　　V_3——运输车在岔道间的运行速度，其值与运输车类型、隧道坡度等因素相关，一般为10km/h 或 160m/min；
　　　V_2——运输车在岔道中的运行速度（m/min）。

根据工程相关信息，可设：$n=4$，$B=1\mathrm{m}$，$V_1=0.035\mathrm{m/min}$，$V_2=50\mathrm{m/min}$，$V_3=160\mathrm{m/min}$，$L_2=80\mathrm{m}$，$t_2=45\mathrm{min}$，则有：$L_{\max}^1=2686\mathrm{m}$（详见表6-6）。

计算表　　　　　　　　　　　　　　　　　　　表6-6

项目名称：	延安东路复线隧道		计算日期：	2003-4-6	
输入参数：			过程输出参数：		
管片宽度：	1	m	单轨无岔道最优极限长度：	2687	m
每环管片运输次数：	4		岔道数（单轨）：	0	
盾构掘进速度：	0.035	m/min	运输车数量（单轨）：	2	
运输车在轨道上的运行速度：	160	m/min	如不输入则按设定值计算	运输车数量（双轨）：	2	
运输车在岔道上的运行速度：	50	m/min	如不输入则按设定值计算	运输费（单轨）：	1485416	RMB
岔道长度：	80	m	如不输入则按设定值计算	运输费（双轨）：	2051512	RMB
每环管片拼装时间：	45	min		每环掘进时间（单轨）：	27	min
每量运输车价格：	5E+05	RMB	如不输入则按设定值计算	每环掘进时间（双轨）：	47	min
每量运输车人工价：	10000	RMB/Month	如不输入则按设定值计算	（单轨/双轨）施工价格比：	0.7	
每公里轨道价格：	1E+05	RMB	如不输入则按设定值计算			
掘进合同工期：	20	Month				
掘进人工合同价格：	10000	RMB/m				
每个固定式岔道价格：	50000	RMB	如不输入则按设定值计算	结论：		
每个移动式岔道价格：	2E+05	RMB	如不输入则按设定值计算			
隧道长度：	1311	m		最优运输方法：	单轨无岔道方案	
注：充填色为输入或输出格。			文件名：	延安东路复线隧道	

3）工程分析

本工程不设岔道的隧道最优极限长度计算表明：不设岔道的隧道最优极限长度为2686m，而本工程总长度只有1310.5m，所以布置单轨方案是合理的。

6.2.7.3 新加坡深污水隧道（DTSS-01）工程

1）工程相关信息

深污水隧道全长5.5km，隧道覆土厚度30m左右。隧道采用圆形结构，管片内径6450mm，管片环宽1500mm，管片采用错缝拼装。隧道采用土压平衡盾构机施工，盾构机的掘进速度为5cm/min。施工运输为单轨加岔道方式（图6-19），每掘进1环需水平运输3次。每掘进1环垂直吊运土箱、管片和灌浆桶的时间为1h。

由于工作井处设置双轨，且垂直吊运设计合理，故不占用额外工期。

图6-19 轨道图

2）不设岔道的隧道最优极限长度计算

由公式（6-18）：

$$L_{max}^1 = L_3 = \left(\frac{B}{nV_1} - \frac{L_2}{V_2}\right)V_3$$

式中　B——管片宽度（m）；

　　　V_1——盾构掘进速度（m/min）；

　　　L_2——岔道长度，其值取决于运输车长度（m）；

　　　L_3——岔道间距（m）；

　　　V_3——运输车在岔道间的运行速度，其值与运输车类型、隧道坡度等因素相关，一般为10km/h或160m/min；

　　　V_2——运输车在岔道中的运行速度（m/min）；

根据工程相关信息，可设：$n=3$，$B=1.5$m，$V_1=0.04$m/min，$V_2=50$m/min，$V_3=160$m/min，$L_2=200$m，则有：$L_{max}^1=1360$m（详见表6-7）。

计算表　　　　　　　　　　　　　　　　　　　　　表6-7

项目名称：	DTSS-1		计算日期：	2003-4-6	
输入参数：			过程输出参数：		
管片宽度：	1.5	m	单轨无岔道最优极限长度：	1360	m
每环管片运输次数：	3		岔道数（单轨）：	3	
盾构掘进速度：	0.04	m/min	运输车数量（单轨）：	5	
运输车在轨道上的运行速度：	160	m/min	如不输入则按设定值计算	运输车数量（双轨）：	3	
运输车在岔道上的运行速度：	50	m/min	如不输入则按设定值计算	运输费（单轨）：	4960529	RMB

续表

项目名称：	DTSS-1		计算日期：	2003-4-6	
输入参数：			过程输出参数：		
岔道长度：	200	m	如不输入则按设定值计算	运输费（双轨）	3380219 RMB
每环管片拼装时间：	40	min		每环掘进时间（单轨）：	92 min
每量运输车价格：	5E+05	RMB	如不输入则按设定值计算	每环掘进时间（双轨）：	50 min
每量运输车人工价：	10000	RMB/Month	如不输入则按设定值计算	（单轨/双轨）施工价格比：	1.5
每公里轨道价格：	1E+05	RMB	如不输入则按设定值计算		
掘进合同工期：	20	Month			
掘进人工合同价格：	10000	RMB/m			
每个固定式岔道价格：	50000	RMB	如不输入则按设定值计算	结论：	
每个移动式岔道价格：	2E+05	RMB	如不输入则按设定值计算		
隧道长度：	5500	m		最优运输方法：	双轨方案
注：充填色为输入或输出格。			文件名：	DTSS-1	

3）工程分析

本工程不设岔道的隧道最优极限长度计算表明：不设岔道的隧道最优极限长度为1360m，而本工程总长度有5500m，所以布置单轨加岔道方案是必要的，但岔道间距宜为1360m，而不是2000m。按本节计算结果，需设置3个岔道，运输车数量为5辆。由于内衬施工可能与盾构掘进同时进行，因此本工程不考虑双轨方案。

6.2.7.4 新加坡地铁滨海线隧道（C825）工程分析

1）工程相关信息

C825隧道全长1.3km+300m，隧道采用圆形结构，管片内径5800mm，管片环宽1200mm，管片采用错缝拼装。隧道采用土压平衡盾构机施工，盾构机的掘进速度为5cm/min。施工运输为双轨方式，每掘进1环需水平运输3次。盾构车架后的Y形岔道系固定式，一般保持在盾构机后50m范围内，由于工作井为车站的一部分，所以有条件设置双轨，不占额外工期。本工程合同工期为54个月，由于隧道需穿越2个车站，所以计划隧道掘进工期为18个月，但盾构正常掘进阶段，进度预计为每天6~8环。

2）不设岔道的隧道最优极限长度计算

由公式（6-18）：

$$L_{\max}^1 = L_3 = \left(\frac{B}{nV_1} - \frac{L_2}{V_2}\right)V_3$$

式中 B——管片宽度（m）；

V_1——盾构掘进速度（m/min）；

L_2——岔道长度，其值取决于运输车长度（m）；

L_3——岔道间距（m）；

V_3——运输车在岔道间的运行速度，其值与运输车类型、隧道坡度等因素相关，一般为10km/h 或 160m/min；

V_2——运输车在岔道中的运行速度（m/min）。

根据工程相关信息，可设：$n=3$，$B=1.2$m，$V_1=0.05$m/min，$V_2=50$m/min，$V_3=160$m/min，$L_2=90$m，则有：$L_{max}^1=992$m（详见表6-8）。

计算表　　　　　　　　　　　　　　　　　　　　　　　　　表 6-8

项目名称：	C825		计算日期：	2003-4-20	
输入参数：			过程输出参数：		
管片宽度：	1.2	m	单轨无岔道最优极限长度：	992	m
每环管片运输次数：	3		岔道数（单轨）：	1	
盾构掘进速度：	0.05	m/min	运输车数量（单轨）：	3	
运输车在轨道上的运行速度：	160	m/min	如不输入则按设定值计算	运输车数量（双轨）：	2	
运输车在岔道上的运行速度：	50	m/min	如不输入则按设定值计算	运输费（单轨）：	2245320	RMB
岔道长度：	90	m	如不输入则按设定值计算	运输费（双轨）：	1883513	RMB
每环管片拼装时间：	30	min		每环掘进时间（单轨）：	42	min
每量运输车价格：	5E+05	RMB	如不输入则按设定值计算	每环掘进时间（双轨）：	32	min
每量运输车人工价：	10000	RMB/Month	如不输入则按设定值计算	（单轨/双轨）施工价格比：	1.2	
每公里轨价格：	1E+05	RMB	如不输入则按设定值计算			
掘进合同工期：	20	Month				
掘进人工合同价格：	10000	RMB/m				
每个固定式岔道价格：	50000	RMB	如不输入则按设定值计算	结论：		
每个移动式岔道价格：	2E+05	RMB	如不输入则按设定值计算	最优运输方法：	双轨方案	
隧道长度：	1300	m		文件名：	C825	
注：充填色为输入或输出格。						

3）工程分析

本工程不设岔道的隧道最优极限长度计算表明：不设岔道的隧道最优极限长度为992m，而本工程有一段长度为1300m，大于992m，所以有必要进一步对比单轨加岔道方案和双轨方案，经程序计算，双轨方案为最佳，此程序的经济分析是以造价分析方法为依据的，即认为工程造价中只有与时间有关的价格部分会因为不同的轨道方案而有不同的施工价格。

6.2.7.5 新加坡地铁东北线隧道（C704）工程分析

1）工程相关信息

C704 隧道全长1000m+1500m，隧道采用圆形结构，管片内径5800mm，管片环宽

1500mm，管片采用错缝拼装，拼装 1 环的时间为 30min。隧道采用土压平衡盾构机，盾构机的掘进速度为 5cm/min。施工运输为单轨方式，每掘进 1 环需水平运输 3 次。原施工方案中，土渣由皮带运输机运输，轨道仅运输管片和灌浆材料，后由于土渣的黏性使皮带运输机效率极低，而改为均有运输车运输。由于工作井为车站的一部分，所以有条件设置双轨，垂直吊运用汽车吊，不占额外工期。

2）不设岔道的隧道最优极限长度计算

按原方案，应由公式（6-25）计算，即：

$$L_{max}^1 = L_3 = \left(\frac{B}{nV_1} + \frac{t_2}{n} - \frac{L_2}{V_2}\right)V_3$$

式中 B——管片宽度（m）；

V_1——盾构掘进速度（m/min）；

t_2——每环管片拼装时间（min/环）；

L_2——岔道长度（m）；

L_3——岔道间距（m）；

V_3——运输车在岔道间的运行速度，其值与运输车类型、隧道坡度等因素相关，一般为 10km/h 或 160m/min；

V_2——运输车在岔道中的运行速度（m/min）。

根据工程相关信息，可设：$n = 3$，$B = 1.5$m，$V_1 = 0.05$m/min，$V_2 = 50$m/min，$V_3 = 160$m/min，$L_2 = 90$m，$t_2 = 30$min，则有：$L_{max}^1 = 2912$m（详见表 6-9）。

计算表　　　　　　　　　　　　　　　　　　　　　　　　　　　　　　　　表 6-9

项目名称：	C704（皮带运输）		计算日期：	2003-4-6	
输入参数：			过程输出参数：		
管片宽度：	1.5	m	单轨无岔道最优极限长度：	2912	m
每环管片运输次数：	3		岔道数（单轨）：	0	
盾构掘进速度：	0.05	m/min	运输车数量（单轨）：	2	
运输车在轨道上的运行速度：	160	m/min	如不输入则按设定值计算	运输车数量（双轨）：	2	
运输车在岔道上的运行速度：	50	m/min	如不输入则按设定值计算	运输费（单轨）：	1509628	RMB
岔道长度：	90	m	如不输入则按设定值计算	运输费（双轨）：	2134283	RMB
每环管片拼装时间：	30	min		每环掘进时间（单轨）：	29	min
每量运输车价格：	5E+05	RMB	如不输入则按设定值计算	每环掘进时间（双轨）：	50	min
每量运输车人工价：	10000	RMB/Month	如不输入则按设定值计算	（单轨/双轨）施工价格比：	0.7	
每公里轨道价格：	1E+05	RMB	如不输入则按设定值计算			
掘进合同工期：	20	Month				
掘进人工合同价格：	10000	RMB/m				

续表

项目名称：	C704（皮带运输）			计算日期：	2003-4-6
输入参数：				过程输出参数：	
每个固定式岔道价格：	50000	RMB	如不输入则按设定值计算	结论：	
每个移动式岔道价格：	2E+05	RMB	如不输入则按设定值计算		
隧道长度：	1500	m		最优运输方法：	单轨无岔道方案
注：充填色为输入或输出格。				文件名：	C704（皮带运输）

根据实际情况，应按公式（6-18）计算，即：

$$L_{\max}^1 = L_3 = \left(\frac{B}{nV_1} - \frac{L_2}{V_2}\right)V_3$$

式中 B——管片宽度（m）；

V_1——盾构掘进速度（m/min）；

L_2——岔道长度，其值取决于运输车长度（m）；

L_3——岔道间距（m）；

V_3——运输车在岔道间的运行速度，其值与运输车类型、隧道坡度等因素相关，一般为 10km/h 或 160m/min；

V_2——运输车在岔道中的运行速度（m/min）。

根据工程相关信息，可设：$n=3$，$B=1.5$m，$V_1=0.05$m/min，$V_2=50$m/min，$V_3=160$m/min，$L_2=90$m，则有：$L_{\max}^1=1312$m（详见表 6-10）。

计算表 表 6-10

项目名称：	C704			计算日期：	2003-4-20	
输入参数：				过程输出参数：		
管片宽度：	1.5	m		单轨无岔道最优极限长度：	1312	m
每环管片运输次数：	3			岔道数（单轨）：	1	
盾构掘进速度：	0.05	m/min		运输车数量（单轨）：	3	
运输车在轨道上的运行速度：	160	m/min	如不输入则按设定值计算	运输车数量（双轨）：	2	
运输车在岔道上的运行速度：	50	m/min	如不输入则按设定值计算	运输费（单轨）：	2159685	RMB
岔道长度：	90	m	如不输入则按设定值计算	运输费（双轨）：	1932127	RMB
每环管片拼装时间：	30	min		每环掘进时间（单轨）：	52	min
每量运输车价格：	5E+05	RMB	如不输入则按设定值计算	每环掘进时间（双轨）：	40	min
每量运输车人工价：	10000	RMB/Month	如不输入则按设定值计算	（单轨/双轨）施工价格比：	1.1	
每公里轨道价格：	1E+05	RMB	如不输入则按设定值计算			

续表

项目名称：	C704		计算日期：	2003-4-20
输入参数：			过程输出参数：	
掘进合同工期：	20 Month			
掘进人工合同价格：	10000 RMB/m			
每个固定式岔道价格：	50000 RMB	如不输入则按设定值计算	结论：	
每个移动式岔道价格：	2E+05 RMB	如不输入则按设定值计算		
隧道长度：	1500 m		最优运输方法：	双轨方案
注：充填色为输入或输出格。			文件名：	C704

3）工程分析

本工程不设岔道的隧道最优极限长度计算表明：按原方案，不设岔道的隧道最优极限长度为2912m；按实际情况，不设岔道的隧道最优极限长度为1312m。本工程有一段长度为1500m，小于2912m而大于1312m，所以轨道运输系统对于原设计是合理的，但对于实际情况而言，单轨无岔道方案对工期不利。

6.2.7.6　广州地铁二号线市二宫—江南西区间隧道工程分析

1）工程相关信息

本工程全长887m，线路最大坡度1.5%，平面最小曲率半径600m，隧道覆土厚度16m左右。隧道沿线穿越全风化—微风化的泥质粉砂岩和粉质泥岩。隧道采用6块宽1200mm厚300mm的预制管片错缝拼装而成，管片之间采用弯螺栓连接。盾构机采用铰接式复合土压平衡盾构机，盾构机预计最大掘进速度为2cm/min。由于施工场地位于海珠广场，运距达1800m，故在该区间内的施工运输线采用双轨形式，运输车为10t电瓶车，每掘进1环需运输4次，同时考虑到运输需要分别在工作井和车架后设置"N"和"Y"形岔道，其中"Y"形道岔为移动式，移动1次约需3h，垂直吊运采用15t行车，每吊运1次约需6~8min，每环出土8箱。

2）不设岔道的隧道最优极限长度计算

由公式（6-18）：

$$L_{max}^1 = L_3 = \left(\frac{B}{nV_1} - \frac{L_2}{V_2}\right)V_3$$

式中　B——管片宽度（m）；

　　　V_1——盾构掘进速度（m/min）；

　　　L_2——岔道长度，其值取决于运输车长度（m）；

　　　L_3——岔道间距（m）；

　　　V_3——运输车在岔道间的运行速度，其值与运输车类型、隧道坡度等因素相关，一般为10km/h或160m/min；

　　　V_2——运输车在岔道中的运行速度（m/min）。

根据工程相关信息，可设：$n=4$，$B=1.2$m，$V_1=0.02$m/min，$V_2=50$m/min，

$V_3 = 160\text{m/min}$，$L_2 = 50\text{m}$，则有：$L_{\max}^1 = 1760\text{m}$（详见表6-11）。

计算表 表6-11

项目名称：	广州市二宫		计算日期：	2003-4-20	
输入参数：			过程输出参数：		
管片宽度：	1.2	m	单轨无岔道最优极限长度：	2240	m
每环管片运输次数：	4		岔道数（单轨）：	1	
盾构掘进速度：	0.02	m/min	运输车数量（单轨）：	3	
运输车在轨道上的运行速度：	160	m/min	如不输入则按设定值计算	运输车数量（双轨）：	2	
运输车在岔道上的运行速度：	50	m/min	如不输入则按设定值计算	运输费（单轨）：	2460285	RMB
岔道长度：	50	m	如不输入则按设定值计算	运输费（双轨）：	2194545	RMB
每环管片拼装时间：	30	min		每环掘进时间（单轨）：	112	min
每量运输车价格：	5E+05	RMB	如不输入则按设定值计算	每环掘进时间（双轨）：	75	min
每量运输车人工价：	10000	RMB/Month	如不输入则按设定值计算	（单轨/双轨）施工价格比：	1.1	
每公里轨道价格：	1E+05	RMB	如不输入则按设定值计算			
掘进合同工期：	20	Month				
掘进人工合同价格：	10000	RMB/m				
每个固定式岔道价格：	50000	RMB	如不输入则按设定值计算	结论：		
每个移动式岔道价格：	2E+05	RMB	如不输入则按设定值计算			
隧道长度：	2687	m		最优运输方法	双轨方案	
注：充填色为输入或输出格。			文件名：	广州市二宫	

3）工程分析

本工程不设岔道的隧道最优极限长度为2240m；本工程实际水平运输长度为1800m+887m，大于1760m，所以有必要进一步对比单轨加岔道方案和双轨方案，结论为应选双轨方案。

6.2.7.7 深圳地铁一期2A标购物公园—香蜜湖区间隧道工程分析

1）工程相关信息

本工程全长1600m，线路最大坡度3.0%，平面最小曲率半径为400m，隧道覆土厚度10~18m左右。隧道沿线穿越砾质黏性土及全风化—强风化的花岗岩。隧道采用6块宽1200mm厚300mm的预制管片错缝拼装而成，管片之间采用弯螺栓连接。盾构机采用铰接式复合土压平衡盾构机，预计最大掘进速度3cm/min。施工场地位于购物公园站，在该区间内的施工运输线采用单轨加一个移动岔道形式，运输车为14t电瓶车，每掘进1环需运输3次，同时考虑到运输需要分别在工作井设置双轨。道岔长度约50m，为移动式，尽可能靠盾构车架，移动一次约需5h。垂直吊运采用25t行车，每吊运1次约需6~8min，每环出土 5~6 箱。

2) 不设岔道的隧道最优极限长度计算

由公式 (6-18)：

$$L_{max}^1 = L_3 = \left(\frac{B}{nV_1} - \frac{L_2}{V_2}\right)V_3$$

式中　B——管片宽度 (m)；

　　　V_1——盾构掘进速度 (m/min)；

　　　L_2——岔道长度，其值取决于运输车长度 (m)；

　　　L_3——岔道间距 (m)；

　　　V_3——运输车在岔道间的运行速度，其值与运输车类型、隧道坡度等因素相关，一般为 10km/h 或 160m/min；

　　　V_2——运输车在岔道中的运行速度 (m/min)。

根据工程相关信息，可设：$n = 3$，$B = 1.2$m，$V_1 = 0.03$m/min，$V_2 = 50$m/min，$V_3 = 160$m/min，$L_2 = 50$m，则有：$L_{max}^1 = 1973$m（详见表 6-12）。

计算表　　　　　　　　　　　　　　　　　　表 6-12

项目名称：	深圳地铁一期 2A		计算日期：	2003-4-20	
输入参数：			过程输出参数：		
管片宽度：	1.2	m	单轨无岔道最优极限长度：	1973	m
每环管片运输次数：	3		岔道数（单轨）：	0	
盾构掘进速度：	0.03	m/min	运输车数量（单轨）：	2	
运输车在轨道上的运行速度：	160	m/min（如不输入则按设定值计算）	运输车数量（双轨）：	2	
运输车在岔道上的运行速度：	50	m/min（如不输入则按设定值计算）	运输费（单轨）：	1928193	RMB
岔道长度：	50	m（如不输入则按设定值计算）	运输费（双轨）：	1954846	RMB
每环管片拼装时间：	30	min	每环掘进时间（单轨）：	68	min
每量运输车价格：	5E+05	RMB（如不输入则按设定值计算）	每环掘进时间（双轨）：	53	min
每量运输车人工价：	10000	RMB/Month（如不输入则按设定值计算）	（单轨/双轨）施工价格比：	1.0	
每公里轨道价格：	1E+05	RMB（如不输入则按设定值计算）			
掘进合同工期：	20	Month			
掘进人工合同价格：	10000	RMB/m			
每个固定式岔道价格：	50000	RMB（如不输入则按设定值计算）	结论：		
每个移动式岔道价格：	2E+05	RMB（如不输入则按设定值计算）			
隧道长度：	1600	m	最优运输方法：	单轨无岔道方案	
注：充填色为输入或输出格。			文件名：	深圳地铁一期 2A	

3) 工程分析

本工程不设岔道的隧道最优极限长度为 1973m；本工程实际水平运输长度为 1600m，

小于 1973m，所以轨道运输系统可采用单轨无岔道方案。原设计单轨加 1 个移动岔道方案是不必要的。

6.2.7.8 上海轨道交通北延伸线中山北路—延长路区间隧道工程分析

1）工程相关信息

区间隧道全长 1285m，隧道覆土厚度 10~23m 左右。隧道采用圆形结构，管片环宽 1000mm。采用土压平衡盾构机掘进，盾构机的掘进速度为 1~3cm/min。盾构机穿越 400m 左右的暗绿、褐黄色黏性土地层时，以较慢速度掘进，日进尺为 5~6 环；盾构机穿越其余的灰色淤泥质黏土和灰色黏性土地层时，以较快速度掘进，日进尺为 10~12 环。施工运输为单轨无岔道方式，每掘进 1 环需水平运输 4 次。虽然工作井处设置双轨，且垂直吊运设计合理，但由于集土坑体积为 320m³，且出土时间仅限于夜间，故集土坑满载常成为工期的瓶颈。

2）不设岔道的隧道最优极限长度计算

由公式（6-18）：

$$L_{\max}^1 = L_3 = \left(\frac{R}{nV_1} - \frac{L_2}{V_2} \right) V_3$$

式中 B——管片宽度（m）；

V_1——盾构掘进速度（m/min）；

L_2——岔道长度，其值取决于运输车长度（m）；

L_3——岔道间距（m）；

V_3——运输车在岔道间的运行速度，其值与运输车类型、隧道坡度等因素相关，一般为 10km/h 或 160m/min；

V_2——运输车在岔道中的运行速度（m/min）。

根据工程相关信息，可设：$n = 4$，$B = 1$m，$V_1 = 0.03$m/min，$V_2 = 50$m/min，$V_3 = 160$m/min，$L_2 = 50$m，则有：$L_{\max}^1 = 1173$m（详见表 6-13）。

计算表　　　　表 6-13

项目名称：	上海地铁北延伸线中山北路区间		计算日期：	2003-4-20	
输入参数：			过程输出参数：		
管片宽度：	1	m	单轨无岔道最优极限长度：	1173	m
每环管片运输次数：	4		岔道数（单轨）：	1	
盾构掘进速度：	0.03	m/min	运输车数量（单轨）：	3	
运输车在轨道上的运行速度：	160	m/min	如不输入则按设定值计算	运输车数量（双轨）：	2	
运输车在岔道上的运行速度：	50	m/min	如不输入则按设定值计算	运输费（单轨）：	2141357	RMB
岔道长度：	50	m	如不输入则按设定值计算	运输费（双轨）：	1853468	RMB
每环管片拼装时间：	30	min		每环掘进时间（单轨）：	60	min
每量运输车价格：	5E+05	RMB	如不输入则按设定值计算	每环掘进时间（双轨）：	42	min

续表

项目名称：	上海地铁北延伸线中山北路区间		计算日期：	2003-4-20
输入参数：			过程输出参数：	
每量运输车人工价：	10000 RMB/Month	如不输入则按设定值计算	（单轨/双轨）施工价格比：	1.2
每公里轨道价格：	1E+05 RMB	如不输入则按设定值计算		
掘进合同工期：	20 Month			
掘进人工合同价格：	10000 RMB/m			
每个固定式岔道价格：	50000 RMB	如不输入则按设定值计算	结论：	
每个移动式岔道价格：	2E+05 RMB	如不输入则按设定值计算		
隧道长度：	1285 m		最优运输方法：	双轨方案
注：充填色为输入或输出格。			上海地铁北延伸线中山北路区间	

3）工程分析

本工程不设岔道的隧道最优极限长度为1173m；本工程实际水平运输长度为1285m，大于1173m，所以有必要进一步对比单轨加岔道方案和双轨方案，分析结论为应选双轨方案。

6.2.7.9 广州地铁二号线赤鹭区间隧道工程分析

1）工程相关信息

本工程区间隧道双线水平运输条件不一样，一条线全长1300m+729m，为单线无岔道形式；另一条线全长1100m+900m，为单线加1个岔道形式，岔道设置在1100m的车站位置。线路最大坡度3%，线路平面最小曲率半径350m，隧道覆土厚度10～15m左右。隧道沿线大部分为全风化—强风化砂岩。隧道管片宽1500mm，预制管片错缝拼装而成，管片之间采用弯螺栓连接。盾构机采用铰接式复合土压平衡盾构机，盾构机掘进速度5～8cm/min。运输车为15t电瓶车每条线配置2辆。每掘进一环需运输2次。本工程的计划总工期为2001年5月1日至2002年8月15日，实际掘进最好成绩为16环/d、224环/mon。

2）不设岔道的隧道最优极限长度计算

由公式（6-18）已知：

$$L_{max}^1 = L_3 = \left(\frac{B}{nV_1} - \frac{L_2}{V_2}\right)V_3$$

式中　B——管片宽度（m）；

　　　V_1——盾构掘进速度（m/min）；

　　　L_2——岔道长度，其值取决于运输车长度（m）；

　　　L_3——岔道间距（m）；

　　　V_3——运输车在岔道间的运行速度，其值与运输车类型、隧道坡度等因素相关，一般为10km/h或160m/min；

　　　V_2——运输车在岔道中的运行速度（m/min）。

6.2 施工运输问题的最优化建模和解析

根据工程相关信息,可设:$n = 2$,$B = 1.5\text{m}$,$V_1 = (0.05 \sim 0.08)\text{m/min}$,$V_2 = 50\text{m/min}$,$V_3 = 160\text{m/min}$,$L_2 = 50\text{m}$,则有:$L_{\max}^1 = (2240 \sim 1340)\text{m}$(详见表 6-14 和表 6-15)。

计算表 表 6-14

项目名称:	广州地铁赤鹭区间 1			计算日期:	2003-4-20	
输入参数:				过程输出参数:		
管片宽度:	1.5	m		单轨无岔道最优极限长度:	2240	m
每环管片运输次数:	2			岔道数(单轨):	0	
盾构掘进速度:	0.05	m/min		运输车数量(单轨):	2	
运输车在轨道上的运行速度:	160	m/min	如不输入则按设定值计算	运输车数量(双轨):	2	
运输车在岔道上的运行速度:	50	m/min	如不输入则按设定值计算	运输费(单轨):	1999317	RMB
岔道长度:	50	m	如不输入则按设定值计算	运输费(双轨):	2104340	RMB
每环管片拼装时间:	30	min		每环掘进时间(单轨):	50	min
每量运输车价格:	5E+05	RMB	如不输入则按设定值计算	每环掘进时间(双轨):	45	min
每量运输车人工价:	10000	RMB/Month	如不输入则按设定值计算	(单轨/双轨)施工价格比:	1.0	
每公里轨道价格:	1E+05	RMB	如不输入则按设定值计算			
掘进合同工期:	20	Month				
掘进人工合同价格:	10000	RMB/m				
每个固定式岔道价格:	50000	RMB	如不输入则按设定值计算	结论:		
每个移动式岔道价格:	2E+05	RMB	如不输入则按设定值计算			
隧道长度:	2029	m		最优运输方法:	单轨无岔道方案	
注:充填色为输入或输出格。				文件名:	广州地铁赤鹭区间 1	

计算表 表 6-15

项目名称:	广州地铁赤鹭区间 2			计算日期:	2003-4-20	
输入参数:				过程输出参数:		
管片宽度:	1.5	m		单轨无岔道最优极限长度:	1340	m
每环管片运输次数:	2			岔道数(单轨):	1	
盾构掘进速度:	0.08	m/min		运输车数量(单轨):	3	
运输车在轨道上的运行速度:	160	m/min	如不输入则按设定值计算	运输车数量(双轨):	2	
运输车在岔道上的运行速度:	50	m/min	如不输入则按设定值计算	运输费(单轨):	2491289	RMB
岔道长度:	50	m	如不输入则按设定值计算	运输费(双轨):	2099640	RMB

续表

项目名称：	广州地铁赤鹭区间2		计算日期：	2003-4-20	
输入参数：			过程输出参数：		
每环管片拼装时间：	30 min		每环掘进时间（单轨）：	36	min
每量运输车价格：	5E+05 RMB	如不输入则按设定值计算	每环掘进时间（双轨）：	28	min
每量运输车人工价：	10000 RMB/Month	如不输入则按设定值计算	（单轨/双轨）施工价格比：	1.2	
每公里轨道价格：	1E+05 RMB	如不输入则按设定值计算			
掘进合同工期：	20 Month				
掘进人工合同价格：	10000 RMB/m				
每个固定式岔道价格：	50000 RMB	如不输入则按设定值计算	结论：		
每个移动式岔道价格：	2E+05 RMB	如不输入则按设定值计算			
隧道长度：	2029 m		最优运输方法：	双轨方案	
注：充填色为输入或输出格。			文件名：	广州地铁赤鹭区间2	

3）工程分析

在正常掘进速度情况下（$V_1 = 0.05 \text{m/min}$），本工程不设岔道的隧道最优极限长度为2240m；当掘进速度比较快时（$V_1 = 0.08 \text{m/min}$），本工程不设岔道的隧道最优极限长度为1340m。本工程实际水平运输长度为1300m+790m，大于1340m但小于2240m，所以在正常情况下不必设置岔道，但掘进速度比较快时有必要设双轨方案。

6.2.7.10 马来西亚 SMART 隧道轨道运输设计

1）工程相关信息

采用泥水复合盾构施工 SMART 隧道长为5.405km，盾构将从北通风井出发，推进700m后到达北连接井（该段为公路隧道），然后穿过200m左右的北连接井，再次推进4505m到达接受井（该段为泄洪隧道）。

隧道衬砌采用钢筋混凝土管片，内径为11.83m，外径为12.83m，管片厚度0.5m，环宽1.7m。每环管片由10个基本块和1个封顶块组成，分为左环和右环，不设直线环，采用错缝拼装。管片总数为3063环，其中左环1763环，右环1300环。

管片纵向连接：采用M25螺栓，防水衬垫，每环22套。

管片环向连接：采用M25螺栓，防水衬垫，每环20套。

隧道最大纵坡1.53%，最小转弯半径250m。由于公路隧道分隔为上下2层，因此设有两处紧急通道作为上下两层之间的联络通道（联络通道选择在地质条件较好的地方，即岩石强度及整体性较好，地下水渗透少），用矿山法建造。

本标段仅包括隧道的土建部分（含联络通道），不包括工作井及设备安装。

工期：从签订工程合同开始的1132d，即3年1个月。

2）不设岔道的隧道最优极限长度计算

施工设计采用本节方法，其结果如表6-16所示。

计算表   表 6-16

项目名称：	SMART Tunnel			计算日期：	2003-4-6	
输入参数：				过程输出参数：		
管片宽度：	1.7	m		单轨无岔道最优极限长度：	2904	m
每环管片运输次数：	4			岔道数（单轨）：	1	
盾构掘进速度：	0.05	m/min		运输车数量（单轨）：	3	
运输车在轨道上的运行速度：	160	m/min	如不输入则按设定值计算	运输车数量（双轨）：	2	
运输车在岔道上的运行速度：	50	m/min	如不输入则按设定值计算	运输费（单轨）：	3181431	RMB
岔道长度：	80	m	如不输入则按设定值计算	运输费（双轨）：	3208146	RMB
每环管片拼装时间：	45	min		每环掘进时间（单轨）：	59	min
每量运输车价格：	5E+05	RMB	如不输入则按设定值计算	每环掘进时间（双轨）：	54	min
每量运输车人工价：	10000	RMB/Month	如不输入则按设定值计算	（单轨/双轨）施工价格比：	1.0	
每公里轨道价格：	1E+05	RMB	如不输入则按设定值计算			
掘进合同工期：	20	Month				
掘进人工合同价格：	10000	RMB/m				
每个固定式岔道价格：	50000	RMB	如不输入则按设定值计算	结论：		
每个移动式岔道价格：	4E+05	RMB	如不输入则按设定值计算			
隧道长度：	5500	m		最优运输方法：	单轨加岔道方案	
注：充填色为输入或输出格。				文件名：	smart1	

6.2.7.11 小结

本节内容可分为三大部分，第一部分是介绍多目标最优化理论，第二部分是建立掘进机隧道施工运输的最优化模型，第三部分是掘进机隧道施工运输最优化模型的工程实例分析与应用。

第一部分中，阐述了一般多目标最优化问题的数学模型和动态规划方法。这部分内容是以后对掘进机隧道施工运输的最优化问题建立模型的相关理论基础。

第二部分中，从分析不同隧道掘进机的施工单元入手，建立起不同隧道掘进机类型的隧道工程的轨道施工运输方案最优化模型。最优化分析的基本思想是先求得使时间最省的岔道间距，然后进一步分析不同方案的经济价格比，求出最省钱的轨道运输方案。在模型建立过程中，笔者将多目标最优化理论、掘进机隧道工程造价分析公式和具体的施工工艺相融合，得到了土压平衡盾构、泥水平衡盾构和双护盾隧道掘进机的轨道施工运输方法的最优化模型。由于使用 EXCEL 编程，隧道掘进工程水平运输系统的最优化程序的使用极为方便。

第三部分中，采用土压平衡盾构、泥水平衡盾构和双护盾隧道掘进工程水平运输系统的最优化程序对国内外十个工程进行了分析和设计。大量工程分析表明，绝大多数的水平运输系统设计是欠合理的，其中有些工程虽然原先设计是合理的，但由于施工工艺的改变或盾构掘进速度与原设计不一致而显得不合理。因此，在隧道掘进工程中必须注意局部变动对其他方面的联动性。

从各个工程实例的分析表可以看出，按本节最优化方法设计轨道运输系统可缩短工期、进而节省大量的资金。因此本节模型已被咨询公司和施工单位用于实际工程中。

需加以注意的是，根据单元分析框图的含义，假定每掘进 1 环需要运输 n（大于等于 1）次，因此对于一次管片运输就能满足 2 环及 2 环以上管片拼装的情况，而且出渣不用运输车（此时 n 必大于等于 1），本章公式未必适用。

必须指出的是，采用轨道交通运输的隧道，一般坡度不大于 4%，否则机车需要配置较大的动力，其极限坡度不大于 7%。电瓶车较柴油车投入大，但运行不产生空气污染。此外，隧道的坡度也不应小于 0.15%，否则隧道排水也会不畅。

6.3 连续运输

连续运输方法可分为皮带运输和管路运输，连续运输方法具有运输效率高、占用空间少等优点，因此越来越多地用于长距离隧道和小直径隧道。近年来，对出渣和管片进行快速、连续运输的施工组织设计是提高盾构隧道施工速度的一种创新，管片高速自动运输系统极大地提高了盾构掘进的效率，目前在工程实践中应用较为成功的主要有以下 2 种系统：

1）清水管片自动运输系统

清水管片自动运输系统由日本清水建设株式会社研究开发，该系统采用轨道运输方式，是集垂直运输与水平运输为一体的智能化、自动化运输系统，运输过程全部由中央控制室的计算机通过光电技术进行控制和运输管理。停车位置的误差可以控制在 10mm 以内。

2）鹿岛—小松管片自动运输系统

鹿岛—小松管片自动运输系统由日本鹿岛建设株式会社与小松建设株式会社联合开发，该系统采用橡胶轮胎电瓶车运输管片，废弃土采用泵送方式，隧道在施工过程中可以不设施工轨道。

鹿岛—小松管片自动运输系统与传统的轨道运输方式相比，不但运输过程实现了自动化，而且运输车辆的性能也有了明显的提高，其行驶速度可以达到 16km/h，接近传统轨道运输方式的 2 倍。

显而易见，高效的连续运输方法将是隧道施工运输技术的一个发展方向。

6.3.1 皮带运输

皮带运输技术最多见于岩石隧道中，近年来日本及我国上海等地区也将皮带运输技术用于土压平衡盾构隧道施工中。不论用于何种隧道掘进机，采用皮带运输技术的原则是：皮带运输能力必须与隧道掘进出土量匹配，换句话说，皮带运输能力必须与隧道掘进速度匹配。

皮带运输系统适合于隧道直径大于 3m 的场合。采用皮带运输系统的隧道，就皮带运输而言，对隧道坡度的适应性很宽，可以达到 20%，但其隧道坡度还受线形设计、运输车辆、施工器械的辅助交通工具所制约。

当皮带运输机长度变得相当长的时候（>2.5km），仅靠一台主驱动动力会显得不足，此时需要增设助力驱动设施。

皮带运输主要是水平向的，垂直向皮带运输一般用于竖井位置，也有将皮带运输用于倾斜隧道，但倾斜度太大往往需要对皮带机作特殊设计。

用于实际工程的皮带运输的一些主要参数目前所达到的水平如下所示：

最小转弯半径：<500m；最大带速：4.5m/s；连续皮带存储：>700m；

单条皮带长：>10km，皮带条数越小，检修和停机风险也越小；

返程带料：>1000t/h；输送最大粒径300mm；驱动功率：>1000kW（头部驱动）。

6.3.1.1 水平皮带运输技术

皮带运输能力主要取决于皮带的宽度和速度，还与出渣的侧向摩擦角和皮带机的侧边角有关。图6-20[6-7]给出了皮带宽度与速度和皮带运输能力的定量关系。图中假定：

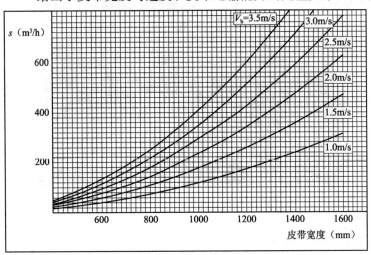

图6-20 皮带宽度与速度和皮带运输能力的定量关系

1）出渣的侧向摩擦角20°；

2）皮带机的侧边角30°；

3）隧道是水平的；

4）出渣的膨胀系数是2.0；

5）皮带运输能力达到了最大值的60%。

图6-21[6-7]为隧道直径、速度和出土量的定量关系。

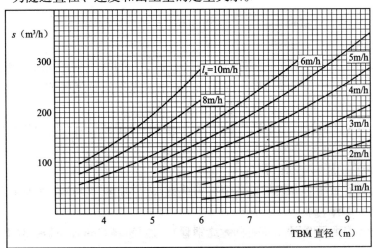

图6-21 隧道直径、速度和出土量的定量关系

6.3.1.2 垂直皮带运输技术

显而易见，用于竖井的垂直皮带运输能力必须与水平皮带运输能力一致。设计垂直皮带运输系统的关键是要防止出渣向下掉落，这不仅涉及运输效率，也关系到施工现场的整洁和安全。图 6-22 为垂直皮带运输系统。

图 6-22　垂直皮带运输系统

6.3.2　管路输送

管路输送技术主要用于泥水平衡盾构中的泥水输送，泥水输送系统的工作原理可见图 1-10，由图可见，泥水输送系统的功能一是先将新鲜泥浆送至开挖面平衡土体，二是把携带土渣的泥水运送至地表处理再利用或废弃。管路运输可避免开挖面泥砂通过螺旋机进入隧道而导致灾难性事故，那样的事故已发生多起，较为著名的是丹麦和日本的隧道进水事故。

管路输送的设计内容主要有：送排泥管的长度和管径、排泥泵的选型、中继泵的设置和计量装置。

6.3.2.1　管路输送设计要点

1）管材选择

管材的选择应符合国家标准规格的、市场上易于采购的产品，性能应满足泥水、清水输送时的工作压力、耐腐蚀等特性，并保证管道有足够的机械强度和刚度，为保证管道的可靠性，在弯曲区段应避免采用铸铁管。

除此之外，管材选择还应考虑内壁光滑以减小内壁摩擦阻力，管材本身耐磨易焊，便于加工，金相组织稳定，焊接时组织结构变化少。

工程上通常采用以下 4 种管材：

(1) 低压流体输送用焊接钢管（俗称白铁管），通径≤150mm，普通管 P_N≤1.0MPa，加厚管 P_N≤1.6MPa；

(2) 输送流体用无缝钢管（俗称无缝钢管），通径≤630mm，P_N≤13MPa；

(3) 承压流体输送用螺旋缝埋弧焊钢管（俗称螺纹管），通径为 300~2200mm，

$P_N \leqslant 10\mathrm{MPa}$；

（4）软管（俗称蛇皮管），通径为 $50\sim500\mathrm{mm}$，$P_N \leqslant 1.0\mathrm{MPa}$。

2）管径计算

（1）按体积流量计算

$$d = 18.8\sqrt{\frac{q_v}{v}} \tag{6-39}$$

式中　d——管道内径（mm）；
　　　q_v——体积流量（m³/h）；
　　　v——流速（m/s）。

（2）按质量流量计算

$$d = 594.5\sqrt{\frac{q_m}{v \cdot \rho}} \tag{6-40}$$

式中　d——管道内径（mm）；
　　　q_m——质量流量（t/h）；
　　　v——流速（m/s）；
　　　ρ——密度（kg/m³）。

3）临界流速计算

（1）淤积流速

含有固体物的泥水在管道中被输送，由于管壁的阻力逐渐增加，固体颗粒在管道中随着流体平均流速的减少，其分布越来越不均匀，当流速减小到某一数值后，管道底部出现固定的或滑动的床面，颗粒开始形成床面时的流速称之为淤积流速。

（2）临界流速

淤积流速是泥水在管道内安全输送的下限，如果实际流速低于淤积流速，将导致管道内形成固体颗粒床面，摩擦损失相应增大，并随之产生脉动，最终导致管道堵塞，更可怕的是产生水锤现象，直接造成泵的损坏。

为保证泥水在管道中正常流动，必须使实际流速超过某一给定的最小值，该流速被称为临界流速。计算临界流速的凯夫公式为：

条件：$d > 200\mathrm{mm}$

$$V_L = 1.04 d^{0.5}(\gamma - 1)^{0.75}\ln\left(\frac{d_{50}}{16}\right) \cdot \left[\ln\left(\frac{60}{C_V}\right)\right]^{0.13} \tag{6-41}$$

式中　V_L——临界流速（m/s）；
　　　d——管道内径（m）；
　　　γ——泥水相对密度；
　　　d_{50}——中值粒径（μm）；
　　　C_V——体积浓度（%）。

计算临界流速也可用以下公式：

$$V_L = F_L\sqrt{2gd\frac{\gamma_s - \gamma}{\gamma}} \tag{6-42}$$

式中 V_L——临界沉淀流速（m/s）；
  d——管路内径（m）；
  γ_s——地层重度（t/m³）；
  g——重力加速度（9.8m/s²）；
  F_L——常数，送泥取0.7，排泥取1.35；
  γ——泥浆重度（t/m³）。

(3) 管道水头损失

清水管路水头损失计算如下：

① 等径管路水头损失 h_G

公式
$$h_G = f\frac{L}{d} \cdot \frac{v^2}{2g} \tag{6-43}$$

式中 h_G——等径管路水头损失（m）；
  L——管路当量长度（m）；
  d——管道内径（m）；
  v——平均流速（m/s）；
  g——重力加速度（m/s²）；
  f——摩擦阻力系数。

摩擦阻力系数 f 可由公式（6-44）、公式（6-45）计算，也可从相关资料中查得。

$$\frac{1}{\sqrt{f}} = -2\lg\left[\frac{2.51}{Re\sqrt{f}} + \frac{K}{3.7d}\right] \tag{6-44}$$

或

$$\frac{1}{\sqrt{f}} = -2\lg\left[\frac{K}{3.8d} + \frac{5.05}{Re^{0.89}}\right] \tag{6-45}$$

式中 f——摩擦阻力系数；
  K——绝对粗糙度（mm）；
  Re——雷诺数。

管道中的当量长度由直管和弯管当量长度两部分组成，弯管当量长度可由表6-17查得。

弯管当量长度表 表6-17

管内径（mm）	90°弯管 R≥3D	90°弯管 R<3D	直角弯头	三通	软管
			当量长度（m）		
25	0.52	0.70	0.82	1.77	0.30
32	0.73	0.91	1.13	2.38	0.40
40	0.85	1.10	1.31	2.74	0.49
50	1.07	1.40	1.68	3.35	0.55
65	1.28	1.65	1.98	4.27	0.70
80	1.55	2.07	2.47	5.18	0.85

续表

管内径（mm）	90°弯管 $R \geq 3D$	90°弯管 $R < 3D$	直角弯头	三　通	软　管
	当量长度（m）				
90	1.83	2.44	2.90	5.79	1.01
100	2.13	2.77	3.35	6.71	1.16
115	2.41	3.05	3.66	7.32	1.28
125	2.71	3.66	4.27	8.23	1.43
150	3.35	4.27	4.88	10.06	1.55
200	4.27	5.49	6.40	13.11	2.41
250	5.18	6.71	7.92	17.07	2.99
300	6.10	7.92	9.75	20.12	3.35
350	7.01	9.45	10.97	23.16	4.27
400	8.23	10.67	12.80	26.52	4.88
450	9.14	12.19	14.02	30.48	5.49
500	10.36	13.11	15.85	33.53	6.10

② 弯管管路水头损失 h_W

当弯管的当量长度无法从表 6-17 得知时，可按公式（6-46）计算水头损失。

$$h_\mathrm{W} = b\xi_\mathrm{W} \cdot \frac{v^2}{2g} \tag{6-46}$$

式中　h_W——弯管管路水头损失（m）；

ξ_W——弯管损失系数；$\xi_\mathrm{W} = 0.2 \sim 0.3$；

b——角度系数；

　　当 90°时，$b = 1$；

　　120°时，$b = 0.6$；

　　135°时，$b = 0.5$。

③ 进口水头损失 h_J

$$h_\mathrm{J} = \xi_\mathrm{J} \cdot \frac{v^2}{2g} \tag{6-47}$$

式中　h_J——进口水头损失（m）；

v——进口管内流速（m/s）；

ξ_J——进口损失系数。

ξ_J 取值根据形式不同而不同：

形式一，如图 6-23 所示，$\xi_\mathrm{J} = 1.0$；

形式二，如图 6-24 所示，$\xi_\mathrm{J} = 0.5$；

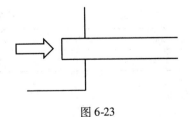

图 6-23

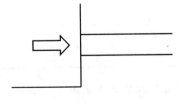

图 6-24

形式三，如图 6-25 所示，$\xi_J = 0.05$；
形式四，如图 6-26 所示，$\xi_J = 0.12$。

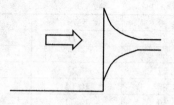
图 6-25

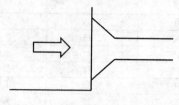
图 6-26

④ 扩散口水头损失 h_K（m）（图 6-27）

$$h_K = \xi_K \frac{(v_1 - v_2)^2}{2g} \qquad (6-48)$$

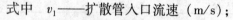
图 6-27

式中　v_1——扩散管入口流速（m/s）；
　　　v_2——扩散管出口流速（m/s）；
　　　ξ_K——扩散管损失系数。

扩散管损失系数可按表 6-18 查得：

扩散管损失系数表　　　　表 6-18

α (°)	5	10	15	20	25	30	40	50	60
ξ_K	0.04	0.08	0.16	0.31	0.40	0.49	0.60	0.67	0.72

当 $\alpha = 90°$ 时，扩散管水头损失按公式（6-49）计算

$$h_K = \xi_K \cdot \frac{v_1^2}{2g} \qquad (6-49)$$

扩散损失系数按公式（6-50）计算

$$\xi_K = \left(1 - \frac{d_1^2}{d_2^2}\right)^2 \qquad (6-50)$$

⑤ 阀门水头损失 h_F（m）

$$h_F = \xi_F \cdot \frac{v^2}{2g} \qquad (6-51)$$

式中　ξ_F——阀门损失系数。

阀门损失系数 ξ_F 随阀门的开度变化而变化，对于全开的 $D_N = 100 \sim 300$mm 的阀门，其损失系数 ξ_F 可按表 6-19 查得。

阀门损失系数表　　　　表 6-19

阀门的公称直径（mm）	100	150	200	300	>300
ξ_F	0.16	0.15	0.10	0.05	0

⑥ 异径缩管水头损失 h_S（m）

a. 逐渐缩管损失 h_{ZS}（图 6-28）

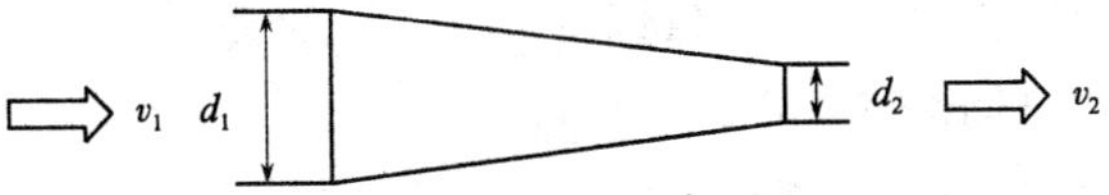

图 6-28

$$h_{ZS} = \xi_{ZS} \cdot \left(\frac{v_1^2}{2g} - \frac{v_2^2}{2g}\right) \tag{6-52}$$

式中逐渐缩管损失系数 ξ_{ZS} 取值范围为 0.1~0.8。

b. 突然缩管损失 h_{TS}（图 6-29）

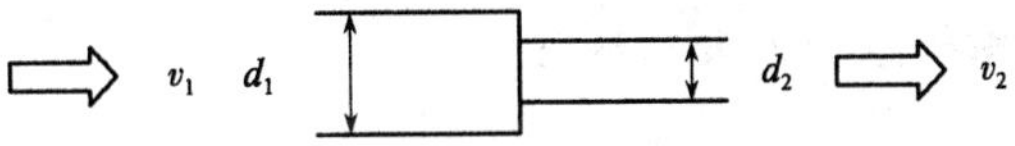

图 6-29

$$h_{TS} = \xi_{TS} \cdot \frac{v_2^2}{2g} \tag{6-53}$$

式中突然缩管损失系数 ξ_{TS} 可按公式（6-54）计算：

$$\xi_{TS} = 0.5\left(1 - \frac{d_2^2}{d_1^2}\right) \tag{6-54}$$

⑦ 出口速度水头损失 h_V（m）

$$h_V = \frac{v_d^2}{2g} \tag{6-55}$$

式中 v_d——出口流速（m/s）。

⑧ 管道总水头损失 H_Z

$$H_Z = h_G + h_W + h_J + h_K + h_T + h_S + h_V \tag{6-56}$$

4）泵的性能参数设计

（1）流量

流量为泵在单位时间内排出流体的数量。工程上一般采用体积流量，用符号 Q 表示，单位 m³/h，计算上也有用到秒流量 L/s、秒方量 m³/s。

（2）扬程

扬程是单位重量的流体通过泵后所获得的能量，用符号 H 表示。泵的总扬程包括泵的出口扬程和泵的吸口扬程，工程上所说的扬程实际上为出口扬程与吸口扬程之差。用公式（6-57）表示：

$$H = H_C - H_X \tag{6-57}$$

式中 H——扬程（m）；

H_C——泵的出口扬程（m）；

H_X——泵的吸口扬程（m）。

泵的出口扬程

$$H_C = H_{Y2} + H_{FL2} + H_{J2} + H_V \tag{6-58}$$

式中 H_C——泵的出口扬程（m）；

H_{Y2}——出口液面高度（m）；

H_{FL2}——出口管道沿程水头损失（m）；

H_{J2}——出口管道总局部水头损失（m）；

H_V——出口速度水头损失（m）。

注：出口液面高度对卧式泵来说是泵的轴中心至出口液面的高度；对立式泵来说是叶轮叶片吸口边外端至排出口液面的高度。

泵的吸口扬程
$$H_X = H_{Y1} - H_{FL1} - H_{J1} \tag{6-59}$$

式中　H_X——泵的吸口扬程（m）；

H_{Y1}——吸口液面高度（m）；

H_{FL1}——吸口管道沿程水头损失（m）；

H_{J1}——吸口管道总局部水头损失（m）。

注：吸口液面高度对卧式泵来说是泵的轴中心至吸口液面的高度；对立式泵来说是叶轮叶片吸口边外端至吸口液面的高度。

（3）转速

转速是泵轴每分钟的转数，用符号 n 表示，单位 r/min 或 rpm。

（4）功率

轴功率是泵的驱动轴所需的功率，用符号 P 表示，单位 kW。如果电机与泵是刚性联接，可视为等同于电机的输出功率，如果电机与泵是柔性联接或其他形式联接，电机配置要考虑联接形式的效率。

泵效功率是泵送流体的流量与扬程之积，用符号 P_e 表示，单位 kW。

$$P_e = \frac{\gamma \cdot Q \cdot H}{102} \tag{6-60}$$

式中　P_e——泵效功率（kW）；

γ——泥水相对密度；

Q——流量（L/s）；

H——扬程（m）。

效率是有效功率与轴功率之比，用符号 η 表示。

$$\eta = \frac{P_e}{P} \tag{6-61}$$

所以，泵的轴功率也可表达为

$$P = \frac{P_e}{\eta} = \frac{\gamma \cdot Q \cdot H}{102\eta} \text{ （kW）} \tag{6-62}$$

气蚀裕量是在泵的吸口单位重量流体所具有的超过汽化压力的富裕能量，用符号 $NPSH$ 表示，单位 m（液柱）。

5）泵的清水性能曲线

每台泵都有其特定的清水性能曲线，生产厂商有各种型号泵的标准曲线，因此，生产厂商有提供性能曲线的义务，泵的工况点可以从性能曲线上查得，如果有些参数曲线上没有给出，还需要通过公式进行计算。当然，实际工况条件可能不在标准曲线上，这时，可用插入法在2根相近的曲线中近似求得。重要部位的泵，有必要根据实际使用条件做单独的性能曲线试验，以得出准确的工作点和性能参数。

6）泵送泥水时的性能变化

在相同条件下，泵送泥水与泵送清水的扬程之比，用符号 HR 表示。

$$HR = \frac{h_z}{H} \tag{6-63}$$

式中　HR——扬程比；
　　　h_z——泵送泥水扬程（m）；
　　　H——泵送清水扬程（m）。

效率比是在相同条件下，泵送泥水与泵送清水的效率之比，用符号 ER 表示。

$$ER = \frac{\eta_z}{\eta} \tag{6-64}$$

式中　ER——效率比；
　　　η_z——泵送泥水效率；
　　　η——泵送清水效率。

通常情况下，$HR \approx ER$，HR 可从相关的资料中根据重量浓度 C_w、固体颗粒相对密度 γ、中值粒径 d_{50} 查得，也可通过公式（6-65）计算求得：

$$HR = 1 - 0.000385(\gamma - 1) \cdot \left(1 + \frac{4}{\gamma}\right) \cdot C_w \cdot \ln\left(\frac{d_{50}}{0.0227}\right) \tag{6-65}$$

式中　d_{50}——中值粒径(mm)。

泵送泥水的轴功率是泵送泥水时泵的轴功率，用符号 P 表示

$$P = \frac{\gamma \cdot Q \cdot H}{102\eta} \tag{6-66}$$

式中　P——泵送泥水的轴功率（kW）；
　　　γ——泥水相对密度；
　　　Q——泥水流量（L/s）；
　　　H——泥水扬程（m）；
　　　η——泵的效率。

7）工作压力

管道通过泵输送介质时，管道出口的压力称之为工作压力，工作压力不仅与泵的扬程有关，还与流体、流体的重度有关，与泵串联运行的级数有关。

单级泵运行时工作压力的公式

$$p = 9.8 \times 10^{-3}(H + H_X) \cdot \gamma_m \tag{6-67}$$

式中　p——单级泵运行时工作压力（kPa）；
　　　H——扬程（m）；
　　　H_X——吸口扬程（m）；
　　　γ_m——泥水重度（kgf/cm³）。

也可表达为：

$$p = \frac{1}{10}(H + H_X) \cdot \gamma \tag{6-68}$$

式中 γ——泥水相对密度。

多级泵串联运行时工作压力的公式（串联泵在同一水平位置）

$$p = 9.8 \times 10^{-3}(H_1 + H_2 + \cdots + H_n + H_X) \cdot \gamma_m \tag{6-69}$$

式中 p——多级泵串联运行时工作压力（kPa）；
H_1、H_2、…、H_n——分别为各级泵的单级扬程（m）；
H_X——吸口扬程（m）；
γ_m——泥水重度（kgf/cm³）。

也可表达为：

$$p = \frac{1}{10}(H_1 + H_2 + \cdots + H_n + H_X) \cdot \gamma \tag{6-70}$$

式中 p——多级泵串联运行时工作压力（kPa）；
H_1、H_2、…、H_n——分别为各级泵的单级扬程（m）；
H_X——吸口扬程（m）；
γ——泥水相对密度。

在实际工程中，泵的布置很少有在同一水平位置的，除非是同一台位多级串联，例如，泥水盾构中的泥水输送系统，送泥泵在地面泥水处理场地，排泥泵被布置在车架上，而送泥、排泥接力泵则被布置在有坡度的隧道内或工作井，其中，泵与泵之间有相对标高，泵与地面又有绝对标高，因此，当接力泵相互之间距离较远，须将管道的进出口沿线设备作为整个系统一并考虑，在计算水头损失时就必须考虑泵与泵之间的相对高度和系统之间的绝对高度。

6.3.2.2 管路输送施工要点

1）管道安装

有关管道安装技术方面有许多的手册和技术文献，里面有大量的资料、规范和系统介绍，本节仅列举一些在隧道工程中常用的管件、附件、阀件、支架、吊架和管道系统并列简图示意。

（1）常用管件：弯头，按其结构的特点可分为异径弯头、急弯弯头、一般弯头和焊接弯头；三通，分为等径三通和异径三通；异径管（俗称大小头），分为同心异径管和偏心异径管；封头（管帽），工程上常用闷板代替；平管底，分为普通平管底和带加强肋的平管底；管接头，分内螺纹和外螺纹（俗称束节）两种。

（2）法兰及附件：光滑面平焊钢法兰；凹凸面平焊钢法兰；光滑面对焊钢法兰；凹凸面对焊钢法兰；梯形槽面对焊钢法兰；带螺纹的钢法兰；法兰盖；法兰用紧固件；法兰用垫片。

（3）阀件：闸阀；截止阀；节流阀；球阀；蝶阀；隔膜阀；旋塞阀；止回阀；减压阀；安全阀。

（4）支、吊架：活动支架；固定支架；滚动支架；吊架。

（5）管道系统

① 取水管道系统

取水管道系统如图 6-30 所示。

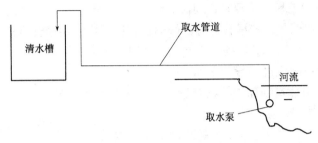

图 6-30 取水管道系统图

② 盾构泥水管道输送系统

盾构泥水管道输送系统如图 6-31 所示。

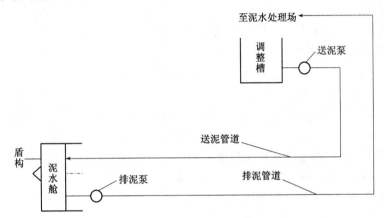

图 6-31 盾构泥水管道输送系统示意图

③ 弃浆管道系统

弃浆管道系统如图 6-32 所示。

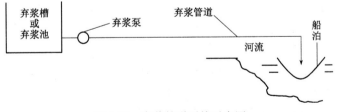

图 6-32 弃浆管道系统示意图

(6) 管道的布置

① 施工场地管道布置的一般原则

a. 施工准备期间，根据总平面布置，预先设计好管道走向；

b. 管道的布置应力求短直，尽量减少弯头；

c. 尽可能避免急转弯，可采用 2×45° 弯头过渡，禁止 180° 急转弯（临时措施除外）；

d. 在主干道下或地下管线上（条件许可）敷设管道，应采取有效的保护措施，并尽量采用焊接工艺，减少法兰接头或管接头；

e. 施工周期长的工程，明敷管道须做好防冻工作；

f. 管道尽量采用明敷，暗埋管道应做好标识，以便沿线检修管道；

g. 架空管道管底至人行道路垂直高度一般为 2.5m，至车行道路垂直高度一般为 4.5m，至铁路轨道垂直高度一般为 5.5m；

h. 管道应尽量沿建筑物和构筑物布置，并应避免靠近或穿越危险品仓库等易燃易爆场所，为方便管道检修；

i. 为检修方便，场内管道应尽可能采用低支架敷设；

j. 主干管道除了设置总阀外，各条支干管道还应设置截止阀，以便支干管道出现故障或检修时，切断支路后，不影响主干管道和其他支干管道正常运行；

k. 管道系统的最高点须设置放气阀，最低点须设置放水阀。

② 架空敷设

在下列情况下，应考虑管道架空敷设：

a. 明铺占地大，影响施工通道；

b. 管道穿越市政道路（包括人行道和车行道）；

c. 地下有管线或障碍物；

d. 总体布置不允许或无条件暗埋或明敷的场所。

③ 地沟敷设

在下列情况下，应考虑管道地沟敷设：

a. 当管道通过不允许挖开的路段而管道又必须经常检查时；

b. 管道数量多或管径较大，架空敷设有诸多不便；

c. 明敷或架空管道与施工场地有干扰。

④ 管道直埋敷设

为考虑成本，一般工程上暗埋管道都采用直接埋设的方法，其缺点是如果发生堵管，检查比较麻烦，因此，直接埋设尽可能采用直线段及焊接工艺。

2）泥水检测指标

(1) 常用的泥水物理指标

① 泥水密度

固体颗粒均匀分布在单位体积泥水所具有的质量，以 ρ_m 表示，单位 kg/m^3。

② 泥水相对密度

泥水密度与清水密度之比值，表达式：

$$\gamma_m = \frac{\rho_m}{\rho} \tag{6-71}$$

式中 ρ——清水密度（kg/m^3）。

③ 泥水浓度

a. 体积浓度：单位时间流过的固体体积与泥水的体积之比，用%表示，表达式：

$$C_{\mathrm{V}} = \frac{Q_{\mathrm{s}}}{Q_{\mathrm{m}}} \times 100\% \tag{6-72}$$

式中 Q_{s}——固体物体积流量；

Q_{m}——泥水的体积流量。

b. 重量浓度：单位时间流过的固体重量与泥水重量之比，同样也用%表示，表达式：

$$C_{\mathrm{m}} = \frac{\gamma \cdot Q_{\mathrm{s}}}{\gamma_{\mathrm{m}} \cdot Q_{\mathrm{m}}} \times 100\% \tag{6-73}$$

式中 γ——固体颗粒相对密度；

γ_{m}——泥水相对密度；

Q_{s}——固体物体积流量；

Q_{m}——泥水的体积流量。

④ 泥水黏度（漏斗黏度）

工程上常常采用特定的漏斗来检测泥水的黏度称为漏斗黏度，是一个相对黏度，操作简便实用，是公认的方法，可以较为直观地判定泥水是否符合要求。

我国常用的是俄式漏斗黏度计，也有采用 API（美国石油协会）规定的马氏标准漏斗黏度计，少数也有采用操作更为简单的日式漏斗黏度计。

无论黏度计的形式是否相同，它们的单位是相同的，均以"s"为单位。

各种漏斗黏度计特性：

俄式漏斗黏度计：注入漏斗 700mL，测定 500mL 量筒的时间。

马氏漏斗黏度计：注入漏斗 1500mL，测定 946mL 量筒的时间。

日式漏斗黏度计：注入漏斗 500mL，测定 500mL 量筒的时间。

⑤ 泥水的含砂量

大于 74μm 的砂颗粒占泥水总体积的百分含量称为含砂量。泥水中含砂量高，会降低泥水的黏度，增大泥水密度，从而造成泥饼松散，开挖面护壁性差，同时，也会加快水泵叶轮及管道的磨损。

(2) 需定期或不定期检测的物理指标

① 泥水的胶体率和稳定性

在一定时间内，泥水中充分水化且分散、保持悬浮状态的黏土颗粒占泥水总体积的百分含量称之为胶体率，泥水的稳定性表示泥水静置时，黏土颗粒沉降的程度，稳定性指标是稳定性测定仪中上下两部分泥水的密度之差。

② 泥水失水量

在盾构掘进时，泥水舱压力通常要略大于开挖面压力，受此压力差的作用，泥水中一部分清水被泌入正面孔壁中，这种现象称为泥水的失水，失水的多少以失水量表示。

③ 泥饼厚度

在泥水失水的同时，泥水中的黏土颗粒及少量细砂颗粒被阻留在孔壁上形成一层泥皮，该泥皮被叫作泥饼，这一现象也被称为"阻塞效应"。

④ 泥水的 pH 值

泥水 pH 值表示泥水的酸碱度。有试验表明，泥水通常在碱性范围内比较稳定，而在酸性泥水中,泥水的黏度、静切力和失水量等性能都会发生变化。

⑤ 泥水的结构

传统的泥水可称为分散型泥水体系,它强调的是离散和悬浮。近来,工程上应用了一种不分散泥水体系,其特点,一是"不分散",即泥水中所含固相颗粒保持在所需要的颗粒范围内不分散,形成网状结构,且对原状土中的黏土颗粒起"黏搭作用",形成新的链状、网状结构;其次是"低固相",通过使用有效的絮凝剂,把泥水中的固相含量最低可降至4%。因此,就携带功能而言,网状结构的不分散泥水体系要优于分散泥水体系。

好的泥水不仅仅考虑其输送能力,同时还要考虑其携带功能。工程上往往注重于开挖面的稳定,而常常疏忽了泥水的携带。

3) 泵的运行工况

(1) 特性曲线中工况点的选定

泵的泥水性能曲线与管道的泥水性能曲线的交点是泵的运行工况点,由于泵在输送泥水时过流件的磨损,泵的性能随之下降,工况点也将沿着管道特性曲线向下逐渐移动,因此,泵的运行工况是流量由大到小、扬程由高到低不断变化的工况。

为了使泵能较长地工作在额定工况点附近,特别是隧道掘进距离比较长的情况下,选泵时有必要增加一定的扬程富余量,这样就使得泵在初期运行时,工况点的流量和扬程相对额定工况有一个提前量,如图6-33所示。

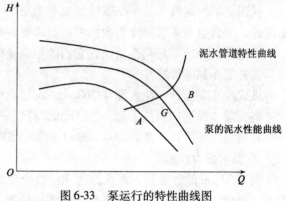

图6-33 泵运行的特性曲线图

图(6-33)中,A 点为磨损后的工况点;

G 点为额定工况点;

B 点为增加扬程富余量后的工况点。

(2) 型谱曲线中工况点的选定

水泵生产制造商有各种泵的型谱图可供用户进行选型,初步选泵可以根据施工中所需的流量、扬程等参数进行初选,初步确定型号后,再查该型号泵的特性曲线,查看工况点是否在允许范围内,工况点应避免出现在左上角和右下角,因为左上角的工况点转速太高,会加快泵的过流件磨损,而右下角的工况点,由于运行不稳定,尤其是泵刚启动时,流量偏大,会造成工况点向大流量偏移,当载荷超过电器过载保护范围,即会引起电器跳闸,这在比较平坦的特性曲线中尤应注意。

(3) 工况点漂移

泥水盾构在掘进时,开挖面地质是不断变化的,有时几环后发生变化,有时在复杂地层中1环中要发生多次变化,这些变化会造成排泥水密度不稳定,因此,也造成泵运行的工况点不断漂移,虽然,现代盾构的PLC控制系统会自动调节,但工况点漂移始终还是存在的,所以,选泵时,要保证在额定工况点附近也能正常工作,一般情况下考虑裕度 $±10\% \sim 15\%$,复杂地层考虑 $±20\%$。

(4) 气蚀

有关气蚀的理论,许多专业书上都有介绍,这里不再赘述。只要没有太大的振动和噪声,过流件磨损、叶轮点蚀等要在工程结束后才能看到,因此工程上往往对气蚀不予重视,短期的扬程、流量、效率急剧下降,只要不影响盾构掘进,加上其危害不是很直观,一般不会引起盾构司机太大的注意,鉴于气蚀在实际施工中事实存在,特别是在复杂地层施工时,泥水输送系统长期工作在气蚀条件下,至少会影响掘进速度,在无信号反馈式系统中,排泥泵运行将长期偏移工况点,随着掘进距离的延伸,系统无法运行只是个时间问题。

① 避免气蚀的方法

泥水盾构的送泥泵只有布局合理,一般不易发生气蚀,但排泥泵和排泥接力泵在掘进时不可能不发生气蚀,所以,须想方设法避免气蚀产生或尽量减少气蚀的发生。避免气蚀的方法有如下3种:

a. 设计人员在设计系统时,在必要气蚀裕量 $NPSH_r$ 条件下,考虑增加有效气蚀裕量 $NPSH_a$ 的裕度,实践证明有效气蚀裕量 $NPSH_a$ 在必要气蚀裕量 $NPSH_r$ 条件下增加0.3m远远不够,至少要增加1m,因此,排泥系统第一级泵因为有泥水舱压力存在,不予考虑,但后续的接力泵吸口一定要考虑有效气蚀裕量 $NPSH_a$ 的裕度。

b. 在系统中尽可能设置PLC程序,在各级泵的进出口安装传感器,且采用变频调速装置,信号反馈系统经PLC程序可自动调节泵的工况点,只要施工参数设置正确,即可确保泵的工况点始终不会偏移,从而保证泥水输送系统的正常运行。

c. 掘进时,盾构司机应密切注意模拟板上的流量值变化和趋势,当排泥管道发生堵管时,避免采用排泥接力泵突然的大流量"拉"或频繁的"拉",正确的方法是减小掘进速度,然后逐渐加大排泥流量,等系统流量趋于稳定后,再使掘进速度恢复正常。在堵管发生严重时,有必要停止掘进,以确保管道输送的正常运行。

② $NPSH_r$ 的误区

工程上有许多人将有效气蚀裕量 $NPSH_a$ 或必要气蚀裕量 $NPSH_r$ 视作泵的吸程,须知有效气蚀裕量 $NPSH_a$ 是通过计算求得的,必要气蚀裕量 $NPSH_r$ 是生产厂商在试验室通过清水试验给出的,而工程上实际输送的介质要远比清水复杂得多,特别是在砂性土、砾石地层,特性曲线上描述的必要气蚀裕量 $NPSH_r$ 几乎等于零,因此,工程上系统布置一定要给泵的吸口有一定的压力,即通常俗称的"倒灌"。

4) 泵的选型

工程上一般选用卧式离心泵,立式离心泵通常用于基坑和工作面排水,而泥水系统常采用卧式渣浆泵,当地层含有砂、砾石时应考虑砂砾泵。泵的合理选型是提高泵使用寿命的关键,泵的选型包括以下7个方面:

(1) 性能参数的选择

首先根据型谱确定泵的型号,扬程和流量是选择泵规格大小和是否串联、并联的依据,输送高浓度强磨蚀性泥浆,最好不选用泵最高转速 n_{max} 下的工况点,应将转速选择在 $(1/2 \sim 3/4)n_{max}$,流量合适扬程达不到,可采用多台泵串联的形式;反之扬程合适流量达不到,可采用多台泵并联的形式。对于盾构泥水输送系统,流量选择在最高效率对应流量的40%~80%范围内,对于一般的排水系统,流量选择在最高效率对应流量的40%~100%范围内。

(2) 扬程富余量

泵在运行过程中,由于过流件的磨损,泵的性能不断下降,直至不能满足工况要求,为了使泵能长时间地运行在额定工况附近，通常在选泵时，刻意增加一个扬程余量，余量可取额定扬程的10%~15%。

(3) 过流件材质的选择

泥水输送系统中泵的过流件由于有耐磨、耐腐蚀要求，因此，硬度要求在布氏650~750，材质要求耐碱。渣浆泵橡胶内衬常采用氯丁橡胶。

(4) 轴封

轴封形式通常有以下三种形式：

① 填料密封

填料密封是最常见的轴封形式，填料密封需加轴封水，轴封水应保证足够的水压和水量。其特点是经济，结构简单，盘根调换方便。值得提醒的是，生产厂商产品说明书上提供的水封压力和水量，其数值是试验室清水试验值，远不能满足实际施工的要求，一般水封压力要高于泵的出口压力0.10~0.12MPa，水量要大于产品要求的50%~80%。

② 副叶轮密封

副叶轮密封一般在"倒灌"工作下使用，"倒灌"压力应小于10%的泵出口压力，理论上这种轴封形式不需要加轴封水，但实际使用时，由于工况条件较为恶劣，因此，还是要考虑加轴封水。副叶轮密封将增加功率消耗，一般增加功率为额定功率的5%。

③ 金属密封

金属密封省去了水封系统，使系统变得简单，其轴封效果也是显而易见的，它一般用于工况稳定、介质变化不大的永久性固定场合，工程上由于其价格昂贵且结构复杂而不予采用。

(5) 传动方式

渣浆泵或砂砾泵的传动方式有V形三角带传动、弹性联轴器传动、刚性联轴器传动、齿轮减速箱传动、液力偶合器传动、变频驱动装置、可控硅调速等，其中V形三角带和弹性联轴器因其价格便宜，装拆方便在工程上所常见。另变频驱动装置因其实际需要，在工程上愈来愈普及。

(6) 安装形式

受盾构安装和场地的限制，传统的直联形式（DC传动）经常不能安装，因此，有必要了解一下泵的几种安装形式，才能因地制宜地满足施工。泵的安装形式主要有如下8种：

① 电机与泵平行且电机布置在泵左侧的CL传动；

② 电机与泵平行且电机布置在泵右侧的CR传动；

③ 电机与泵平行，电机布置在泵左侧且与泵错位的ZL传动；

④ 电机与泵平行，电机布置在泵右侧且与泵错位的ZR传动；

⑤ 电机与泵平行且电机叠在泵体之上的CV传动；

⑥ 电机与泵平行，电机叠在泵体之上且与泵错位的ZV传动；

⑦ 电机轴线，泵的轴线在同一轴线上的DC传动；

⑧ 从泵的吸口看，只要结构不受限制，泵出口可360°任意调节，功能不受丝毫影响。

(7) 电机配置

当泵的轴功率计算出来后，鉴于施工中泵启动和流量、扬程的波动，在选择标准电机时，一定要考虑一定的功率保险系数，保险系数一般可取1.2~1.4。

(8) 选型步骤

① 根据施工参数计算临界流速；

② 根据流量和管道条件计算清水管道水头损失，画出清水管道特性曲线；
③ 画出泥水管道特性曲线，并求出给定流量下的水头；
④ 查出或计算出扬程比 HR 和效率比 ER，并计算出所需的清水扬程，将扬程增加 10%，得出所需泵的清水扬程；
⑤ 根据流体介质的磨蚀性，确定泵的类型；
⑥ 根据给定的流量和清水扬程计算值，选择泵的规格。1 台泵不能满足扬程要求时，应考虑串联，同样，1 台泵不能满足流量要求时，应考虑并联。对串联泵还要计算泵的工作压力、轴承寿命；
⑦ 将清水和泥水管道特性曲线绘制在所选泵的特性曲线图中，得到泵的工况点，并查出泵的转速 n、必要气蚀裕量 $NPSH_r$、效率 η 等；
⑧ 计算有效气蚀裕量 $NPSH_a$，判断泵是否在无气蚀条件下运行；
⑨ 计算泵的泥水轴功率，并检查轴功率是否小于选定泵的托架功率；
⑩ 选择标准电机；
⑪ 根据转速及功率确定传动形式、安装形式和轴封形式；
⑫ 计算出口压力，确定填料轴封的轴封水水量和水压。

5) 泵的串、并联

随着泵制造业水平的提高及管道输送技术的不断发展，管道输送的形式也变得丰富多彩，远距离管道输送和大流量管道输送在施工中已不是一个解决不了的难题，了解和掌握泵的串、并联技术，将有利于工程实践运用。

(1) 泵与泵相隔一定距离的串联

① 中间有给料池的串接

如图 6-34 所示，中间有给料池的串接具有以下特点：优点是可选用低压离心泵，管道压力低，投资成本较小；缺点是需要设多个给料池，电源供给和控制装置安装及维修费用大，总成本高。这种方式常见于隧道最低点排水用。

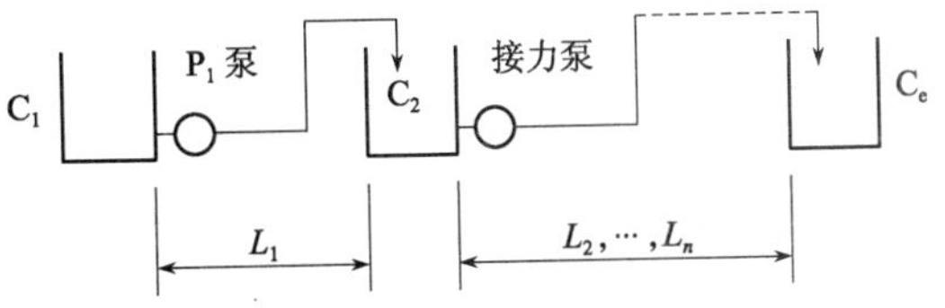

② 首尾相联的串接

首尾相联的串接优、缺点同上所述，

图 6-34

仅省去了给料池，这种方式在泵启动和突然停泵时，会产生水锤，因此，对系统启动的顺序和时间要进行计算，同样，停泵的顺序和时间也要进行计算。其次，这种形式的每台泵要求流量一致，系统总扬程叠加，流量略小于额定流量。

a. 水平管道输送

水平管道输送这种方式如图 6-35 所示，常见于较长距离的盾构泥水系统、弃浆系统和取水系统。

图 6-35

b. 垂直管道输送

垂直管道输送这种方式如图 6-36 所示，常见于隧道工作竖井的排水用。

c. 混合管道输送

混合管道输送为上述 a、b 两种方法的混合,工程上较为典型的就是泥水盾构泥水输送系统。

（2）泵与泵首尾相联同一台位串联

这种形式的布置对泵的耐压值和启动有一定的要求,须采用特制的"耐高压泵",出口处的控制阀门易采用自动控制,阀门的开度随系统压力的升高逐渐打开,为保证系统的安全,还要配置一套安全装置。

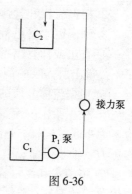

图 6-36

① 平行串接

平行串接如图 6-37 所示。

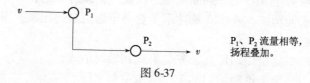

图 6-37

② 垂直串接

垂直串接如图 6-38 所示。

（3）泵的并联

如图 6-39 所示,这种方式常用于快速排水系统,它要求每台泵的扬程一致,总流量叠加,但出口的实际扬程要低于泵的额定扬程。

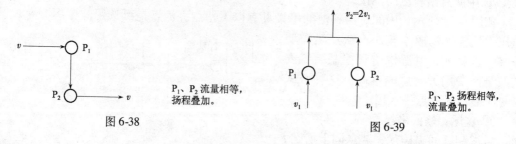

图 6-38   图 6-39

6.4 道路式运输技术

6.4.1 概况

随着我国隧道施工技术的不断提高,大型隧道工程趋于普及,而大型隧道施工需要大量的设备、材料、构件及盾构维修、维护所必要的零部件,仅靠传统的轨道运输已不能满足施工要求,因此,为了缩短工期,提高工效,同步施工由此应运而生,这给道路运输创造了有利条件。道路运输是现代运输方式之一,同时,它也构成了隧道施工期间运输的另一种基本运输方式,在大直径隧道同步施工中,道路运输占有重要的地位,实践也证明道路运输正发挥着愈来愈重要的作用。隧道施工阶段的道路式车辆运输内容取决于土层类型和隧道掘进机的类型。对于大直径泥水平衡盾构,由于渣土是管路运输,因此,车辆运输的主要内容是隧道管片、压浆材料和盾尾油脂。对于岩石隧道，车辆运输的主要内容是隧道掘进出渣、隧道管片、压浆材料和盾尾油脂。

6.4.2 道路运输的特点

道路运输机动灵活、简捷方便，在隧道施工物资集散运输中，它比轨道运输具有更大的优越性，它不需要垂直运输辅助，尤其在实现地面到工作面的运输中，只要引道段完成，即可直接将材料、设备等运至工作面，其快速灵便性是显而易见的。

但是，隧道施工阶段的道路车辆运输与一般的道路车辆运输的最大差别在于隧道施工中的车辆运输具有空间狭小和封闭的特征，因此道路运输也具有一定的局限性，如：不适宜装载重件、大件超长件物资；车辆运行中振动较大，如捆绑不牢，易造成物损事故；只能用于大直径隧道（一般直径至少大于 8.5m），而且隧道坡度既不宜大于 15% 也不能小于 0.25%。为了避免车辆转向，可以使用双头车（图 6-40）或在盾构车架后面 50~100m 的位置设置转向底盘（图 6-41[6-7]）。运输成本费用也较轨道运输高。

图 6-40 双头车

图 6-41 转向底盘

6.4.3 道路运输的种类

隧道施工受到空间的限制,因此,在车辆合理选择、车辆的使用范围、使用频率及利用率等方面提出了较高要求。根据以往经验,隧道内道路运输的种类有:卡车、双头载重车、叉车、装载车等。

6.4.4 道路式运输的设备要求

和其他运输方法一样,隧道施工阶段的道路式车辆运输必须确保隧道掘进施工的进度不会因运输而受较大的影响。因此,隧道施工阶段的道路式车辆运输能力应能满足隧道最大掘进速度的要求。道路式车辆运输方法能否成功主要取决于车辆的质量和对运输车辆的维护。对道路式车辆运输方案必须仔细考虑,隧道掘进机的掘进速度、使用车辆的装载能力、渣土松散系数(1.8~1.9)、车辆数量、车辆在隧道内外行车速度、车辆装卸货物的地点、运输循环周期等都是决定道路式车辆运输方案的关键点。长大隧道在施工阶段采用道路式车辆运输方法的前提是隧道内的空间必须能满足两车交汇。此外,对于施工期采用道路式车辆运输的隧道,必须注意运输车辆产生的废气对隧道空气的不利影响,因此,在隧道施工期间,通风设计必须考虑此项因素。对道路、车辆还有以下具体要求:

1) 安全,制动性能要好;
2) 废气排放高于欧Ⅱ标准;
3) 便于在隧道内掉头,如掉头确实困难应考虑双头车;
4) 考虑结构的限高、限宽;
5) 行驶速度适当;
6) 优先考虑通用设备,特殊设备或非标设备要求经济实用,结构简单,维修方便,零部件通用。

参考文献

[6-1] Zdenek Eisenstein. 3rd UN/ITA Workshop. Rabat. Apr. 22nd—24th 1999
[6-2] 解可新等. 最优化方法. 天津:天津大学出版社,1997
[6-3] 程理民等. 运筹学模型与方法教程. 北京:清华大学出版社,2000
[6-4] 马振华主编. 运筹学与最优化理论卷. 北京:清华大学出版社,1998
[6-5] 《运筹学》教材编写组. 运筹学. 北京:清华大学出版社,1990
[6-6] 华学新,周文波,丁志诚. 上海延安东路复线圆隧道工程的施工技术. 铁道工程学报,1996.10
[6-7] Amund Bruland. Hard rock tunnel boring Design and Construction. NTNU, 1998
[6-8] 张家峥. 新型五金手册. 北京:中国建筑工业出版社,1993
[6-9] 顾顺符,潘秉勤. 管道工程安装手册. 北京:中国建筑工业出版社,1996
[6-10] 施振球,赵延元等. 动力管道手册. 北京:机械工业出版社,1994
[6-11] 柳金海. 管道工程安装维修手册. 北京:中国建筑工业出版社,1994

第7章 钢筋混凝土预制管片制作技术

早期的衬砌管片多为铸铁管片，如英国、日本等国。伦敦地铁约有110km长度的铸铁管片衬砌，经过100年左右的使用，这些铸铁管片状态良好，应该可以再使用一百年。然而，由于铸铁在生产过程中会产生严重的环境污染，现在已鲜见使用。钢管片具有很好的承载能力，但由于价格较贵，而且耐久性较差，目前只在特殊区段使用，如：在有旁通道开口段的管片衬砌，国内多采用钢管片。由于价格和耐久性原因，钢筋混凝土管片得到了广泛应用。

从1932年在West Middlesex污水隧道第一次使用钢筋混凝土预制管片至今，已有80多年历史。今天，钢筋混凝土管片已是盾构法隧道最常使用的衬砌类型。为了确保钢筋混凝土预制管片的"三高"要求，即强度等级要高、抗渗性要高和尺寸精度要高，管片要在更高精度的钢模内制作成型，并对其原材料、外加剂、拌制及振捣养护均有严格的要求。

7.1 预制管片分类

预制管片有不同的分类方法，可按不同隧道断面形状分类，也可按不同材质分类。

7.1.1 按不同隧道断面形状分类

1）圆形隧道管片；
2）异形隧道管片；
3）矩形管片；
4）马蹄形隧道管片；
5）异圆形隧道管片（双圆、多圆、椭圆形）。

7.1.2 按不同材质分类

1）钢筋混凝土管片；
2）钢管片；
3）球墨铸铁管片；
4）复合管片。

7.2 预制管片生产

虽然管片有不同的材质，但钢筋混凝土管片是目前采用最为广泛的管片类型。以下将详述钢筋混凝土管片的施工工艺。

7.2.1 生产场地准备

按管片生产工艺设置管片混凝土浇捣场、砂石堆场、上料系统、钢筋制作车间、管片浇筑车间、养护池（当采用养护液时可省略）、管片堆场、水平拼装场和试验室等。其规格应与隧道工程规模和进度相适应，且要符合管片生产工艺流程要求。图7-1为某一工程实例。

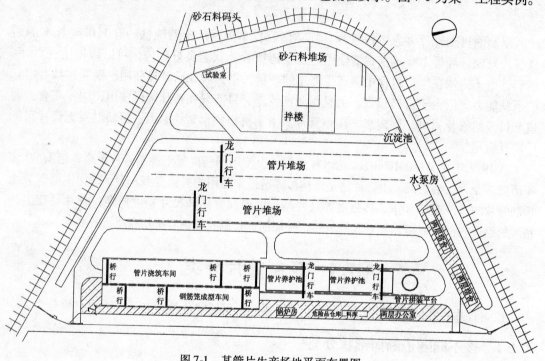

图7-1 某管片生产场地平面布置图

7.2.2 原材料优选

1) 水泥

水泥是混凝土提供强度的主要成分，不同厂家生产的同一类型的水泥，在抵抗混凝土开裂的能力方面有很大的差异。高性能管片混凝土的强度要求在C45~C60，属于高强混凝土，同时高性能管片混凝土更加重视对影响结构耐久性的裂缝的控制。因此配制高性能管片混凝土在水泥原材料的选择上应注意以下几个方面：

（1）水泥应选择强度不低于42.5MPa的硅酸盐水泥或普通硅酸盐水泥；

（2）同时鉴于对混凝土抗裂性能的考虑，水泥的水化热不能过高，应尽量选择中热水泥（硅酸三钙C3S<55%，铝酸三钙C3A<6%）或接近中热的水泥；

（3）为防止混凝土中碱骨料反应，对水泥的碱含量有一定控制（根据《混凝土碱含量限值标准》(CECS53：93)，在0.65%以下）；

（4）选择与高效减水剂适应性好的水泥。

2) 骨料

（1）细骨料宜选用级配良好的中砂；

(2) 粗骨料宜选用质地坚硬、级配良好、针片状少、空隙率小的碎石，其岩石抗压强度易大于100MPa，或碎石压碎指标不大于10%。

3) 掺合料

宜采用细度不小于4000cm²/g的磨细粒化高炉矿渣粉，Ⅰ、Ⅱ级粉煤灰，硅灰等。掺合料的品质应符合现行国家标准《用于水泥的粒化高炉矿渣》(GB/T 203—1994)、《用于水泥和混凝土中的粉煤灰》(GB/T 1596—2005)及现行行业标准的规定，硅灰的品质应满足《海港工程混凝土结构防腐蚀技术规范》(JTJ 275—2000)的要求。

4) 外加剂的优选

考虑到管片混凝土的强度和耐久性，外加剂选用高效减水剂，同时与胶凝材料适应性良好。

7.2.3 混凝土配合比及性能

1) 配合比设计

盾构管片高性能混凝土配合比设计的难点在于：较小坍落度的混凝土在浇筑时有良好的触变性；振动成型过程中石子基本不下沉，分层离析小；混凝土浇筑后能够尽快失去流动度形成初始结构，易于抹面；早期强度高等。

根据经验，配合比主要设计参数应满足：

(1) 水胶比控制在<0.35；
(2) 胶凝材料总量不少于400kg/m³；
(3) 应通过试验确定最佳砂率；
(4) 应通过试验确定适宜的掺合料掺量。

2) 管片性能试验

高性能管片混凝土应考虑其使用的环境条件及设计要求，对新拌混凝土应测试其拌合物和易性，对硬化混凝土应测试其抗压强度、抗渗性能等，并要进行抗氯离子渗透性能的检测。

7.2.4 高精度钢模设计制造及检验

钢模精度是混凝土管片精度的保证，因此钢模的制作应严格按设计图制作说明的要求进行加工，执行《钢结构工程施工及验收规范》(GB 50205—2001)国家强制性标准。钢模制作允许偏差可参照上海市工程建设规范《市政地下工程施工质量验收规范》(DG/TJ 08—236—2006)，具体见表7-1。

钢模制作允许偏差　　　　　表7-1

检验项目	允许偏差	检查数量		检验方法
		范围	点数	
宽度（mm）	±0.4	每块	6	专用量具
弧弦长（mm）	±0.4	每块	2	专用量具
底座夹角（°）	±1°	每块	4	专用量具

检验项目	允许偏差	检查数量		检验方法
		范围	点数	
纵环向芯棒中心距（mm）	±0.5	每块	全数	专用量具
内腔高度（mm）	±1	每块	3	专用量具

作为钢模，必须满足以下三条基本要求：
（1）具有小于毫米级的精度；
（2）具有很好的耐久性和边侧缝间的闭合性，以防水泥浆水渗出；
（3）容易开启和关闭。

目前常见的钢模有3种，每种不同的高精度钢模对应着不同的混凝土振捣形式，即：

1）人工插入式振捣

该方法对钢模影响小，有利于在确保高精度前提下的钢模长期使用，采用人工插入式振捣的钢模通常能用1500模以上，但人工插入式振捣的质量取决于人员的操作。目前在中国、东南亚国家和日本等国广为采用人工插入式振捣，这种类型的钢模如图7-2所示。

图7-2 人工插入式振捣的钢模照片

2）振动台振捣

采用振动台振捣，即是用有振动功能的顶升振动台进行管片混凝土的振动，该方法可节省劳动力，但对钢模制造要求较高，因此钢模成本也较大，钢模在振动台的使用条件下，寿命较短，一般仅能生产500模，振动台振捣方法在欧洲和印度等国广泛采用。这种类型的钢模如图7-3所示。

图 7-3 振动台振捣的钢模照片

3) 附着式振捣

在制作钢模时,将气动高频振动器附在钢模底部。在生产管片时,以顶升平台为依托,用压缩空气控制振捣。该方法免去了振动台和振捣人员,但缺点是钢模使用寿命较短(一般仅 500 模),附着式振捣方法在香港常见使用。

4) 钢模的检验和保护

(1) 钢筋混凝土管片精度是以钢模加工和合拢振捣后的精度作保证的,因此钢模在正式投入管片制作前必须经过四阶段检测。即加工装配精度检测、运输到厂钢模定位后的精度复测、试生产后的钢模精度同实物精度对比检测及管片三环水平拼装精度的综合检测。各项检测指标均在标准的允许公差内,经现场工程师批准,方可投入正常生产。

(2) 在正常生产状态下,对钢模实施两种检查的管理,即浇捣前的快速检查和钢模定期检查。浇捣前的快速检查是用专用的快速测量工具对钢模中心宽度和能显示钢模正确合拢的项目进行测试。测试工具必须保持完好状态,并要妥善置放在可靠的地方。钢模定期检查其目的是保证钢模在允许公差之内进行管片制作。在常规情况下,检查周期以每制作 100 环管片作为暂定检查周期。如有特殊情况,可缩短其检查周期或作针对性检查,超标必须及时修正。复检达标后方可继续进行管片制作。专用的快速测量工具通常是游标卡尺、钢卷尺、尼龙线以及特制的高精度模版(TAMPLATE),近来也有用激光设备的。游标卡尺只能用来测量管片的宽度和厚度,钢卷尺用来测量管片弧长,尼龙线可对扭曲变形情况进行检验。比之激光设备,高精度模版无需编程,也易保存,但缺乏所测物体的各点数据。

(3) 钢模检查的各项目检测值都应及时、准确、清晰地填写在规定的钢模检查表中,确保记录的有效性和可追溯性。

(4) 对管片脱模和起吊后的钢模,必须在不损伤钢模本体的前提下进行彻底清理。确保钢模内表面和拼接缝不留有残浆和微小颗粒,以保证钢模合拢的精度。

(5) 脱模剂应用专门工具均匀抹刷在钢模与混凝土的所有接触面上。抹刷后应有专人检查,不要留有影响管片质量的隐患,确保脱模剂抹刷质量。

(6) 钢模操作工在上岗前必须按照钢模供应商提供的钢模操作手册及钢模维修手册进行理论和实际操作培训。

7.2.5 钢筋骨架制作

在钢筋骨架的成型过程中,严格的施工程序是质量的保证。具体详见图 7-4。

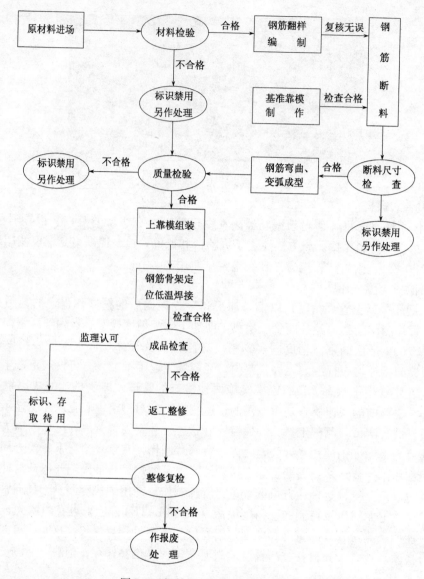

图 7-4 钢筋骨架制作工艺流程图

1) 钢筋原材料检验

（1）根据采购程序控制对钢筋供应商进行严格评审，选择信誉好、质量优、价格合理的钢筋供应商，并提交工程师审核认可后，再正式确定供应商。

（2）每批钢筋进场要有该批钢筋的质量保证书，且必须是相同钢筋等级、相同直径、相同铸造号码、相同批号（堆号）方可称为同一批。

（3）钢筋原材料复试检测频率以≤60t 为一单位，样本从不同堆放位置按检验要求取相应的尺寸和数量，按国家规范规定项目和要求进行测试。

（4）应由具有资质的测试单位进行测试，并出具有效的测试报告。经工程师确认后，该批钢筋挂牌标识进入待用状态。

2) 钢筋材料运输和堆放

钢筋吊运不得损伤钢筋，严禁钢筋自落卸车和运输途中被污染。钢筋进场后，要分类、整齐堆放在水平支架上，标识状态，确保钢筋不发生畸变。

3）钢筋断料和弯曲成型

(1) 进入断料和弯曲成型阶段的钢筋必须是标识可用状态的钢筋。

(2) 断料、弯曲成型之前必须要有经过详细翻样确认的尺寸、形状明细表，并准备好准确的样棒和校核基模，以保证在断料、弯曲成型过程中快速检测。

(3) 切断和弯曲工序的操作和公差控制应遵从规范和标准中有关条款的规定。切断和弯曲成型后的钢筋制件应分类存放在支架上，并标识状态。

4）钢筋骨架总装

(1) 根据管片钢筋骨架制作的精度特殊性，要求各单体部件制作成型精度必须满足总装精度要求。为此根据各单体部件和总装工艺的精度，专门加工相应的制作靠模，来达到各自的精度要求和总装的精度要求。

(2) 各单体部件和总装工序中钢筋连接均采用低温焊接工艺（即 CO_2 低温保护焊）。焊接操作工应经过培训、考核合格后上岗。

(3) 按照设计和规定的要求对总装完成的钢筋骨架进行严格的质量检查，主要内容包括：外观、焊接和精度（公差）3 个方面，检查合格后可挂牌标识进入成品堆放区待用。

钢筋骨架制作允许偏差参照国标《地下铁道工程施工及验收规范》(GB 50299—1999)，应符合表 7-2 的规定。

钢筋骨架制作允许偏差值　　　　表 7-2

检验项目	允许偏差或允许值（mm）
主筋间距	±10
箍筋间距	±10
分布筋间距	±5
骨架长、宽、高	+5 -10
环、纵向螺栓孔	畅通、内圆面平整

5）钢筋防腐喷涂

当隧道建于腐蚀性水土环境中时，有必要对钢筋进行防腐处理。防腐处理的办法有二类：一类是将钢筋骨架浸入环氧液化床，另一类是对钢筋骨架喷涂环氧粉末，由于前者方法初期投入较大，后者方法在实际工程中应用较多。喷涂工艺流程如下：

钢筋除锈→钢筋预热→静电喷涂→现场修补处理

(1) 钢筋除锈

采用喷丸法机械除锈（根据 ASTM 标准规定必须采用机械方法除锈），清理速度可达 20m/min。

(2) 钢筋预热

在全封闭烘房中预热至 250~300℃。

(3) 静电喷涂

自动升降台自动喷涂,然后加热(100~200℃)。经过这样处理,能较容易地得到 0.18~0.30mm 的喷涂厚度。

(4) 现场修补处理

只需将上道工序中的喷涂材料,加入部分化学溶剂,现场调和涂刷就能得到理想效果。

6) 成品堆放和运输

(1) 钢筋骨架成品堆放应按照平面布置图分类整齐堆放,并呈拱形堆放在指定区域内。为防止积压造成钢筋骨架变形,堆放高度不允许超过5层。

(2) 钢筋骨架吊装采用横担式专用工具,确保骨架在吊装过程中不产生变形。

(3) 钢筋骨架运输采用台车水平运输的方案,以保证钢筋骨架运输的速度能满足管片制作的需要。

7.2.6 钢筋骨架入模及预埋件安装

1) 钢筋骨架入模

(1) 钢筋骨架的隔离器根据不同部位分别选用齿轮形和支架形两种。其中支架形用于内弧底部;齿轮形用于侧面和端面。隔离器设垫位置正确、布设均匀。选用标准:应符合厚度、承受力和稳定性要求,颜色同管片混凝土保持基本一致。

(2) 钢筋骨架入模条件:经检验合格认可的骨架,形状同钢模相符合的,钢筋骨架表面是符合要求的(一直要保持到混凝土浇捣前)。若钢筋骨架表面有恶化,不符合使用标准,则应处理后方能进行下道工序作业。

(3) 钢筋骨架入模位置应保持正确,骨架任何部分不得同钢模、模芯等相接触,并应有规定的间隙。入模工序全部完成后,必须经质检员检查认可,方能进行混凝土浇筑工序。

2) 预埋件

预埋件制造严格按照图纸进行加工,保证预埋件的精度要求。压浆孔及预埋件的定位是通过在钢模底模上预设定位孔来解决。预埋件上锚筋将在钢筋笼入模后与钢筋笼焊接牢固,防止预埋件在浇捣时移位。

7.2.7 混凝土浇筑

管片混凝土浇筑必须具备:钢模合拢精度和钢筋骨架入模均符合要求并已认可;混凝土搅拌系统处于正常状态和振捣器能正常运作等条件。

1) 混凝土供料和运输

(1) 管片混凝土由搅拌系统供应。搅拌上料系统和搅拌系统及试验室等辅助设施均应能满足管片制作的要求。

(2) 管片混凝土搅拌配合比经模拟对比试验后,确定基本配合比。每天混凝土开拌前根据气候、气温和骨料的含水量变化,出具当日搅拌的混凝土配合比。

(3) 根据当日混凝土配比单,调整好称量、计量系统。称量、计量系统应定期校核,把称量、计量公差控制在允许公差之内，以保证上料计量系统始终在受控状态下工作。

（4）混凝土搅拌要充分、均匀，现场测试混凝土坍落度公差满足设计要求。

（5）混凝土试块留置每次浇捣不少于3组。其中2组进标养室标养，作28天强度试验（其中有1组作备用）；另1组同管片同条件养护，测得起吊时的抗压强度。

（6）混凝土倒入专用贮料斗内，运输到管片车间内，经垂直提升运到浇筑位置，下料入模。

2）混凝土布料、振捣和成型

（1）开始阶段混凝土由贮料斗向钢模内均匀进行布料。当盖板封上后，混凝土从钢模中间下料。下料速度应同振动效果相匹配，尤其是在每块钢模即将布满时，更要控制布料速度，防止混凝土溢出钢模外。

（2）振捣是管片成型质量的关键工序。振动时间、混凝土坍落度、布料速度和振动器的效率等是构成振捣效果的四大要素。因此在管片正式生产前，必须经过试验和试生产来确定有关制作参数。

（3）成型后的管片外弧面混凝土收水应根据气温间隔一定时间后进行。间隔时间以管片外弧面混凝土表面已达初凝来控制。收水的目的是使之表面压实抹光和保证外弧面的平整和顺，因此，该工序应有熟练的抹面工来操作。收面必须达到2次。

（4）钢模内侧面和端面螺孔芯棒既要便于脱模又要防止坍孔，因此在管片混凝土初凝前先松动钢模芯棒，严禁向外抽动。当混凝土初凝后，对芯棒再次松动，直到混凝土达到自立强度后方可拆下螺孔芯棒（混凝土自立强度根据气温凭经验控制拆芯棒间隔时间）。

7.2.8 管片脱模、养生

在浇捣结束后静养约2小时后开始蒸养，在一些湿度和温度均较高的国家，如：新加坡、马来西亚等东南亚国家，也可采用自然养护方法。当采用蒸养技术时，应注意以下事项：

1）升温速度：每小时15~25℃，最高温度50~60℃。恒温时间视季节、温度、湿度而定，在恒温时相对湿度不小于90%。降温速度每小时10~20℃。在整个蒸养过程中应有专人负责检查，并做好记录。

2）整个蒸养过程中，蒸养控制室值班人员加强责任心，如实记录各测点的温度变化值，确保各蒸养罩内的温度的同一性，使管片均匀升温或降温。温控也可以通过PLC实现，中央控制模式可保证全年生产的基础温度条件趋于一致。图7-5为PLC中央控制式温控屏幕。

3）管片蒸养后达到规定的强度便可脱模，起吊强度为40%，脱模应注意的事项：

（1）严格按照钢模操作规程将钢模打开，在脱模时严禁硬撬硬敲，以免损坏管片和钢模；

（2）管片脱模要用专门吊具，平稳起吊，不允许单侧或强行起吊，起吊时吊具和钢丝绳必须垂直；

（3）起吊的管片可在专用翻身架上进行翻身，也可由真空式提升器直接翻身，使之成侧立状态；

(4) 管片在翻身架上拆除螺栓手孔活络模芯及其他附件,拆除时应按规定进行,不得硬撬硬敲,以防止损坏活络模芯、附件及管片;

(5) 翻身架与管片接触部位必须有柔性材料予以保护;

(6) 管片在内弧面醒目处应注明管片型号、生产日期和钢模编号;

(7) 在脱模过程中遇有管片混凝土剥落、缺损、大缺角应用混凝土粘结剂进行修补,密封垫沟槽两侧、底面的大麻点应进行修补,并经认可后方可出厂;

(8) 当采用水中养护时,管片脱模后采用柔性吊索具吊运至养护水池进行7天水养护,注意管片与水的温度差不得大于20℃。水中养护能确保养护质量,但养护池占地较大,对于专为某个不太大的项目而设的临时管片生产基地,出于经济上的考虑,人们往往会倾向于使用养护液技术。

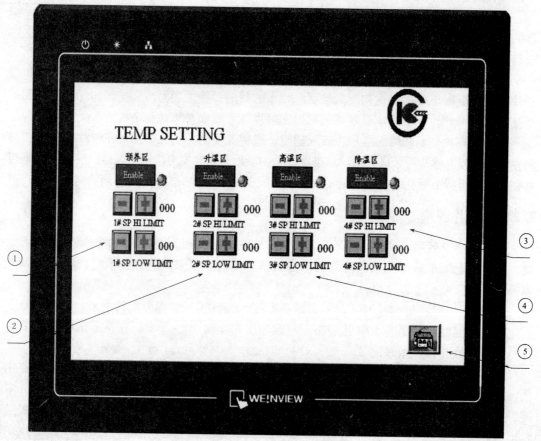

图 7-5 PLC 中央控制式温控屏幕

7.2.9 管片堆放

管片应按生产日期及型号排列堆放整齐,并应搁置在柔性垫条上,垫条厚度要一致,搁置部位上下一致。

管片堆场坚实平整,管片采用侧向堆放,要求堆放整齐一致,堆放高度以不超过3层为宜,并须经受力验算。

7.2.10 管片成品的质量检验

1) 管片外形尺寸

在正常生产中加强成品管片的外观尺寸检查,严格控制影响拼装精度的管片宽度、弧长及扭曲度指标,定期进行管模精度检查调整,即可满足管片拼装要求。

单块钢筋混凝土管片尺寸允许偏差参照国标《地下铁道工程施工及验收规范》(GB 50299—1999),应符合表 7-3 的规定。从表中可见,我国单块钢筋混凝土管片尺寸允许偏差较之德国的标准还是偏低的。

钢筋混凝土管片尺寸允许偏差值　　　　表 7-3

项　目	检查点数	允许偏差（mm）
宽度	测 3 个点	±1（±0.5）
弧弦长	测 3 个点	±1（±0.6）
厚度	测 3 个点	$^{+3}_{-1}$（±2）

注：括弧内为德国铁路隧道（DBNetz, 2003）的标准。

2) 水平试拼装

3 环水平拼装试验：目前我国的国标《地下铁道工程施工及验收规范》(GB 50299—1999) 要求的试验频率为每套模具每生产 200 环进行 1 组（3 环）水平拼装试验。其水平拼装检验标准应符合表 7-4 的规定。从表中可见,我国在成环后的管片内外径误差较之德国的标准是偏高的。

钢筋混凝土管片水平拼装检验标准　　　　表 7-4

项　目	检查点数	检验方法	质量误差（mm）
环向缝间隙	每环测 6 点	插片	2
纵向缝间隙	每条缝测 3 点	插片	2
成环后内径	测 4 条（不放衬垫）	用钢卷尺	±2（±10）
成环后外径	测 4 条（不放衬垫）	用钢卷尺	−2～+6（±10）

注：括弧内为德国铁路隧道（DBNetz, 2003）的标准。

广州建设地铁 1 号线,日本青木公司采用 3 环水平拼装频率为 1000 环进行 1 次。据了解德国和法国的管片水平拼装只拼 1 环。

3) 抗渗检漏

根据国标《地下铁道工程施工及验收规范》（GB 50299—1999）要求：钢筋混凝土管片,每生产 50 环应抽查 1 块管片做检漏测试,连续 3 次达到检测标准,则改为每 100 环抽检 1 块管片,再连续 3 次达到检测标准,最终检测频率为每 200 环抽查 1 块管片做检漏测试。如果出现 1 次检漏不达标,则恢复每生产 50 环抽查 1 块管片做检漏测试的最初检测频率,再按上述要求进行抽检。

管片检漏测试,检验方法按设计抗渗压力保持时间不小于 2h,渗水深度不超过管片厚度的 1/5 为合格。

单体管片抗渗试验是模拟盾构隧道中成环管片所受外界地层水压渗透状态进行的。检验初衷和思路不错，但是试验方法和试验的必要性有待商榷。就目前盾构法隧道的现状来看，隧道防水的薄弱环节不是管片本身，而是管片成环时片与片、环与环之间的缝隙。试验本身是否必要，应该怎样试验，达到什么标准要求，试验频次如何定等，都是目前需要慎重考虑的。

4) 管片出厂检验

每块管片必须经过严格质量检验，并须逐块填写好检验表，检验合格后的管片应在统一部位盖上合格章以及检验人员代号，合格的管片才能运出，管片运到工地后，须经盾构施工单位验收合格后，方可认为管片出厂。

管片出厂检验内容：

(1) 生产龄期达到28天，管片强度达到设计强度的100%才能出厂；
(2) 管片表面应平整，无缺棱、掉角、麻面和露筋；
(3) 尺寸允许偏差应符合规范要求；
(4) 管片预埋件完好，位置正确；
(5) 管片型号和生产日期的标志醒目、无误。

7.2.11 管片运输

1) 管片的堆放

根据上海地铁隧道相关施工统计信息由（表7-5）可知，管片裂缝产生的原因中，有5.30%是运输和堆放不当引起的。因此不能忽视对管片从出厂到工地的整个过程的保护，管片应内弧面向上平稳地放于专用支架的上。在装运2层以上管片时，管片之间应附有柔性材料的垫料。

管片裂缝原因　　　　　　　　　　　　　　　　　　表7-5

管片裂缝原因	所占比例
运输和堆放不当	5.30%
管片拼装不当	38.2%
管片和盾尾位置不当	21.6%
盾构千斤顶使用不当	18.5%
壁后注浆不当	6.5%
管片质量问题	9.9%

2) 无线射频识别技术（RFID）的应用

无线射频识别技术（RFID）用于对钢筋混凝土隧道衬砌管片的跟踪最早见于多伦多Woodstock的制作车间。手指大小的RFID感应标签被置入到58000块预制混凝土衬砌管片中，这些感应标签可以从管片的加工制作、储存到运输与安装全过程进行跟踪，并提供隧道维护期与设计年限中管片的信息。

RFID技术已经出现十多年了，随着设备和感应标签成本的下降、可靠度方面性能的改善（接近99.9%），以及2010年UHF passive RFID的国际规范的出现，RFID重新激起了人们的兴趣。RFID 技术改变了传统的手写追踪方法，确保了管片的正确放置。感应标签被固定在钢筋笼中，这样也保护感应标签不受风雨以及其他不利因素的影响。工人通过手持扫描仪，可以立即读取这个内置的感应标签，检查并更新信息，比如制作的时间与地点，在堆货场的位置以及运输的时间。承包商可以对接收的管片与拒收的管片进行数字追踪，也可以发现哪些管片在运输中受到了损坏。扫描仪还可以明确管片在隧道中的拼装部位，包括管片离隧道口的距离与管片在衬砌环中的位置。这使隧道运营商有了管片整个寿命周期中的数字数据。该技术对于业主而言最大的好处是在运营期间，管片维修记录可以更新到管片的感应标签内，包括渗漏水的位置。

7.2.12 流线型生产线简述

一般而言，由于钢筋混凝土管片的需求量比较大，钢筋混凝土管片生产基地的建设成本也相应增大，为减少投资成本、车间面积和模具的投入，业内人士非常关注提高模具的使用率，以节约成本。流水生产线由于采用自动化控制，劳动条件好，温度控制方便，管片成型质量易保证，故越来越普遍。

在钢筋混凝土管片制作过程中，有三个时间节点是必须保证的，一是钢筋混凝土管片浇注后的静养时间要保证在 1~1.5h 内，二是蒸养时间一般不少于 3.5h，三是混凝土搅拌时间（含输送）每盘至少要 3 min。这样就确定了最快生产节拍是 5 min，也就是说生产线在正常生产的时候每 5 分钟就要浇注一个模具，由于浇筑混凝土的工位为关键工位，所以 24h 满负荷运行可生产 288 块管片。各工序协调作用不影响关键工序的施工，就要求生产线上有 2 条浇捣线和 3 条以上的养护线，每条线摆放不少于 2 套模具。所以一条完整的效率最优的生产线的模具最小配置数为 10 套。

与传统的管片生产工艺不同，流水线生产模式最大的特点是工序固定而模具运动，各个工序工人固定在一个区域，重复相同工作，但是流水线生产模式对设备保养维护要求高，管理要求高，设备完好率直接影响生产效率。流线型生产线有以下几项关键技术：

1）控制系统：自动化生产线的控制系统非常关键，它是整条线的大脑，生产线上的所有动作指令都是由控制系统发出的，并且，它要使生产线的每个动作都要协调一致。控制系统是由电脑软件通过 PLC 控制各个驱动电机，由驱动电机或者驱动电机带动液压泵站来完成相应的动作，其中包括：平移小车前后行走、模具移动、养护窑门的升降、振动台顶升和下降、模具夹紧和松开、振动马达的启动和停止、混凝土料斗的移动和下料等一系列动作。当各个动作到位后都有相应的传感器或接近开关把动作情况反馈给 PLC, PLC 做出判断后就会做出下一个动作。

2）平移小车：平移小车是把模具从生产线运送到养护线和从养护线运送到生产线的转运设备。它是一个液压系统，所有动作都是液压驱动。每条线的模具在动作之前小车都要在这条线的两端。因为，有一个模具在其中的一个车上向前推出，另一个小车就必须在这条线的另一端接住前面的模具，小车把等待养护的管片运送到养护窑养护，把养护好的管片运送到生产线脱模，这样就形成了循环。

3）浇注系统：浇注系统是用来完成管片浇注成型的组成单元。它的构成非常简单，就是一个可以在两条生产线上方只能垂直生产线方向行走的料斗小车。料斗小车只有两个动作,一是前后行走来对准每条线的模具下料口,二是料斗门的开关来完成混凝土的浇注。

4)振动台:振动台是流水生产线上管片生产的必要设备。在自动化生产线上必须采用整体式振动台以提高工作效率和管片质量,即模具与振动台通过机械方式固定在一起,随同振动台整体振动,达到混凝土振实的目的。振动的时候需要气囊顶起来之后振动,这样就可以尽量减小对振动台基础和振动台本身设备的振动。为了在振动的时候不发生共振,通过变频器把频率控制在 65~70 Hz。

5)养护系统:养护系统是由热源、温度传感器、温度控制器组成。管片养护的温度要求相对比较严格,升温速度不超过 15 ℃/h,降温速度不超过 20 ℃/h。管片养护分预养(与静停同时进行),升温,恒温,降温四个过程。每个区域都在温度控制器上设定好温度范围,温度控制器会根据传感器反馈回来的温度自动控制各个区域的温度,来保证管片的蒸养条件。

流线型生产线的优点如下所述:

1)节省模具投资与提高生产率

目前在国内的所有固定式生产的管片公司,每天每套模具最多生产 2.5 环,长期看平均生产能力达不到 2 环/天;而流线型生产线可以实现每套模具生产 4 环,也就是流水生产线最优配置 10 套模具时可以每天生产 40 环。而同样生产 40 环使用传统方式则需要最少配置 20 套模具。以每天生产 40 环为例,采用自动化生产线生产就可以减少 10 套模具投资,同时由于使用隧道窑式养护升温时间短,蒸汽重复使用可大大节约蒸汽。

2)节省人力成本

传统生产方式,操作工人行走于各个模具之间,并且在每个模具上上下下。自动化生产线则不需要工人围绕模具走动,完成一个模具之后只要原地等待下一个模具,在固定的工作台上也减少了工人上下走动。这些使工人节省了很多体力。因此也相应地节省了一部分人力。以同样生产 40 环为例,可以节省操作工人至少 10 人。

3)养护温度控制容易、能耗低、噪声小

当气候条件和工期原因需要钢筋混凝土管片蒸汽养护时,固定式生产一般只能是在一个或几个模具的养护罩上安装温度计,养护工需要在所有模具之间来回巡视,由养护工来操作蒸汽阀门控制温度;自动化生产线则是在养护窑内蒸养,温度是通过传感器给控制系统,由中央控制系统发出指令控制蒸汽阀门来达到控制温度的目的。相对来说更加稳定可靠和节能,温度数据实时记录,并可自动生成温度记录报表以供溯源追踪,避免了人为因素影响。

使用流线型生产线的前提条件:

1)自动化生产线对混凝土的要求比较高

由于流线型生产线在生产过程中模具是按一定的节拍在运动,所以这就要求混凝土的坍落度不能过大,同时,初凝速度要尽量的提前。否则就会在管片外弧面的下端产生堆积现象,影响管片的外观质量。固定式生产就不会存在这种情况。这就要求技术人员和搅拌站操作人员要严格控制混凝土坍落度,并且,要仔细研究混凝土配合比和使用合适的外加剂使混凝土的初凝时间适合流线型生产线的需要。

2）流线型生产线对设备的要求非常高

如前所述，制约流线型生产线生产效率的关键是设备的可靠性。其中有几个关键点，第一是振动台；第二是平移小车；第三是控制系统。这三个关键点具有同样的重要性，每个点出现问题都会使生产线停顿或降低生产效率，同时也使线上的所有操作工人处于长时间的等待状态中，这将是一个极大的浪费。所以在选用设备的时候，在这三个关键点上一定要保证其可靠性，有必要选择较为先进的设备。固定式生产则没有以上三点制约，一个模具出现问题，基本不会对生产造成太大影响。

3）流线型生产线对工人的熟练程度要求高

在固定生产节拍以后，工人就需要在规定的时间内完成本工序的操作，否则就会影响整个生产线的生产。

第8章 异形盾构掘进技术

8.1 概　述

虽然世界上最早的盾构法隧道是矩形的（图8-1），但由于圆形隧道衬砌结构具有受力均匀、内力较小和施工性能较好等优点，在此后的100余年内，几乎所有的盾构隧道断面全都采用圆形。近20年来，由于钢筋混凝土技术的进步，地下空间的紧缺，矩形、椭圆形、马蹄形、自由断面形和多圆形等异形盾构隧道技术得到了推广开发。

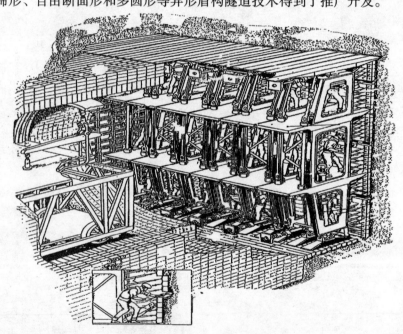

图8-1　泰晤士河底矩形公路[8-2]

根据盾构的切削断面形状，有别于圆形断面的土压平衡盾构均可称之为异形土压平衡盾构。目前世界上异形土压平衡盾构有矩形（横向、竖向和凹凸向）、自由断面形、马蹄形、椭圆形和多圆搭接形（双圆、三圆），其中三圆搭接形还分等圆搭接和不等圆搭接[8-1]，见图8-2、图8-3、图8-4、图8-5、图8-6。

本章仅介绍矩形盾构施工技术，双圆土压平衡盾构施工技术将在第10章以工程实例的形式予以介绍，其他异形隧道目前在国内尚未见使用。

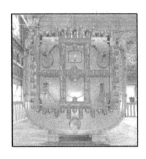  

图 8-2　矩形（横向、竖向和凹凸向）[8-5]

图 8-3　自由断面形[8-6]　　　图 8-4　马蹄形[8-4]　　　图 8-5　椭圆形[8-6]

图 8-6　多圆搭接形[8-4]

8.2　矩形土压平衡盾构

与圆形断面相比，矩形断面的有效利用率相对要高（矩形断面的有效利用率为 1，而圆形断面仅为 0.6~0.7），面积比圆形节约了 45% 以上；与双圆隧道相比，矩形断面有效使用面积比双圆断面的节约了 35% 左右（图 8-7）[8-4]。

从隧道的使用功能而言，公路隧道、铁路隧道、地铁隧道、人行地道和地下共同沟的断面形式以矩形更为合适和经济。随着地下空间不断开发和盾构掘进机施工技术的日益提高，矩形盾构隧道施工技术已重新得到研发和应用。

矩形土压平衡盾构是完成上述使用功能矩形隧道开挖的专用机械设备之一。该设备是由矩形盾壳（切口环、支承环、盾尾）、切削刀盘（圆形大刀盘、组合式刀盘、偏心多轴刀盘、滚筒式刀架[8-1]、摇动式刀架[8-1]）、推进机构、挡土机构、出土运输机构（螺旋输送机、皮带输送机、土箱运输车）、衬砌（管片）拼装机构和同步注浆系统等组成，其衬砌结构可由拼装式钢筋混凝土预制管片、钢管片和铸铁管片等组成。

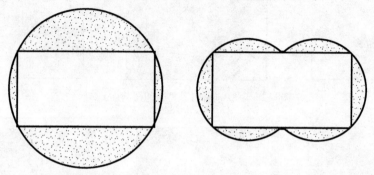

图 8-7 圆形、双圆、矩形断面有效空间对比图[8-4]

8.2.1 矩形土压平衡盾构的基本原理

与圆形土压平衡盾构一样，矩形土压平衡盾构施工的基本原理也是使盾构密封舱内始终充满了刀盘切削下来的土，通过调节螺旋输送机转速来控制出土量，出土量要密切配合刀盘的切削速度，保证密封舱内充满泥土而又不过于饱和，并保持一定压力来平衡开挖面的水土压力[8-2]，见图 8-8。

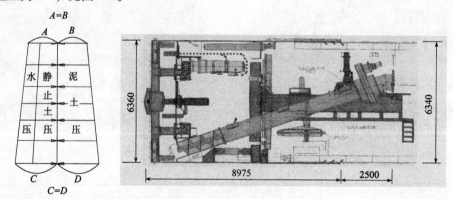

图 8-8 土压平衡原理图

根据不同的地质水文条件，在盾构机刀盘、密封舱胸板和螺旋输送机上设置膨润土泥浆、高分子聚合物泥浆和泡沫剂等材料注入孔，达到改良土性和顺畅排土的目的。

8.2.2 矩形土压平衡盾构施工技术和工艺

1）矩形盾构隧道施工技术特点[8-5]：
（1）机头易背土
矩形盾构顶部与土的接触面积较大，由于土体和机壳间的摩擦作用，导致机头顶部更易背土推进，引起土体扰动和流失，造成地面建筑和相邻环境的隆沉破坏，不利于盾构掘进过程中地面沉降的控制。

(2) 机头旋转

各种形状盾构机,由于地质不均匀、盾构纠偏和盾构制作误差等,不可避免地产生机头旋转,矩形机头的纠转不仅要克服土体摩擦力,还须克服土体抗力。

(3) 轴线控制

掘进施工中会产生实际顶进轴线同设计轴线的偏差,由于土体抗力的作用,增加了轴线控制的难度。

(4) 机头上抛

由于机头底部与地层接触面积较大,遇到地基承载力较高的地层,机头容易上抛,在控制盾构姿态方面需考虑地基应力释放和降低承载力的技术措施。

(5) 进出洞技术

矩形盾构进出洞,对洞口橡胶止水板设计有特殊的要求,特别是橡胶止水板四角翻边强度较弱而易撕裂,影响止水效果(图8-9)。

2) 施工技术措施

根据矩形土压平衡盾构的上述特点,矩形土压平衡盾构除了具备与其他土压平衡盾构相同的施工技术和工艺之外,还应有针对自身特点而制订的特殊施工技术措施和工艺:

(1) 解决机头背土

在机头顶部壳体外设置若干条减摩泥浆注浆槽孔(槽孔数量根据机头宽度而定),在机头顶部形成减摩泥浆膜,减少土体与盾构壳体的摩擦,防止机头背土(图8-10)。

图 8-9 橡胶止水板四角翻边撕裂

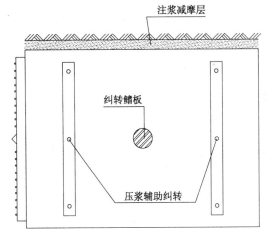

图 8-10 机头顶部注浆减摩

(2) 控制机头上抛

在机头底部设置放土孔,一旦机头上抛时,通过机头底部放土卸压(载)或用高压水冲刷,控制机头上抛。放土孔尺寸为 $300mm \times 400mm$,设置数量可根据机头底部面积确定。在地质较差及高水压条件下,放土孔须采用液压闸门控制,以备紧急状况下及时关门封堵。

(3) 洞口止水钢压板与橡胶止水板设计

矩形橡胶止水板四角易撕裂,止水板须选用具有足够强度和延伸长度的材料制作,四角呈弧形状。四角止水钢压板也有别于其他形状的洞口止水压板，呈扇弧形状，可增加压盖面积，减缓橡胶止水板四角撕裂程度。

8.2.3 矩形土压平衡盾构高程控制

矩形土压平衡盾构高程控制是通过调整纵坡来实现的，除了采用传统的主顶千斤顶编组、纠偏、纠转装置配合以及管片端面拼装时与盾构间隙调整（楔形管片、衬垫）等方法，来实现盾构推进轴线的变坡、稳坡之外，还可采用机头底部放土卸压、机内放置压铁配重和机头底部设计成滑雪板形式等方法，实现较大值变坡的要求，达到盾构高程控制的目的。

8.2.4 矩形土压平衡盾构偏转控制

相比矩形掘进机，圆形掘进机更容易克服纠偏问题，如图 8-11 所示，圆形掘进机可通过刀盘内外圈的反向转动来避免隧道的偏转，而这对于矩形掘进机是不可能的。对于矩形土压平衡盾构，可以采取以下措施：

1）在盾构内设置盾构纠偏装置，根据需要预设或调整盾构姿态。

2）通过检测盾构四角顶进千斤顶引程、速度和同步性，依据轴线设计要求调整四角千斤顶引程和推进速度，达到盾构纠偏和推进轴线控制的目的。

3）在盾构两侧配重。

图 8-11 圆形掘进机的放偏转设计

8.2.5 矩形土压平衡盾构转角控制方法

利用矩形土压平衡盾构两侧设置专用的机头纠转鳍板、压浆辅助纠转等装置（图 8-10）纠转，也可使用盾构内的举重臂、转盘和刀盘等旋转设备进行纠转。当机头旋转较大时，可在盾构机内一侧放置压铁配重，使其形成一个转角控制力偶，克服土体抗力和摩擦力。一般矩形盾构的转角控制范围在 ±0.5°左右。

8.2.6 矩形土压平衡盾构出土量控制

矩形土压平衡盾构的出土量控制与盾构刀盘的切削率、开口率、切口压力、刀盘扭矩、推进速度和螺旋机旋转速等因素有关，除了按盾构土舱切口压力控制出土量外，出土量控制参考如下：

（1）机头刀盘的切削率大于90%以上、开口率大于70%以上，在盾构推进速度和螺旋机转速正常匹配的情况下，出土量控制在95%以内（欠挖）；

（2）机头刀盘的切削率小于90%以下、开口率在70%～30%之间，在盾构推进速度和螺旋机转速正常匹配的情况下，出土量控制在100%以内；

（3）机头刀盘的切削率小于90%以下、开口率在30%以下，在盾构推进速度和螺旋机转速正常匹配的情况下，出土量控制在105%以内（超挖）。

上述出土量还需根据地面隆沉情况和盾构穿越建筑物等特殊要求调整控制。

8.2.7 矩形土压平衡盾构同步注浆控制

矩形土压平衡盾构的同步注浆的作用与施工方法和其他类型的盾构基本相同，需针对不同的注浆材料和工艺，在盾构机上设置同步注浆管的位置、数量须通过设计计算、试验论证来确定，特别是不带外弧面（无拱）的衬砌管片，注浆压力须控制上限值的情况下，流动性较差的单液浆和初凝时间短的双液浆必须通过布设多点注浆管来缩短流动路径。一般在盾构尾部的上下部按设计计算和试验论证布设多点注浆管，两侧（腰）只需布设1~2点即可。

矩形隧道结构（尤其是无拱管片）的承载能力较圆形隧道结构低，在矩形隧道管片施工中选用常规的同步注浆压力值应考虑一定的折减系数，特别在管片刚脱出盾尾期间，谨慎选用同步注浆压力上限值。

8.2.8 矩形土压平衡盾构施工期地层变形控制

矩形土压平衡盾构施工期导致地层变形的因素主要表现在机头背土推进、盾构超挖欠挖（开挖面土压力控制）、随盾构推进而移动的正面障碍物、隧道衬砌变形、同步注浆效果和频繁纠偏、纠转等。控制盾构施工期地层变形的主要方法有：

1）通过机头顶部设置的注浆槽孔向土层注入减摩泥浆，在机头顶部形成减摩泥浆隔离层，减少土体与盾构壳体的摩擦，防止机头背土推进，避免土体过度扰动。

2）通过盾构机刀盘转速、扭矩、推进速度、螺旋机转速和出土量等各项施工参数的匹配，控制土舱开挖面压力，减少地表隆沉量。

3）遇到正面障碍物必须制订相应的排障技术方案和措施，及时清除障碍物[8-1]。

4）提高衬砌管片拼装质量，使隧道结构满足设计承载要求，减少结构变形。隧道结构设计应考虑管片脱出盾尾时受注浆压力荷载影响，盾构同步注浆或隧道壁后注浆，施工中均应注意注浆压力的控制。

5）除了设计轴线变坡和偏移的需要之外，尽量减少盾构纠偏、纠转的次数，每次纠正量值要小，分担环数要多。

以上述盾构施工期地层变形控制方法必须在相应的量测技术配合之下操作执行，通过量测信息的反馈指导各项控制技术的实施。

8.2.9 矩形土压平衡盾构机穿越车站施工

矩形土压平衡盾构穿越车站施工与其他类型的土压平衡盾构大同小异。首先了解与分析车站结构的形式、穿越区域的地质水文条件、管线分布、障碍物状况、相临建筑物和保护等级，然后制订相关的盾构推进施工技术措施、排障方案、管线和建筑结构保护方案，同时加强对穿越车站、地下管线和需要保护建筑物的量测监控，指导施工措施和保护方案的实施及效果检查。在盾构穿越施工中，必须严格控制机头背土、上抛、偏移和旋转，在确保盾构各项施工参数相互匹配的前提下，保持土舱设计压力值与开挖正面水土压力动态平衡。

8.3 现浇衬砌矩形盾构施工技术

8.3.1 概况

现浇衬砌矩形盾构施工技术，其基本方法和原理同样适用其他形状的现浇衬砌盾构施工技术。

8.3.1.1 现浇衬砌技术发展现状[8-7]

现浇衬砌技术也称挤压混凝土衬砌法，原名为加压灌注混凝土衬砌法，即 ECL 工法（是英文 Extruded Concrete Lining 的缩写）。该工法从盾构法施工的三大要素即地层稳定技术、盾构机械技术和衬砌技术统一的观点出发，以衬砌现浇施工为关键技术之一，根据不同的地层工况条件，配合各类盾构机械和稳定地层技术进行掘进，该技术应用于自立的地层更为有效，因为自立的地层无须加固就能及时充当现浇混凝土的外模[8-7]。

与传统预制衬砌的盾构法相比，该技术免去了大量的衬砌预制和预制场地。若配置与连续弃渣技术，现浇衬砌技术可用来施工坡度较大的隧道。这种技术早在 20 世纪初就为人所知，但直到 70 年代末才进入应用阶段。1965 年苏联开始使用该项技术建设涅格宁河总水管，随后又用于莫斯科、第比利斯、明斯克、高尔基和古比雪夫等隧道。1978 年德国汉堡的下水道工程建设正式宣告该工法的诞生，以后，在其他一些欧洲国家和亚洲日本，该工法得到了颇具规模的应用与发展。最初的现浇混凝土衬砌是无钢筋素混凝土结构，直到 1987 年，日本首次采用有钢筋现浇衬砌技术建成了 3 条排水和电缆隧道[8-3][8-7]。2007 年 5 月在中国新疆乌鲁木齐市，采用有钢筋现浇衬砌技术建造了一条矩形断面 20m×6m、全长 328m 的地下商业街[8-10]。与通常的 ECL 工法不同的是，该地下商业街衬砌浇注与盾构掘进不是并进施工，而是使用了同步注浆技术充填盾尾钢板与衬砌的建筑空隙（图 8-12）。

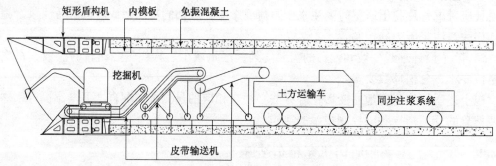

图 8-12 新疆地下商业街采用现浇衬砌技术施工[8-10]

8.3.1.2 现浇衬砌技术的基本原理

现浇衬砌技术的基本原理是使用任何类型的盾构机械进行掘进和稳定开挖面施工，掘进长度达到衬砌环宽后，安装钢筋笼（无钢筋衬砌可省略），拼装封头钢模和内模，浇筑 ECL 混凝土，形成隧道衬砌结构。其中内模即作为衬砌施工支承模板，又可为盾构掘进提供推进反力。一般将盾构掘进施工与衬砌浇筑施工分为两道工序，通常盾构掘进与衬砌浇筑是同时进行，因而又称之为"并进技术"。

8.3.1.3 现浇衬砌技术的施工设备

现浇衬砌技术的施工设备是由盾构机械、衬砌机构两大部分组成。

1）盾构机械[8-3][8-7]

现浇衬砌技术施工用盾构分前部体、中间体和后部体 3 个部分，前部体为切削装置（刀盘、支承结构和驱动轴承等组成）；中间体除有均匀对称分布的主顶千斤顶外，还有进行纠转和曲线施工连接后部体的铰接装置、调节盾构掘进速度和衬砌前进速度的伸缩装置；后部体由盾尾、封头模、封头模千斤顶和混凝土注入孔组成，封头模可与衬砌机构的内模一起形成浇筑衬砌混凝土的支承模板，见图 8-13。

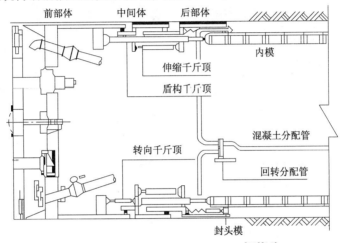

图 8-13 现浇衬砌技术盾构构造图[8-3][8-7]

2）衬砌机构[8-3][8-7]

衬砌机构是指与盾构机后部连接的内模装置，它包括内模、行走装置、拼装梁、拼装臂和拼装器，见图 8-14。

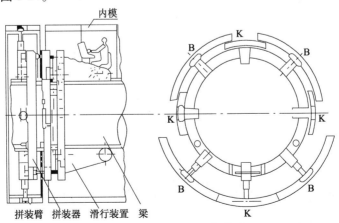

图 8-14 拼装装置简图[8-3][8-7]

内模通常被设计成一定的环宽,并类似于管片形式分成合理的块数进行拼装,根据每日推进量、混凝土养护期和提供足够的盾构推进反力来确定内模的环数,经济合理地周转使用内模。衬砌机构的其他部分都是用来进行拼模、拆模、移模和浇筑混凝土。

3) 混凝土灌注设备

混凝土灌注设备由混凝土灌注泵、搅拌器、灌注孔分配器(回转式阀门)、注浆管路和相关功能的阀门组成。

4) 辅助设备

根据不同类型、大小的盾构所配置的辅助设备也是不同的。敞开式与土压平衡式盾构可以采用土箱车、皮带输送机、卡车和泵送等形式出土,敞开式盾构除了人工和安装在盾构头部的掘削机械外,大断面的盾构机内也可放置挖机等辅助设备,见图8-15。泥水平衡式盾构则采用泥水管路泵送。

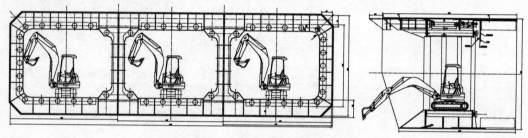

图 8-15　盾构机内放置挖机[8-10]

8.3.1.4　现浇衬砌技术的施工工序

1) 在盾尾内绑扎钢筋或安装钢筋笼(无筋衬砌省略该道工序)。

2) 拼装内模、设置环间连接止水钢板或橡胶止水带并安装封头模,封头模详见图8-16。矩形隧道内模拼装后还须进行支撑安装。

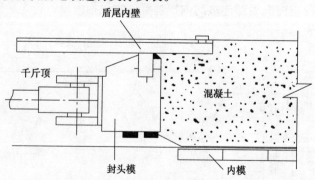

图 8-16　封头模详图[8-3][8-7]

3) 安装混凝土灌注管路、阀门和灌注孔分配器(回转式阀门),连接混凝土泵、搅拌器,见图8-17。

4) 盾构掘进和灌注混凝土并进施工。

5) 盾构推进距离满环后,继续进行上述施工工序,直至混凝土养护强度达到75%以上及内模环数满足盾构推进反力后，可拆除首环内模周转使用。大跨度矩形盾构隧道混凝土养护强度须达到90%以上方可拆除内模周转使用。

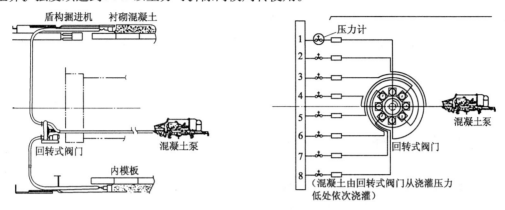

图8-17 安装混凝土灌注系统[8-3][8-7]

8.3.2 现浇衬砌模板施工技术

1）模板的功能与组成

现浇衬砌技术的模板有内模和封头模两种，其主要功能是浇筑钢筋混凝土内衬结构，封头模上设有混凝土灌注孔，内模可作为盾构推进的后靠，这些模板是由具有足够强度和刚度的箱形钢结构组成。

2）模板拼装与脱模技术

内模拼装采用专用的拼装设备（类似管片拼装机），是由行走装置、拼装梁、拼装臂和拼装器组成；封头模安装在盾构尾部的小油缸上，内模拼装完成后，伸长小油缸完成封头模安装。大断面、大跨度盾构隧道的内模也有采用其他形式的拼装设备拼装，如经过改装的履带式拼装机，见图8-18。

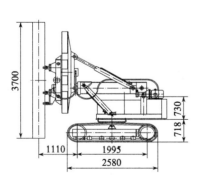 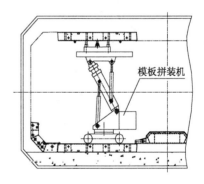

图8-18 履带式拼装机[8-10]

在矩形隧道模板拼装施工中，必须制订模板拼装顺序和质量验收标准，并严格参照执行。

为了使浇筑后衬砌能够顺利地脱出盾尾，可将盾尾内壁做成2%斜度，并涂上混凝土减模剂或粘贴泡沫隔离层。

3）模板支撑体系

模板支撑体系用在大跨度的矩形隧道内，支撑可采用丝杆螺母或液压伸缩调节长度，在盾构调坡推进中通过调节支撑长度控制模板拼装质量，达到调坡要求。

8.3.3 现浇混凝土施工技术

8.3.3.1 现浇混凝土配合比[8-8][8-9]

现浇混凝土采用自密实混凝土，其具有高流动性而不离析的特征，可实现不振捣或少振捣而达到密实的效果。配制预拌自密实混凝土的途径是采用化学外加剂和矿物掺合料控制新拌混凝土的屈服值和塑性黏度在适宜的区间，满足自密实混凝土技术要求。

1）配合比

预拌自密实混凝土是由水、水泥、粉煤灰、矿渣粉、砂、石和混凝土外加剂等组分组成，表8-1为选例C40与C50自密实混凝土配合比。

C40与C50自密实混凝土配方设计参数[8-9]　　　表8-1

强度等级	水胶比	胶结料组成（%）			砂　率
		水　泥	粉煤灰	矿渣粉	
C40	0.34	0.6	0.25	0.15	0.51
C50	0.31	0.6	0.25	0.15	0.51

2）特点及要求[8-9]

（1）粗集料最大粒径不宜过大，一般应采用5~20mm以下碎石，平均粒径要适中，且应具有良好的粒形。

（2）粉煤灰作为调节新拌混凝土粘聚性，与矿渣粉的复合掺入，可以显著降低水化热，有利于提高火山灰效应，并有助于孔的细化和增大孔的曲折度，提高混凝土抗渗性。

（3）采用高效减水剂配制免振自密实混凝土，使混凝土在较低用水量、低水胶比条件下，通过高效减水剂与复合矿物掺合料的叠加效应，控制新拌混凝土高流动性与高抗离析性之间的匹配性，减少其自收缩性，提高混凝土抗冻性能。

8.3.3.2 混凝土输送与灌注设备

1）国内外混凝土泵发展状况[8-11]

国外使用比较多的混凝土输送与灌注设备有德国施维英公司的BPA-8型全液压的混凝土泵、德国普茨迈斯特公司的BSA1406型混凝土泵、苏联的C-252型混凝土泵、日本新泻的700S-1型混凝土泵和日本石川岛播磨的IPF85B型混凝土输送泵车等。

1972年我国与德国施维英公司共同研制了HB-8型液压活塞式混凝土泵（图8-19）；1980年，参照测绘日本新泻

图8-19　HB-8型液压活塞式混凝土泵[8-11]

的700S-1型混凝土泵样机的基础上,研制了HB-30型液压活塞式混凝土泵;1987年又从德国普茨迈斯特公司引进了BSA1406型混凝土泵的技术,自主研制了HBT60型混凝土拖式泵。

混凝土泵车的理论输送量是100～120m³/h,国外最大理论输送量已达200m³/h,国内生产的泵车最大理论输送量已达150m³/h,泵送系统配置大直径的输送缸(直径为230mm或250mm甚至280mm)。

2)混凝土分配阀形式

混凝土分配阀形式主要有S管阀和闸板阀。其他各具特点的分配阀,如普茨迈斯特公司的C形阀、施维茵公司的裙阀等。

3)混凝土泵控制系统

混凝土泵控制系统一般采用PLC控制,除实现泵车控制外还具有故障诊断功能,配有能直观显示多种信息的多功能液晶显示器,方便操控。同时还配备可操纵泵车各种功能的无线或有线遥控器,成为操纵泵车的人性化平台。

8.3.3.3 混凝土灌注技术

混凝土灌注中的压力、灌入量(流量)是控制衬砌浇筑质量、地层变形的关键性技术。混凝土灌注技术参数设计以隧道覆土荷载、地面超载、盾构推进速度和环宽等参数为依据,必须保证衬砌浇筑空隙内有足够的灌注压力来抵抗覆土荷载和地面超载,同时使混凝土衬砌浇筑达到良好的致密度;混凝土灌注泵的灌入量须与盾构的推进量匹配,确保混凝土充填空隙的及时、均匀和精确到位。

混凝土灌注压力设计值可按以下公式计算:

$$P = P_0 + P_1 + P_2 \tag{8-1}$$

式中　P——混凝土灌注压力(MPa);

P_0——地面超载,一般取值0.02～0.025MPa;

P_1——覆土荷载γh(MPa),其中γ为土的重度、h为土的厚度;

P_2——补偿压力(经验取值0.05MPa)。

在盾尾封头模板上设置压力计,当压力计达到混凝土灌注压力设计值后,统计混凝土充填量,两者均达到设计要求后,方可认为混凝土灌注完毕,调整封头模板移动量能够配合控制混凝土灌注压力。

8.3.4　其他技术

1)模板抗渗

封头模板与内模板、相邻内模板之间的连接必须有良好的抗渗性能,确保衬砌浇筑的质量,可采用橡胶止水密封条连接。对于盾构推进轴线需要调坡、转弯的模板拼装,须采用弹性较好的特殊形状的橡胶止水密封条连接,并应及时更换损坏的橡胶止水密封条。

2)钢筋笼制作

钢筋笼制作分现场钢筋绑扎和成型钢筋笼拼接两种方法,前者花费的时间相对要长,但技术简单容易操作;后者须配备辅助工具和技术措施协助拼接,且有合理的安装顺序和就位精度要求,施工时间相对要短。

钢筋笼环与环、块与块之间均采用钢筋接驳器连接,相邻环连接绑扎钢筋时,须将预留插筋(主筋)从封头模插筋预留孔伸出,相邻插筋截断位置按两种长度间隔分布,预留长度分别为 0.3m 和 0.8m,内模合拢后将预留插筋弯下。预留插筋均安装钢筋接驳器,便于与下一环钢筋笼快速连接。

3)现浇衬砌环面接头施工

现浇衬砌环面接头有刚性和柔性两种形式,较多为柔性接头。柔性接头有 821 遇水膨胀橡胶止水带、橡胶止水板、止水钢板和橡胶钢板复合止水板等,也有采用自防水混凝土在连接环间浇筑凹凸镶嵌槽,达到止水目的。

止水接头设置在衬砌厚度的 1/2~1/3 处(靠近迎土面),具体位置依据衬砌厚度和接头形式而定。

参考文献

[8-1] 张凤祥,朱合华,傅德明. 盾构隧道. 北京:人民交通出版社,2004
[8-2] 上海隧道工程股份有限公司. 软土地下工程施工技术. 上海:华东理工大学出版社,2001
[8-3] 上海隧道施工技术研究所情报室. 世界三大海底隧道工程. 内部出版,1999
[8-4] 上海城建(集团)公司,上海隧道工程股份有限公司. 大断面矩形地下通道施工设备与技术研究. 鉴定资料,2006
[8-5] 上海隧道工程股份有限公司. 矩形顶管机及矩形隧道的研究与应用. 鉴定资料,1999
[8-6] シールド工法技术协会. ECL 工法. 技术资料,平成 19 年 6 月
[8-7] 上海隧道工程股份有限公司,同济大学地下空间研究中心,上海同济凯迪土木建筑有限公司. ECL 工法在上海地区应用的可行性研究. 鉴定资料,1995
[8-8] 林政等. 免振自密实混凝土工作性检测方法的探讨. 全国混凝土行业科技论文集,1999
[8-9] 林政,林莺. 预拌自密实混凝土研制报告. 鉴定资料,2001
[8-10] 上海隧道工程股份有限公司,新疆中辰地下城开发有限公司,新疆建工集团第一建筑工程有限责任公司. 20m×6.2m 矩形盾构及隧道现浇衬砌同步施工技术研究. 鉴定资料,2006 年 9 月
[8-11] 上海隧道工程股份有限公司. CCG 注浆工法的研究与应用. 鉴定资料,2005 年 6 月

第9章 掘进机隧道工程的风险管理

9.1 概　　述

9.1.1 引言

在欧美国家，大型工程项目的风险管理研究始于20世纪70年代，研究领域除了风险责任、工程保险、地质及环境不确定性风险分担、费用超支风险、工期延误的责任外，还涉及技术风险和设计风险分析等等。近10年来，由于人们越来越清楚地认识到风险造成的损失，因而，对项目风险的研究异常活跃。在该阶段，通过对风险分类、总结，以及对风险造成损失的调查、统计分析研究，系统地提出了风险管理概念，并逐步将风险分析和研究成果应用于实践。同时期，我国开始注意风险对大型工程项目建设的影响，并对项目基本概念和理论进行了讨论、研究和应用，在引进和推广工程项目建设中全面实行工程保险制等方面做了大量的工作。然而，总的来说，无论国内还是国外，风险分析与管理距离全面和有效的应用还有相当大的距离，究其原因在于缺乏足够的统计分析研究和缺乏风险分析与管理的实用技术开发。就隧道工程而言，H. H. Einstein 教授在20世纪90年代初期比较系统地阐述了风险分析在山岭隧道工程中的应用，并结合工程实践，开发出由于地质及环境不确定性产生风险的计算机辅助分析工具。以后许多学者也致力于各种隧道工程的风险分析研究。

在我国，为了论证上海长江越江通道风险性，上海市政管理局于2002年立项进行上海长江越江通道的桥隧工程的风险论证工作。

9.1.2 国内外风险管理研究[9-1]

9.1.2.1 国外研究现状

1）国外的风险管理理论研究

美国被公认为风险管理的发源地，所以风险管理美国发展也最快，目前，风险管理技术已经成为了一项成熟的技术，在美国企业界得到应用。美国的风险研究主要侧重于风险分析方法的研究及其在企业管理和保险领域的应用。

与美国相比，英国的风险研究也有自己的特色。南安普顿大学 C. B. Chapman 教授在《Risk Analysis for Large Projects：Models，Methods and Cases》中提出了"风险工程"的概念。他认为，风险工程是对各种风险分析技术的集成，这种框架模型的构建弥补了单一过程的风险分析技术的不足，使得在较高层次上大规模的应用风险分析领域的研究成果成为可能。除此之外，在大型工程上也开始采用风险分析的方法，例如1976年北海油田输油管道工程和1979年伊拉克火力发电厂工程利用风险分析的方法，降低了成本，减少了损失。

德国的风险管理起步也比较早，在一战期间，德国的经济一片混乱，在这种背景下，管理学家莱特纳撰写了《企业风险论》。一战后，德国经济陷入崩溃，德国学者开始从理论上研究风险政策，即以存在风险为前提，合理地提供经营经济行为和处理办法，风险处理的手段为风险的控制、分散、补偿、转嫁、防止、回避、抵消等，为防止通货膨胀提供了解决之道。二战后，美国的风险管理技术开始传入德国，德国的风险政策逐步被新的风险管理技术所替代。

日本从美国引入风险管理后发展很快，成果颇丰，逐渐形成了一套适合其本国的理论体系。20世纪80年代关西大学龟井利明教授相继出版了专著《风险管理的理论和实务》、《海上风险管理和保险制度》以及《风险管理学》，成为日本风险管理的代表人物。

法国的风险管理起步较晚，20世纪70年代的中后期，法国从美国引进了风险管理理论，并在保险界传播开来。1976年查邦尼尔出版的《企业保全管理学》，是法国较全面地介绍风险管理理论的著作。

进入20世纪90年代以后，风险管理出现了全球化发展的趋势，随着跨国公司的扩张和垄断资本的输出，风险管理也被带到了发展中国家和地区。以非洲的尼日利亚为例，风险管理的发展极为迅速，1991年，J. O. Irukwn 发表专著《Risk Management in Developing Country》，系统探讨了风险管理的理论在发展中国家的应用前景。1994年，尼日利亚还对全国的高速公路建设项目进行了系统的风险分析。就风险分析的应用而言，尼日利亚已经走到了发展中国家的前列。

为了推动风险管理在发展中国家的推广和普及，联合国1987年出版了关于风险管理的研究报告《The Promotion of Risk Management in Developing Countries》。

2）国外的隧道工程风险研究

相对于风险管理的理论研究，风险分析在工程项目上的应用研究进展缓慢，尤其是隧道工程，虽然20世纪70年代以后，隧道工程风险分析的研究也取得了一定的成果，但多以理念的建立和定性的研究为主，而定量的研究往往止步于可靠度的计算，如何进一步达到技术与经济指标的结合，目前的成果不是特别多。隧道工程的风险分析的代表人物是美国的H. H. Einstein。他曾撰写了多篇有价值的文献，主要贡献是指出了隧道工程风险分析的特点和应遵循的理念，诸如《Geological model for tunnel cost model》（Einstein，1974）、《Risk and risk analysis in rock engineering》（Einstein，1996）、《Decision Aids in Tunneling》（Einstein，1998）。

在 Einstein 研究的基础上，剑桥大学的 Salazar G. F. 于1983年在博士论文"隧道设计和建设中的不确定性以及经济评估的实用性研究"中，将不确定性的影响和工程造价联系起来。G. Narayanan 指出了风险分析在降低软土隧道造价中的作用。J. Reilly 于2000年提出了"隧道工程的建设过程就是全面的风险管理和风险分担的过程"，将地下隧道工程中的主要风险分为四类：造成人员受伤或死亡、财产和经济损失的风险；造成项目造价增加的风险；造成工期延误的风险和造成不能满足设计、使用要求的风险。

除此之外，国外学者对隧道工程的风险分析应用方面也作了一定的研究工作。

A. J. M. Snel & D. R. S. van Hasselt 在考虑投资、工期和工程质量的前提下研究了阿姆斯特丹南北地铁线路设计和施工中的风险管理问题，提出了"IPB"风险管理模式（Inventory of critical aspects；Preventive measures；Backup measures）。R. Stuzk 等将风险分析技术应用于斯德哥尔摩环形公路隧道，得到了一些规律性的结论（Stuzk 等，1996）。B. Nilsen 等的论文对复杂地层地区的海底隧道的风险进行相对深入地研究（B. Nilsen 等，1992）。国际隧协委员 D. Heinz 在其论文中（D. Heinz, 1996）对穿越海峡的隧道、穿越阿尔卑斯山的隧道如何进行风险评估进行了探讨。另外，日本在隧道工程的事故统计方面作了大量细致的工作（佐藤久等，1998）。国际隧协也在 2002 年 10 月由 Søren Degn Eskesen 和 Per Tengborg 等撰写了《Guidelines for Tunnelling Risk Management》，为隧道工程（以岩石隧道为主）的风险管理提供了一整套参照标准和方法。2004 年国际隧协年会专门设置了安全、费用与风险的专题，J. Reilly and J. Brown 提交了题为《Management and control of cost and risk for tunneling and infrastructure projects》的论文。

3）国外在隧道工程对环境影响的风险研究

隧道工程对环境影响的风险研究并不算很多，其中的代表人物是英国的 J. B. Burland。J. B. Burland 多从工程项目角度出发，从风险评估的项目实施中寻求规律，其主要贡献在于对地下工程的环境影响的评估上，给出了隧道工程对环境影响的评估方法和程序，并将该研究成果应用于英国的 Jubilee 线路延伸工程中，在线路规划阶段就计算出了沿线建筑物可能造成的损伤情况，并给出了相应的加固措施。他的主要文献有《Settlement of Buildings and Associated Damage》(Burland, 1974)、《Modeling tunneling induced settlement of masonry buildings》(Burland, 2000)。

目前进行较多的是隧道对环境影响的力学分析。Peck（1969）第一次提出地层损失的概念，并建议用 Gauss 分布函数，即 Peck 公式来描述盾构法施工引起的地表沉降。其后，国外学者在这方面均做了大量的工作，Mair（1993）、Loganathan 和 Poulos（1998）也都给出了各自的经验公式。

关于建筑物破坏及其对应损失赔偿方面，国外也做了一定的工作。德国用房屋的倾斜度建立与损失之间的关系，认为倾斜度每增加 0.002，其价值降低 1%。尹之潜（1990）给出由于地震产生的不同类型的建筑物破坏与损失之间的对应关系。

9.1.2.2　国内研究

1）国内的风险管理理论研究

我国台湾省风险管理理论的研究还是相当活跃的，其从美国引入风险管理的思想比内地要早，早期的代表人物是美籍华人段开龄博士，他在台湾岛内推动了风险管理运动，其后宋明哲等做出了非常大的贡献，撰写了《风险管理》等著作。但遗憾的是目前岛内的风险分析还仅限于理论研究，实际应用的例子比较少。

我国香港地区的风险管理研究成果主要集中在岩土工程的应用上。由于香港的特定地质情况，岩土工程问题非常严峻，尤其滑坡等地质灾害发生率高，因此，如何对岩土工程病害进行防治，成为了风险研究的热点，相关的成果很多，但主要是以可靠度理论作为依托，依然没有很好地实现环境、经济、技术相结合的风险定量研究。

相比之下，我国内地的风险管理研究起步很晚，从 20 世纪 80 年代开始从美国等发达国家引入了风险管理思想，当时主要以翻译国外著作为主。随着社会主义市场经济体制的完善，对风险管理的研究开始在学术界成为一个热点，在工程项目、金融、房地产等领域逐步开展应用研究，取得了较为明显的效果。以三峡工程为代表，在大型水利工程首先获得应用，并取得了一定的基础性资料。

清华大学的郭仲伟教授可以说是国内引入风险分析理论的主要代表，他在1987年所撰写的《风险分析与决策》（郭仲伟，1987）详细地介绍了风险分析的理论和方法，对国内外研究成果做了全面的综述，时至今日仍有极大的参考价值。天津大学于九如教授结合三峡工程风险分析成果，撰写了《投资项目风险分析》（于九如，1997），为风险分析理论在大型工程中应用作了理论上的探讨。

近年来，我国风险管理理论研究重点也已经转移到风险定量分析上来，并取得了不少的成果。姜青舫在其《风险度量原理》（姜青舫，2000）一书中，对风险的定义提出了新的数学描述，结合效用理论用数学的方法给出了风险度量的理论方法。邱苑华在其《管理决策与应用熵学》（邱苑华，2002）中提出将热力学中"熵"的概念引入风险评价和决策中来，为评价目标的不确定性提供了一种验证的手段。

2）国内的隧道工程风险研究

至于隧道工程的风险分析研究，由于我国的隧道工程研究和实践时间都比较短，还属于发展阶段，因此，风险分析在隧道工程中的应用研究还比较少。但是，随着我国轨道交通的发展，以及大力发展西部地区所遇到的隧道建设问题，使得这一领域受到了前所未有的关注，各大设计院、保险公司以及高校都在近几年内开始了相关研究。

同济大学的丁士昭教授（1992）对我国广州地铁首期工程、上海地铁一号线工程等地铁建设中的风险和保险模式进行了研究。

香港的 L. Mcfeat-Smith（2000）提出了亚洲复杂地质条件下隧道工程的风险评估模式，根据发生频率的高低将风险分为五级，根据风险发生影响后果也将风险分为五级。

台湾的游步上、沈劲利（2003）应用多属性效用理论（Multiple Attributes Utility Theory），从施工单位的角度，对隧道工程风险管理的决策程序作了完整的探讨。

而以同济大学为主进行的上海长江越江通道工程的风险评估项目（2002）更是为这一学科的发展提供了新的贡献。整个上海长江越江通道工程的风险评估研究共提交了17个专题报告，涉及到了工程建设的各个方面，包括前期选线、施工风险管理、环境保护、运营事故控制以及财务分析等等，可以说是国内风险分析技术应用在隧道工程上的第一个大型项目。

2003年7月上海轨道交通4号线坍塌事故发生之后，工程界、保险界都开始关注地下工程的风险管理工作。自此，上海在轨道交通投保期间，保险公司要先请专业的评估机构对轨道交通全线的风险进行评估，评估结果作为保险费率制定的一个重要依据。同时，在轨道交通建设期间，保险公司也开始委托专业的工程咨询机构，对建设期间的风险进行跟踪查勘，对工程进行动态的风险管理。

上海市建委也专门成立了建设工程风险管理小组，并制定了《建设工程安全质量风险管理制度（试点草案）》，该草案将建设工程风险管理体系提升到与施工现场安全保证体系、建设工程质量保证体系同等的地位，并将该三大体系共同组成了建设工程质量安全管理系统。该制度将建设工程风险管理体系的参与各方划分为共投体与共保体两大组成部分。共投体由建设单位、勘察设计单位、施工安装单位和监理单位组成,共保体则由保险公司和风险管理机构组成,在该体系中保险公司通过授权风险管理机构参与到工程的建设中来,对工程的风险进行管理,应该说是工程管理体制上的试探性的尝试。

2005年6月,建设部《地下空间建设风险控制机制研究》课题组集中了北京、上海等地下空间开发较早城市的大型企事业单位和大学等科研院所的力量,编制了《地铁及地下工程建设风险管理指南》。该指南提出了地下工程风险管理的目标、范围以及策略,并对地下工程不同建设阶段的风险管理的内容进行了说明。

可见,我国地下工程的风险管理研究已经有了一些初步成果,但总体来说,目前关于地下工程的风险研究还不太完善,风险管理体系还没有完整地建立,风险评估方法还基本停留在定性分析或者半定量分析阶段,仍然需要做大量的工作。

9.1.3 工程风险管理

在隧道工程规划、设计、施工、运营的不同阶段要作出许多困难的决策,因此,工程师们可能不自觉地在冒自己实际上想避免的风险,而过分谨慎又会导致资源消费,或者是由于过高估计风险而作出保守的设计或者使投标者失去合同。通过对软土隧道工程的风险分析,针对其中存在的问题,提出工程对策,从而可以达到以最少的成本获得最大的安全保障。

9.1.3.1 风险[9-1]

风险是指在特定的客观情况下,在特定的期间内,某一事件的预期结果与实际结果之间的差异。

风险并不是一成不变的,从风险的定义可以看出风险是因某一事件的预期结果和实际结果的相比较而存在的。应从两个方面去认识风险:一是风险是相对人们的预期结果而存在的,即是相对于人们的主观认识。在一定的条件下,一个事件的实际结果是相对不变的,所以,风险的存在和大小的关键取决于人对于事件结果的预期认识。人对某一事件的结果缺乏认识时,则风险最大;而人对于结果的认识越接近实际结果,风险就越小。二是风险是变化的,即这种实际结果是随着事件的环境和条件的变化而变化的。为此,可以通过主观的努力去认识并影响相关的环境和条件,从而改变某一事件的实际结果,使其尽可能地接近人们期望的结果,使风险减小到最低程度。

风险的本质是指构成风险特征,影响风险产生、存在和发展的因素。通常认为风险是由风险因素、风险事故和损失整个过程构成的,即风险因素在满足一定条件的基础上将引起风险事故,而风险事故是将风险损失可能性转化为现实性的媒介,损失则是一种非故意的、非预期的、非计划的利益的减少。

根据工程项目风险发生前是否采取过相应的风险控制措施,可以将其分为初始风险与二次风险。

1)初始风险(R_0)的定义

初始风险是指某一工程活动在没有采取风险处理措施之前的风险,可表示为风险发生概率(P_0)和潜在损失(C_0)的组合,即:$R_0 = f(P_0, C_0)$

2）风险处理准则

（1）风险不处理准则

控制风险效益 = 原风险潜在损失 − 新风险潜在损失 − 风险处理代价 ≤ 0

如果某一工程风险符合风险不处理准则，但初始风险又是不可接受的，则该工程活动不能开展实施。

（2）风险处理准则

控制风险效益 = 原风险潜在损失 − 新风险潜在损失 − 风险处理代价 > 0

3）二次风险（R_2）的定义

二次风险是指在符合风险处理准则的前提下，对风险实施处理以后产生的新风险，可表达为风险发生概率（P_2）、潜在损失（C_2）与处理成本 T_1 的组合，即：$R_0 = f(P_2, C_2, T_1)$。很显然，对于具有相同初始风险（R_0）的两个工程，如果希望通过风险处理获得仍然相同的二次风险 R_2，由于处理成本 T_1 一般不同，所以二次风险的潜在损失一般是不同的，这就从理论上说明，针对某一工程中特定的风险事件，其处理方法存在最优解。

9.1.3.2 工程风险的分类

工程风险是指在工程建设过程中，可能出现的预期结果与实际结果间的差异。从风险管理的角度看，风险定义有各种各样的分类，工程风险管理通常对工程风险采用两种分类方式：一种是根据潜在的损失形态划分，将工程风险划分为财产风险、人身风险和责任风险；另一种是根据潜在损失承担主体划分，将工程风险划分为业主风险、承包商风险和其他关系人的风险。

工程财产风险损失主要包括了三部分：首先，是指由于风险事故的发生导致工程标的、附属工程、临时建筑和施工机具发生损毁、灭失和贬值的损失，如工程项目本身的物质损毁。其次，是指由于承保风险事故的发生所能产生的相关费用损失，如施救费用、清理场地费用和专业费用等。再次，是指由于物质损失导致工程延期完成产生的间接损失，如预期利润损失和延迟交付的罚金等。

工程人身风险是指由于风险事故的发生导致与工程建设有关人员的人身伤亡。在工程人身风险项下的"有关人员"，通常是指与工程保险的被保险人本身以及与其存在雇用合同关系或者其他的直接利害关系人，而与被保险人没有这种关系的人则属于"第三者"。

工程责任风险是指在工程的建设期间，业主作为工程的所有人和建设项目的行为人，承包商作为项目建设的行为人或者施工机具的所有人在从事与工程建设有关的活动过程中，在工地及附近区域，由于疏忽或者过失造成第三者的人身伤亡或者财产损失，依法应当承担的经济赔偿责任。

业主风险是指业主作为项目的所有人可能承担的风险。从物质损失的角度看，"不可抗力"风险就属于业主风险，因为这类风险造成的损失是由业主承担的。从责任损失的角度看，尽管施工的过程是由承包商完成的，一般讲承包商在施工过程中产生的第三者责任应当由其承担，但是，由于业主是工地（建设项目）的所有人，所以，一旦第三者在工地受到损害，其除了可以向承包商提出损害赔偿的要求外，也可以向业主提出同样的要求。在许多情况下，往往业主会成为这类事故的第一责任人。

承包商风险是指承包商作为建设项目的行为人可能承担的风险。从物质损失的角度看，在实施项目建设过程中，可能由于承包商的施工人员的疏忽、过失，甚至恶意行为导致建设项目本身的损失。从责任损失的角度看，承包商作为建设项目实施的行为人，可能由于承包商及其施工人员的疏忽或过失导致第三者的人身伤亡或者财产损失，依法应当承担责任。承包商的风险还包括其对于施工人员意外伤害的雇主责任风险和对于施工机具由于意外事故损失的风险。

其他关系人的风险是指那些直接或间接与工程存在各种关系的人。基于这种关系他们对于工程建设项目和责任拥有利益，上述的业主和承包商的风险则可能成为这些关系人的风险，如对项目进行了融资的银行。

9.1.3.3 工程风险成本

风险成本是指由于风险的存在和风险事故发生之后，人们所必须支出的费用和预期经济利益的减少。风险成本不仅包括实际成本，还包括无形成本、预防或控制风险损失的成本。

1) 实际成本

实际成本包括直接损失成本和间接损失成本。在工程建设领域，直接损失成本是指风险事故发生后，造成工程以及相关财产的物质损毁或者灭失和工程相关人员的人身伤亡所必须支付的实际经济代价。间接损失成本是指风险事故发生后，导致的物质损失以外的损失以及与其相关损失，包括支付费用、经济利益减少，例如因事故导致的延期完成损失。

2) 无形成本

无形成本是指风险发生的不确定性引起人们付出的非直接经济代价和其他代价，例如：造成社会经济福利的减少，造成对国家形象的不利影响等。

3) 预防或者控制风险损失的成本

这类成本指为预防或控制风险损失，人们采取各种措施而支出的费用。在工程建设项目的管理过程中对于风险成本的理解具有十分重要的意义。因为在项目建设过程中，无论是项目的所有者还是项目的建设者，均面临着可能因为风险的影响而发生经济损失，这些损失以及为了减少这些损失的支出就是风险成本。正确地认识风险的客观存在、认识风险成本的客观存在是做好风险管理工作的重要基础和理论保证。

9.1.3.4 工程风险管理

1) 工程实施风险管理的意义

工程风险管理是研究风险发生规律和风险控制的一门技术，通过对工程中存在的各种风险进行识别、估计、评价，并在此基础上对工程风险实施有效的控制，妥善处理风险所致损失的后果，期望达到以最少的成本获得最大的安全保障。

从风险管理的角度分析，工程项目的风险具有较强的特殊性。

(1) 工程项目具有投资巨大的特点。一个项目的投资金额动辄几千万、几亿、甚至几十亿以上，这些巨额投资一旦出现风险是投资者难以承受的，也将给整个社会造成不利影响。

(2) 工程项目具有实施工期长的特点。通常一些大型项目的工期需要3~5年，而一些特大型项目的工期则可能需要5~8年，甚至十几年，在这么长的时间周期内，项目内部和外部环境均可能发生很大的变化，不确定的因素很多。

(3) 工程项目具有参与单位多的特点。例如：投资者、贷款银行、总承包商、分包商、材料供应商、设备供应商、工程监理、咨询顾问公司、保险公司、经纪、公估公司、政府建筑质量、施工管理和环境保护的监督机构。这些主体之间利益和行为均存在交叉，甚至冲突。

（4）工程项目的建设和施工均具有技术性、特殊性和复杂性的特点。在工程项目的建设过程中，特别是一些大型项目，常常涉及大量的特殊技术和工艺，有的还需要应用一些新技术、新工艺、新材料和新设备，这一切均大大增加了工程项目的风险。

（5）工程项目具有自我防护能力差的特点。项目的建设是一个从无到有的过程，逐步建设和完善的过程，在这个过程中项目本身往往不具备自我防护的能力。

（6）工程项目建设具有施工环境相对恶劣的特点。项目建设通常是在开放的场地进行的，这些场地的施工环境和条件相对较差，导致施工难度增加，对于施工的技术和管理要求更高。

鉴于工程项目风险具有的特殊性，工程项目的风险管理显得尤为重要和迫切。一个项目是否成功，风险管理工作将在其中发挥十分重要的作用。所以，在工程项目的管理过程中一个突出任务就是重视和加强风险管理工作，通过风险管理，利用各种技术最大限度地认识风险，最大程度地处理风险，将处理风险的成本降至最低，确保工程项目的顺利进行。

2）工程风险管理的基本内容

按照风险管理的定义，工程风险管理的基本内容包括风险识别评估、风险处理和风险监控。

在工程风险管理领域，不同的机构和组织提出不同的意见和建议。美国系统工程研究所把工程风险管理的基本内容划分为若干个环节，即风险识别、风险分析、风险计划、风险跟踪、风险控制和风险管理沟通。

美国项目管理协会制定的 PMBOK（2000 版）中明确工程风险管理的基本内容为：风险管理规划、风险识别、风险定性分析、风险量化分析、风险应对设计、风险监视和控制。

我国学者将工程风险管理的基本内容按照不同的特征进行划分和明确，将工程项目的风险管理工作分为风险识别、风险分析与评估、风险处理、风险监督 4 个部分，各个部分的具体内容如图 9-1 所示。

风险识别	风险分析与评估	风险处理	风险监督
风险识别询问法	风险的概率分布	风险控制与对策	项目保险人
财务报表分析法	历史资料统计	回避	保险经纪人
流程分析法	理论分布分析	抑制/控制	项目监理/顾问
现场勘察法	外推方法	分散/分离	政府监管机构
相关部门配合法	项目风险量确定	自留	项目风险经理
索赔记录统计法	项目风险费用分析	非财务转移	项目风险机构
环境分析法	项目风险评价准则	财务转移	风险管理制度
	SAVE 方法	保险	
	AHP 方法		

图 9-1 工程风险管理的基本内容

由风险定义可知，工程风险管理的基本内容（程序）为风险识别、风险估计、风险评价、风险处理和风险决策 5 个方面。

(1) 风险识别

风险识别又称风险辨识，是风险分析的第一步。风险识别是对尚未发生的、潜在的和客观存在的各种风险系统地、连续地进行识别和归类，并分析产生风险事故的原因。识别风险包括感知风险和分析风险。

风险识别是风险分析中的1个重要阶段，能否正确地识别风险，对风险分析能否取得较好的效果有极为重要的影响。一般性的风险识别方法有分析方法（包括层次分解和风险树）、专家调查方法（包括智暴法和德尔菲法）及幕景分析法。每种方法都有其适用范围，各有优缺点。在实际操作中究竟采用何种方法，须视具体情况而定。

(2) 风险估计

风险估计是在风险识别的基础上，通过对所收集的大量的损失资料加以分析，运用概率和数理统计方法，对风险发生的概率及其后果作出定量的估计。风险估计的这两项内容往往是有联系的。风险损失程度大小不同时，其相应发生的机会也不同。以洪灾风险为例，由于不同大小的洪水有其不同发生的概率，相应所造成的洪灾损失值也不同。故应对不同洪灾损失及其相应发生的机会进行估计，求出不同程度的洪灾损失的概率分布以及可能遭遇的各种特大灾害的损失值和相应的概率，使决策者对该种风险出现的机会、损失的严重程度等有比较清晰的了解。

(3) 风险评价

风险评价是根据风险估计得出的风险发生概率和损失后果，对风险发生的概率、损失程度，结合其他因素全面进行考虑，评估发生风险的可能性及其危害程度，并用一指标决定其大小，如期望值、标准差、风险度等，然后与国家所规定的安全指标或公认的安全指标相比，以衡量风险的程度，以确定风险是否需要处理及处理的程度。

(4) 风险处理（选择风险管理技术）

根据风险评价的结果，选择最佳风险管理技术，以实现风险分析的目标。风险管理技术分为控制型和财务型两大类，前者指避免、消除和减少意外事故发生的机会，限制已发生的损失继续扩大的一切措施，重点在于改变引起意外事故和扩大各种损失的各种条件，如回避风险、风险分散、工程措施等。后者则在实施控制技术后，以提供基金的方式，消纳发生损失的成本，即对无法控制的风险所做的财务安排。

尽管不同的组织和学者对于风险管理内涵的界定不完全相同，但基本内容是相似的。不同工程项目的风险特征之间存在一定的差异，所以，我们在进行项目风险管理的过程中，应当在风险管理基本理论框架基础上，根据工程项目的实际情况，制定有针对性的风险管理方案，这样才能够真正发挥风险管理的作用，确保工程项目的顺利进行。

9.2 掘进机隧道工程风险管理体系及安全保障

9.2.1 引言

掘进机隧道工程项目具有项目投资大、技术复杂、建设工期长、建筑安装实物量大、项目涉及面广等特点，其建设过程中充满着不确定因素，如工程地质条件的复杂、多变及勘察资料的局限性和相关设计理论的不完善性使得工程施工中不可避免地遇到一些意外事故。同时，由于工程建设的扰动，对地层、水文地质和周围环境都会造成直接影响，且工程施工与外部的周围环境发生密切联系，使得隧道及地下工程风险不但具有内部因素的复杂性、多样性，而且还具有外部环境的层次性、综合性。再者，隧道及地下工程建设工期长，参与人员多，由于人为的疏忽也可能会导致在工程建设中发生一些突发性事件，工程风险也具有很大的突发性和偶然性。

实施工程系统的风险管理有助于及早识别风险源和不确定因素并采取相应的安全设计措施，便于工程项目风险的回避、减轻、转移和控制。同时，在设计、施工阶段的风险评估和风险规避控制是形成安全的掘进机隧道工程运营方案的根本所在，也为系统运行后风险评估制度化打下了基础。

9.2.2 掘进机隧道工程风险管理体系

成功的隧道工程项目风险管理依赖于对风险因素的及早识别和有效的应对措施，为此，上海市隧道工程轨道交通设计研究院和相关协作单位的研究人员共同提出了通过建立盾构掘进系统风险管理体系（SS—Gate System）的方法，规范和指导隧道工程的风险管理。

9.2.2.1 建设过程的阶段划分

ITA 隧道工程风险管理指南（Guidelines for Tunnelling Risk Management）将隧道工程项目的风险管理划分为 3 个实施阶段：初步设计阶段（Early design phase）、招投标和合约谈判阶段（Tendering and Contract negotiation）、建设阶段（Construction）。参考《市政公用工程设计文件编制深度规定》及上述研究成果，并结合系统的自身特点，将掘进机隧道工程按照时间顺序划分为二个阶段 6 道"管理门（SS—Gate）"，每个阶段和每道 SS—Gate 都有各自风险管理的内容和特点，一道 SS—Gate 的任务完成后，依次进入下一道 SS—Gate，参见表 9-1。

SS—Gate System 的阶段划分和风险管理任务　　表 9-1

阶段	SS—Gate	名称	风险管理任务
市场运作阶段	SS—Gate 1	预可行性研究	① 主要风险因素识别和风险程度分析 ② 初始风险清单的建立 ③ 防范和降低风险的主要措施
	SS—Gate 2	工程可行性研究	① 推荐方案总体描述 ② 风险因素及程度分析 ③ 防范和降低风险措施 ④ 从风险控制角度对优化设计方案提出合理化建议
	SS—Gate 3	方案优化研究（招投标）	① 编制方案优化研究设计要求文件中有关风险控制的内容 ② 对重要风险问题组织专家论证，提出咨询报告 ③ 分析设计对工程风险管理的目标，提出风险管理的对策与建议
项目操作阶段	SS—Gate 4	施工准备	① 编制初步设计阶段风险分析及风险管理计划 ② 进行以风险分析为中心的结构设计及设备、材料等准备工作
	SS—Gate 5	施工	① 编制施工图设计阶段风险分析及风险管理计划 ② 施工中风险控制
	SS—Gate 6	回顾总结	① 工程情况的评估 ② 所做工程经验教训的报告

1）市场运作阶段

SS—Gate 1：预可行性研究。对工程项目作出粗略的评价，为投资决策提出深入研究的参考意见。

SS—Gate 2：工程可行性研究。对工程项目的可行性作出详细论证，详细识别工程概况并描述推荐方案的优缺点。

SS—Gate 3：方案优化研究（招投标方案）。细化方案设计，为设计操作阶段的实施做准备。

2）项目操作阶段

SS—Gate 4：工程项目准备。根据拟建工程的任务书和现场地形资料并经过调研分析和综合考虑后作出的设计方案图、说明书和工程概算，供主管部门审核。

SS—Gate 5：施工。根据审定和批准的设计和现场勘测资料，并经详细计算和细部考虑后作出的施工设计，其内容应能满足土建、安装工程施工的要求。

SS—Gate 6：工程回顾。为取得该工程的经验和教训，工程结束后应及时进行总结。

9.2.2.2 风险管理和系统安全保障

风险管理和系统安全保障工作应覆盖项目的整个生命周期，包括规划阶段、设计阶段、施工阶段、系统设备采购及安装、调试及验收阶段、缺陷责任期、试运营及正式运营阶段和报废阶段。根据国际惯例，人们对项目规划阶段和项目报废阶段的风险管理还不太考虑。

设计阶段系统风险分析及安全保障工作的主要工作内容包括：

1）初步危害分析（PHA）

通过初步危害分析，识别系统中的各种危害，包括：所设计的系统或子系统中对安全及可靠性造成影响的潜在危害、因系统与子系统之间功能关系而产生的潜在危害等。

初步危害分析亦提供对整体系统的初步的危害评估及对系统内潜在风险的分析，并就评估的结果做出可行的控制及减低风险措施的建议。

在进行初步危害分析时，必须根据初步设计的资料，对危害分析进行记录，危害分析的范围包括：

（1）系统内任何潜在的危害；
（2）系统与安全有关的接口；
（3）运营环境的限制；
（4）运营、调试维护及紧急模式；
（5）系统的设备或设施；
（6）与安全有关的设备或保护系统；
（7）系统与子系统的潜在故障模式。

2）施工图设计危害分析

施工图设计危害分析分两部分，第一部分为系统、接口、运营及维护危害分析，即根据施工图设计资料进行进一步的详细危害分析，其程序大致和初步危害分析相同。第二部分为施工方案安全风险评估，根据土建施工方案进行定性的风险评估，作为日后项目风险管理的重要依据。

进行施工图设计危害分析，识别的危害包括：
（1）系统及子系统危害；
（2）接口危害；
（3）运营及维护危害；
（4）施工方案安全危害。
施工图设计危害分析将通过"会议审查"形式进行评估。

3）设计安全审查（DSR）

设计安全审查以评估在设计上对安全的考虑是否足够，通过审查已进行的系统安全保障工作，就其结果做出控制及减低其他风险措施的建议，务求满足系统的设计安全要求。

设计安全审查，将通过"会议审查"进行，并组织会议审查小组。会议审查评估小组成员包括：系统安全保障人员、部门（分系统）设计技术负责人（包括接口系统的技术负责人及施工方案技术负责人）、专业设计人员（包括接口系统的设计人员及施工方案设计人员），如有需要，还应包括系统运营及维护负责代表等。

4）可靠度、可用度及可维护度定性评估

为使关键系统的设计符合安全运营的要求，系统安全保障工作对这些关键系统及接口做出可靠度、可用度及可维护度（RAM）定性评价，评估内容包括：

（1）故障模式及影响分析

故障模式及影响分析是一个有系统、自下而上的分析方法，是从设计上识别各子系统及系统功能可能发生的故障，并分析这些故障对子系统、系统及整体隧道系统运营的安全及可靠性的影响。

对关键系统及其子系统进行分析，识别其故障及成因，查明每项故障对系统安全及可靠性所带来的影响，判断故障的关键性，以便采取适当措施加以防止和消除。同时，识别系统内需要强化质量控制及定期维护检查的关键部分，编制安全及可靠性关键组件清单作日后跟进。整个故障模式及影响分析的主要步骤包括3部分：

① 系统功能分析及功能框图编制，对整个系统的功能进行分析。

② 故障模式及影响分析，对每项功能进行故障分析，包括故障模式、成因和相关的运作模式。系统安全保障人员就其经验，提议有关的故障检测方法及故障处理方法，并记录于备注项目内，以供专业设计人员参考，并根据以上数据，进行故障影响的严重性分析。

③ 根据故障影响的严重性分析结果编制安全及可靠性关键部分清单。系统安全保障人员提供这些数据给予系统专业人员及设计人员进行跟踪处理，并针对系统中明显的单点故障提议合适的故障处理措施，进一步完善系统设计。

（2）系统可靠度、可用度及可维护度定性评估

根据系统及子系统的功能要求和特性，详细分析系统、子系统、功能关系对整体可靠度、可用度及可维护度的相互影响，以确定该设计是否能够满足可靠度、可用度及可维护度要求。

系统可靠度、可用度及可维护度定性评估由系统安全保障人员负责，并由部门（分系统）设计技术负责人及专业设计人员予以协助。系统安全保障人员负责进行及记录分析结果。

系统可靠度、可用度及可维护度定性评估有以下步骤：

① 根据合同、国家法规、规范及标准，确认 RAM 的相关要求和原则；

② 根据以上标准，进行定性评价，评价包括：

如设计满足相关要求，则说明设计的依据（如设计文件参考编号）；如设计不满足相关要求，提出控制或降低风险的措施；与 RAM 相关的合同、国家法规、规范及标准等的完整记录。

若对系统设计上有变更建议，将及时更新之前所作的分析结果，以确保这些变更建议并不会对系统可靠度、可用度及可维护度带来负面的影响。

5）安全及风险管理

安全及风险管理的目的是确保各设计部门能够在整个项目生命周期内采用一致的管理方式处理系统潜在危害及其风险。它既可以提供一个标准及统一的形式去记录危害、监察和管理风险，亦能够通过风险评估矩阵去进行风险评估，以系统规划相应的风险处理措施。

系统设计部门进行安全及风险管理时的程序，包括：各系统有关项目人员的职务与责任，识别及记录危害，在识别危害后所需要进行的活动，利用危害记录表有效地监察并及早消除危害。

安全及动态风险管理流程见图 9-2。

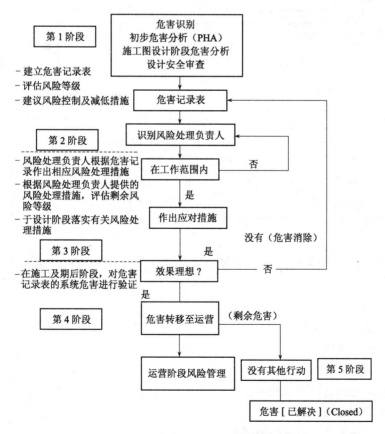

图 9-2　安全及风险管理流程图

安全及风险管理阶段内容如表9-2所示。

安全及风险管理阶段示意表　　　　表9-2

安全及风险管理阶段	工 作 内 容
1	识别新危害及建议风险处理措施
2	审查并落实风险处理措施
3	于施工或及后阶段对风险处理措施进行验证
4	危害转移至运营单位作进一步风险处理或持续监察
5	危害已大致消除或作持续监察

9.2.2.3　SS—Gate System 的实施内容

根据上述设计过程阶段的划分和风险管理及安全保障工作内容的界定，提出如表9-3所示的隧道及地下工程设计系统风险管理体系（SS—Gate System）的具体实施内容。

SS—Gate System 具体实施内容　　　　表9-3

市场运作阶段			项目操作阶段			风险管理内容
预可行性研究	工程可行性研究	方案优化研究（招投标）	工程准备	施 工	工程回顾总结	
SS—Gate 1	SS—Gate 2	SS—Gate 3	SS—Gate 4	SS—Gate 5	SS—Gate 6	
√	√	√	√			初步危害分析
			√			施工图设计危害分析
		√	√	√		设计安全审查
√	√	√	√	√		安全及风险管理
			√	√		可靠度、可用度及可维护度定性评估
					√	工程情况后评估及经验教训总结

9.3　掘进机隧道施工的主要风险因素

1）隧道开挖掘进中，可能发生的问题：
（1）隧道掘进机进出洞时开挖面土体不稳定引起洞圈间隙泥水漏涌、土体塌方；
（2）施工阶段隧道上浮、突沉、偏转、磕头；
（3）近距离施工的相互影响；
（4）更换盾尾刷引发泥水涌入；
（5）开挖面有障碍物；
（6）长距离施工造成刀具磨损严重；
（7）隧道掘进机到达工作井时定位误差过大；

(8) 隧道掘进机对接的定位和加固风险;
(9) 隧道内发生火灾的风险。
2) 施工中应特别重视的安全问题主要有:
(1) 在开挖面上突发性的泥水涌入;
(2) 隧道掘进机穿越含气层时沼气爆炸;
(3) 隧道掘进机穿越水底时冒顶。
3) 施工中产生地层移动风险的主要因素有:
(1) 隧道掘进机掘进施工不当所引起的较大的地层损失及不均匀沉降;
(2) 隧道掘进机掘进对下卧层的扰动造成较大的不均匀沉降;
(3) 下卧土层的不均匀性造成较大的不均匀沉降。

9.4 掘进机隧道工程的风险评价方法

本节将着重介绍国际隧道协会2004年制定的隧道工程风险管理指南《Guidelines for tunnelling risk management》中所推荐的方法。该方法中风险影响严重程度的分级、风险评估矩阵见表9-4~表9-10。必须指出的是，风险的严重程度其实是承灾体的承受能力的量化，不同的承灾体会有不同的承受能力，因此风险严重程度的分级是相对的。

风险发生概率的估算方法　　　　表9-4

概　率	概　率　区　间	估　值	说　　明
罕见	<0.0003	1	风险极难出现1次
偶见	0.0003~0.003	2	风险不大会出现
可能	0.003~0.03	3	风险可能会发生
预期	0.03~0.3	4	风险会不止1次地发生
频繁	>0.3	5	风险会频频发生

工作人员伤亡损失程度估算表　　　　表9-5

损失程度	灾　难	重　大	严　重	中　等	轻　微
死伤人数	死亡>10	1<死亡≤10 重伤>10	死亡=1 1<重伤≤10	重伤=1 1<轻伤≤10	轻伤=1

第三方人员伤亡损失程度估算表　　　　表9-6

损失程度	灾　难	重　大	严　重	中　等	轻　微
死伤人数	死亡>1 重伤>10	死亡=1 1<重伤≤10	重伤=1 1<轻伤≤10	轻伤=1	—

第三方经济损失程度估算表　　表 9-7

损失程度	灾 难	重 大	严 重	中 等	轻 微
损失（百万英镑）	>3	0.3~3	0.03~0.3	0.003~0.03	<0.003

周边环境损失程度估算表　　表 9-8

损失程度	灾 难	重 大	严 重	中 等	轻 微
损害严重程度	永久的严重损害	永久的轻微损害	长期性影响	暂时性的严重损害	暂时性的轻微损害

注：该表中长期性与暂时性是相对项目工期而言。

工期延误程度估算表（表中列出两个可供参考的样本）　　表 9-9

损失程度	灾 难	重 大	严 重	中 等	轻 微
工期延误（1）（月/风险）	>10	1~10	0.1~1	0.01~0.1	<0.01
工期延误（2）（月/风险）	>24	6~24	2~6	0.5~2	<0.5

工程本体经济损失程度估算表　　表 9-10

损失程度	灾 难	重 大	严 重	中 等	轻 微
损失（百万英镑）	>30	3~30	0.3~3	0.03~0.3	<0.03

风险分析中所使用的主要方法为故障树法（FTA）、决策树法（DTA）、蒙特卡罗模拟法、层次分析法（AHP）、专家调查法等。

在对风险的概率和损失程度进行评估之后，接着就要对风险进行分级，并按照风险接受准则对风险进行处理，见表 9-11 和表 9-12。

风险矩阵（风险等级划分）　　表 9-11

概 率	损 失 程 度				
	灾 难	重 大	严 重	中 等	轻 微
频繁	极高	极高	极高	严重	严重
预期	极高	极高	严重	严重	中等
可能	极高	严重	严重	中等	中等
偶见	严重	严重	中等	中等	低度
罕见	严重	中等	中等	低度	低度

风险接受准则表　　表 9-12

风险指数	说 明	风险指数	说 明
低度	风险是可容忍的，不必另设措施	严重	明确并执行预防措施以减少风险
中等	风险处于可容忍的边缘，预防措施可能需要	极高	为减少风险的预防措施必须不惜代价实行

9.5 建设期间的动态风险管理

9.5.1 引言

早期风险管理思想的缺点在于将项目的发展人为地划分为"现在"和"将来"两个独立的状态,在"现在"进行风险分析,"将来"对其进行管理。但是,工程项目具有很强的过程性,项目因内外环境、目标变化以及实施过程中不断受到不确定因素的影响,因此,项目的风险管理应是实时的、连续的。静态的风险管理思想显然不能反映这种过程性,管理的结果会远远达不到预期的目标。

1990年以后,面向过程的、动态的风险观念逐渐被引入到风险管理当中来。动态风险管理即在特定环境下,在完成预订目标的过程中对风险进行系统的、动态的控制,以减少项目实施过程中的不确定性。动态风险管理不仅使各级的项目管理者建立风险意识,重视风险问题,而且还在各个阶段、各个方面实施有效的风险控制措施,形成一个前后连贯的管理过程。

动态风险管理包含以下涵义:首先是对项目全过程的风险管理,从项目的立项到完成,都必须进行风险的研究与预测、控制以及风险评价,实行全过程的有效控制以及经验积累与教训;其次是对应于风险管理的人员、材料、设备、资金等的全方位管理;最后是及时实施全面动态风险管理的组织措施。

9.5.2 建设期间的安全及动态风险管理目标

安全及风险管理的目的是确保各设计部门能够在整个项目生命周期内采用一致的管理方式处理系统潜在危害及其风险。它既可以提供一个标准及统一的形式去记录危害、监察和管理风险,亦能够通过风险评估矩阵去进行风险评估,以系统规划相应的风险处理措施,从而在一定的工期和预算范围之内,将该工程在建设时期的风险降低至合理可行的最低限度(ALARP)。

9.5.3 工程建设期安全及动态风险管理程序

面向过程的动态风险管理是将风险管理与项目管理有机结合的系统框架,该框架的特点为:

1)将风险管理体系进行任务单元划分,并形成一个可以进行循环作业的封闭系统。每个单元的作业流程如图9-3所示。

2)风险辨识

根据工程相关资料、有关技术标准和规范为依据对项目的风险进行识别。如果在项目实施阶段还将根据现场风险查勘结果为依据对项目的风险进行识别。

风险辨识所使用的主要方法包括:故障树法、专家调查方法等。

3)风险估计

在风险识别确定后,即可进行风险分析,风险分析是根据风险发生的概率和风险影响的严重程度来进行的。

4）风险控制

从风险管理的基本方法上看，风险控制策略包括风险减缓、风险避免、风险转移、风险自留等几种。

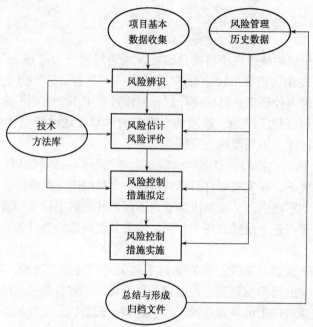

图 9-3　风险管理单元作业流程和循环体系

5）将该封闭循环单元作业步骤与项目实施过程结合起来，体现风险管理的连续性与动态性。如图 9-4 所示。

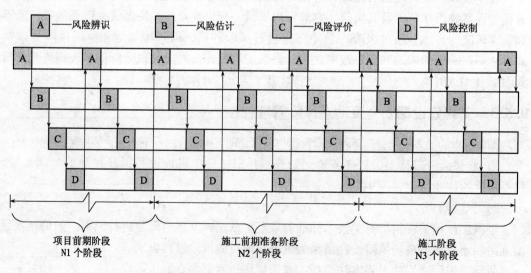

图 9-4　面向过程的动态风险管理体系框架图

可见，我们在工程每个时期内对每一个关键节点都要进行风险管理，做到风险的动态控制与管理。每个节点的风险管理步骤与流程即为一个风险单元。

风险节点阶段的划分原则:
(1) 根据工程的风险点数量确定阶段数量的原则;
(2) 前一阶段的实施结果可能影响后一阶段的风险辨识、评估与控制为原则。

9.5.4 动态风险管理的内容

在项目前期阶段、施工准备阶段和施工实施阶段动态风险管理内容如图9-5所示。

2005年国际隧道工程保险集团与慕尼黑再保险公司在《英国隧道工程风险管理联合作业守则》的基础上,编纂了《隧道工程风险管理作业守则》。该守则从工程保险的角度出发,提出了隧道工程不同建设时期的风险管理内容。根据该守则的内容,本节对地下工程建设期间不同阶段的风险管理内容进行了总结。

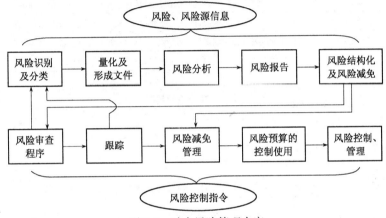

图9-5 动态风险管理内容

其详细内容的分解分别见表9-13~表9-15。

项目前期阶段风险管理内容 表9-13

管 理 项 目	管 理 内 容
风险水平	本阶段总体风险水平
地质调查	是否符合相关规范要求
承包商选择原则	是否符合ALARP原则
施工单位经验	是否具备同类工程经验
设计单位经验	是否具备同类工程经验
监理单位经验	是否具备同类工程经验
建设工期	工期安排是否合理
技术可行性	工程是否采用了新工法?是否对工程进行了风险评估,并提出了相应的风险应急预案
动拆迁工作	
道路翻交工作	
邻近地下管线	情况是否查明清楚
邻近轨道交通	情况是否查明清楚
邻近建(构)筑物	情况是否查明清楚
邻近路面	情况是否查明清楚
通货膨胀	

施工准备阶段风险管理内容　　　　　　　表 9-14

管　理　项　目	管　理　内　容
风险水平	本阶段总体风险水平
承包商进行的地质调查	是否进行了附加的地质调查工作
施工组织设计	是否对施工中的风险点有一定了解？是否对工程进行了风险评估，并提出了相应的风险应急预案？施工组织设计是否经过审批
工程项目经理经验	是否具备同类工程经验
工程总工程师经验	是否具备同类工程经验
工程监理经验	是否具备同类工程经验
安全管理者是否胜任	是否拥有资格证书？是否有安全培训计划
动拆迁工作进度	是否完成
邻近地下管线的监测	是否有监测施工组织设计？监测仪器是否安装？监测仪器是否标定？监测报表格式
邻近轨道交通的监测	是否有监测施工组织设计？监测仪器是否安装？监测仪器是否标定？监测报表格式
邻近建（构）筑物的监测	是否有监测施工组织设计？监测仪器是否安装？监测仪器是否标定？监测报表格式
邻近路面的监测	是否有监测施工组织设计？监测仪器是否安装？监测仪器是否标定？监测报表格式
通货膨胀	
第二次风险评估	施工过程中，是否有方案变更情况
工程分包形式	真正管理还是以包代管
技术决策程序	是否谨慎
业主、承包商、设计方和监理方的沟通	各方联络流程（特别是紧急情况的联络方式）？各方是否具备合作精神
施工现场安全防范措施	防火、防汛和防台措施？现场是否有未具备工作证的工作人员？防偷盗行为

施工实施阶段风险管理内容　　　　　　　表 9-15

管　理　项　目	管　理　内　容
风险水平	本阶段总体风险水平
施工组织设计	是否严格按施工组织设计执行
监测数据的反馈	数据反馈途径
现场安全控制	安全管理团队和管理程序？详尽的安全管理内容？政府安全巡视
现场质量控制	质量管理团队和管理程序？特别要注意质量测试、质量控制规范和测试仪器
风险管理	现场风险管理团队和管理程序？紧急情况的风险管理程序
第三次风险评估	如果施工中出现变更情况
提交给保险公司的季度风险管理报告	审查和改进现场风险管理情况
工程资金情况	通货膨胀？是否在预算范围内？现金流
工程进度情况	
合同变更情况	
现场解决问题的能力	从监理方了解情况

9.5.5　附录

　　附录1—风险辨识与控制表
　　附录2—施工阶段总体风险查勘表

9.5 建设期间的动态风险管理

附录 1—风险辨识与控制表

隧道施工期间风险辨识表

表 9-16

类别	风险事件	风险因素	风险控制措施
盾构掘进机出洞	拆除封门后出现涌土、流砂	封门外侧土体抗渗性差	① 创造条件使盾构尽快进入洞口，并对封门进行加固封堵，如注浆、井点降水或液氮冻结等；
		地下水压发生变化	② 加强监测，观测封门附近、工作井和周围环境的变化；
		封门外土体暴露时间太长	③ 加强工作井的支护结构体系
	洞门圈土体流失	洞口土体加固效果不好	① 洞口土体加固应提高施工质量，保证加固后土体强度和均匀性；
			② 洞口密封圈安装要准确，在盾构推进的过程中要注意观察，防止盾构刀盘的周边或刀割伤橡胶密封圈；密封圈可涂牛油增加润滑性，洞门的扇形钢板要及时调整，改善密封圈的受力状况；
		洞口密封装置失效	③ 在设计、使用洞门密封时要预先考虑到盾壳上的凸出物等，在相应位置设置可调节的构造，保证密封的性能
	盾构推进轴线偏离设计轴线	基座安装不当变形	① 盾构基座中心夹角轴线应与隧道设计轴线方向保持一致，当洞口段隧道设计轴线处于曲线状态时，可考虑盾构基座沿隧道设计曲线的切线方向放置，切加大洞口内侧面处、以满足出洞时盾构土体所产生的推力要求；
		后靠背发生位移或变形	② 对基座结构的强度和刚度要进行验算，以满足出洞时盾构基轴线与设计轴线保持一致；
		出洞推进时同步浆注不当	③ 控制盾构姿态，尽量使盾构轴线与隧道设计轴线之间夹角要保证小；
		土体超挖、欠挖	④ 盾构基座与发井的底面积要垫平整，保证接触面积满足要求
	后盾系统出现失稳	反力架失效	对体系的各构件必须进行强度、刚度校验，各连接点应采用合理的连接方式保证连接牢靠，各构件安装要定位精确，并确保电焊质量以反螺栓连接的强度。尽快安装上部的后盾支撑牢靠，完善整个后盾支撑体系，以便张开盾构上部的千斤顶，使后盾支撑系统始终受力均匀
		负环管片损坏	
		钢支撑失稳	
盾构掘进	遇见障碍物	地质调查不充分；托换不彻底	① 对开挖面前方 20m 超声波障碍物探测，及时查出大石块、沉船、哑炮等；
			② 设置右块破碎到粒径 10mm 以下，以便泥浆采排；
			③ 选择有经验的勘察单位，采用先进的勘探技术，加密地质勘探孔的数量，准确定位障碍物的位置

续表

类别	风险事件	风险因素	风险控制措施
盾构掘进	掘进面土体失稳	正面土压力选择不当	① 正确地计算选择合理的舱压，舱压应采用静止水土压力的1.2倍左右；掘进由膨润土悬胶液稳定，水压力可以精细调节。膨润土悬胶液由空气控制，随时补偿正面压力的变化。 ② 流砂地质条件时，要反时补充无新鲜泥浆。事前检验物理性质，包括流变试验、塑性泥膜、屈服应力、泥浆密度、颗粒粒径分布、成泥膜的检验。测定固体颗粒一定的深度，在很短时间内形成一层泥膜。这种泥膜有助于提高土层的自立能力。泥浆可渗入砂性土层，从而使泥水舱同开挖面泥浆压力同开挖面土层始终动态平衡。 小的黏性土可用原状土造浆，并使泥浆压力及新鲜泥浆补给量控制推进速度和泥渣排土量及新鲜泥浆补给量
		地质条件发生变化	
		施工人员违规操作	
		掘进速度不当	
		出土速度不当	
		施工机械出现故障	
	地面过大变形	纠偏量过大	① 详细了解地质状况，及时调整施工参数； ② 尽快摸索出施工参数的设定规律，严格控制平衡压力及推进速度设定值，避免施工参数的设定值过大、范围过大； ③ 按理论出土量和施工实际工况出合理出土量； ④ 根据隆沉情况调整注浆量
		出土量不准	
		掘进速度设置不当	
		推进参数选择不当	
		同步注浆量不当	
		注浆材料性质不当	
		二次注浆不当	
	江底塌陷	覆土厚度不够	采用全封闭、高度机械化、自动化的现代化盾构机；正确地计算选择合理的舱压
		地质条件发生变化	
		掘进参数选择不当	
		发生机械故障	
	盾构内出现涌土、流砂、漏水	盾尾失效	① 严格控制盾构推进的纠偏量，尽量使管片四周的盾尾空隙均匀一致，减少管片对盾密封的挤压程度； ② 及时、保量、均匀地压注盾尾油脂，避免盾构产生后退现象； ③ 采用优质的盾尾油脂，要求有足够的黏度、流动性、润滑性、密封性能

续表

类别	风 险 事 件	风 险 因 素	风 险 控 制 措 施
盾构掘进	盾构沉陷	地层空洞	① 加密地质勘察孔的数量，准确定不良地层的位置，分析对盾构施工的影响； ② 对开挖面前方 20m 进行地质探测，及时查出不良地层或障碍物； ③ 定期检查盾构机，使盾构机保持良好的工作性能，减小掘进施工时盾构机出现故障的发生概率； 合理地组织施工，并对施工人员进行专业培训和安全教育，确保各施工环节的正常运转，减小产生质量或安全问题
		困难地层，如暗浜	
		掘进面失稳，如出现流砂、管涌	
		盾构过长时间停顿	
	盾构掘进轴线偏离设计轴线	施工测量出现差错，或施工测量误差太大	在推进施工过程中，对每一环都必须提交切口、盾尾高程及平面偏差实测结果，并由此计算出施工轴线中心与设计轴线的偏差，必须及时告知施工工程师绘制成隧道施工轴线与设计轴线偏差的趋势，一旦发现有偏离轴线的趋势，采取及时、连续、缓慢的纠偏方法。每推进 100 环，请专业测量队伍用高精度经纬仪和水准仪进行三角网贯通测量校核
		超挖、欠挖	
		盾构纠偏不及时，或纠偏不当	
		地质条件发生变化	
		盾构推进力不均衡	
		管片成环误差大	
	盾构自转	设备无法正常使用	采用盾构内外层刀盘反向转动的方法，或在隧道内单侧配重
管片工程	管片破损	管片模板涂油不小心	① 行车操作要平稳，防止过大的晃动； ② 钢模使用前必须涂专用脱模剂，管片脱模忌猛敲乱干； ③ 管片使用后脱模，或用专用管架翻身，保证管片翻身过程中的平稳； ④ 地面堆放管片时上下两块管片具垫枕； ⑤ 设计吊运管片的专用吊具，应用尼龙绳起吊管片； ⑥ 采用机械吊运的地方应平板车，加设避振设施，减少管片之间碰撞； ⑦ 工作面堆存管片的地方放置枕木将管片的保护管片与管片之间隔离开，以免发生碰撞； ⑧ 管片运输过程中要小心轻放，使用弹性材料衬垫管片与管片之间的边角，叠放存放的管片垫高； ⑨ 管片拼装时要小心轻放，动作平稳，减少管片的撞击； ⑩ 提高管片的质量，环缝与隧道设计轴线不垂直度，纵缝、环缝不平稳； ⑪ 拼装时将顶块管片的开口部位留得精大一些，使封顶块能顺利地插入； ⑫ 发生管片与盾壳相碰，应在下一环管片立即进行纠偏，环缝设计不平整时，及时加贴地衬垫子以纠正，环缝与管片环面及管片轴线的垂直度、纵缝，及时调整上管片环缝面受力均匀； ⑬ 提高管片环缝面与隧道设计轴线的垂直度，使管片在盾尾内能居中拼装
		脱模不小心	
		管片堆放不当	
		管片吊运时管片发生碰撞	
		管片运输过程发生碰撞或破损	
		拼装时管片受损	
		封顶块与邻接块接缝不平	
		邻接块开口量不够	
		盾构推进力不均衡	

续表

类别	风险事件	风险因素	风险控制措施
管片工程	管片就位不准	管片拼装累计误差过大	① 加强施工管理； ② 定期检查管片拼装系统
	螺栓连接效果不好	螺栓未予拧紧	① 提高管片拼装质量，及时纠正环面与隧道轴线不垂直等，使每个螺栓都能正确地穿过螺孔； ② 严格控制螺栓的加工质量，定期抽查、互检、抽检工作，发现问题及时更换，不符合质量要求的螺栓应退换； ③ 加强施工管理，做好自检、互检、抽检工作，确保螺栓穿进及拧紧的质量对螺栓和螺帽进行质量复检，检验合格后才能使用
	管片接缝渗漏	管片纵缝出现内外张角，前后喇叭（缝隙不均匀，止水条失效）	① 提高管片的拼装质量； ② 拼装前做好有壳与管片各面的清理工作，防止杂物夹入管之间，拼装时纠正环面； ③ 环面的偏差及时进行纠正，使拼装完成的管片中心线与设计轴线误差减少，管片始终能够在盾尾内居中拼装； ④ 管片正确就位，千斤顶不要加力过猛，除封顶块外每块管片至少要有两只千斤顶顶住； ⑤ 盾构推进时骑缝的千斤顶应开启，保证环面平整； ⑥ 对破损的管片及时进行修补，运输过程中造成的损环应在贴止水条以前修补好；对于因为管片与盾壳相碰而在推进或拼装过程中被挤坏的管片，也应原地按规加贴，胶水不流淌以后一层遇水膨胀橡胶条起保护作用； ⑦ 控制衬垫厚度的厚度，在贴有较厚衬垫处的止水条进行操作，清理止水槽，胶水不流淌以后才能粘贴止水条； ⑧ 应严格按照贴水膨胀条后要严防雨水等淋在管片上
	密封材料失效		管片贴上雨水膨胀条后要严防雨水等淋在管片上
隧道注浆	长时间没有注浆		单液注浆
	注浆管没有及时清洗		① 停止推进时定时用浆液打循环回路，使管路中的浆液不产生沉淀，将管路清洗干净； ② 拌浆时注意配比准确，搅拌充分； ③ 定期清理浆管，清理后的第一个循环用膨润土泥浆压注，使注浆路的管壁润滑良好
	浆液配方不当		
	浆液沉淀凝固		
	注浆管堵塞	双液注浆泵压力不匹配	

9.5 建设期间的动态风险管理

续表

类别	风险事件	风险因素	风险控制措施
隧道注浆	注浆压力偏差大	注浆方量控制不准	加强现场注浆管理
隧道注浆	注浆压力偏差大	注浆流量控制不好	加强现场注浆管理
隧道注浆	注浆质量不合格	浆液拌和时间不足	加强现场浆液拌制和存放管理
隧道注浆	注浆质量不合格	浆液存放时间过长	加强现场浆液拌制和存放管理
隧道注浆	注浆质量不合格	浆液配方不当	加强现场浆液拌制和存放管理
机械设备	盾构刀盘轴承失效	刀盘轴承密封失效	①设计密封性能好、强度高的土砂密封，保护轴承不受外界杂质的侵害；②在轴承寿命内使用；③密封壁内的润滑油脂压力设定要略高于开挖面平衡压力，并经常检查油脂压力
机械设备	盾构刀盘轴承失效	封腔的润滑油脂压力小于开挖面平衡压力	
机械设备	盾构刀盘轴承失效	轴承润滑失效	经常检查轴内的润滑情况，对轴承的润滑定期取样检查
机械设备	盾构刀盘轴承失效	轴承断裂	
机械设备	刀盘与刀具出现异常磨损	遇到障碍物	设气压进出闸门，局部气压下进入密封舱排障，对刀盘维修
机械设备	盾构内气动元件不工作	系统存在严重漏气点	①安装系统时连接好各管路接头，防止泄漏；②经常将包下的放水阀打开放水，减少压缩空气中的含水量，防止气动元件产生锈蚀；根据设计要求设定系统压力，保证各气动元件处于正常的工作状态
机械设备	盾构内气动元件不工作	气动控制阀的阀杆发生锈蚀	
机械设备	盾构内气动元件不工作	气动元件发生疲劳断裂	
机械设备	数据采集系统失灵	传感器损坏	①经常检查数据采集系统；②对操作人员进行培训；③对数据系统进行保养；④设置数据采集系统的保护装置
机械设备	数据采集系统失灵	集成电路出现故障	
机械设备	数据采集系统失灵	数据处理系统出现故障	
机械设备	数据采集系统失灵	数据存储系统出现故障	
机械设备	管片拼装系统失效	人员操作不当	①盾构接收基座要设计合理，使盾构下落的距离与盾尾与管片的建筑空隙不超过盾尾与管片的建筑空隙；②将进洞段的最后一段钢在上半圈的部位用槽钢相互连结，增加隧道刚度；③在最后几环管片拼装时，注意对管片的拼装螺栓及时复紧，提高抗变形的能力
机械设备	管片拼装系统失效	拼装机卡具失效	
机械设备	管片拼装系统失效	拼装机旋转装置失效	
机械设备	管片拼装系统失效	拼装机液压系统失效	

续表

类别	风险事件	风险因素	风险控制措施
隧道进洞	盾构姿态突变	接收基座中心夹角轴线与推进轴线发生偏差	①盾构接收基座设计要合理，使盾构下落的距离不超过盾尾与管片的建筑空隙；②将进洞段的最后一段管片，在上半圈的部位用槽钢相互连结，增加隧道刚度；③在最后几环管片拼装时，注意对管片的拼装螺栓及时复紧，提高抗变形的能力；接收前调整好盾构姿态，使盾构标高略高于接收基座标高
		推进参数选择不当	
	洞口土体流失	洞口土体加固效果不好	①洞口土体加固应提高施工质量，保证加固后土体强度和均匀性；②洞门拆除前应充分做好各项准备工作；③洞门封门拆除时要准确，在盾构推进的过程中要注意观察，密封胶密封圈，密封圈可涂牛油增加润滑性，伤橡胶圈
		洞口密封装置失效	
	盾构基座变形	掘进面土体失稳	①隧道变形中心夹角成时应与隧道设计轴线方向一致，切隧道设计轴线曲线状态时，可考虑盾构基座沿隧道设计曲线切线方向放置，当洞口段隧道设计轴线曲线克服出洞段进洞口所产生的推力；②基座框架整体稳定性不够，结构的强度和刚度能克服出洞段掘进盾构刀盘的周边刀割；③合理控制盾构姿态，尽量使盾构轴线与盾构基座中心夹角保持一致
		与隧道整体轴线不平行	
		基座整体稳定性不够	
		盾构基座受力不均	
		盾构基座固定不牢靠	
	偏离目标井或对接错位	盾构轴线偏差大	①盾构机有可靠的轴线定位，可靠的地面三角网及井下引进导线系统，如：激光导向，陀螺仪定位系统；②每环衬砌测量跟进测量，每50m设吊架（栏）对轴线跟进测量
		纠偏距离太小	
		测量差错	
管片开裂、渗漏		管片质量不合格	①加强对进场管片的检查，对不合格管片进行更换；②管片拼装时的质量控制，避免出现管片破损；③结构加强体系必须具有足够的强度和刚度，结构加强体系加固管片前，拆除管片，对加固土体进行监测；④对加固区土体施工过程进行全过程控制，控制管片出浆液的质量，注浆压力和注浆量
		管片拼装存在缺陷	
		开口部位加强体系失效	
		管片注浆质量不合格	
		隧道出浆不均匀沉降	
联络通道与泵站	出现涌土、流砂或涌水	地基加固效果不好	①关闭应急门，并注入水泥浆；②详细调查隧道开挖范围的地质条件；③对地层采用有效的加固处理方法，降低地下水位，减小地下水对开挖面土体的影响；④选择合理、有效的施工工艺
		地质条件发生变化	
		地下水位发生变化	
		施工工艺不合理	
		支护体系失效	

续表

类别	风险事件	风险因素	风险控制措施
联络通道与泵站	开挖面土体失稳	地基加固效果不好	① 合理选择地基加固方案； ② 加强地基加固施工管理； ③ 事先掌握开挖范围的地址变化情况； ④ 合理预测地下水位变化情况，选择合理、先进的开挖工艺
		地质条件发生突变	
		地下水压发生变化	
		施工工艺不合理	
		开挖过量	
		施工人员操作不当	
		设计错误	
	支护结构失稳	地质条件发生突变	① 事先详细掌握周围地层条件，对不良地层进行加固处理； ② 检查支护结构强度，对支护结构进行强度和变形验算，必要时进行试验； 加强支护现场管理，增强现场人员的风险意识
		支护结构强度低，传力体系不好	
		支护结构设计错误	
		施工人员违规操作	
施工	施工安全	施工中土体塌方，掩埋施工人员	① 加强施工过程中的安全管理工作； ② 定期开展安全教育工作； ③ 盾构尾部安装水喷淋管以避免没有出路的盾构机操作人员被火灾的烟雾窒息
		施工人员意外高空坠落	
		施工火灾	
		施工机械碰撞	
		高空坠物伤人	
	职业健康	多粉尘、湿潮的环境中长时间作业	① 加强职业健康教育工作； ② 现场采取职业健康保障措施

续表

类别	风险事件	风险因素	风险控制措施
工期	工期延误	施工进度计划安排有误	
		施工困难	
		抢险造成工期延误	
		材料供给不及时	
		能源供给不正常	
		劳动力问题	
		工程资金不到位	要定期对工程的资金与进度计划进行修正管理
第三方建(构)筑物	邻近建筑物	施工过程造成的不均匀沉降与塌方影响其使用和安全	
	邻近管线	施工过程造成的不均匀沉降与塌方影响其使用和安全	
	邻近路面	施工过程造成的不均匀沉降与塌方影响其使用和安全	
	邻近行人	施工过程造成的不均匀沉降与塌方影响其使用和安全	
	邻近防汛设施	施工过程造成的不均匀沉降与塌方影响其使用和安全	
	邻近已建、拟建轨道交通	施工过程造成的不均匀沉降与塌方影响其使用和安全	① 穿越河道防汛墙时，慢慢地推，分小段推，均匀地转；顶住正面，调整切口压力；封住盾尾，合理注浆；② 穿越轨道交通时，对将穿越的线路内布置电子水平尺，对其隆沉情况进行实时监控，以便在发生异常情况时，及时采取措施，在穿越区域加密布设深层沉降监测点，增加监测频率，用以指导施工和保证运营中的轨道交通安全。根据地质情况反应的数据，针对以往的对地层进行预加固处理。如果发生隆沉或变形超标，在隧道内在外部土体进行注浆加固，必要时可采取内支撑加固的措施

续表

类别	风险事件	风险因素	风险控制措施
自然灾害	洪水		① 汛期来临之际，做好一切防汛防台准备； ② 对于一些不可抗力因素可能导致的灾害，建议通过工程保险的方式将风险转移
	地震		
	台风		
	暴雨		
其他灾害	飞行器坠落和其他特殊风险		

附录2—施工阶段总体风险查勘表

施工阶段总体风险查勘表

表 9-17

工程名称： 标段： 项目名称：
查勘时间： 记录人： 审核人：

序号	检查项目	检查内容及用途	查勘状态（√或×）	备注
1	工程风险管理计划	承包商对施工阶段风险记录卡进行定期监控以及复查的方式及方法（承包商风险管理方法）		
2	施工阶段工程风险记录卡	用于确认风险、行动及措施的风险承担方，薄以减轻施工阶段风险的影响，其中包括承包商所识别的风险，以及从业主风险记录卡中转移的风险		
3	工地组织表	用于了解工程骨干人员和负责安全工作及自我验收（如果合同要求时）的人员的汇报和沟通途径（组织机构的建立）		
4	培训计划	为保证所有员工能够胜任岗位职责，承包商应确保所有员工都已接受了足够和适当的培训（检查培训记录）		
5	施工组织设计书	用于说明将在工程中使用的施工方法、施工机具、施工材料与劳动力水平（检查设备与工法是否与标书一致）		
6	质量检查及测试计划	用于说明承包方及业主质量控制和质量保证的态度（监理方案及第三方检测单位、现场监控单位）		
7	风险评估	用于说明对工程施工的危险与相关风险已经全部进行识别及评估，检查施工阶段风险记录卡中风险是否有遗漏		

续表

序号	检查项目	检查内容及用途	查勘状态(√或×)	备注
8	独立监督保证	用于说明承包商在进行自我验收时,将如何控制及保持按施工查验程序中的独立监督(从施工组织设计检查隐蔽工程验收体系是否一致)		
9	施工机具选择标准	用于说明主要的施工机具及维保计划(应包括在施工组织设计中),例如备件的等级、检查次数、维保人员		
10	管理计划	用于说明承包商为管理及控制施工过程所采取的管理体系,以满足合同的要求,确保承包商的施工符合当前工人的最佳作业标准(安全计划、质量计划、环保计划)		

注:在每次查勘中,如果承包商符合查勘表中的要求,那么就在相应项目的状态栏中打"√",反之打"×",并在备注栏中注明整改内容、期限以及下次跟踪查勘的要求。

表 9-18 风险查勘记录表

工程名称:　　　　　　　标段:　　　　　　　项目名称:

项目	活动	可预见的风险事件	可预见的风险因素	风险级别	现有的控制措施	所需的控制措施	剩余风险级别	风险处理状态	负责人
1	地下连续墙施工	槽段壁面不稳定、大面积塌方	不良地质						
			成槽时间过长						
		地墙涌水、喷砂	泥浆不合适						
		沉渣厚度过大	地面超载						

发生频率 \ 损失程度	1 轻微	2 中等	3 严重	4 重大	5 灾难性
1 罕见	低度	低度	中等	中等	中等
2 偶见	低度	中等	中等	高度	高度
3 可能	中等	中等	高度	高度	极高
4 预期	中等	高度	高度	极高	极高
5 频繁	中等	高度	极高	极高	极高

低度:风险可容忍,不必另设措施
中度:可容忍的边缘,预防措施可能需要
严重:明确并执行预防措施以减少风险
极高:为减少风险的预防措施必须不惜代价实行

	姓名	日期
编制		
复核		
审核		
批准		

重点查勘内容风险记录表　　　　　　　　　表 9-19

查勘时间：　　　　　　　　　　记录人：　　　　　　　　　　审核人：

风险事件				
风险因素				
风险部位 （车站或区间）				
风险评估 （影响后果）	工期延迟和相关费用	费用	质量	安全
			√	
风险减轻措施	可采取的措施		措施执行情况	
	措施 1		×	
	措施 2		√	
	措施 3			
项目开始时的 初步评估	风险概率	风险后果	风险指数	风险等级
	3	4	12	严重
进一步评估的要求	风险减轻措施； 根据不同施工环节尽可能的分散风险； 每一施工环节的调研结束后都要进行下一步评估。			

参考文献

[9-1] 上海市城乡建设和交通委员会科学技术委员会. 上海软土地下工程动态实时风险过程管理研究. 2010 年 1 月

第10章 工程案例

10.1 上海长江隧道工程

10.1.1 工程概况

上海长江隧桥（崇明越江通道）工程是国家高速公路的重组成部分（图10-1），是我国长江口沿海一项特大型交通基础设施项目。该工程的建成，将进一步拓展上海的发展空间，改善上海市交通系统结构和布局，综合开发崇明岛，促进苏北经济发展，加速长三角地区经济一体化，更好地带动长江流域乃至全国经济发展，大大提升上海在全国乃至全球经济中的综合竞争力。

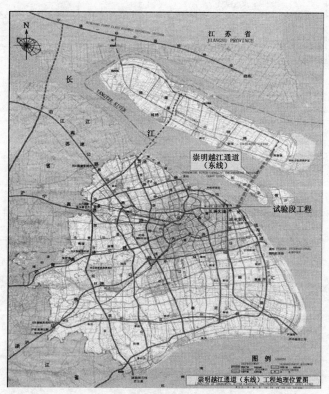

图10-1 崇明越江通道地理位置

上海长江隧桥工程南起浦东五好沟，穿越长江南港后经长兴岛，再跨越长江北港向北止于崇明岛东端连接陈海公路，全长25.5km，道路规划为双向6车道。工程以长兴岛为界分为长江隧道和长江大桥两部分,即南港采用隧道过江,北港采用桥梁过江方案。

长江隧道工程包括浦东岸边段(试验段)、江中段和长兴岛岸边段 3 部分,如图 10-2 所示,全长 8955.26m(K0-175.33~K8+779.93),其中浦东段长 657.83m,长兴岛段长 826.93m,江中圆隧道段东线(K0-483.135~K7+954.789)长 7471.654m,西线(K0-481.869~K7+951.232)长 7469.363m。圆隧道上层道路为 3 车道,车道宽度为 3.75m,道路总宽度为 12.25m,设计车速 80km/h;圆隧道下层则预留轨道交通线路,圆隧道建筑断面如图 10-3 所示。隧道结构设计使用年限为 100 年。

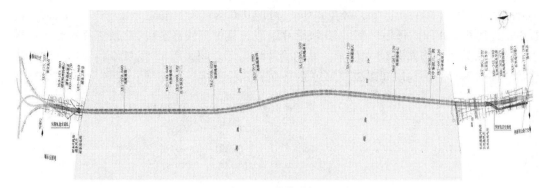

图 10-2 隧道平面图

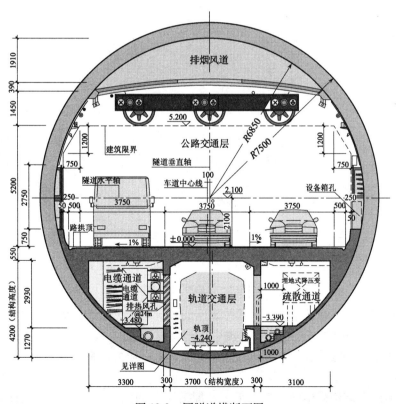

图 10-3 圆隧道横断面图

圆隧道段采用盾构法施工，一次掘进完成。隧道坡度平缓，最大坡度为2.9%，最小平面曲线半径为R4230m。江底最浅覆土约14.0m，最深覆土约29.0m。

工程范围内设浦东和长兴岛2座工作井，施工阶段分别作为盾构的始发和接收井，运营阶段作为通风和疏散救援通道。隧道在浦东和长兴岛两岸分别各设1座风塔，两侧暗埋段峒口内分别设置2座雨水泵站，在江中圆隧道的最低点分别设4处江中泵房，上下行圆隧道之间设8条连接通道。

圆隧道衬砌采用钢筋混凝土装配式通用楔形管片（楔形量为40mm），错缝拼装。衬砌外径为15.0m，内径13.7m，环宽2.0m，环厚0.65m。管片混凝土强度等级为C60，混凝土抗渗等级为P12。每环衬砌由10块管片组成，其中7块标准块、2块邻接块和1块封顶块，衬砌圆环结构如图10-4所示。纵向管片环与环之间采用38根M30的纵向斜螺栓相连接，环向管片的块与块间以2根M39的环向斜螺栓连接。

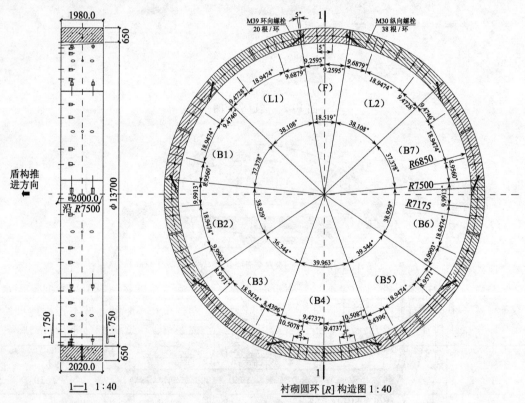

图10-4 衬砌圆环结构图

隧道防水以管片的自防水为主，管片之间的接缝防水为重点，形成立体防水系统。其中，隧道接缝由弹性橡胶密封垫和遇水膨胀条组成双道防水线，如图10-5所示。弹性橡胶密封垫采用三元乙丙橡胶，具有压缩永久变形量小、应力松弛变化率低、耐老化性能佳的特点。

圆形隧道内部结构采用同步施工工艺，即道路中间的"口"字形预制件随盾构掘进同步在2号车架内拼装，两侧路面板为现浇结构，路面板搁置在与管片连接的牛腿上，道路混凝土强度等级为C40。

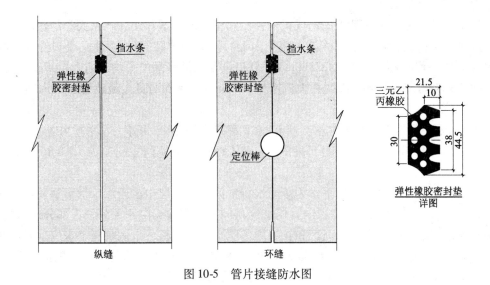

图 10-5　管片接缝防水图

10.1.2　工程水文地质及环境

10.1.2.1　工程环境

上海长江隧道工程起于浦东新区外高桥东的五好沟，通过五洲大道与上海城市中环线、外环线和郊环线等快速干道相连，跨越南港水域后在长兴岛新开河以西登陆，并通过潘园立交与长兴岛道路路网沟通。其陆上地面主要建筑为浦东段防汛墙以及长兴岛处防汛墙，其余均为农田。隧道跨越的水上部分主要是长江的南港水道，是长江流域地区通往我国沿海地区和世界各大洋的重要通道。

10.1.2.2　长江口河势和水文

1) 地表水

长江口系感潮河段，为中等强度的潮汐河口。河口外为正规半日潮，河口内受潮波变形影响，为非正规半日浅海潮。本工程附近有吴淞、外高桥、长兴岛、堡镇、青龙港等水文观测站。根据已有水文资料成果分析，长江口潮位沿程分布并不一致。按本工程地理位置，外高桥、长兴岛两水文观测站水位可分别代表浦东南岸和长兴岛北岸处的潮位特征。该两水文观测站 1960~1999 年潮位资料摘录如表 10-1 所示。

外高桥、长兴岛水文观测站 1960~1999 年潮位资料　　　表 10-1

特　征　潮　位	外高桥水文观测站	长兴岛水文观测站
历年最高潮位（m）	5.99（1997.8.18）	5.88（1997.8.18）
历年最低潮位（m）	−0.43（1969.4.5）	−0.29（1969.4.5）
平均高潮位（m）	3.27	3.30
平均低潮位（m）	0.88	0.84
平均潮差（m）	2.34	2.47
平均涨潮历时	4h45min	4h54min
平均落潮历时	7h40min	7h31min

长江口属大径流、中潮差的河段,受径流和潮流的双重作用,在柯氏力的作用下,长江径流与外海潮流流路分歧,涨潮主流偏南走。落潮持续时间约为7h,涨潮持续时间约为5h,平均一涨一落时间为12h25min。长江口洪季大潮涨潮的平均流速为1.05m/s,落潮的平均流速为1.12m/s,涨潮的最大流速为1.98m/s,落潮的最大流速为2.35m/s。

2)潜水

浅部土层中的地下水类型为潜水,与江水有密切水力联系,基本与江水相沟通。潜水水位主要受长江潮汐的影响,浦东新区外高桥、长兴岛地区多年平均水位分别为±2.8m、±2.4m。

3)承压水

埋藏于⑦层、⑨层中的地下水为承压水,本区⑦、⑨层中承压水水量丰富。除近五好沟约1km区段内(约K1+500以南)⑦、⑨层间有⑧层作为隔水层外,大部分地段为⑦、⑨层直接连通。另据上海浦东新区和长兴岛承压水水位资料,本区承压水水位呈周期性变化,水头标高一般在0.00~-8.00m之间,浦东新区、长兴岛多年平均水位分别为-4.20m、-0.60m。此外,本区第⑤$_2$层中分布有微承压水,与⑦层中承压水有一定的水力联系。

10.1.2.3 工程地质

1)地形、地貌

工程陆域部分地貌属上海四大地貌单元中的"河口、砂嘴、砂岛"地貌类型,地面较平坦,标高在±3.5m左右(吴淞高程)。水域部分则属河床地貌类型。

2)场地地震效应

工程场地的抗震设防烈度为7度,属Ⅳ类场地。其中②$_3$、③$_2$层砂质粉土为轻微液化土层。

3)地基土的构成及特性

本工程圆隧道采用盾构法施工,盾构主要穿越的地质为:④$_1$灰色淤泥质黏土、⑤$_{1-1}$灰色黏土、⑤$_{1-2}$灰色淤泥质粉质黏土、⑤$_2$灰色黏质粉土夹薄层粉质黏土;部分地段遇③$_1$灰色淤泥质粉质黏土、③$_2$灰色砂质粉土、⑤$_3$透镜体、⑦$_{1-1}$灰色砂质粉土、⑦$_{1-2}$灰色砂质粉土。工程沿线土层中有液化土、流砂和管涌、浅层气、透镜体、承压水等不良地质现象。

由于本工程线路较长,沿线地层分布较为复杂,根据地层的分布及其对隧道施工的影响,可将沿线分为A、B、C、D、E等5个工程地质区,各工程地质区地层组合特点和隧道穿越土层情况如表10-2所示。

工程沿线各地质分区地层组合特征及隧道主要穿越土层 表10-2

编号	里 程	地层组合特征	隧道主要穿越土层
A区	K0+480~K1+100	浅部有②$_3$、③$_2$层粉性土;中部主要为④$_1$、⑤$_{1-1}$层黏性土和⑤$_2$层粉性土;深部主要为⑦$_{1-2}$、⑧、⑨$_2$层土	隧道主要穿越的土层为③$_1$、③$_2$、④$_1$、⑤$_{1-1}$和⑤$_2$层
B区	K1+100~K2+200	表部沉积有①$_2$层淤泥;中部主要为④$_1$黏性土和⑤$_2$层粉性土;底部主要以⑦、⑨为主,⑧层在本区逐渐尖灭	该区段隧道主要在⑤$_2$层中穿越,局部区段隧道的顶部和底部遇④$_1$、⑤$_{1-1}$和⑦$_{1-1}$、⑦$_{1-2}$层

续表

编号	里程	地层组合特征	隧道主要穿越土层
C 区	K2+200~K5+900	浅部为①$_3$ 层粉性土；中部主要为④$_1$、⑤$_{1-2}$ 层黏性土（南端存在⑤$_{3_1}$ 层粉性土透镜体）；底部⑦、⑨层直接相通	隧道主要穿越的土层为④$_1$、⑤$_2$ 层，部分地段遇⑤$_{3_1}$ 层灰色黏质粉土透镜体
D 区	K5+900~K6+200	浅部为①$_3$ 层粉性土；中部主要为④$_1$ 黏性土和⑤$_2$ 层粉性土；底部⑦、⑨层直接相通	隧道主要穿越的土层为④$_1$、⑤$_2$ 层，局部地段⑦$_{1-1}$ 层
E 区	K6+200~K7+960	受地形影响，表部从南向北依次为①$_3$、①$_2$、①$_1$ 层；中部主要以④$_1$、⑤$_{1-2}$ 层黏性土为主，局部出现④$_2$ 或⑤$_{1-1}$ 层；底部⑦、⑨层直接相通，局部⑦$_{1-1}$ 层缺失	隧道主要穿越的土层为④$_1$、④$_2$、⑤$_{1-2}$ 层

10.1.2.4 地下障碍物、管线分布

江中圆隧道沿线长江底埋设有 2 条海底光缆，埋深为自然河床下 3m。其中一条光缆位于隧道的西侧，在浦东一侧于五好沟附近入江，距隧道约 1500m，向北逐渐向隧道方向靠近，在距长兴岛岸线约 240m 附近（里程约 K7+170）从隧道上方穿过至隧道的东面，并在长兴岛新开港以西约 350m 处登陆；另一条光缆于五好沟附近入江，距隧道约 1300m，入江后方向先为近东北向，至离浦东段岸线约 2600m 处光缆改向为近北方向，与隧道走向基本一致，并由隧道的西面逐渐至隧道的东面，并在长兴岛新开港以西约 300m 处登陆。

此外，位于隧道里程 K2+350 及 K1+500 附近水域的 2 条沉船在圆隧道施工前已打捞，并进行了相应的土方回填，但可能仍有碎片残存。

10.1.3 圆隧道工程

10.1.3.1 总体部署及计划安排

圆隧道施工主要为 2 条盾构法隧道施工及隧道内道路结构同步施工等内容。

总体施工流程见图 10-6。

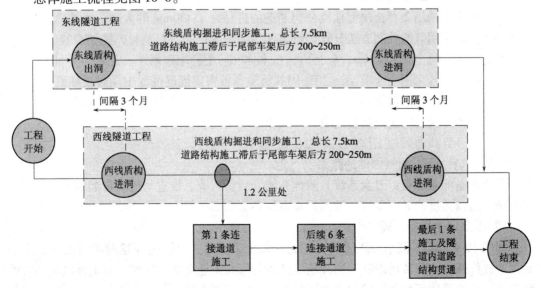

图 10-6 总体施工流程图

10.1.3.2 圆隧道施工平面布置

圆隧道施工场地包括泥水处理场、盾构机安装场地、同步施工结构预制场地、盾构推进辅助场地4大块。泥水处理场布置在工作井西侧，占地面积约为$11860m^2$；盾构安装场地布置在泥水场地东侧，工作井北侧，占地约$32950m^2$；同步施工结构预制场地布置在泥水场地南侧，场地内设置口形构件制作场地、口形构件堆场和大型仓库，占地面积约为$36550m^2$；盾构推进辅助场地布置在隧道入口北侧，占地面积约为$6180m^2$。而管片制作则在距工地1.8km的预制车间内完成。混凝土及盾构同步浆液的拌制均由附近的专门搅拌站供应。另外，为配合泥水盾构废浆出运，在长江大堤外侧建造1座临时弃浆码头。施工平面布置见图10-7。

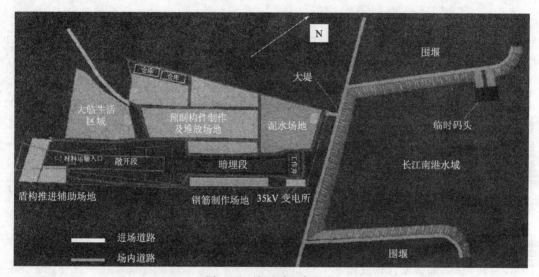

图10-7 施工平面布置图

10.1.3.3 泥水加压盾构设备

本工程施工采用2台德国海瑞克公司制造的直径为15430mm的大型泥水加压盾构机。泥水加压控制采用气泡控制方法，比传统方法控制精度更高、更及时，能够有效保证开挖面的稳定。盾构机全长约134m，包括盾构机本体和后配套车架系统，总重约3250t。

盾构机后配套采用3节车架，如图10-8所示，可实现推进过程中即时道路同步施工。其中1号车架上布置了盾构设备的主要动力部件；2号车架为联系桁架，是管片、浆筒、预制口形构件等材料的主要运输通道，并用于安装道路结构"口"字形预制构件；3号车架是各种服务管线的延伸工作区。车架在辅助轨道上行走，各种材料的运输车辆则直接在安装好的"口"字形预制构件的路面上行走。

盾构设备的系统有：刀盘系统、盾体系统、盾尾系统、推进系统、拼装系统、同步注浆系统、运输系统、导向系统、数据采集系统和泥水系统等。

1) 泥水加压平衡原理

如图10-9所示，泥水加压盾构机正面有2个工作舱，分别是开挖舱和气泡舱。由地面泥水工厂通过长距离送泥管道向开挖舱注入的膨润土悬浮液，在气泡舱上部气泡压力的调节下，平衡盾构正面开挖面的水土压力，以支撑正面土体，防止土体失稳。同时，刀盘旋转切削正面土体产生的渣土通过刀盘辐条间的开孔进入开挖舱后，与注入的膨润土悬浮液混合形成泥浆，然后由排泥泵通过排泥管道输送至地面的泥水处理工厂。其中气泡舱内的空气压力能够在超过 0.5MPa 的高工作压力范围内自由调节。压缩空气调节器通过压缩气垫来补偿泥水液位波动产生的压力差值，而使该压力保持平衡，从而使压力控制更为精确。所以，泥水是泥水加压盾构的血液，其作用一是平衡，二是携渣。

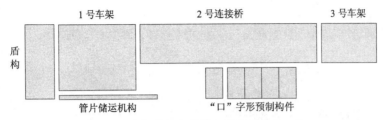

图 10-8　车架进行各种服务线路的延伸工作

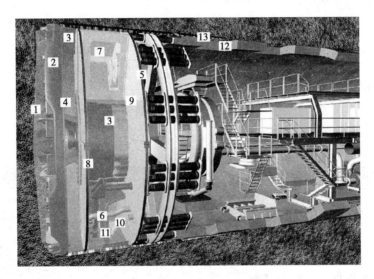

图 10-9　泥水加压混合式盾构机
1—正面土体；2—刀盘；3—膨润土悬浮液；4—开挖掘舱；5—压力挡板；
6—进泥管路；7—压缩空气垫；8—水下埋墙；9—气泡舱；10—排泥管路；
11—搅拌器；12—钢筋混凝土管片；13—盾尾

2）刀盘系统

刀盘直径 15.43m，重 416t，包括 6 条主刀臂和 6 个副刀臂，开口率 29%，由 15 个电机马达驱动。刀盘主轴承为中心回转的 3 道滚柱轴承，主驱动采用 4 道唇形密封，密封最高工作压力达 0.75MPa（考虑 60m 水压的工作状态），集中润滑采用流量控制。最大扭矩达 39945kN·m，变频驱动最大转速 1.5rpm，设计寿命 14700 小时。刀盘面板上共布置刀具 209 把，其中固定刮刀 124 把，铲刀 12 把，周边仿形刀 2 把，中心 7 把刀可更换，刮刀 64 把可更换。考虑到长距离掘进对刀具的磨损，其中 8 把刮刀和 2 把铲刀装有刀具磨损检测装置，掘进过程中可根据磨损情况，对 71 把可更换刀具在常压下人工进行更换。

3）盾体系统

盾体包括前盾、中盾和盾尾等。

(1) 前盾

分为开挖舱和气泡舱。开挖舱充满了刀盘挖掘的渣土与膨润土悬浮液；气泡舱通过"压缩气垫"提供给开挖面压力平衡，防止正面土体失稳。两舱通过前闸门沟通，当气泡舱检查、维修时，可关闭前闸门。为防止渣土沉积于泥水吸口，位于吸口位置两侧的压力舱板上安装有2个搅拌器，为了提高扰动功效，还在上面安装了膨润土喷嘴。

(2) 中盾

即为支撑环，布置有刀盘驱动马达、推进千斤顶、拼装机、人行闸、材料闸、泥水管路等设备。

(3) 盾尾

盾尾外径15.37m，为夹层式钢结构以适应高的工作压力。盾尾密封采用3道钢丝刷和1道钢板刷，形成的3个腔室通过盾尾周圈19组通径为25mm的油脂管压注油脂填充，以使钢丝刷润滑和盾尾密封。

第3道钢丝刷和第4道钢板刷之间设置了1道紧急密封气囊。紧急密封的作用是进行前3道密封更换时，可以保护管片安装区域，防止泥砂等流到盾构机内。当气囊膨胀密封时（1MPa压缩空气），气囊把弹簧片压向管片达到密封的作用。

此外，盾尾还布置了6对通径65mm的注浆管，每对包括1根标准注浆管和1根备用注浆管。并且盾尾中还布置了6组冻结管和19根化学注浆管以备应急使用。

4) 推进系统

盾体的推进是由推进油缸完成。推进系统有如下特点：

(1) 每一区油缸均可独立控制压力进行操纵，而不会产生引起管片移位或损坏的压力过载。油缸的布置避开了管片接缝，所有的油缸撑靴均为铰接式。

(2) 推进油缸前部顶在第二个舱板后部。

(3) 油缸基座处于油缸缸体尾部，在管片安装时激活以确保撑靴着力于管片环面的中心部位；在推进时，基座停止工作，推进油缸就可以不受侧向力的作用而自由伸展。

(4) 每个油缸均有独立的撑靴，推进油缸每3个1组，共19组，分为6个区域。在推进时，这6个区域油缸可各自独立进行压力调节。总的推进速度由1个总流量控制阀来调节。推进油缸系统设计最大推进速度为45mm/min。

(5) 额定总推力约为188562kN。

5) 拼装机系统

管片拼装机为中心支撑式，采用真空吸盘抓取方式，回转角度为±200°，详见图10-10。

图10-10 真空吸盘

真空吸盘在正常工作状态下真空度为95%~98%。当真空度低至80%，其产生的吸取力仍达到 2.5 以上安全系数。即使所有设备单元均出现故障，真空吸盘也可以把持住管片 30min 以上。

6）同步注浆系统

同步注浆管路采用内置式，压注点为 6 点。每个注浆点可单独控制注浆压力和注浆量。在施工时采取推进和注浆联动的方式，并用压力、注浆量双参数控制保证盾尾与管片间隙的填充效果。

地面设置自动拌浆系统，第一节车架上共有 2 个 14m³ 可移动储浆桶的安放位置，可移动储浆桶与车架上的 1 个 28m³ 固定储浆桶相连接。

同步注浆压注采用 Schwing KSP20 型注浆泵，为全液压双油缸活塞泵。用 3 组泵 6 点压注。同步注浆浆液由地面自动拌浆系统拌和后装入 2 个 14m³ 可移动储浆桶，通过车运至盾构 3 号车架部位，然后由专用行车吊运至 1 号车架位置，并与车架上的 28m³ 固定储浆桶相连。

7）运输系统

运输系统主要包括：

（1）管片运输行车：把管片运至喂片机位置，同时也运输砂浆罐；

（2）口形构件行车：吊运和安装口形构件；

（3）管片转换行车：旋转管片；

（4）喂片机：布置在 1 号车架下，用于递进运输管片。

8）导向系统

采用的导向系统（图 10-11）能使操作员控制盾构机的掘进轨迹，以便尽可能地使隧道的轴线接近设计轴线（DTA），它具有以下特点：

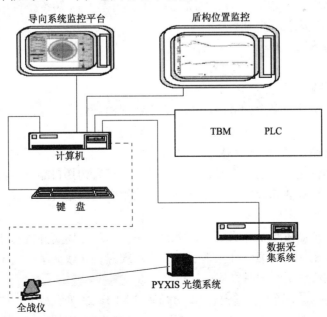

图 10-11 导向系统原理图

(1) 实时计算盾构位置、姿态以及盾构位置的期望值,使得拼装的衬砌尽可能地接近设计轴线;

(2) 在2个独立的屏幕里实时显示盾构机的位置、姿态以及位置的期望值;

(3) 在隧道允许的空间里,为下一块管片KEY STONE(即封顶块)位置的挑选做出最佳选择;

(4) 实时显示盾构及管片的周围间隙情况;

(5) 实时显示盾构机及隧道的情况;

(6) 工程轴线修改、信息检索和参数修改或更新功能。

9) 数据采集系统

数据采集系统具有采集、处理、存储和显示功能,并评估分析与盾构机联网所获得的数据。

本盾构机采集约600组数据。通过调整过的时钟脉冲,可连续不断地得到所有数据。对盾构机操作的3个阶段(掘进、管片安装、停机)的资料进行采集,并主要显示盾构掘进、同步注浆、刀盘旋转、进排泥水等相关的施工参数,自动编码后存储,以便通过时间和环号进行查询和分析。

10) 泥水处理系统

泥水分离系统由处理子系统、调整子系统、新浆自造子系统、弃浆子系统和供水子系统等组成,处理能力为3000m^3/h,满足45mm/min的盾构掘进需要。针对长江隧道沿线地层特点,处理系统采取二级处理方式,初级处理采用2个滚动筛,可分离粒径大于7mm的渣土;二级处理第1步用4个ϕ750mm旋流器分离粒径大于75μm的颗粒,第二步用12个ϕ300mm旋流器分离粒径大于40μm的颗粒。除淤器上溢口溢出的浆液则送至调整池循环利用。调整后的进浆密度为1.05~1.35g/cm^3,维持的最优值为1.20~1.30g/cm^3,且d_{50}在40~50μm左右。泥水处理系统泥浆循环利用率可达70%,排出的废浆和渣土分别通过管道、卡车送入江边驳船。

10.1.3.4 圆隧道施工

1) 盾构始发技术

(1) 盾构始发施工流程

在洞门圈上安装止水装置,并在洞口混凝土凿除前做好一切始发推进的准备工作,盾构应处于良好的工作状态,泥水系统也应处于循环通畅的开通准备状态,并在井下管片储运机构和车架段中存储2环闭口环衬砌管片。当洞口混凝土凿除清理完毕,经检查洞口无杂物后,盾构立即推进,并拼装管片,以较快的速度将盾构切口靠上外侧加固土体。始发过程中应密切保护洞口止水装置,保证洞口止水装置在盾构始发时不被损坏。

(2) 始发口地基加固

泥水加压盾构的始发口土体稳定非常重要,一旦洞口土体受到扰动和破坏,势必降低泥水支护盾构切口土体的能力,并且影响泥膜止水效应,导致泥水冒溢于地面,难以建立泥水平衡压力,故必须进行地基加固。

洞口土体主要为③$_1$淤泥质黏土、③$_2$砂质粉土和④$_1$淤泥质黏土。加固方法采用深层搅拌桩加固(图10-12),另外,为保证加固区与工作井围护结构之间的结合紧密,对此范围进行旋喷补加固。

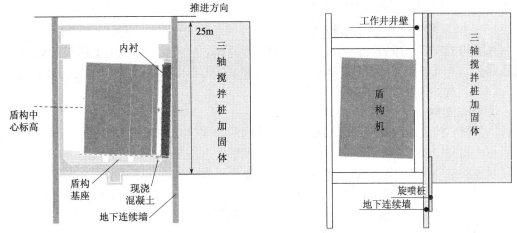

图 10-12 盾构始发地基加固示意图

(3) 井下准备工作

① 盾构设备基座

盾构机基座坡度按照隧道设计坡度设置为 -2.9%。盾构基座采用钢筋混凝土现浇基础加设轨道的形式,并设置支撑加固。

② 洞口密封装置安装

盾构在始发过程中,洞口与盾构壳体将形成环形的建筑空隙,由于洞口直径达到 15.80m,建筑空隙为 18.5cm(洞门与管片外壁之间的间隙为 40cm)。为防止始发时泥水大量从洞门外通过此建筑空隙窜入井内,影响开挖面泥水压力的建立、开挖面土体的稳定以及工作井和盾构内的施工,设置性能良好的密封止水装置,确保初始泥水平衡的正确建立和施工安全。

③ 后盾支撑体系建立(图 10-13)

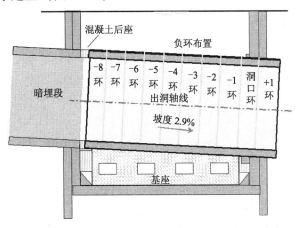

图 10-13 隧道负环布置图

后盾管片共 8 环。其中 -8 环为钢圆环,由 4 块大分块精加工的钢管片拼装而成,以保证基准环的真圆度和整体刚性。钢环精确定位后通过 19 根 1.2m 长的钢管支撑在暗埋段临时混凝土结构上。其余 7 环负环管片均为闭口环,均采用错缝拼装,内外弧面设有预埋件,每环成形后用钢板将环缝和纵缝连接起来,以提高整体刚性,确保真圆度和环面平整度。同时，成环拼装的负环管片环面应垂直于设计轴线。

④ 盾构各系统安装、调试及验收

在盾构机安装结束后，进行泥水系统的运行调试，检测整个系统的工作状态是否符合推进需要，并反馈相关参数和技术指标，作为原始参考数据来指导始发段的推进施工。

(4) 盾构始发及始发段施工

① 洞门凿除

凿除洞门前先对洞外加固区钻孔取样，分别沿加固区体对角线和洞口边垂直向钻取；然后在内侧洞口上下左右及中部开设样孔，以观察外部正面土体的加固效果，并确认加固厚度及强度达到设计要求。如发现有渗水点，要及时进行封堵，以防水土流失和渗水情况出现。洞口混凝土分次凿除，先凿除保护层，割除连续墙内排钢筋后继续凿除至外排钢筋，然后凿除剩余的钢筋混凝土。混凝土凿除时先上后下。

② 泥水平衡压力建立

泥水盾构始发施工前，在泥浆槽里要预制施工所需的浆液，即有一定黏度、足够量的泥水可供盾构循环使用，单台盾构第一次造浆量为2500m^3。

盾构在始发段施工中，由于盾构处于加固土体区域，在不影响泥水系统正常输送平衡条件下，切口水压较低。当盾构穿越加固区后，随着推进距离增长，必须逐渐提高切口水压，从而达到正常的控制状态。

③ 盾构始发

在13m的推进过程中，洞口尚未封堵，宜按照计算水土压力下限值设定切口水压，但必须能维持正常的泥水循环，一般取0.1~0.15MPa。

完成洞门封堵后，适当调整盾构推进切口水压的设定值，调节泥水指标，并将速度控制在10mm/min左右。

④ 轴线控制

始发段施工中，应严格控制推进轴线，尽量使盾构推进轴线与设计轴线保持一致。

⑤ 同步注浆

当盾尾进入止水箱体后，即开始进行同步注浆，逐渐充填衬砌背面环形建筑空隙。第一环注浆应充分，要求做到洞口上部预留孔内溢浆止。同时严格控制注浆压力，防止压力过大对洞口密封装置造成破坏影响。

⑥ 洞门封堵

盾尾壳体进入箱体后，该部位的建筑空隙突变增大至21.5cm，在该阶段要严格监控渗水情况，同时调整上部120°范围内的铰链板。盾尾进入箱体后即可进行洞口封堵，并通过管片及止水装置上的注浆孔，向背部建筑空隙内作适当的补压浆。

⑦ "口"字形预制构件铺设

"口"字形预制构件的吊装是与盾构推进同步实施。盾构在始发过程中，随着盾构与车架的前进，预制构件紧跟于车架进行吊装施工。

⑧ 安装3号车架行走机构

盾构推进时同步安装暗埋段Ⅰ区道路"口"字形预制构件，3号车架在暗埋段Ⅱ区行走时依靠临时行走机构（滚轮）向前移动，在行走至暗埋段Ⅰ区和Ⅱ区交界面时，由于暗埋段底板（"口"字形预制构件两侧）存在高差，先在预制构件两侧安装临时垫块，垫块高度与道路预制构件路面平,供后部车架行走,待后部车架行走轮进入暗埋段Ⅰ区后,移除临时垫块,并安装正常推进时使用的车架轮子。

2) 盾构推进

(1) 隧道内施工设施

① 隧道施工断面布置

隧道断面布置施工设施主要考虑合理利用空间。井口通往盾构的所有管线和隧道内照明等其他设施均布置在同步施工路面防撞侧墙以上,以不影响隧道内其他土建施工。断面布置如图10-14所示。

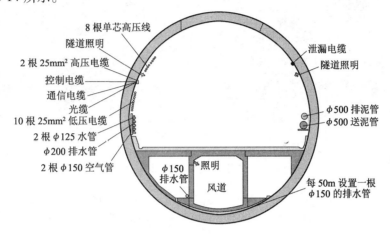

图10-14 隧道施工断面布置

② 施工运输

盾构施工时引道段和暗埋段结构已完成,因此隧道管片、同步注浆浆液、预制构件等工程材料由专用车直接经引道段和暗埋段运输至隧道内。隧道内施工运输示意见图10-15。

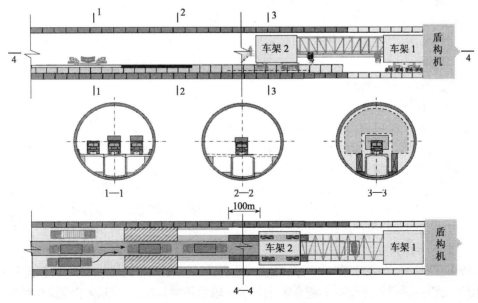

图10-15 隧道内施工运输示意图

道路预制结构由专用卡车运至盾构车架 2 号前方后，通过盾构 1 号、3 号车架之间联系梁上的起重设备进行吊装。

管片由汽车经隧道路面运输至盾构 1 号、3 号车架之间的联系梁下，通过联系梁上的起重设备将管片驳运到管片运输机构上，由管片运输机构将管片输送到拼装区域。管片运输机构见图 10-16（a）。

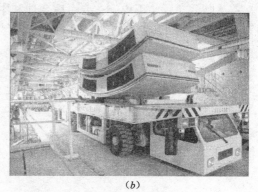

(a)   (b)

图 10-16　管片运输机构
（a）储运管片工作示意图；（b）材料运输专用车

盾构推进施工中隧道管片等工程材料由专用卡车（图 10-16b）运输。采用卡车运输避免了传统用电机车运输过程中的易出轨问题，且选用卡车为双头牵引，运输效率极高。

③ 施工通风

由于隧道直径大、距离长且纵坡呈"W"形，特别是当盾构进入上坡推进时，工作面产生的热量和潮气无法自然排出，成雾状聚集在工作面，以及隧道内运输施工材料的重型卡车也将产生大量废气。恶劣的空气环境对盾构设备和工作人员的身体情况带来不良的影响，也会严重影响测量工作的顺利进行。

隧道施工阶段，在地面设置 2 台 SDF-No18 型隧道专用轴流风机，向隧道车行道板下空间压入新鲜空气，并通过中间接力风机和后部车架上配备的通风系统，将新鲜空气接力送到盾构工作面，同时，车架上配备其他通风设备对盾构的辅助主要设备（变压器、液压装置、电器设备等）通风。

④ 隧道内通信

隧道内通信主要包括工程信息网络、视频监控、电话通信、无线通信系统。

信息网络系统。主要用于采集盾构施工相关信息，并与地面监控室构成计算机信息网络，作为盾构机与地面控制室的实时信息通信载体。信息网络传输线路按单条隧道 8km 设计，根据传输距离、数据实时性，并有数字图像传输等网络带宽要求，其信息网络传输线路选择 16 芯单模光缆。在井下盾构侧和地面监控室分别设置设备机柜，内设光缆尾纤盒、单模高速以太网光收发器、高速以太网交换机等。在施工隧道内每 1km 设置 1 个光缆接线盒。

视频监控系统。主要用于监控盾构施工过程，并把盾构各区域图像传输到地面监控室。由于长距离信号传输衰减不适合采用传统同轴线传输系统，单独设置模拟光纤传输系统不仅价格昂贵，而且利用率低、施工麻烦。于是将模拟视频信号转换成数字视频信号，通过信息网络系统传输可以获得较好的效果,且数字视频信号更适合通过万维网远程传输。井下、盾构设置多台摄像机,在盾构操作室设置模拟视频处理设备和数字视频传输设备。主要有模拟视频画面分割器和数字视频服务器。盾构操作室可以根据需要设置模拟视频监视器,显示经视频画面分割器处理的画面。地面监控室配置1台数字视频工作站。

电话通信系统。用于满足施工现场的一般通信要求,主要考虑盾构施工区域、地面各个现场办公室和工作区的电话通信需要。井下通信采用语音电话系统,电话交换机设置在地面监控室。井下电话采用双绞线连接到地面交换机,双绞线采用电话通信电缆盘施放,电缆盘内设耦合环。每500m设置1个线路接线盒,施工距离在5km以上时,适当加粗双绞线线径或加设语音电话放大器。

无线通信系统。由于隧道长度达到7.5km,为确保隧道内无通信盲点,在隧道内设1条泄漏电缆,随盾构推进同步延伸,供隧道内移动电话使用。

⑤ 接管排污处理

泥水管路随着盾构前进向前延伸,每推进10m接管1次。因为管路在施工中是充满泥水的,所以存在接管时泥水外溢问题,尽管可以每隔一定距离安装1组闸阀,但泥水的外溢量仍相当大。如果泥水排在隧道内,既影响工作面施工,又影响隧道清洁。为解决问题,在后方车架接管处需采用特殊接管装置(有效接管长度10m),尽量减少或避免管路中的泥浆溢入隧道内。特别要注意除接管作业外,其他时间管路上的手动阀必须常开。

(2) 掘进管理(主要施工参数控制)

施工参数根据理论计算、实际施工效果及监测数据确定,并实施动态参数控制管理。

① 切口水压设定

理论计算:

a. 岸上段

切口水压上限值:

$$P_{上} = P_1 + P_2 + P_3$$

式中　$P_{上}$——切口水压上限值(kPa);

　　　P_1——地下水压力(kPa);

　　　P_2——静止土压力(kPa);

　　　P_3——变动土压力,一般取20kPa。

切口水压下限值:

$$P_{下} = P_1 + P'_2 + P_3$$

式中　$P_{下}$——切口水压下限值(kPa);

　　　P'_2——主动土压力(kPa)。

实际取值介于理论计算值的上下限之间。

b. 江中段:

切口水压上限值:

$$P_{上} = P_1 + P_2 + P_4$$

式中　$P_{上}$——切口水压上限值(kPa);

　　　P_1——地下水压力(kPa);

P_2——静止土压力(kPa);

P_4——江水压力,根据不同的水深确定。

切口水压下限值:

$$P_{\text{下}} = P_1 + P'_2 + P_4$$

式中　$P_{\text{下}}$——切口水压下限值(kPa);

P'_2——主动土压力(kPa)。

实际取值介于理论计算值的上下限之间,然后根据实际监测数据进行调整,通过本工程实测反馈,若水土合算,K_0取0.7左右;若水土分算,则K_0取0.3~0.4。

② 掘进速度

盾构开始推进和结束推进之前速度不宜过快。每环掘进开始时,应逐步提高掘进速度,防止启动速度过大。

每环掘进过程中,掘进速度应尽量保持恒定,减少波动,以保证切口水压的稳定和送、排泥管的畅通。

推进速度的快慢必须满足每环掘进注浆量的要求,保证同步注浆系统始终处于良好的工作状态。

在调整掘进速度的过程中,应保持开挖面稳定。正常掘进条件下,掘进速度设定为2~4cm/min;如盾构正面遇到障碍物或者刀盘处于不均匀土层中时,掘进速度应根据实际情况降低。

③ 刀盘控制

由于盾构直径大(ϕ15430mm),在切削土体时刀盘周边刀相对线速度大,磨损相对较快。推进时应利用刀盘磨损探测装置密切观察刀具磨损情况。

④ 掘削量的控制

挖掘土体的体积计算式:

$$V_R = Q_1 - Q_0$$

式中　V_R——挖掘土体的体积（m³）;

Q_1——排泥总量（m³）;

Q_0——送泥总量（m³）。

实际掘削量（固体土粒子质量）W'可由下式计算得到:

$$W' = r_s/(r_s - 1)[Q_1(\rho_1 - 1) - Q_0(\rho_0 - 1)]t$$

式中　W'——实际掘削量（kN）;

r_s——土的相对密度;

Q_1——排泥流量（m³/min）;

ρ_1——排泥密度（kN/m³）;

Q_0——送泥流量（m³/min）;

ρ_0——送泥密度（kN/m³）;

t——掘削时间（min）。

根据理论计算公式计算出土体理论开挖量,与盾构掘进实际掘削量比较,盾构掘进实际掘削量由盾构掘进系统根据土的相对密度、排泥流量、排泥密度、送泥流量、送泥密度和掘削时间计算出并显示。当发现掘削量过大时，应立即检查泥水密度、黏度和切口水压，确保开挖面稳定。为确保准确掌握掘削量的情况，应定期对泥水管路上的流量计、密度计进行检查，确保其完好性。

⑤ 泥水指标控制

相对密度 $\rho = 1.15 \sim 1.25$；

黏度 $\nu = 18 \sim 25s$；

析水率 $< 5\%$；

(3) 泥水管理

根据不同的土体，泥水管理的要求和方法也不同。本隧道穿越地层较为复杂，实际施工当中需要根据所遇的土层，以及地面沉降量，不断调整泥水相对密度、黏度、塑弯值、胶凝强度、泥壁形成性、润滑性等指标，对泥水形成动态管理，使其成为一种可塑流体。泥水加压平衡盾构使用泥水的目的也就是用泥水来维持开挖面稳定，并将切削下来的泥膜形成泥水，并被输送到地面。

(4) 泥水输送

泥水输送的进泥管径为 $\phi 600mm$，排泥管径 $\phi 500mm$。盾构工作过程中泥水循环共有5种模式（图10-17）。

旁路状态：盾构掘进前必须先进入旁路状态，掘进结束后也需维持旁路一段时间，保证泥水管路顺畅。

掘进状态：系统运转数分钟，且当进、排泥水压力和流量趋于稳定，并基本相同后，方可操作运行掘进状态。即在旁路状态下，关闭V3阀，开启V1、V2阀。

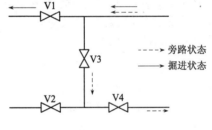

图10-17 输送状态

停止状态：停止状态必须由旁路状态转入。

接管状态：在接长送排泥管路时，切换入接管状态。

长期停止模式：如遇特殊情况需较长时间停止掘进，则切换入此状态。

(5) 同步注浆

施工时，采取推进和注浆联动的方式。同步注浆应及时、充足，防止地面沉陷。由于隧道距离长，每环注浆量大，浆液输送采用专用车输送至工作面。

另外，同步注浆系统配备备用注浆管路，在原有注浆管堵塞或失去功能后能及时将同步注浆管路切换至备用注浆管，保证盾构正常施工。

(6) 管片拼装

盾构法隧道工程建设中，成环隧道轴线控制精度作为隧道施工质量的主要指标。管片拼装作为成环隧道轴线和质量控制的基础，是圆隧道施工中的关键工序之一。

本工程选用通用楔形管片错缝拼装，即通过旋转调整管片位置，满足隧道设计轴线要求，同时，使隧道纵向连接缝不在同一直线上。错缝拼装具有圆环管片接缝刚度分布趋于均匀、圆环整体刚度高、接缝及整体结构变形小等优点。且管片型号单一，便于管片的储存、运输及施工管理。

(7) 管片防水

在干净、干燥的管片防水槽内均匀涂刷三九氯丁粘结剂 1~2 遍，同时在防水橡胶密封垫内面也均匀涂刷三九氯丁粘结剂 1 遍，涂刷必须均匀，无遗漏点。

待粘结剂已初干（用手接触不粘手、不拉丝），制作人员将密封垫放入槽内进行粘贴，其程序：先两端面，后环面，中间逐渐向 2 端延伸，粘贴必须四角平整服贴，不可突起或塌下。然后用木锤敲击，使其粘贴充分，避免浮贴，以防止在下井吊运和拼装时密封垫错位脱落，造成拼装困难和防水失效。

(8) 测量与轴线控制

盾构出发之前，必须精确建立盾构切口、盾尾中心与盾构内部测量棱镜的相互关系。这样才能根据测量盾构内部测量棱镜的城市坐标，反算出盾构在推进过程中的切口、盾尾的城市坐标。

推进过程中，需要重点控制盾构机姿态及成环管片的测量。其中，管片成环后主要测量其与隧道设计轴线的偏离情况、整圆度、环面平整度、旋转度等，若这些指标不符合要求，将会影响到盾构推进轴线的控制、后续管片的拼装、管片开裂等。

(9) 施工监测

为保证施工阶段沿线建（构）筑物、地下管线及隧道结构的稳定，盾构推进过程中采取相应的监测手段来指导隧道施工，其内容主要为：

a. 地面沉降监测；

b. 隧道沉降监测；

c. 西线隧道施工对东线隧道的相互影响监测；

d. 江底变形监测；

e. 隧道断面收敛监测。

3) 盾构水中进洞技术

进洞段隧道位于②$_3$ 灰色砂质粉土和④$_1$ 灰色淤泥质黏土层中，地面标高 +2.7m。盾构进洞时为直线段，坡度为 2.9%，覆土厚度仅约 6.8m。为了确保盾构进洞的安全，以及保证进洞段隧道的水中密封质量，采用水中进洞方案。

盾构切口靠上洞门混凝土前，向接收井内灌水，水位标高与外界地下水水位标高一致，同时，在隧道内通过管片上预留的注浆孔向盾尾后部管片外侧连续压注双液浆，稳定已建成隧道和封堵后部未加固土体与盾构之间的水土流失通道。

上述工作完成后，盾构切削洞口碳纤维钢筋混凝土进洞，之后切削 Mu5 水泥砂浆层，并坐卧于砂浆支座上缓缓进入接收井。盾构进洞段推进速度应控制在 5~10mm/min，同步注浆采用活性浆液压注。盾构采用清水推进。

盾构机进入工作井后，立即抽水，并及时通过洞圈周围预留的注浆孔向该处压注聚氨酯，直至洞圈周围没有渗漏水。

4) 大直径、长距离盾构隧道施工特殊技术问题

(1) 主轴密封

主轴承密封设计采用了内外两套密封系统。外层针对开挖舱方向的密封，内层针对盾体内部常压的密封。

外层密封是把主轴承与外面承压的开挖舱隔开。密封类型为大直径轴密封,共有 4 层唇形密封和 1 个前导的迷宫,从而形成 4 个分隔的区域。这 4 层密封作用在 1 个表面硬化处理过的耐磨圈上,该耐磨圈为第一层唇形密封提供了可变的接触面,见图 10-18。

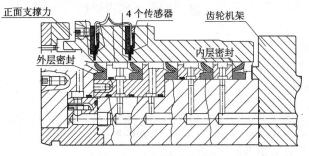

图 10-18　唇形密封系统

密封装置中 4 个超声波传感器可以监测主密封磨损程度(图 10-18 中的 4 个传感器)。当磨损量达到设定的值或者运行时监测出泄漏油箱中有油脂持续进入,说明主密封需要更换密封面。

更换密封面时必须排空盾构机泥水舱内泥水,同时,对开挖面的土体能够有效地支护,并在一定气压条件下操作人员才能进入泥水舱中进行更换工作。

(2) 盾尾密封

由于隧道直径大、埋深深、水压高,且掘进过程中需要长距离横穿长江,盾尾密封尤为关键。为了能安全并顺利地完成隧道的掘进任务,必须配备良好的盾尾密封系统,并切实地做好盾尾油脂的压注工作。当发现盾尾有少量漏浆时,应对漏浆部位及时进行补压盾尾油脂。

(3) 刀具磨损

盾构内设置磨损检测系统用于刀盘的磨损检测,如图 10-19 所示。当刀具磨损至线圈时,线圈电流就会中断,通过一个显示装置直接看到检测结果。检测工作都在常压下进行的,而不需要进入到开挖舱,不仅保证了检测的准确性,而且安全性高。

(4) 隧道抗浮

隧道断面大($\pi \times 15^2/4 = 176.6 m^2$),不利于轴线控制,尤其在进、始发时覆土较浅,隧道容易上浮。引起隧道上浮的主要原因是由于盾构上部覆土较浅或覆土被较大扰动,使土层与隧道及盾壳周边的握裹力减弱,盾构正面泥水沿盾壳流向已建成隧道,带有一定压力的泥水使隧道上浮。另一方面由于同步注浆欠佳,使注出衬砌外的浆液不能形成环箍,起不到充填建筑空隙和阻止泥水渗流的作用,也导致隧道上浮。

为控制隧道上浮,应加强同步注浆管理。提早浆液胶凝时间,使其遇泥水后不产生液化,并要求浆液具有一定的流动性,使同步注浆的浆液能均匀地布满隧道一周。同时,应提高注浆与盾构推进的同步性,使浆液能及时充填建筑空隙。另外,应拧紧所有纵环向螺栓,并及

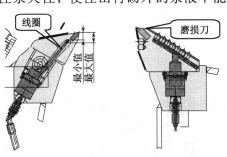

图 10-19　磨损监测系统

时铺设隧道道路预制构件。当发现隧道上浮量较大，可补压浆，必要时采用双液浆与聚氨酯相结合的注浆方法。

(5) 火灾防范

在长距离隧道施工中，必须制定隧道内发生火灾险情时人员疏散及救援的措施。主要措施有：

① 配置必要的防灾设施；
② 建立火灾报警系统；
③ 建立紧急疏散通道。

(6) 大堤穿越

盾构穿越海堤前，在大堤处隧道轴线上每隔3m布置1沉降测点，并布置若干监测断面，测点布置范围即为隧道沉降影响范围。

盾构推进时，首先要根据大堤处覆土的变化及时调整切口压力，设定好泥水指标，控制好推进速度，以减小盾构切口沉降；其次严格同步注浆的管理，调整好压浆量和注浆压力，并根据实际情况，及时进行补注浆，以控制好盾构脱出盾尾后的沉降量。

(7) 浅覆土施工

盾构进始发段覆土少于8m；江中段最小覆土为14m左右，均小于盾构直径。在这些浅覆土地段，盾构推进切忌切口水压力波动太大，否则会增加正面土体的扰动，导致正面土体的流失。同时也要防止切口压力过大而顶破覆土，导致泥水外冒。为了加强对正面土体的支护能力，防止地面冒浆，宜采用重浆推进。泥水密度控制在 1.25g/cm^3 左右，黏度控制在 $22\sim25\text{s}$。

由于隧道覆土较浅，泥水后串极易造成成环隧道上浮。所以要加强同步注浆的管理，当发现隧道上浮量较大时，立即对已建隧道进行补压浆，割断泥水继续流失路径，使隧道纵向形成止水隔离带。补压浆要求均匀，压浆后浆液成环状。必要时可采用双液浆与聚氨酯相结合的注浆方法，注浆范围 $5\sim10$ 环。

10.1.3.5 隧道内结构同步施工

1) 隧道内结构施工流程

隧道内部结构如图 10-20 所示。为合理缩短工期，采用盾构隧道掘进和内部道路结构同步进行的施工方式，较大隧道空间，也为同步施工创造了有利条件。

即时同步施工方案的步骤如下：盾构掘进机前进→道路结构预制"口"形结构吊装就位→上述步骤循环→相距100m后道路两侧及路面板开始制作→两侧防撞侧石现浇→盾构进洞后，道路路面素混凝土铺张层施工。

2) 预制口形构件安装

"口"字形预制构件的吊装与盾构推进同步进行，预制构件的宽度为2m，吊装施工区域位于2号车架，通常情况下盾构每推进1环，即吊装1块"口"字形预制构件，吊装完成的预制构件作为隧道内的运输通道。

3) 道路结构施工

(1) 施工进度

为确保盾构机快速掘进，确保水平运输道路畅通，同步结构施工滞后3号车架后约

200~250m，采用定型加工模板和快速拆装支架进行两侧路面现浇结构施工。制作完毕后5天养护拆模，28天后开放3车道交通，具体如图10-21所示。

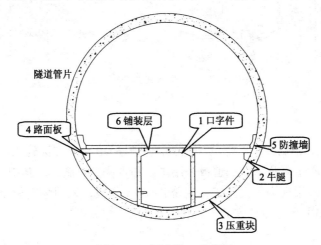

图10-20 同步施工示意图

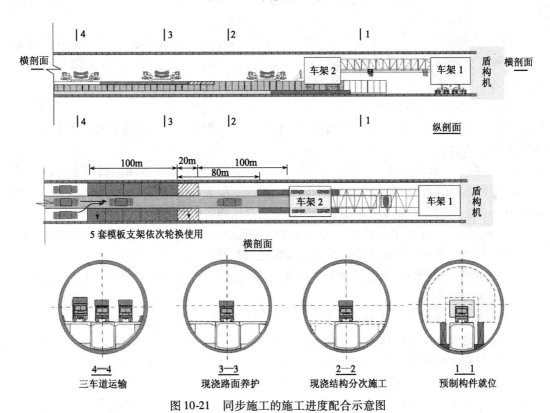

图10-21 同步施工的施工进度配合示意图

（2）施工排水

为确保隧道内施工阶段排水畅通，在永久江中泵房内设置施工临时泵，铺设管路将施工阶段的积水排出，如图10-22所示。

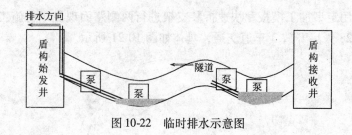

图 10-22 临时排水示意图

4) 烟道板与其他施工

(1) 烟道板

烟道板厚 250mm，搁置于两侧的牛腿上。牛腿采用现浇方法施工，其受力筋通过化学锚固方法植入混凝土管片中。烟道板采用预制和现浇方法施工，其中悬挂风机位置和风阀位置处的烟道板采用现浇方案施工，现浇以 16m 分段，采用移动模架施工；预制烟道板宽 1m，采用专门的吊装设备安装于牛腿上。

(2) 防撞侧石

待隧道基本稳定后，进行两侧防撞侧石施工。

(3) 素混凝土铺装层

待盾构进洞后进行，根据施工轴线和设计轴线偏差，调整后进行施工。以道路中心线为界，分幅分舱进行。在满足交通要求的情况下，先施工一侧，待达到强度后，施工另一侧。

10.1.3.6 盾构施工对地面变形的影响

1) 地面变形的影响因素

地面变形可分为瞬时变形和固结沉降。瞬时变形主要是由于盾构施工对土体带来的扰动造成的。主要的影响因素有下述几点：

① 本项目使用的盾构机前部是泥水舱，正面水土压力通过泥水舱内的泥水压力来平衡，如果泥水压力设定值低于正面水土压力，地面变形表现为塌陷；如果泥水压力设定值高于正面水土压力，地面变形表现为隆起，甚至严重的会引起泥浆冒顶；

② 盾构机尾部采取同步注浆方式以及时填充混凝土管片与开挖空间之间的空隙。同步注浆的及时性和充分性将直接影响相应位置地面变形；

③ 盾构施工过程中，除了泥水压力等施工参数的设定外，盾构机推进速度的大小同样会影响地面变形；

④ 盾构机的盾体在加工制造上本身存在锥度，对地面变形也造成一定的影响。

因此，地面变形可以直接反映出盾构施工参数设定的正确与否。施工人员可以通过对地面变形的监测及时修正施工参数，有助于减少对周边环境的不利影响。

当盾构机通过后，地面沉降在相当长的时间内继续发展，固结沉降需要较长的时间来稳定。对于隧道工程项目，掌握地面后期沉降的稳定时间是非常有必要的。

2) 地面瞬时变形分析

由于本项目浦东段靠近长江大堤，陆域上布置了一系列沉降监测点，观察盾构始发前至盾构通过期间的地面变形变化。监测点的布置除了沿隧道轴线逐点布设外，在相隔一定距离还会沿垂直轴线方向布设监测断面，全面了解盾构推进过程对土体的扰动影响。

对于轴线上同一监测点，其变形主要是由以下几部分组成：盾构未到前的变形、切口通过时的沉降、盾体及盾尾通过时的沉降、盾构整个通过后的沉降。

下面按照切口前 30m、20m、10m，切口上方、切口后 10m、盾尾上方和盾尾后 10m 七种情况对地面沉降进行统计分析。

（1）分析轴线上同一监测点各部分沉降在其累积沉降过程中的构成比例。

沿轴线方向取了 10 个位于轴线上的监测点，当盾构机的位置发生变化时，各个测点的地面沉降随之发生变化，这里分别考虑测点位于盾构机切口前 30m、切口前 20m、切口前 10m、切口上方、切口后 10m、盾尾上方、盾尾后 10m 这七种典型位置分析。

经过统计，可以得到如下地面沉降的散点分布图（图 10-23）。

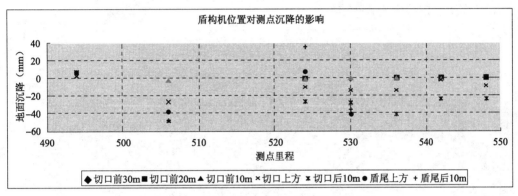

图 10-23　盾构机位置对测点沉降影响散点图

从图 10-23 可以看出，沿轴线分布的各个测点的地面沉降均受盾构机位置的变化而变化。目前看来，当盾构机切口逐渐接近测点时，该点的地面变形逐渐增大，但不明显。当测点位于切口上方时，发生大于 1cm 的变形。在盾构机盾体通过该测点的过程中，测点处的地面变形不断增加（测点 35 处的变形值达到 5.5cm）。当测点位于盾尾上方时，变形值基本有所控制，有减小的趋势。盾构通过后，各测点的变形值减小。

为了便于了解盾构机不同位置对测点处地面变形的影响，这里取了测点 41 和测点 47 进行分析。下图所示是对一个固定测点而言，针对盾构机穿越该测点的各阶段，得到土体扰动产生的地面变形的比例图（图 10-24 和图 10-25）。

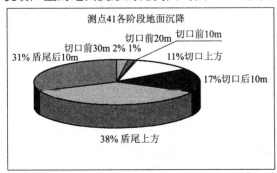 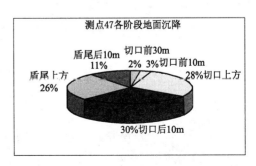

图 10-24　测点 41 沉降受盾构机位置影响比例图　　图 10-25　测点 47 沉降受盾构机位置影响比例图

从三维饼图可以明显看出，仅从量化上而言，测点位于盾构机切口前10m前，测点的变形量约占总变形量的5%以下。当测点位于切口前10m至切口上方这一段过程中时，测点的变形量约为20%~30%。而盾构机盾体逐渐穿越测点的过程中，测点处发生较大程度的地面沉降，约占总沉降的50%以上。当盾构机穿过测点，测点位于盾尾后方时，地面沉降的变化量约为20%左右。进行上述两个测点的比较，目的在于在概念上对各阶段的沉降有一定的了解。

（2）分析垂直轴线的某一断面在盾构机不同位置影响下的沉降情况。

为了对盾构穿越时造成的地面沉降有更具体的了解，这里取了两个测点29（SK0+512）和59（SK0+542）里程所在的断面，通过曲线图（图10-26和图10-27）可以对盾构穿越平面时造成的影响有一定的认识。

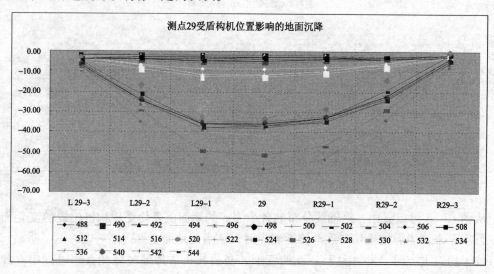

图10-26 测点29横断面受盾构机位置影响的沉降图

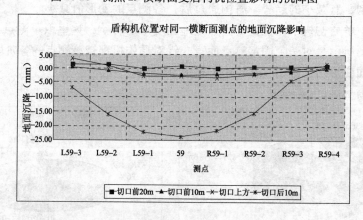

图10-27 测点59横断面受盾构机位置影响的沉降图

从图10-26和图10-27中可以明显看出，在盾构机穿越监测平面过程中，距离盾构机轴线越近的测点，沉降值越大，即离盾构机轴线越近的测点受盾构机的影响越大。同时，对同一测点而言，沉降值较大部分是发生在盾体穿越过程中。从图 10-26 和图 10-27 还可以看出的是，当测点平面位于切口上方时，盾构机轴线附件的测点仍有一定量的沉降，而距离盾构机轴线较远的测点出现了地面隆起现象。

我们还希望对盾构机穿越过程中带来的地面沉降影响大小进行一定的类比。这里取了测点 59 和测点 L59-3，测点 59 位于盾构机轴线上方，测点 L59-3 是沿盾构机推进方向，在测点 59 左方的点。同时取测点 65 和测点 L65-3 作对比（图 10-28 ~ 图 10-31）。

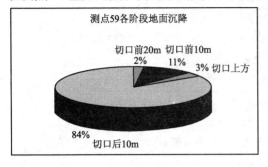
图 10-28　测点 59 沉降受盾构机位置影响比例图

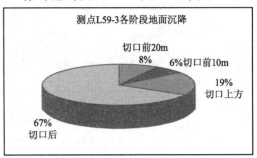
图 10-29　测点 L59-3 沉降受盾构机位置影响比例图

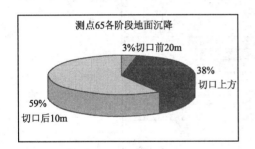
图 10-30　测点 65 沉降受盾构机位置影响比例图

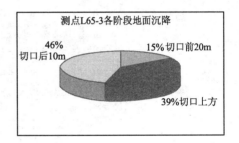
图 10-31　测点 L65-3 沉降受盾构机位置影响比例图

从盾构机在不同位置时带来的地面沉降比例来看，盾构机切口位于测点 10m 以外时，对测点的沉降带来的影响都差不多。当测点位于切口上方时，很明显的是轴线上方的测点沉降较小，距离轴线较远测点产生了较大比例的沉降。对两个测点而言相同的是，盾构机穿越测点过程中都产生了较大比例的地面沉降。

3）地面后期沉降分析

当盾构机穿过测点后，盾构施工对土体造成的扰动仍将影响地面沉降的发展。因此，了解土体沉降的发展过程对指导工程施工同样具有重要的意义。本工程中我们利用原有的部分沉降监测点作为后期沉降观测点。当盾构机通过后，继续监测地面沉降的发展，监测频率由开始的每周一次，逐渐变成每月一次。这里，我们取了 47 号测点（SK0 + 530）、65 号测点（SK0 + 548）、59 号测点（SK0 + 542）和 53 号测点（SK0 + 536）的后期沉降数据。下面所附的就是四个测点的地面沉降随时间的变化曲线。

第10章 工程案例

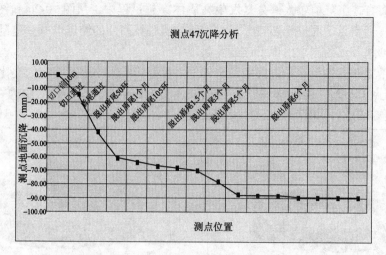

图 10-32 测点 47 沉降-时间变化曲线图

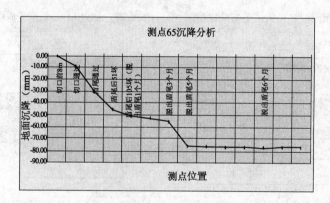

图 10-33 测点 65 沉降-时间变化曲线图

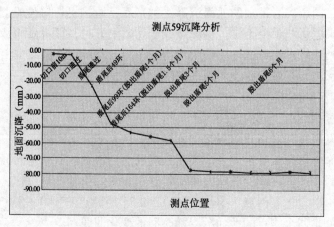

图 10-34 测点 59 沉降-时间变化曲线图

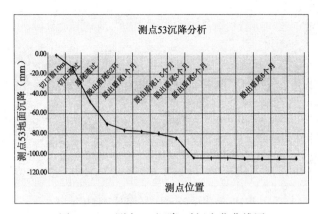

图 10-35 测点 53 沉降-时间变化曲线图

从图 10-32～图 10-35 可以明显看出,地面沉降的发展有非常明显的三个阶段。首先,大量的沉降发生在盾构穿越过程中,即盾构切口通过测点至盾尾通过测点;第二阶段是从脱出盾尾后 1 个月开始至脱出盾尾 5 个月,这个阶段地面沉降还在缓慢增加;第三阶段是从脱出盾尾 5 个月至脱出盾尾 6 个月,在这一个月内,很明显看到地面沉降发展趋于稳定。

为了能对影响后期沉降的各阶段有进一步量化的概念,这里对上述四个测点在各阶段的沉降发展绘制了三维比例图。

从图 10-36～图 10-39 可以明显看出,在测点位于脱出盾尾 6 个月时,该月内沉降值仅占总沉降量的 1%～2%,也就是说地面沉降在盾尾通过后 6 个月左右逐渐趋于稳定。

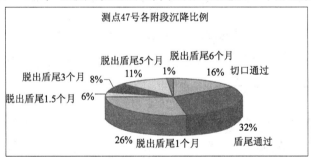

图 10-36 测点 47 沉降随时间变化比例图

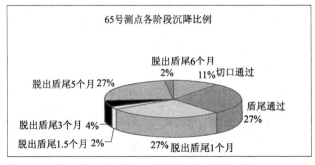

图 10-37 测点 65 沉降随时间变化比例图

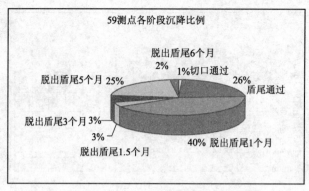

图 10-38　测点 59 沉降随时间变化比例图

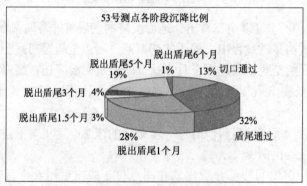

图 10-39　测点 53 沉降随时间变化比例图

4）小结

地面变形作为盾构施工参数设定正确与否的直观反应，其随盾构机位置和时间变化的发展规律值得研究。依靠本工程大量现场实测数据，我们可以得到下述结论：

（1）根据沿隧道轴线布置的不同测点的地面变形随盾构机位置变化得到的变形值变化规律可知，盾构机的位置会直接影响地面变形的大小，尤其当盾构的盾体穿越测点的过程中，地面变形值大大增加。

（2）根据地面沉降监测点的后期沉降监测数据可知，地面沉降在盾尾通过后 6 个月左右逐渐趋于稳定。

10.2　上海轨道交通 8 号线双圆盾构区间隧道工程

10.2.1　工程概述

上海轨道交通 8 号线黄兴绿地站—翔殷路站双圆盾构区间隧道工程，全长 866m，隧道断面尺寸：外尺寸：$\phi 6300mm \times 10900mm$（外径×宽度）、内尺寸：$\phi 5700mm \times 10300mm$（内径×宽度），双线中心间距：4600mm；隧道最大坡度 28‰，最小平曲线 $R = 495m$，隧道覆土 $5.2 \sim 12m$。本工程将首次采用双圆盾构工艺来施工区间隧道工程。详见图 10-40。

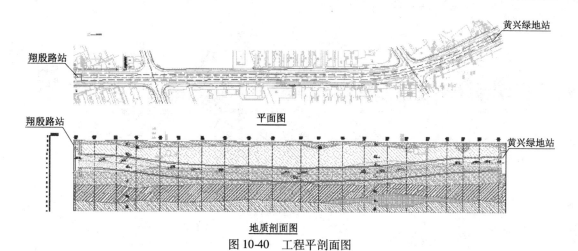

图 10-40 工程平剖面图

10.2.2 水文地质环境条件

本工程盾构施工穿越的土层为：②$_1$ 褐黄色粉质黏土、②$_{3-1}$ 灰色黏质粉土、②$_{3-2}$ 灰色砂质粉土、④灰色淤泥质黏土，详见表 10-3。

工程水文地质汇总表　　　　　　　　　　表 10-3

层　号	土层名称	层顶标高（m）	含水量 W（%）	天然重度 γ（kN/m³）	孔隙比 e	直剪固快峰值强度		标贯击数 N（击）
						内聚力 c（kPa）	内摩擦角 φ（°）	
②$_1$	褐黄色粉质黏土	3.10～1.60	30.1	18.9	0.874	17.0	31	
②$_{3-1}$	灰色黏质粉土	1.23～0.76	32.2	18.5	0.930	29.6	7	5
②$_{3-2}$	灰色砂质粉土	-1.22～-7.63	27.8	19.0	0.824	31.1	8	7.3
④	灰色淤泥质黏土	-5.45～-9.82	47.7	17.1	1.374	9.0	14	

10.2.3 双圆隧道工程施工

10.2.3.1 盾构设备

本工程采用 1 台 $\phi 6520 \times 11120$ mm 加泥式土压平衡双圆盾构机，双圆盾构机是由 2 个单圆形加泥土压平衡盾构按左右、上下组合起来的盾构，能将双圆隧道断面一次构筑成形。结构上，刀盘以辐条（加劲肋）型为基本，因 2 刀盘配置在同一平面上，为防止刀盘间冲突，采用同步控制装置控制刀盘旋转速度，并装备了拼装多联型管片的拼装机和管片提升上顶装置。详见图 10-41，主要构造见图 10-42。

图 10-41 双圆盾构机

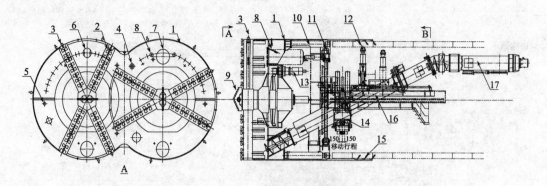

图 10-42 双圆盾构机构造图
1—盾壳；2—刀盘；3—仿形刀；4—可更换土压计；5—固定土压计；
6—观测孔；7—人行闸；8—球形注射管；9—中心刀头；10—推进油缸；
11—管片顶托装置；12—真圆保持器；13—刀盘驱动；14—拼装机；
15—盾尾密封装置；16—1号螺旋机；17—2号螺旋机

隧道衬砌采用预制钢筋混凝土管片，错缝拼装；管片纵、环向连接采用球墨铸铁预埋手孔加短螺栓形式，纵、环向螺栓尺寸为M27；每环由圆形管片A（8块：A1、A2、A3、A4、A5、A6、A7、A8）、大海鸥形管片B（1块）、小海鸥形管片C（1块）及柱形管片D（1块）共11块管片构成，管片厚度300mm，环宽1200mm；接缝防水均采用遇水膨胀橡胶止水条。详见图10-43。

图 10-43 双圆管片成环图

10.2.3.2 双圆盾构始发施工技术

双圆盾构始发是工程施工的第一个关键问题，作为中国国内首条双圆盾构始发，不仅经验欠缺，在技术难度上与传统单圆盾构比有很大增加。双圆盾构始发主要存在以下5个方面的技术难点，即：地基加固处理、洞圈防水技术、管片拼装精度控制技术、始发段轴线控制技术和地层变形控制技术。

1）地基加固处理

本工程始发地基加固采用 $\phi700$ 双头单排搅拌桩，搭接200mm；加固区域为纵向由工作井外井壁向外3.8m，横向以洞圈向左右两侧各延伸2m，深度为洞圈往下2m；水泥土搅拌桩的强度要求：抗压强度0.8MPa，抗剪强度不低于0.2MPa。由于施工工艺限制，搅拌桩与工作井围护结构之间存在一定量的建筑间隙，此建筑间隙在搅拌桩施工完成后，采用旋喷桩进行补强加固。

2）洞圈防水技术

双圆盾构断面相对较大、形状更为特殊，尤其双圆盾构中间海鸥块处存在凹槽，故仅依靠传统的帘布橡胶板无法在凹槽处形成较强的握裹力，从而影响洞门止水效果。为此，本工程洞门止水装置采用帘布橡胶板、铰链板结合气囊形式，在凹槽部位利用气囊的压力将帘布橡胶板紧贴住盾构壳体，并在洞圈内预留数个注浆管，以备特殊情况下使用，从而确保良好的洞圈止水效果。详见图10-44。

3）负环管片拼装精度控制技术

作为隧道衬砌拼装的基准面，负环以及初始发段管片的拼装精度将影响盾构始发段管片的拼装质量。为此，在负环拼装阶段必须做好以下几方面工作：

（1）集中力量、放慢拼装速度，确保负环（特别是第一环）的拼装精度；

（2）设置相当数量的限位装置，确保管片成环以及控制被推动状态下的变形量；

（3）合理利用千斤顶编组，尽量使每块管片受力均匀。

4）始发段轴线控制技术

要确保双圆盾构始发轴线质量，首先，必须严格控制双

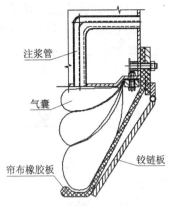

图10-44 始发防水装置图

圆盾构基座的加工和定位精度，双圆盾构基座不是两个单圆盾构基座的简单组合，它要求基座的4根轨道同时与双圆盾构壳体线接触受力，一旦基座加工精度超过误差允许范围，必将导致双圆盾构壳体仅与基座的3根轨道甚至2根轨道接触，严重时将由于受力不均而造成盾构壳体变形或盾构基座变形等施工难点；为此，双圆盾构基座加工须严格控制好4根基座轨道的平面度、平行度和间距。其次，在盾构始发阶段，盾构机受力状态不断由刚性线支撑向周边均布荷载支撑转变，更要考虑到盾构重心靠前和外部土质条件在不断变化等因素，因此在施工中需通过不同阶段对土压力的调整、千斤顶编组的合理选择减小盾构轴线的偏差。

5）始发段地层变形控制技术

双圆盾构刀盘采用辐条形式，对正面及上部土体的支撑效果极差。为此，设定与外部原状土相当的土压力值，减少对正面及上部土体的扰动，是盾构始发技术的关键。本工程土压力理论计算值为1.3MPa；在盾构始发加固区段设定土压力值为1.4MPa，盾构穿越加固区后，根据地面无管线及其他构筑物的条件下，进行了土压力摸索试验，分别设定1.6MPa、1.8MPa、2MPa、2.2MPa进行盾构掘进；最后根据地层变形数据反馈认为在始发段土压力设定值取1.8~2MPa为最佳。同步注浆是控制盾尾地层变形的关键因素，在始发段施工中，同步注浆于盾尾脱出地基加固区前进行开通，同时，根据地层变形监测数据的反馈进行及时调整同步注浆量、注浆压力，在本工程始发段同步注浆量基本控制在180%~200%。

10.2.3.3 双圆盾构管片拼装

双圆管片的连接形式与单圆管片有很大差异，纵、环向均采用球墨铸铁预埋手孔加短螺栓的形式，拼装精度要求高；上下海鸥形管片和中间立柱的拼装难度大。如何确保管片拼装质量，在施工过程中存在一定的难度。

隧道衬砌由11块预制钢筋混凝土管片拼装而成，双圆盾构由于断面较宽，管片拼装需由2台拼装机作业完成。

双圆盾构管片的拼装是一项全新的工艺，主要难点体现在：

双圆管片中大、小海鸥形管片和立柱管片的拼装难度较大；

管片采用钢盒子结合短螺栓的连接形式，管片精度高，拼装难度大；

IHI单臂式拼装机操作方法与以往单圆有显著区别,需要一段时间的适应。

1) 双圆管片拼装顺序

先下部海鸥形管片→两侧标准管片(同步完成,先下后上)→上部海鸥形管片→中间立柱。详见图10-45。

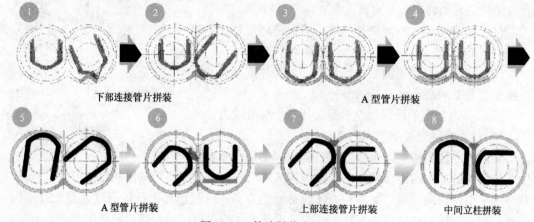

图10-45 管片拼装流程图

2) 双圆管片拼装技术

(1) 下部海鸥形管片为第一块定位管片,其拼装质量将直接影响整环管片拼装质量,故此块管片的拼装必须严格控制拼装精度;

(2) 标准块的拼装与单圆管片基本类似,但由于其连接采用预埋手孔形式,故必须确保每根螺栓的到位率;

(3) 上部海鸥形管片拼装结束、立柱拼装前,紧邻上部海鸥形管片两侧的管片螺栓不宜拧紧,便于立柱拼装时上部海鸥形管片有一定的上下调整余地;

(4) 综合利用管片顶托装置、左侧拼装机、盾构千斤顶,扩大立柱拼装间隙;

(5) 立柱拼装时,需时刻观测立柱周边间隙,防止立柱承受过大施工荷载;

(6) 管片纵、环向螺栓必须做到及时拧紧和复紧;

(7) 及时启用整圆器,保证成环隧道圆度。

虽然双圆管片的拼装难度较大,但由于其采用钢盒子短螺栓连接形式,在管片拼装成环后,其隧道质量较传统的长螺栓连接形式为好,管片环与环、块与块之间的踏步、张开量、隧道的变形情况均较为理想,且当隧道脱出盾尾后其变形量也较小。

10.2.3.4 双圆盾构姿态和隧道轴线控制技术

双圆盾构轴线控制分为:"平面"控制、"高程"控制和"偏转"控制。

1) 平面控制

双圆盾构平面控制方法基本与单圆盾构相同,主要利用左或右侧盾构千斤顶推力的调整进行纠正。

由于双圆盾构机宽度相对较大,在左右侧千斤顶推力差相同的情况下产生的力矩也更大,为此,盾构平面控制的灵敏度较高,故在施工过程中需对盾构平面姿态应随时监控,并不断调整。

从盾构平面控制曲线图（图 10-46）可以看出，本工程盾构平面轴线控制情况良好，基本控制在 ±40mm 以内。

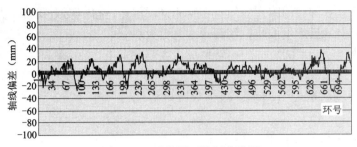

图 10-46　盾构平面控制曲线图

2）高程控制

双圆盾构高程控制方法基本与单圆盾构相同，主要利用上下盾构千斤顶推力的调整进行纠正。为防止可能出现的盾构机"磕头"现象，在双圆盾构机下部设置了 12 个大推力千斤顶。

通过实际盾构掘进发现，双圆盾构高程主要受盾构机自身偏转因素影响，在盾构转角较大时，盾构高程控制情况相对较差；特别在盾构机与管片间存在较大量的转角差时，更将导致左右圆盾壳与管片间的盾尾间隙出现对角无间隙现象（左上、右下无间隙或左下、右上无间隙）（图 10-47），以致极难采取利用管片控制盾构高程和调整盾尾间隙的手段。

图 10-47　盾构转角示意图

从盾构高程控制曲线图（图 10-48）可以看出，在左右圆隧道高程差（即盾构转角）较大时，盾构高程轴线控制情况相对较差，故在控制时需对盾构高程和盾构转角两个因素进行综合考虑，在本工程中盾构高程基本控制在 ±70mm 以内。

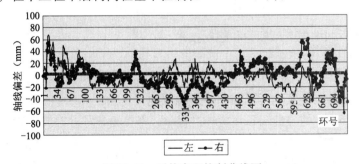

图 10-48　盾构高程控制曲线图

3）偏转控制

在双圆盾构隧道施工中，由于盾构偏转将造成左右隧道的高低差及立柱的倾斜，直接对建成隧道的受力及质量产生影响，故双圆盾构的偏转控制也是关键的质量控制指标和主要技术难点。

一般情况下，双圆盾构因左右刀盘相互间逆向旋转，扭矩反力和惯性力相互抵消，故不易产生偏转，但一旦产生偏转，纠转难度也更大。

在本工程中，针对双圆盾构的偏转情况，主要摸索出技术措施如下：

（1）控制盾构机的制造精度，减少双圆盾构左右外壳体的扭曲量；

（2）利用修正偏转千斤顶，根据修正偏转千斤顶偏转角度产生在圆周方向的分力来修正盾构偏转（图10-49）；

（3）通过螺旋输送机调整左右圆的出土量，达到修正盾构转角的目的；

（4）利用仿形刀的局部超挖进行改变偏转方向的方法；

图10-49　盾构修正转角千斤顶

（5）在双圆盾构的单侧加压重物，以产生扭矩实现盾构纠转；

（6）调整左右圆的同步壁后注浆位置和注浆量来调整盾构转角；

（7）调整左右圆土压力设定值，通过左右圆盾构不同的受力状态控制盾构转角。

在施工过程中，通过对以上单项或组合纠偏对策的综合应用，本工程基本将盾构转角控制在0.6°以内。详见图10-50。

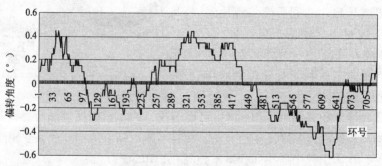

图10-50　盾构转角控制曲线图

10.2.3.5　双圆盾构地层变形规律和控制技术

1）引起双圆盾构地层变形的最主要因素

（1）双圆盾构刀盘为辐条形，无法有效支撑正面土体，一旦土舱内设定压力值与实际土体压力值间存在一定压力差，则将直接导致地层变形；

（2）直径达60cm的刀盘辐条在旋转过程中，将在辐条背后形成建筑空隙，若盾构土舱内土体的塑流性能较差，无法及时填补辐条后部不断出现的建筑空隙，则将引起盾构正面或上方土体的涌入，最终导致地层变形；

（3）双圆盾构顶部凹槽处易产生背土现象，造成盾构机背部土体整体随盾构机向前运动，以致出现地面先隆后沉的现象，地层变形严重；

（4）双圆盾构同步注浆孔设在盾构中心上下两凹槽处，浆液填满整环双圆盾构后部建筑空隙需经过的路径较长,当盾构在地质条件较差、土体较软的地层中掘进时,盾构与管片间的建筑空隙将迅速被周围土体所淹埋,注浆材料无法及时填充到位,最终导致地面变形。

2) 控制双圆盾构地层变形的主要技术措施

(1) 摸索并设定与外部原状土相当的土压力值,减少对正面及上部土体的扰动;

(2) 进行土体改良,增加土舱内土体的塑流性能,及时填充辐条留下的建筑空隙;

(3) 利用盾构中心顶部的注浆孔及时填充润滑材料,减少凹槽处的背土现象;

(4) 准备壁后注浆系统以备用,确保浆液及时填充盾构与管片间的建筑空隙;

(5) 设置有效的地面变形监测点,及时进行地面变形的监测,并同步反馈至盾构控制室,以便及时进行施工参数的调整。

3) 实际地层变形情况分析

在本工程中,盾构切口位置地层变形量基本控制在 -10 ~ +20mm 以内。在盾构初始发展阶段,由于覆土较浅、经验缺乏,盾构切口地层变形波动较为频繁;在正常段施工阶段,盾构切口位置地层变形控制较为理想;在浅覆土上坡阶段,盾构切口位置的地层变形最为严重,单次波动量也最大,在今后工程遇此类似工况时需加强观测,随时调整施工参数。

经验体会:

(1) 由于双圆盾构刀盘为辐条形式,盾构土舱内土压力与正面土体关系更直接;实际盾构掘进反馈情况也表明:双圆盾构切口位置土层在切口土压力作用下反应极为迅速、灵敏,反之,在掌握双圆盾构施工规律后,利用盾构切口土压力控制盾构切口位置地层变形的效果也更明显。

(2) 对盾构正面土体的塑流性能要求较高,否则必须进行土体改良,确保盾构正面土压分布均匀,且刀盘辐条背部等不断出现的建筑空隙能及时填充,否则对地层影响较大。

(3) 根据管片拼装阶段土压力松弛下降的情况,将导致在此阶段盾构切口位置地面沉降较大。为此,在管片拼装阶段必须采用螺旋机反转等手段始终维持切口土压力值。

从图 10-51 基本可以看出,对于受盾构切口穿越时扰动(隆起或沉降)越严重的地层,盾构壳体穿越时其沉降较大。

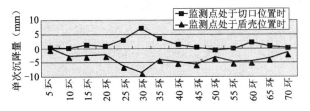

图 10-51 监测点处于切口和盾壳时的变形关系图

在盾构初推段,考虑到盾构覆土较浅,同步注浆压力不宜过高,故同步注浆量定为 140%,但效果不理想,地面沉降控制点在脱出盾尾后沉降量较大。随后,根据地面沉降情况不断调节同步注浆量和注浆压力,注浆量从 140% → 150% → 170% → 180% → 190% →

200%→220%→250%,最后确认在同步注浆量达到180%~250%时最佳,地面沉降基本能控制在标准范围之内。

经验体会:

① 考虑到地面沉降和隧道上浮,同步注浆的浆量分配基本以上部注浆管60%~80%,下部注浆管20%~40%较为合理;

② 由于注浆孔少,当推进速度过快时可能引起上部注浆孔流量过大以致注浆压力过高,此时务必放慢推进速度以确保注浆量,确保地面安全;

③ 在脱出盾尾后沉降较为严重的部位应及时采用壁后注浆手段控制地面沉降。

4)双圆盾构沉降槽规律

从图10-52的横断面沉降槽可以看出,在此工况下双圆盾构掘进过程中对其横断面地层的影响范围为22m左右,即为盾构宽度的2倍。

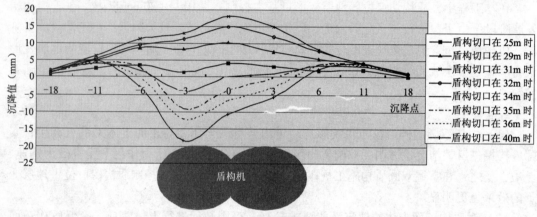

图10-52 横断面沉降槽图

从图10-53的纵断面沉降槽可以看出,在此工况下双圆盾构掘进过程中对其纵断面地层的影响范围较大。

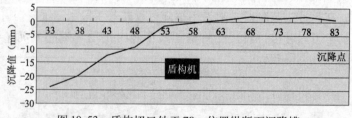

图10-53 盾构切口处于70m位置纵断面沉降槽

10.2.3.6 施工参数的优化

1)土压力控制

根据双圆盾构辐条式刀盘的机理特性,双圆盾构土舱内土体与正面地层基本呈直接沟通状态,故盾构正面设定土压与盾构切口地层变形关系更直接、反应更灵敏、更迅速,为此,土压管理对于双圆盾构掘进则显得尤为重要。

双圆盾构实际土压力设定值与理论土压力值差异较大,根据实际数据汇总分析,P(土压力设定值)$\approx P_1$(土压力理论值)$+50\text{kPa}$;在实际施工中,土的经验系数取值也随着覆土深度的不断加大而减小,在初始发的浅覆土工况下,静止土压力经验系数达到 1.0 左右,随着隧道覆土的不断加深,静止土压力经验系数取值不断降低,在隧道覆土最深处基本取 0.8 左右。详见图 10-54。

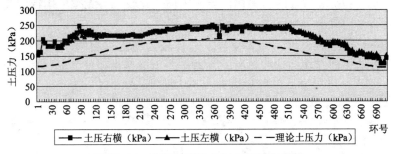

图 10-54 实际与理论土压力差异曲线图

在浅覆土阶段： $K_j = P/(\gamma h) = 1.0$

在深覆土阶段： $K_j = P/(\gamma h) = 0.8$

式中：K_j——经验系数,K_j 平均 = 0.9；

P——土压力设定值；

γ——土的重度；

h——隧道中心覆土深度。

通过与类似工况单圆盾构工程的比较发现：单圆盾构的土压力经验系数相对较小,一般取 0.6~0.9（图 10-55）；双圆盾构的土压力经验系数相对较大,一般取 0.8~1.1（图 10-56）。

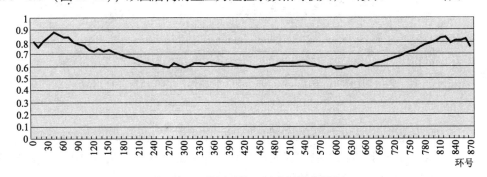

图 10-55 单圆盾构土压力系数曲线图

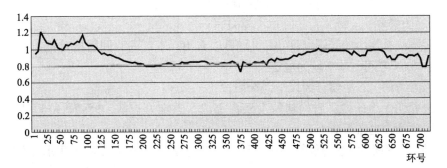

图 10-56 双圆盾构土压力经验系数曲线图

通过工程实践发现，双圆盾构掘进结束后在每环管片的拼装阶段，盾构正面切口土压力会出现明显应力松弛下降情况（图10-57），且下降量较大，以致影响盾构切口处的地层变形。为此，在管片拼装阶段需采用螺旋机反转等手段维持正面土压力。而在单圆盾构施工中，一般推进和拼装阶段的盾构切口土压力值变化较小，无须采用特殊技术手段维持管片拼装阶段盾构切口土压力。

双圆盾构左右圆土压力值无明显差异，总体较为稳定；当然，在盾构姿态（主要指盾构转角）较差或土质存在一定变化时，左右土压力值存在少量差异（图10-58）。

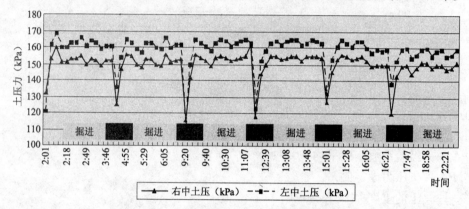

图10-57 掘进及拼装前后土压力变化曲线图

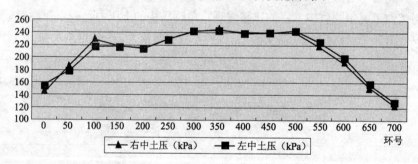

图10-58 双圆盾构左右土压力曲线图

由于辐条式刀盘以致盾构土舱与正面土体直接导通的因素，盾构测得土压值也与正面地层实际土压基本接近，故在准确按地层变形规律设定切口土压力值后，辐条式刀盘型盾构掘进时对外界地层的扰动也更小、更安全。

2）总推力控制

从下面盾构总推力曲线图（图10-59）可以看出，本区间双圆盾构总推力基本控制在12000～17000kN之间，基本较为稳定。

根据总推力情况，主要分为以下几个阶段：

（1）总推力上升阶段：盾构初始发浅覆土段，总推力较低，但随着隧道覆土的不断增大，盾构总推力也在不断上升；

（2）总推力稳定阶段：随着盾构覆土达到一定深度，盾构总推力相对较为稳定，无较大变化；

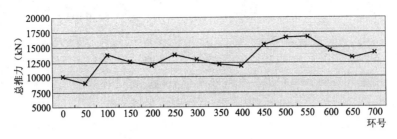

图 10-59 盾构总推力曲线图

（3）总推力再次上升阶段：盾构在推进 1/2 区间长度后进入到上坡段施工，盾构总推力在逐渐增大；

（4）总推力下降阶段：随着上坡段施工到一定阶段，盾构覆土不断减小，盾构总推力也逐渐下降。

3）刀盘扭矩控制

刀盘扭矩在施工过程中一直处于较为稳定的状态，主要随着隧道覆土的不断增大而微量升高；减小而微量降低。除在始发加固区推进时扭矩较大（最高达 80%）外，在正常掘进时左右刀盘扭矩基本控制在 20% 左右，较为正常（图 10-60）。

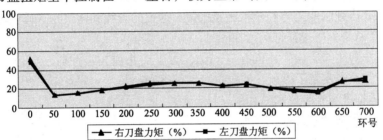

图 10-60 刀盘扭矩曲线图

4）同步注浆量控制

双圆盾构的同步注浆工艺与传统的单圆盾构存在很大不同，要求也更高。详见图 10-61。

同步注浆位置处于盾构上下海鸥块凹槽，上、下两点同步注浆，浆液材料采用双液浆。

双液浆基本配比（$1m^3$）如表 10-4 所示。

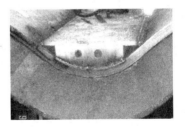

图 10-61 盾构上部同步注浆位置图

双液浆基本配比表　　　　表 10-4

A 液				B 液水玻璃（L）	凝胶化时间（s）
水泥（kg）	陶土粉（kg）	稳定剂（L）	水（L）		
275	80	3.6	785	77	7~11

盾构初始发穿越加固区时，考虑到盾构背部土体的疏松，同步注浆浆液可能窜至盾构背部壳体并结硬，以致盾构背土引起严重地层变形，故在初始发时未开通同步注浆系统。

盾构推进第 8 环时，开通同步注浆系统，对管片周边间隙实施同步填充。

同步注浆量由 140% 开始，根据地层变形情况不断进行调整，从总体施工情况来看，在本工程工况条件下双圆盾构同步注浆量控制在 180%～250% 时最佳。类似工程实践证明，同步注浆量过大容易引起同步注浆浆液窜至盾构背部壳体并结硬，导致因盾构背土引起的严重地层变形。

双圆盾构主要有上下两个注浆点，通过实际施工发现，除同步注浆总量控制以外，上下注浆孔的浆量分配也相当关键，在本工程中，主要综合考虑到地层变形、隧道上浮等因素，同步注浆量分配以盾构上部注浆孔 70%～80%、盾构下部注浆孔 20%～30% 为宜。

注浆压力控制为小于 0.3MPa 为宜，由于本区间隧道覆土较浅，路面结构较差，注浆压力还需时刻根据同步注浆过程中地面情况进行调整，防止地面冒浆现象发生。

10.2.3.7 双圆盾构进洞技术

双圆盾构进洞为翔殷路站，接收井封门形式为 800mm 厚地下连续墙，进洞洞圈尺寸为 $\phi 6920mm \times 11520mm$（直径×宽度），与盾构机壳体存在单边 20cm 的间隙。

翔殷路站进洞段隧道覆土深度为 5.5m，以 ②$_{3-2}$ 层灰色砂质粉土为主，上部有部分 ②$_{3-1}$ 层灰色黏质粉土。

1）地基加固及止水装置

为了确保盾构进洞施工的安全和更好地保护附近的管线和建筑物，盾构进洞前对洞口土体采用 $\phi 700$ 双头单排搅拌桩进行加固。

由于接收井洞圈与盾构壳体间存有间隙，为了防止盾构进洞时水土体从该间隙中流失，在洞圈周围预先安装了挡板、插板、海绵条等密封装置。

2）双圆盾构进洞施工技术

（1）严格控制盾构正面平衡压力

在进洞段盾构施工过程中必须严格控制切口平衡土压力，使得盾构切口处的地层有微小的隆起量来平衡盾构背土时的地层沉降量。同时也必须严格控制与切口平衡压力有关的施工参数，如出土量、推进速度、总推力等。防止超挖、欠挖，尽量减少平衡压力的波动。

（2）严格控制盾构的推进速度

盾构进洞段施工时，推进速度应放慢，尽量做到均衡施工，减少对周围土体的扰动，避免在途中有较长时间耽搁。如果推得过快则盾构切口对地层的挤压作用就明显，推进速度在 2～3cm/min 最为适宜。

（3）严格控制盾构纠偏量

在确保盾构正面沉降控制良好的情况下，使盾构均衡匀速施工，盾构姿态变化不可过大。每环检查管片的超前量，隧道轴线和折角变化不能超过 0.4%。推进时不急纠、不猛纠，多注意观察管片与盾壳的间隙。采用稳坡法、缓坡法推进，以减少盾构施工对地面的影响。

（4）严格控制同步注浆量和浆液质量

严格控制同步注浆量和浆液质量，务必做到三点：

① 保证每环注浆总量；
② 保证均匀合理地压注；
③ 浆液的配比须符合质量标准。

通过同步注浆及时充填建筑空隙，减少施工过程中的土体变形。

每环的压浆量一般为建筑空隙的190%左右，泵送出口处的压力应控制在0.3MPa以内。

具体压浆量和压浆点视压浆时的压力值、地层变形监测数据或管片姿态等因素选定。压浆属重要工序，注浆班对压入位置、压入量、压力值做详细记录，并根据地层变形监测信息及时调整，在确保压浆工序施工质量的前提下，方可进行下一环的推进施工。

（5）严格控制盾尾油脂的压注

在同步注浆量充足的前提下，盾构机的盾尾密封功能就显得特别重要。为了顺利、安全地进洞，必须切实做好盾尾油脂的压注工作。

盾构穿越加固区，应注意以下事项：

① 推进速度控制在1cm/min以内，土压力逐渐降低至最低。

② 由于加固区土体强度较高，穿越时需密切注意刀盘力矩、螺旋机扭矩等参数。若刀盘力矩大于50%，可利用加泥泵向刀盘正面适当压注膨润土浆或水。当螺旋机油压大于17MPa时，通过接在螺旋机上的球阀，向螺旋机内注膨润土浆或水。

③ 安排专人密切观察洞门变形和水土情况，加快信息反馈速度，有异常情况立即停止推进，采取相应对策。

10.2.3.8 双圆盾构过站技术

由于本工程是3个区间，2台盾构。当双圆1号盾构完成了黄兴绿地—翔殷路站区间的施工后，为了实现既定工期，须进行盾构过站施工，将盾构及车架等设备从翔殷路站的南端头井转移至北端头井，从而能及时开始翔殷路站—嫩江路站区间隧道的施工。采用盾构过站方案，可以避免盾构拆卸、吊运及再次组装调试的工序，既缩短了工期，又节约了成本。

沿着盾构平移方向，翔殷路车站南面至北面底板坡度为下坡2‰。在盾构平移线路上，在车站底板上每隔一定距离埋设了一组预埋件，如图10-62所示。

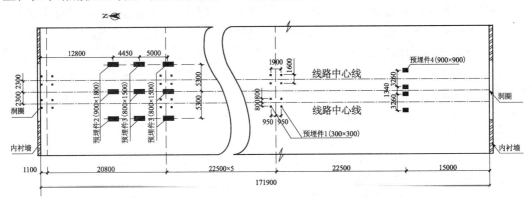

图10-62 预埋件布置图

1）过站方案的选定

（1）初步方案

在初步过站方案中，拟采用两台额定拉力为10t的卷扬机作为盾构平移的动力源。将卷扬机固定在可移动的盾构基座上，然后在车站底板的预埋件上面安装定滑轮，依靠滑轮组来产生足够的牵引力，拉动盾构平移。

原盾构平移过站方案分五个步骤：

第一步：完全断开盾构机本体与车架之间的连接

盾构机本体与车架之间的连接部件有牵引拉杆、单轨梁、螺旋机以及一些管路、线路。在断开这些部件后，将盾构机本体与移位基座加固成一牢固的受力整体。

第二步：盾构机本体过站

盾构本体过站施工主要采用卷扬机进行牵引，同时使用辅助移动用的千斤顶移动盾构机本体至翔殷路站北端头井。

第三步：车架平台的搭设

考虑到盾构本体过站结束后车架的平移及今后盾构推进施工过程中的电机车的运行，决定在车架经过沿线的底板上搭设车架平台。

第四步：盾构机车架过站

通过电机车分别牵引左边7节相连的车架和右边5节相连的车架至翔殷路站北端头井预先测定的位置。

第五步：盾构机本体与车架的连接

在盾构机本体和车架都移动到预定位置后，把先前断开的部件连接起来，再进行盾构调试运行。

(2) 存在的问题

在进行盾构过站施工的准备过程中，经过对初步方案的仔细研究讨论之后，发现该方案在实际操作过程中存在以下两大难点：

① 因卷扬机固定在盾构基座上，大致与盾构两鼻尖处于同一竖直面上，牵引用的钢丝绳一端固定在卷扬机的卷轴上，另一端绕经滑轮组后固定在基座或盾构机本体上。使用两台卷扬机同时牵引盾构时，两台卷扬机的牵引速度必定存在差异，同步协调性很难控制，极易造成盾构的单边受力及位移过大，以及盾构和基座产生偏转。如果处理不及时，很可能发生损坏钢丝绳以及盾构基座上的滚轮出轨等事故。而且在卷扬机以及相关滑轮组等配件在安装方面也存在很大难度。

② 若将盾构与车架分开，虽然在牵引力方面的要求降低，但过站之前必须进行盾构与车架的分离作业；盾构过站作业完成后，必须将车架与盾构重新组装调试，增加了很大一部分工作量，将大大延长工期，对后续施工以及成本控制极为不利。

(3) 方案的优化

针对原过站方案的缺陷与不足，施工方对原方案进行了如下优化：

① 改用千斤顶作动力装置

动力装置改为两台顶管千斤顶，行程3m，每台千斤顶最大推力100t。千斤顶固定在盾构基座上面，反力支撑采用ϕ580钢支撑，每根3m，直接放置在车站底板上，每根钢支撑之间采用螺丝连接。采用该方案有以下优点：

(A) 两台顶管千斤顶采用连通油管，由一台动力站驱动，可保持良好的同步性。千斤顶推进速度稳定，可保持盾构和基座平稳前进。

(B) 采用ϕ580钢支撑作为反力支撑，有良好的稳定性。

(C) 动力设备的安装就位简便易行。

原初步方案采用卷扬机动力系统,需要将卷扬机固定在盾构基座上,然后安装滑轮组。该滑轮组来回环绕六道钢丝绳,滑轮直径近60cm,自重约200kg,井下在没有起重设备的条件下,安装非常困难。钢丝绳绕经滑轮组后,须固定在盾构胸板上,需要焊接能承受150t拉力的吊攀,因此,整个安装施工难度非常高。

而方案优化后采用千斤顶动力系统,只需将千斤顶焊接在盾构基座上面,根据ϕ580钢支撑中心高度来就位,再制作托架来支撑千斤顶。安装作业简便易行。

② 盾构与车架整体移动

盾构过站过程中,盾构与车架整体进行平移,避免了盾构与车架断开连接以及过站完成后再进行安装连接的工序。同时在盾构平移过程中,还可以使用单轨梁和双轨梁进行ϕ580钢支撑的吊运作业,可大大加快施工进度。

2) 方案的实施及改进情况

(1) 施工难点

优化后的方案在实施过程中有以下难点:

① 盾构过站前的就位工作

在盾构完成进洞施工后,盾构基座后端面离车站洞门圈一侧的侧墙仅40cm左右,必须将盾构及基础座平移3m以上,以便有空间进行顶管千斤顶的安装工作。由于盾构进洞之后,对洞门圈进行注浆加固,有部分浆液漏在盾构基座下方并凝结。并且盾构进洞段轴线为上坡,盾构进洞施工完成后,所有车架均停留在隧道内。进行盾构平移作业时,车架为上坡移动。因此,该段推进推力最大,尤其是盾构从进洞后的状态开始启动时,需要克服浆液粘结力、盾构基座和车架的阻力等。

② 保持ϕ580钢支撑体系的稳定

在盾构设备的平移过程中,千斤顶的推力作用在ϕ580钢支撑上,每推进3m需加装一根钢支撑,随着盾构设备平移距离的增加,ϕ580钢支撑杆系的长度也不断增加,其受压稳定性将逐渐降低。

盾构平移初期,ϕ580钢支撑杆系撑在翔殷路站南端头井的洞门圈上,洞门圈距第一组预埋件15m,以后每隔22.5m有一组预埋件。经过压杆稳定计算,取压杆长度为24m,计算得出单边压杆稳定的临界力为200t,远大于盾构平移所需的100t推力(测算得出盾构正常平移所需推力为100t)。因此,理论上该方案可行。但实际施工过程中,钢支撑是一根根连接起来的,每根钢支撑的几何中线不可能完全重合,因此钢支撑体系受压时的稳定性有所降低。在施工过程中,须采取措施,对ϕ580钢支撑杆系进行稳定加固,确保后座力支撑体系的稳定。

③ 保持车架平台的稳定

车架平移时需架设平台,每道平台支架采用两根6寸泵管与轨枕焊接而成,每隔1.2m两边车架各架设一道支架,支架上面固定车架轨道和电机车轨道。每道支架是门框式结构,属于不稳定结构,因此必须增加横向及纵向斜撑进行固定。

(2) 针对措施

针对以上难点,采取以下措施:

① 施工时利用四台盾构推进千斤顶的推力作为动力，采用四根8寸泵管作为反力支撑，泵管直接撑在井壁上，共向前推进了4m。根据推进当中盾构千斤顶的油压显示，可判断当时的总推力最大值约为120～130t，完全可以满足φ580钢支撑杆系的稳定要求。（图10-63）

② 钢支撑实地放置可以增加压杆的稳定性，同时为了增加千斤顶与钢支撑接触面的稳定性，在两台千斤顶与两边的钢支撑接触面增加了一根30号H钢作为垫块，以增大推力的受力面积，同时也加强了压杆系受力面的稳定性。（图10-64）

图10-63　采用8寸泵管支撑推进

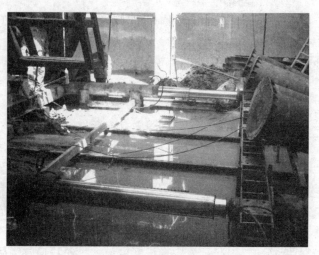

图10-64　千斤顶与钢支撑接触面

③ 每推进3m，钢支撑组装完毕后，在刚组装好的左右两边钢支撑的前后端面附近各用一根槽钢将左右两边的支撑杆系连接牢固，以增加左右两边支撑体系整体的稳定性。

④ 在前后平台支架之间焊接三角斜撑和水平支撑，利用三角形的稳定性使平台支架之间得到牢固地连接，同时在左右车架平台之间用槽钢架设三角斜撑，使两边的平台能够牢固连接。通过这些手段，两边的车架平台稳定性有了显著提高，在车架平移过程中，车架平台未出现明显的晃动和变形。（图10-65）。

（3）施工情况回顾

① 前15m推进段施工

该段推进是从盾构进洞位置开始推进至盾构基座经过第一组预埋件为止。初始推进时，

图10-65　平台支架加固体系

采用四根8寸泵管作反力支撑，利用盾构推进千斤顶向前推进了4m。然后将两台顶管千斤顶焊接在盾构基座上，开始盾构过站的正常推进，总推力最大值约90～100t。施工过程中严格按照优化后的方案进行施工，从基座轨道的排布、固定到φ580钢支撑体系的加固以及车架平台的加固，都做到了精心施工，全程监控。推进时派专人监视基座滚轮的状态，一旦发

生滚轮偏离轨道的迹象，立即进行纠偏。通过初期推进阶段的施工，逐步摸索总结出了盾构过站推进的轴线控制方法，同时也通过实践证明了优化后方案的正确性与实用性。

② 后续推进段施工

当盾构基座经过第一组预埋件一定距离后，需要在预埋件位置制作钢支撑反力后靠。然后再以后靠为起点，继续推进，将后靠以后的 ϕ580 钢支撑吊运至千斤顶附近待用。经过前阶段的施工尝试，施工人员对于盾构过站施工的工艺流程已熟悉和掌握，因此日推进距离也不断增加，最快一天达到15m。

③ 盾构及车架的就位

当盾构及车架平移至离洞门圈约40m处时，由工地测量负责人对盾构的最后40m推进段的轴线进行精确复测和盾构基座轨道放样，确保盾构平移轴线的准确。然后采取相关措施固定基座轨道，并且在最后阶段推进过程中，严格监控基座轨道的偏移情况，并及时进行校正。盾构及车架于2004年5月13日顺利就位，本次盾构过站施工任务圆满完成。

3）结束语

本次盾构过站施工，经过施工前期的初步方案制定、方案的优化及前期准备，到前15m试推进阶段、正常推进阶段以及最后的就位阶段。施工人员在施工过程中严格按照优化后的方案精心施工，并在施工过程中不断总结经验，摸索出了一套成熟实用的盾构过站施工技术。

整个盾构过站施工从2004年4月21日开始到2004年5月13日盾构平移到位，工期为23天，完成了盾构及车架的平移以及车架平台的铺设工作，比预计工期提前7天完成，为盾构的后续推进施工准备赢得了时间。同时经过实践证明了优化后的施工方案的可行性与实用性，为以后的盾构过站施工提供了很好的指导作用。

10.2.4 小结

通过工程的完成，主要获取经验如下：

1）在双圆凹槽处采用了局部气囊结合帘布橡胶板和铰链板的洞圈止水技术、成功地控制了双圆盾构基座的加工和安装精度，同时，有效地控制了盾构始发管片拼装、隧道轴线和地层变形的施工质量，掌握了双圆盾构的始发施工技术；

2）提出了综合运用顶托千斤顶、右侧拼装机、微松底部盾构千斤顶扩大立柱拼装间隙等一系列双圆管片拼装手段，熟练掌握了双圆管片的拼装技术；

3）本工程有效控制了双圆盾构姿态和隧道轴线，盾构平面、高程偏差均控制在 ± 70mm以内，盾构转角控制在0.6°以内；并通过实际运用和研究，提出了综合运用8项技术，确保有效地控制盾构转角；

4）本工程克服了浅覆土、全断面砂质粉土层、盾构沿线地下管线密集等一系列技术难点，成功将双圆盾构掘进地层变形有效控制在设计标准以内，确保了周边管线及各类构筑物的安全；同时也初步掌握了双圆盾构在本地层中掘进的地层变形规律：盾构横断面影响范围为2倍盾构宽度、盾构纵断面影响范围为1.5倍盾构底覆土深度；

5）通过该工程的成功实践，掌握了双圆盾构施工辐条式刀盘土压力、出土量、推进速度、刀盘扭矩等施工参数的设定规律和匹配；

6）通过有效的地层加固和洞圈特殊止水装置的设置，成功实施了首次双圆盾构进洞；

7）设计了移动式盾构基座，大大降低了盾构过站的工程成本，加快了工期，顺利地完成了盾构过站任务。

中国首台双圆盾构区间隧道掘进已经成功完成，本工程创造了盾构掘进阶段平均速度为6环/d，单月最快速度为214环，单天最快速度11环/d的佳绩。通过本工程的科研和施工实践，获取了大量宝贵的技术数据，摸索和汇总出双圆盾构在软土地层中掘进的规律特性，形成了一套较为完整的双圆盾构施工工艺，为今后在软土地层中双圆盾构工法的全面推广奠定了扎实的基础。

隧道结构完成5年以后，也就是2009年，对上海地铁已经运营的9条线开展的裂缝和渗漏水调查结果表明，DOT隧道的渗漏水现象远好于地铁单圆隧道。

10.3 上海外滩通道工程

10.3.1 工程概况

外滩通道工程自北至南穿越整个外滩地区，是上海市"三纵三横"交通主干网络中三纵东线的组成部分，被誉为解决上海市中心交通问题的"心脏搭桥手术"式的工程（图10-66）。建成后有效地缓解外滩地区的交通拥堵，分流三纵东线外滩的过境交通，改善外滩环境，提升城市功能，并服务上海世博会交通。外滩通道于2010年3月28日整体投入通车运行。该通道在国内首次采用单管双层六车道横断面。

图10-66 外滩通道工程总体位置图

外滩通道南起南外滩老太平路，沿中山东一路、中山东二路向北，从外白渡桥下方穿过苏州河，沿东大名路穿过东长治路，连接北外滩区域，在吴淞路闸桥北侧接入吴淞路，沿吴淞路向北到余杭路，全长3326m。整个外滩通道工程从天潼路至东门路，以福州路接收井为界分为南段及北段，老太平路—福州路（南段）主要采用明挖工艺施工；在福州路—东大名路（北段）主要采用盾构法施工。

外滩通道北段采用盾构法进行施工，盾构段全长1098m（图10-67）。盾构机采用日本三菱公司设计制造的Φ14270mm的土压平衡盾构。

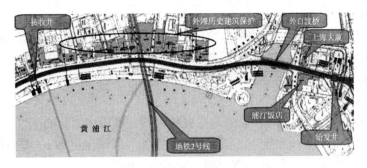

图 10-67 外滩通道圆隧道段平面图

盾构施工段范围内设置两个工作井,天潼路工作井为始发井,福州路工作井为接收井。盾构隧道主线最大纵坡为 5.0%。全程隧道轴线平面大致可分为 8 段,最小转弯半径为 550m。隧道竖向轴线分 6 段,最小竖曲线半径为 1500m。详见表 10-5。

隧道轴线表 表 10-5

竖	向	平	面
长度	曲线半径或坡度	长度	曲线半径
221.8m	5%	3.632m	缓和曲线
194.4m	R=2000m	137.997m	直线
231.202m	-5%	237.656m	R=550.889m
75.3m	R=1500m	200.039m	R=500m
362.854m	0.3%	36.224	直线
12.444m	R=2000m	166.421	R=500m
		178.611	直线
		137.42	R=650m

整个盾构隧道段共需要管片 557 环(包括负环)。每环管片由封顶块 F 块(1 块:F 块)、邻接块 L 块(2 块:L1、L2)、标准块 B 块(6 块:B1、B2、B3、B4、B5、B6)共 9 块管片组成,为通用楔形管片,采用错缝拼装,管片楔形量为 79.72mm。管片外径为 13950mm,内径为 12750mm,厚 600mm,环宽 2000mm。管片纵向和环向均采用螺栓连接。纵向管片环与环之间采用 34 根 M30 的纵向螺栓连接;环向管片块与块之间采用 2 根 M36 的环向螺栓连接。

10.3.2 工程水文地质及环境

10.3.2.1 水文条件

1)潜水

工程沿线陆域浅部土层中的地下水类型为潜水。勘探期间测得潜水稳定水位埋深为 0.90~2.50m,平均埋深为 1.55m。潜水水位主要受大气降水、地表径流等影响呈幅度不等的变化。

2)承压水

工程沿线场地揭示的承压水分布于⑦（⑦$_1$、⑦$_2$）层和⑨层中，⑦层为上海市第一承压含水层，⑨层为上海地区第二承压含水层。根据实测资料，⑦层承压水水位埋深为 5.35~10.31m；⑨层承压水水位埋深为 13.80m。

10.3.2.2 工程地质

隧道覆土厚度约为 8~24m，根据地质资料可知：隧道主要分布于②$_{3-1}$灰色黏质粉土夹粉质黏土、②$_{3-1}$灰色砂质粉土、③淤泥质粉质黏土、④淤泥质黏土、⑤$_1$粉质黏土及⑤$_3$粉质黏土夹黏质粉土中。土层的物理力学性质见表 10-6。

土层力学性质表　　　　　　　表 10-6

层号	土层名称	渗透系数20℃（cm/s）		固结快剪		压缩系数 $E_{s0.1-0.2}$（MPa）	压缩模量 $a_{0.1-0.2}$（MPa^{-1}）
		K_V	K_H	c（kPa）	φ（°）		
②$_0$	填土	4.74E-5	8.27E-5	11	22	0.29	6.85
②$_1$	褐黄色-灰黄色粉质黏土	6.48E-8	9.09E-8	18	21	0.32	6.04
②$_{3-1}$	灰色淤泥质粉质黏土	1.38E-4	2.19E-4	10	25	0.24	8.04
②$_{3-2}$	灰色黏质粉土夹粉质黏土	1.91E-4	3.02E-4	7	28.5	0.21	9.03
③	灰色淤泥质粉质黏土	3.00E-6	5.75E-6	15	13.5	0.61	3.44
④	灰色粉质黏土	2.03E-7	4.79E-7	14	9.5	0.99	2.41
⑤$_1$	灰色黏土	1.97E-6	4.59E-6	17	13.0	0.54	3.85
⑤$_3$	灰色粉质黏土	6.32E-6	1.18E-5	17	17.0	0.41	4.94
⑤$_{3t}$	灰色粉质黏土夹黏质粉土			14	18.0	0.39	5.19

②$_0$、②$_{3-1}$、②$_{3-2}$层为粉土，当粉性土厚度大于25cm、颗粒级配不均匀系数小于5、含水量大于30%、孔隙率大于43%、黏粒含量小于10%、粉粒含量大于75%时，施工时易发生流砂。②$_{3-1}$、②$_{3-2}$、③层均基本符合发生流砂的条件，在一定水动力作用下易产生流砂现象。

10.3.2.3 沿线建（构）筑物及管线分布

盾构从天潼路工作井出洞后沿线需穿越众多历史保护建筑物和重要构筑物，其中主要有浦江饭店、上海大厦、外白渡桥、南京东路地下通道、北京东路地下、地铁二号线及外滩万国建筑群，这些建（构）筑物与隧道的关系如表 10-7 所示。

主要建筑构筑物与外滩通道位置关系表　　　　　　　表 10-7

序号	建筑物名称	距隧道边最近距离	序号	建筑物名称	距隧道边最近距离
1	浦江饭店	1.7m	3	外白渡桥墩基础	下穿
2	上海大厦	2.8m	4	中国光大银行	18.9m

②$_{3-2}$灰色砂质粉土为含砂土层，具有较强的渗透性，对盾构出洞施工较为不利。

(1) 盾构出洞的施工流程

由于盾构需要在浅覆土的条件下以5%的坡度出洞，除了需要做好常规的出洞加固之外，盾构的基座安装、后靠装置、洞门密封装置都需要考虑与设计轴线的统一（图10-71）。

(2) 出洞准备工作

外滩通道始发井采用三轴搅拌桩的方式进行加固。搅拌桩与地下连续墙之间存在500mm的缝隙，采用单排高压旋喷桩进行加固。加固强度要求不小于1.0MPa。

出洞盾构基座采取现浇八边形钢筋混凝土结构（图10-72），此结构为φ13800mm的外接正8边形，厚1m。盾构推力主要通过该后靠结构传递于工作井和相应结构上（图10-73）。盾构出洞前必须做好基座前后左右的固定工作，同时为了满足盾构车架安装就位的需要，在井壁和基座尾部之间现浇弧形槽作为车架行走基础（与暗埋段车架基础衔接），以提供盾构1号车架弧形船底安装。

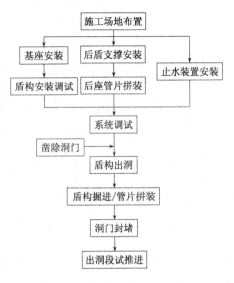

图10-71 外滩盾构出洞段流程图

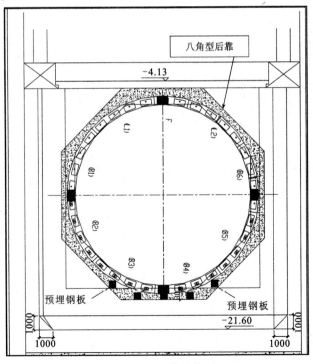

图10-72 后靠结构图

本次盾构出洞前在洞圈预埋钢板上布置了一个止水装置，该止水装置按照实测盾构外

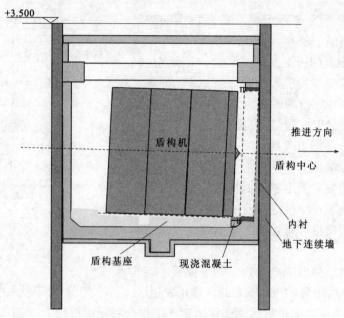

图 10-73 盾构机基座布置示意图

形制造安装,在钢洞圈安装一道止水橡胶帘布板和铰链板,与盾构纵向竖直,确保止水装置与盾构5‰的坡度中心线保持一致。

为了保证此次超大直径盾构安全出洞,对出洞区域进行了降水施工。对盾构出洞影响较大的是出洞区域上部②$_{3-1}$(黏质粉土夹粉质黏土)中的潜水。根据计算在端头井加固区外侧布置了6口潜水降水井J1~J6(井深均为31.00m)来减缓这些水对洞门处的补给(图10-74)。

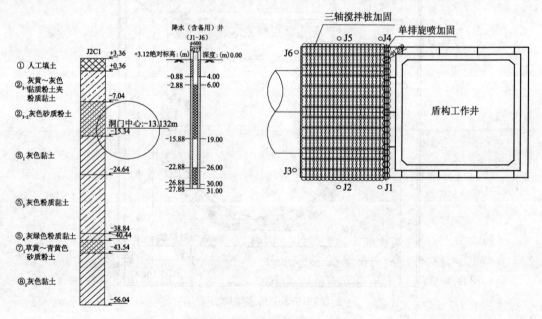

图 10-74 出洞段井点降水布置

为了减少降水对周边建筑物的影响,在降水前对降水井周边建筑物采取注浆保护措施。

(3) 出洞段关键施工技术

① 盾构出洞施工参数制定的原则

a. 土压力设定

土压力设定不宜过高,初始值为理论土压的 0.5~0.7 倍左右即 0.1~0.14MPa,加固区推进结束时土压力设定逐渐提高到理论计算值。

b. 推进速度

考虑到出洞加固采用深层搅拌加旋喷桩加固方式,盾构机在加固区内推进必须速度缓慢,不高于 1cm/min,以保证刀盘对正面加固土体的充分切削,使螺旋机出土流畅。

c. 出土量控制

每环理论出土量为 319.7m³,每环实际出土量控制在理论出土量的 98%~100%,即 313~319.7 m³。

d. 同步注浆

本次施工同步注浆采用单液浆,6 点注浆法。本工程盾尾间隙的理论值为 14.1 m³/环,施工时的注浆量设定为 120%,即 16.9 m³/环左右。

② 土舱压力建立

盾构出洞时土舱内无土体,而土舱容积近 300m³。为了保证切口前方尽早建立土压平衡,刀盘靠上土体后停止推进,向土舱内注入膨润土浆液约 100m³,再开始继续向前推进。

加固区推进时以土舱底部 2 个土压传感器作为参照,进行土压控制。加固区土压基本控制在理论设定土压的 0.6 倍左右,随着盾构推进逐步调高土压力,至刀盘完全出加固区后达到设定土压。

③ 洞门封堵

盾构在 +3 环推进 600mm 后盾尾完全进入止水袜套,此时对洞门进行封堵。封堵完毕后对洞门建筑空隙进行注浆填充。

④ 盾构后续车架姿态调整

盾构机由盾构本体、1 号车架、联系梁、2 号车架组成,受基坑形状和施工场地条件的限制,盾构及各部分轴线无法处于同一条直线上,盾构机机头与 1 号车架转角为 1.9°,1 号车架与联系梁转角为 6.4°,联系梁和 2 号车架转角为 10.6°,连接联系梁与 2 号车架的平面方向错开 1.6m。故在联系梁后侧增加临时支腿和 2 号车架的牵引油缸。在每环推进之后通过 2 号车架的牵引油缸调整车架的位置。

(4) 盾构出洞参数调整

① 土压力

土压力按 $P = K_0 \gamma h$ 进行计算。在 γ(土体重度)、h(土压计埋深)一定的情况下我们主要就土压侧向系数 K_0 进行调整。

盾构刚出加固区时土压力侧向系数 K_0 按 0.72 计算。从 B1 断面监测数据可以看出,盾构切口前方沉降较为明显,最大接近 20mm,根据监测情况我们将土体侧向系数 K_0 逐渐提高至 0.8,从后面几个地面监测断面可以看出盾构切口到达前路面沉降变化比较平稳,有微微的隆起,隆起量基本小于 5mm。

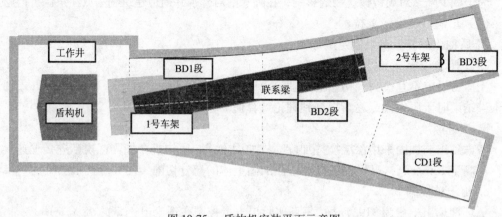

图 10-75 盾构机安装平面示意图

② 同步注浆

从 +10 环盾尾出加固区开始同步注浆量基本控制在理论间隙的 120% 即 $17m^3$ 左右，从地面和房屋监测数据可以看出：在盾尾通过后，地面沉降值呈下降趋势，变化平缓，基本控制在-15mm 以内；浦江饭店沉降变化不大，基本控制在-10mm 以内。

③ 土体改良

出洞段土体改良泡沫用量基本为 $90m^3$/环，可将刀盘扭矩控制在 $11000kN·m$ 以下，同时使土体具有很好的塑流性。

2. 盾构推进过程沿线构筑物保护技术

（1）外滩通道沿线建筑物保护技术

外滩通道沿线云集了浦江饭店、和平饭店、海关大楼等数十栋风格迥异、中西合璧的历史保护建筑物，根据施工前期的全面检测，这些建筑物都存在一定的不均匀沉降、倾斜以及上部结构的老化的问题。因此，必须采取一定的保护措施，并对盾构的推进过程进行严格的控制，防止建筑物受损情况的加剧。

根据建筑物与隧道的位置关系，本研究针对各建筑物的基础情况及其与隧道的相对位置关系，分三类穿越情况提出了保护预案：第一类为盾构超近距离穿越浦江饭店时，采用隔离桩结合桩间补偿注浆对建筑物进行全面隔离；第二类盾构近距离穿越上海大厦时，采用补偿注浆隔断法减弱盾构推进对建筑物的影响；第三类是在苏州河南岸漫长的万国建筑群穿越过程中，对盾构推进的各项参数进行严格控制，控制盾构推进对建筑物的影响。

① 浦江饭店保护技术

浦江饭店始建于 1860 年，基础薄弱，部分较好的基础仅为长 3.2m 的木桩。饭店水平向距离隧道外边线仅 1.7～4.5m，如图 10-76 所示。由于盾构隧道施工技术的复杂性，目前还不能完全控制以盾构正上方为中心土层的地表沉降。这种不均匀沉降对结构脆弱的建筑的影响是灾难性的。即使本工程使用了最先进的密闭盾构技术，要完全消除地表沉降也是不大可能的，特别在松软的饱和含水土层中，要采取严密的技术措施才能把沉陷限制在一定的限度内。所以为了保证本工程盾构通过浦江饭店时该建筑的安全，必须采取一些必要的工程保护措施。

a. 全断面隔离加固方法

考虑到泥浆护壁灌注桩法和套管成桩法在本工程应用存在一定的局限性，因此，本工程中选择了一种特殊的套管法——外套管内螺旋取土的施工方法，简称 FCEC 法。该工法多用于地下清障之用，本次将其用于大型盾构近距离通过古建筑物的保护尚属首次。FCEC 工法采用正逆同步双回转全套管机械，内外同步正逆钻至桩底标高，外钢套管逆向旋转、内螺旋正向旋转取出钢管内的土，同时外钢套管起护壁的作用（图 10-77）。这种工法相对于普通灌注桩主要具有施工振动小、工作面需求小等优点。能有效减少对土体的扰动，这对控制浦江饭店的不均匀沉降十分有益，并辅助桩间注浆的方式，可更有效地控制地面沉降。

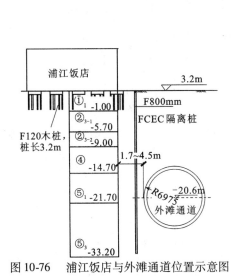

图 10-76 浦江饭店与外滩通道位置示意图

图 10-77 FCEC 工法示意图

b. 排桩施工过程沉降分析及控制措施

共 84 根隔离桩与沉降监测点 F1～F9。前 50 根隔离桩对应的沉降点大致为 F4～F9，图 10-78、图 10-79 为各监测点测得的沉降曲线。从图 10-78 中可以看出，测点 F3 和 F4 的沉降明显滞后于其他测点。

为了控制沉降，在隔离桩两侧打设注浆孔，在做桩的同时进行压密注浆。

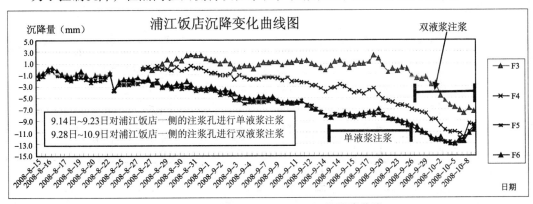

图 10-78 测点 F3、F4、F5、F6 的沉降曲线

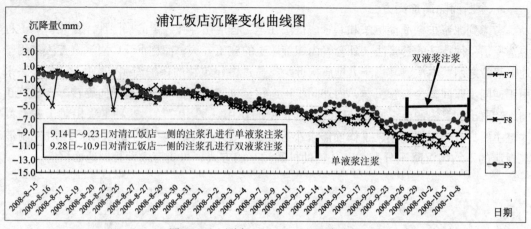

图 10-79 测点 F7、F8、F9 沉降曲线

隔离桩于 12 月 2 日完成，完成量为 84 根。图 10-80 为沉降测点 F1～F9 不同时间在空间上的分布，通过其可以直观看出浦江饭店的差异沉降。9 月 1 日完成了测点 F5～F8 所对应的 13 根隔离桩，从图中可以看出此时 F1～F3 基本无沉降发生，浦江饭店南北两端的差异沉降为 5mm。10 月 10 日完成了测点 F3～F9 所对应的 50 根隔离桩，此时最大沉降出现在测点 F6 处 12mm，最小沉降 F1 为 0.5mm，其差异沉降为 11.5mm，较之 9 月 1 日差异沉降有所增加。11 月 13 日完成 F1～F9 监测点所对应的 73 根隔离桩，此时最大沉降出现在 F1 处 16mm，最小沉降 F9 为 6.2mm，差异沉降为 9.8mm，较之 10 月 10 日有所减小。12 月 9 日已完成所有 84 根隔离桩，此时最小沉降发生在 F8 处 6.1mm，最大沉降发生在 F3 处 12.5mm，最大差异沉降为 6.4mm。由此看出，通过隔离桩和压密注浆施工，虽然建筑物总体沉降增加，但是差异沉降却逐渐减小。

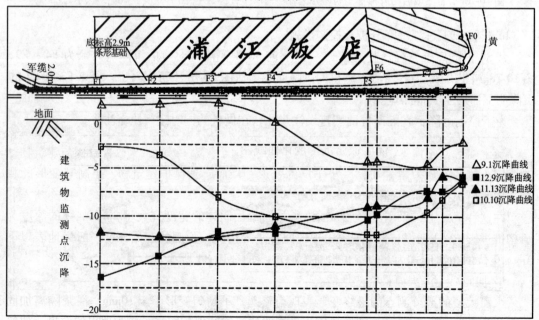

图 10-80 浦江饭店测点沉降空间分布图

c. 加固后浦江最终变形情况

FCEC 加固法的隔断效果十分明显。浦江饭店的沉降均小于 10mm,不均匀沉降小于 5mm,其变形得到了有效控制(图 10-81)。

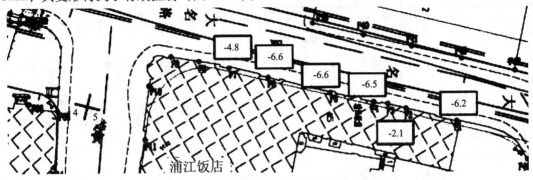

图 10-81　盾构推进引起的浦江饭店最终变形(单位:mm)

② 上海大厦保护技术

外滩通道的盾构底部深度约为 25.82m,与上海大厦部分桩的深度大致相同,高于主楼中部木桩约 13.0m,距离房屋的水平距离约 5.2~5.9m(图 10-82)。目前无明显的倾斜和不均匀沉降情况,但外滩通道的盾构距离房屋的水平距离很近,且靠近盾构位置处木桩的长度较短,其深度与盾构底部深度的位置相当,因此,盾构推进时对周边土体的扰动会对大厦的桩基产生一些不利的影响,因此必须采取一定的保护措施。

结合实际工程特点,选择了工期短、施工便利的注浆加固法在建筑物与隧道之间进行隔离加固。

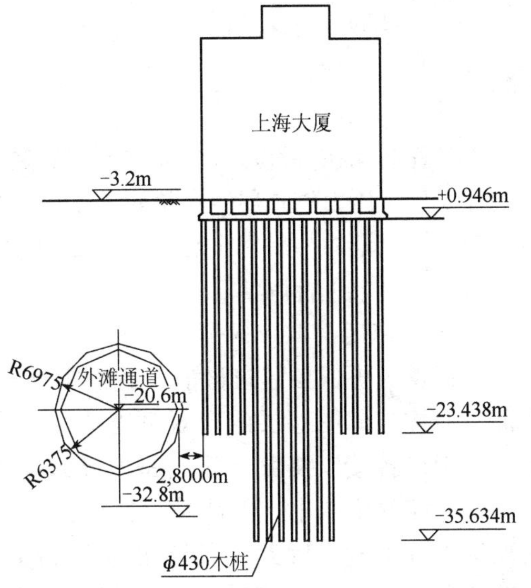

图 10-82　上海大厦与隧道的相对位置关系断面图

a. 注浆加固措施

注浆的基本设想为:若沿线建筑物在盾构推进的过程中发生较大的变形,则在建筑物与隧道之间,避开地下密集的各种管线,选择合适的位置进行注浆,改善盾构与建筑物基础之间土体的宏观力学性质,减小土层的变形,从而起到保护建筑物、控制其变形的目的。加固措施构想简图如图 10-83 所示。

在这种情况下,采用注浆加固法进行加固,加固体的宽度宜大于 2m,加固的深度为盾构推进影响线以下 2m。为避免出现地面冒浆等情况,加固的起始深度一般为地表以下 3m。孔位的布置形式为等边三角形布置形式,如图 10-84 所示。

b. 加固后上海大厦最终变形情况

上海大厦的部分测点的最终变形表现为隆起,不均匀变形小于 10mm。注浆隔离加固对于盾构近距离穿越这种基础现状较为良好的建筑物的保护取得了较为理想的效果,建筑物变形得到了有效控制。

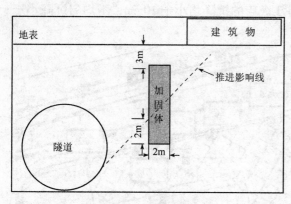

图 10-83 加固位置简图

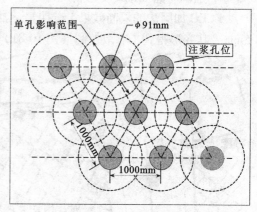

图 10-84 孔位布置形式

③ 苏州河南岸历史建筑群保护技术

对于常规的历史保护建筑，施工过程中采取保护措施主要是对各项施工参数进行严格的控制，具体包括：

a. 土舱压力

本工程盾构在掘进过程中需要同时穿越 2~3 个不同性质的土层。推进时通过调节土舱上部 8 号土压力传感器所在位置的土舱压力来控制整个土舱和前方地层的压力平衡。按照前期计算论证的结果，土舱压力按照静止土压力系数 $K_0 = 0.77$ 设置，推进过程中根据实时监测的结果进行调整。

b. 推进速度

在穿越历史保护建筑群前，我们提出了"匀速推进"的推进原则，盾构匀速推进，保证了盾构与周围地层的宏观动态力学平衡。在实际推进过程中，我们发现在管片拼装、皮带机转接以及由于其他原因导致盾构停止推进时，土舱压力会由于推进千斤顶的微量回缩发生减小，停推时间过长，土舱压力会下降 10~20kPa，这对于维持开挖面的稳定十分不利。因此"匀速推进"的关键并不完全在于盾构操作人员对于盾构推进速度的控制，而在于减小由于机电故障、管片运输、及时出土等方面原因造成的非工序性停推。推进过程中保持匀速可防止速度过快引起土层应力突变而破坏建筑物结构。

c. 同步注浆

同步注浆的控制主要分为注浆量控制、注浆压力控制、浆液质量控制三个方面。本盾构采用六点注浆法进行同步注浆，推进过程中，同步注浆率控制在 120%~140%，即每环 17~20m³，始终保持盾尾上下注浆量的比率为 5.5:4.5，左右比率为 1:1。在推进的同时随时对盾构姿态进行测量，计算出准确的盾尾间隙，结合地表沉降的情况随时对注浆量进行微调，注浆压力的大小需根据外界水土压力进行严格控制。在穿越过程中每天对同步注浆浆液进行坍落度、剪切强度等质量控制参数进行检测，保证浆液在注入土层时的坍落度为 10~12cm。此外，为确保管路畅通，每个工作面和注浆管路每周清洗一次，同时对备用管路做好维护工作，固定浆桶和移动浆桶每月清洗 2 次。

d. 盾构姿态控制

推进过程中严格控制盾构姿态,平面和高程偏差控制范围为±70mm;同时注意控制每环的纠偏量不要过大,尽量接近理论纠偏值,做到勤纠少纠。

e. 施工监测

外滩历史保护建筑群穿越段设置了大量的地表沉降监测点和建筑物变形监测点,每一次测量成果都及时汇总给施工技术部门,以便于施工技术人员及时了解施工现状和相应区域管路变形情况,确定新的施工参数和注浆量等信息和指令,并传递给盾构推进面,使推进施工面及时作相应调整,最后通过监测确定效果,从而反复循环、验证、完善,确保隧道施工质量。

沿线重要历史建筑物穿越段设置的大量地表沉降监测点和建筑物变形监测点监测结果如表10-8所示。盾构成功穿越历史建筑保护群和监测数据说明通过注浆加固法和严格控制盾构推进参数两种施工保护措施,上海外滩通道工程沿线历史建筑物得到了良好的保护,工程效果明显。

沿线重要历史建筑群总体沉降　　　　表10-8

建筑物名称	距隧道边最近距离	最终沉降（mm）	建筑物名称	距隧道边最近距离	最终沉降（mm）
中国光大银行	18.9m	1.2	上海家用纺织品进出口公司	20m	0.6
文化广播影视集团	19.4m	2.2	友邦大厦	15	2.3
对外贸易局	25m	-0.9	招商银行	17m	1.8
中国农业银行	14m	3.4	中国外汇交易中心	24m	-2.0
工商银行	21m	-2.6	上海市外滩律师事务所	20m	0.6
中国银行	22m	0.5	市总工会	9.9m	5.2
和平饭店北楼	21.7m	-3.7	上海海关	11m	3.1
和平饭店南楼	22.8m	-2.5	上海浦东发展银行	13m	3.1
中信银行	30m	0.7	上海大厦	4.8m	5.3

(2) 地铁二号线保护技术

外滩通道工程设计蓝图中盾构在里程NXK0+430~NXK0+408即345环~355环将上穿正在运营的地铁二号线,斜交角度73°。此阶段盾构顶部覆土为8.52~8.65m,盾构底部距离二号线隧道顶部最近仅有1.46m,如图10-85所示。盾构穿越区主要土层为②₀江滩土、④灰色淤泥质黏土、⑤₁灰色黏土层中、⑤₃灰色粉质黏土。

根据实际的施工环境,并结合前期的理论分析,在盾构推进的过程采取的主要施工措施包括以下几个方面:

① 土舱压力设定

由于地质条件、地面附加载荷等诸多因素不同的制约,将导致刀盘前方土压力有所差异,为此需及时调整土压力值。同时对沉降报表进行分析,反馈给推进班组。若盾构切口前地面沉降,则需调高平衡压力设定值,反之调低。若盾尾后部地面沉降,则需增加同步注浆量,反之减少。土舱压力的取值按土的侧向静止平衡压力系数$k_0=0.7$计算,盾构穿越地铁二号线阶段理论土压值为 0.195MPa～0.193MPa。在实际操作过程中根据前期实验段分析数据以及穿越过程中深沉沉降点的监测数据逐环进行调整。

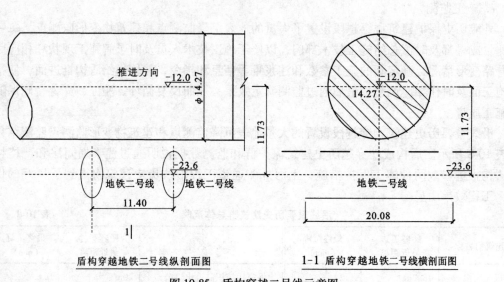

图 10-85　盾构穿越二号线示意图

② 同步注浆控制

同步注浆量一般为建筑空隙的 120%～140%。即每推进一环同步注浆量为 17 m³～20 m³。根据前期实验段的注浆参数结合穿越段的土层性质以及轴线情况进行严格控制，保证浆液压注的均匀性、连续性，尽量有效合理填充建筑空隙。本工程盾构推进采用六点注浆法进行同步注浆，上下半圆的注浆分配为 5.5：4.5。

③ 推进纠偏

因盾构进行平面或高程纠偏的过程中，会增加对土体的扰动，因此在穿越过程中，在确保盾构正面沉降控制良好的情况下，尽可能使盾构匀速通过，减少盾构纠偏量和纠偏次数。推进时不急纠、不猛纠，多注意观察管片与盾壳的间隙，采用稳坡法、缓坡法推进，以减少盾构施工对地铁二号线和地面的影响。

④ 推进速度控制

盾构严格按照"匀速推进"的原则进行推进，推进速度控制在 20±3mm/min。盾构匀速推进，保证了盾构与周围地层的宏观动态力学平衡。"匀速推进"同时要求尽量减小由于机电故障、管片运输、及时出土等方面原因造成的非工序性停推。

⑤ 二号线上浮控制

盾构每环的开挖量达到 320m³，近 285t/延米土重，而盾构自身的重量仅有 136t/延米，因此盾构机重远小于开挖土重，因此开挖引起二号线上浮无法避免。

当盾构一号车架脱出 341 环后，我们就对一号车架尾部与口子件之间 5 环区域以及口子件内部进行了压重，每环压重量达到 50t 左右，同时迅速跟进口子件两侧混凝土的浇筑，增加隧道的纵向刚度，控制隧道变形（图 10-86）。

图 10-86　盾构压重措施

⑥ 地铁二号线监测

盾构穿越地铁二号线期间，主要对地铁二号线进行轴线沉降监测，采用的主要仪器为安放于二号线轨枕中心线的电子水平尺，监测的范围为：以外滩通道穿越二号线上、下行的中心为对称点向二号线两侧各延伸50m的隧道（共100m）。

每一次测量成果都及时汇总给施工技术部门，以便于施工技术人员及时了解施工现状和相应区域管路变形情况，确定新的施工参数和注浆量等信息和指令，并传递给盾构推进面，使推进施工面及时作相应调整，最后通过监测确定效果，从而反复循环、验证、完善，确保隧道施工质量。结合相应的监测数据，可得到二号线在盾构穿越期间的变形规律，具体如图10-87、图10-88所示。

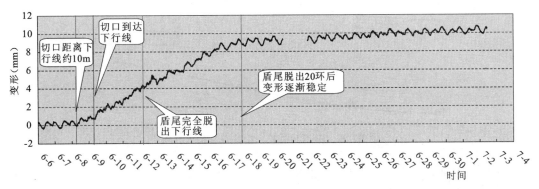

图 10-87　二号线下行线变化

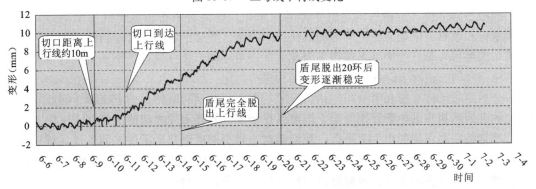

图 10-88　二号线上行线变化

二号线变化最大的位置位于盾构切口切入点，由于盾构与二号线存在一定夹角，因此，变形最大的位置不在盾构轴线下方，而是位于盾构轴线的左侧。

切口距离二号线隧道4～5环时，二号线上下行线开始受到影响，至切口到达时，上抬约1mm。

盾构掘进使二号线上覆荷载减小，下行线上浮约3mm，上行线上浮约4mm，隧道上浮，推进过程比拼装过程容易引起隆起。

(3) 外白渡桥保护

上海外白渡桥于1907年建成以来，犹如一座丰碑横跨于苏州河上，记录了近现代上海的百年荣辱兴衰，已成为了国人眼中上海的历史性地标。超大直径隧道轴线顶离外白渡桥原始木桩基础底最小仅1.5m，如图10-89所示。鉴于外白渡桥的历史文化意义，如何保证大直径的土压平衡盾构从桥梁桩基下穿行过程中外白渡桥的安全可靠，以及穿越后能否继续使用成为整个外滩通道工程中的工程难点之一。

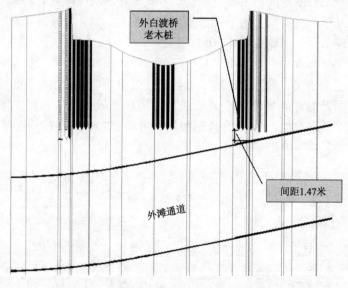

图10-89 隧道与桥梁原始基础位置示意图

通过对加固法，托换法以及移桥重建三种方法进行论证分析，最终采用移桥重建法对外白渡桥进行有效的保护。

故桥下部结构20m范围内遗留下大量的木桩及花岗岩条石，重建桩基无疑要先清除这些木桩和条石，很难突破工期和场地狭小的限制；桥梁中墩两侧有金山路水闸与吴淞路水闸，大型吊装船只无法进入作业。因此，针对上述施工难点采取了钢壳沉井与全护筒灌注桩相结合的方法对上海外白渡桥下部结构进行重建。

全护筒灌注桩工法利用全回转钻机清障后在全回转钢套筒的保护下，以干作业的形式直接放置钢筋笼，下导管浇注混凝土，可以直接完成清障和成桩两道工序，成桩快、效率高、垂直精度高。该工法非常适合南北桥台重建时围护桩以及桥梁桩基的施工。对于桥梁中墩与中墩桩基，采用钢壳沉井围堰，钢壳沉井在场外加工制造，驳运至现场后进行吊装，抽水封底后在钢壳沉井内部进行灌注桩施工。重建后的外白渡桩基与盾构隧道的位置关系如图10-90所示。

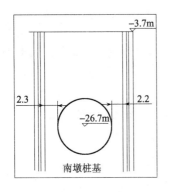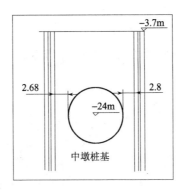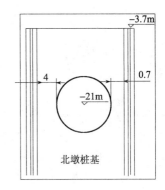

图10-90 新建桥基与盾构关系示意图

外白渡桥桥墩重建完成后，盾构在穿越外白渡桥阶段的主要施工控制技术如下：

a. 控制标准

穿越外白渡桥过程中，桩基沉降控制在±6mm以内；防汛墙沉降控制在±10mm以内。

b. 盾构推进控制措施

推进速度一般控制在20mm/min以内。采用中低速推进，有利于土体被盾构推进所产生的应力充分释放，避免产生由于推进应力过大或过于集中而造成桩基位移，并且也有利于盾构纠偏。同时，考虑到防汛墙下部可能存在不明障碍物，推进时还需密切注意刀盘扭矩的变化。

施工中应根据监测数据、盾尾间隙、管片上浮情况等参数对同步注浆作出相应调整。每一次监测数据都及时汇总给施工技术部门，以便于施工技术人员及时了解桥墩变形情况，调整施工参数和注浆量等信息和指令，并传递给盾构推进面，使推进施工班组及时作出相应调整，确保外白渡桥安全和隧道施工质量。监测频率定为每天4次。

盾构从桥墩下方穿越后，将延续一段时间的下沉，此后将趋于稳定。其中，北墩以及中墩在盾尾脱出15天后没有出现明显变形，南墩在盾尾脱出21天后变形开始逐渐稳定。这主要是因为浆液材料的固结稳定以及隧道整体变形的稳定所致，而桩基础的深度远大于隧道的深度，因此，桥体的后期变形不大。

3. 盾构进洞技术

（1）进洞的前期工作

本工程盾构进洞时采用深层搅拌桩结合旋喷进行加固，加固范围为纵向工作井围护结构向外延伸13m，横向为22.9m，深度为26m，加固强度要求不低于1.2MPa。由于工作井紧邻黄浦江，地下水位高，补给源丰沛，因此在加固区与工作井围护结构之间增加了一排MJS旋喷进行补加固。

根据地质资料分析，进洞区域土体从上至下为①$_1$人工填土、②$_0$江滩土、③灰色淤泥质粉质黏土、④灰色淤泥质黏土、⑤$_1$灰色黏土、⑤$_3$粉质黏土夹杂黏质粉土。因此沿加固区四周布置6口深为35m的降水井。在洞门凿除开始时进行降水施工，根据监测情况确定开启降水井的数量。在洞门封堵完毕后结束降水施工。

（2）盾构进洞主要施工技术

① 盾构进洞施工参数的制定原则

a. 土压力设定

本次盾构刀盘为锥形，长1.2m，在刀盘完全进入加固区后逐步降低土压力，靠上槽壁后将土舱内土体排空。

b. 土体改良

为了降低加固区推进刀盘扭矩以及增加土体的流塑性，在刀盘进入加固区后每环推进加入90m^3的泡沫，泡沫剂参数与出洞时相同。

c. 同步注浆

盾构进洞推进至加固区后为了加强浆液的早期强度，在浆液中加入了水泥。为了防止浆液从盾构与洞圈的建筑空隙处渗入工作井内，最后5环推进时同步注浆浆液注入量为理论间隙的100%，约14m^3。

d. 推进速度

进洞加固区推进速度控制在10mm/min以下，同时注意控制盾构总推力和刀盘扭矩。

e. 轴线控制

为了保证盾构顺利进洞，在推进过程中根据自动测量系统严格按照设定轴线推进。

② 土舱减压

盾构刀头开始进入加固区阶段盾构推进速度控制在10mm/min左右，同时开始注入泡沫，对土舱内切削下来的加固区土体进行改良。待刀盘完全进入加固区后将土压力降至设定土压的0.6倍左右，以后逐环降低土压，至盾构靠上槽壁土压力降至0，减小对前方洞门凿除面的挤压作用。

③ 进洞降水

盾构进洞降水井布置基本与出洞阶段一致，降水井深35m。洞门凿除完毕后，为了防止洞圈渗漏，开启Y1、Y2两口井抽水。在盾构进行第一次洞门封堵期间加开Y3、Y4两口井。出于保护加固井西侧建筑物的考虑，Y5、Y6仅作为观测井试用。待第一次洞门封堵完毕、注浆结束后停止降水施工。

10.3.4 小结

结合外滩工程的实际施工情况，主要获得了以下工程经验：

（1）形成了一套完整的软土地区超大直径土压盾构的施工工法，填补了我国大型土压平衡盾构施工技术的空白，开创了中国软土地区直径14m以上超大直径土压平衡盾构隧道施工的新纪元，具有超大直径土压平衡盾构施工里程碑意义；

（2）首次提出超大直径隧道穿越重要构（建）筑物分类分区域保护理念并创新形成一套分类分区域保护技术，解决了超大直径土压平衡盾构在城市密集区域内施工对周边重要建（构）筑物的影响保护问题；

（3）形成了一套超大直径土压平衡盾构隧道长距离浅覆土穿越结构脆弱的历史建筑群综合施工保护技术。场试验的结果表明，注浆隔离措施可以明显地减小盾构推进对加固区外地层的影响；地表施工期的沉降减小了近50%，总沉降减小超过1/3；说明操作简单、施工便利的注浆加固法适用于超大盾构隧道沿线重要历史建筑物的保护；超大直径盾构近距离穿越了沿线历史建筑群时，建筑群最大沉降仅为 5.2mm；

（4）形成了一套超大直径土压平衡盾构隧道浅覆土近距离上穿无保护条件下运营中地铁综合施工保护技术；同步施工快速跟进及压重等盾构抗浮技术发挥了关键作用，同时采取注浆量和注浆压力双控技术，取得了良好的工程效果，2 号线最终隆起控制在 11.5mm。

超大直径土压盾构浅覆土施工技术的研究为今后类似的工程提供了参考，对大型土压平衡盾构在我国的推广具有重要意义。